Kollisionsrechtliche Probleme bei deutsch-italienischen Erbfällen

Europäische Hochschulschriften Recht

European University Studies in Law

Publications Universitaires Européennes de Droit

Band/Volume 6297

Samira Brüser

Kollisionsrechtliche Probleme bei deutsch-italienischen Erbfällen

unter besonderer Berücksichtigung des Verhältnisses von Erb- und Güterstatut

PETER LANG

Bibliografische Information der Deutschen Nationalbibliothek
Die Deutsche Nationalbibliothek verzeichnet diese Publikation in der Deutschen Nationalbibliografie; detaillierte bibliografische Daten sind im Internet über http://dnb.d-nb.de abrufbar.

Zugl.: Düsseldorf, Univ., Diss., 2022

D 61
ISSN 0531-7312
ISBN 978-3-631-87765-4 (Print)
E-ISBN 978-3-631-87819-4 (E-PDF)
E-ISBN 978-3-631-87820-0 (EPUB)
DOI 10.3726/b19681

Peter Lang – Berlin · Bern · Bruxelles · New York · Oxford · Warszawa · Wien

Diese Publikation wurde begutachtet.

www.peterlang.com

Für Wolfgang Meier-Rudolph

Vorwort

Die vorliegende Arbeit wurde im Januar 2021 von der Rechtswissenschaftlichen Fakultät der Heinrich-Heine-Universität Düsseldorf als Dissertation zur Erlangung des akademischen Grades eines Doktors der Rechte angenommen. Die mündliche Prüfung fand am 08. Februar 2022 statt.

Zunächst gilt mein aufrichtiger und herzlicher Dank meinem Doktorvater und Erstgutachter Herrn Prof. Dr. *Dirk Looschelders* für die Betreuung meiner Dissertation. Ohne seine wertvollen Anmerkungen, insbesondere auf den letzten Metern, wäre diese Arbeit nicht entstanden. Ferner gilt, nicht weniger aufrichtig, mein herzlicher Dank Frau Prof. Dr. *Katharina Lugani* für die zügige Erstellung des Zweitgutachtens und die schöne Zeit an ihrem Lehrstuhl, welche ich stets in guter Erinnerung behalten werde. Dem Max-Planck-Institut für ausländisches und internationales Privatrecht in Hamburg möchte ich für die zweimalige Gestattung der Nutzung seiner Räumlichkeiten danken.

Zudem gilt mein großer Dank meinen beiden Eltern, Frau Dr. *Elaheh Massih-Mäurer* und Herrn Dr. *Klaus Mäurer*. Insbesondere möchte ich meinem Vater danken, welcher sich mühevoll durch das Manuskript gearbeitet und mir wichtige Anmerkungen und Gedankenanstöße aus der „Laiensphäre“ gegeben hat. Danken möchte ich darüber hinaus meinem Bruder, Herrn *Amir Mäurer*, sowie meinem Mann, Herrn *Philipp Brüser*, für ihren unerschütterlichen Glauben an meine Person und meine Fähigkeiten. Ohne die Unterstützung meiner Familie und den unerbittlichen Rückhalt, auf welchen ich in jeder Lebenslage zurückgreifen durfte, hätte ich diese Arbeit nicht fertigstellen können.

Schließlich sei Herrn Rechtsanwalt *Wolfgang Meier-Rudolph* für die herzliche Unterstützung während meiner gesamten juristischen Laufbahn und darüber hinaus gedankt. Ohne den stetigen Austausch, die guten Ratschläge und das offene Ohr in allen Lebenslagen wäre ich nicht dort, wo ich jetzt bin. Ihm sei die vorliegende Arbeit in tiefer Verbundenheit und langjähriger Freundschaft gewidmet.

Düsseldorf, im Februar 2022
Samira Brüser

Inhalt

Teil 1: Einleitung

§ 1 Ziel der Arbeit

Erbfälle mit Auslandsberührung haben in den vergangenen Jahrzehnten deutlich an Bedeutung gewonnen. Damit einhergehend rücken auch kollisionsrechtliche Fragestellungen des Erbrechts immer mehr in den Vordergrund. *Meijers*[1] betonte dies bereits im Jahre 1936: „Auf keinem Gebiet des Privatrechts entstehen mehr internationale Verwicklungen als gerade auf dem Gebiet des Erbrechts". Solche Auslandsberührungen werden rechtlich dann relevant, wenn der Erblasser neben der deutschen noch eine weitere Staatsangehörigkeit hat. Hat dieser dann noch ganz oder teilweise Vermögen im Ausland oder hielt er sich in seinen letzten Lebensjahren sogar dauerhaft im Ausland auf und hatte dort dementsprechend möglicherweise auch noch seinen letzten Wohnsitz, so muss für die Lösung erbrechtlicher Fragen zwingend das internationale Erbrecht aufgegriffen werden. Je nachdem, von welchem rechtlichen Standpunkt aus der Sachverhalt betrachtet wird, muss sowohl das EGBGB als auch das sonstige deutsche internationale Privatrecht zu Rate gezogen werden als auch das jeweilige ausländische internationale Privatrecht; in hiesiger Konstellation das IPRG als internationales Privatrecht Italiens. Kommt dann noch rechtlich erschwerend hinzu, dass der Erblasser zum Zeitpunkt seines Todes verheiratet war, so ist neben dem jeweiligen nationalen Erbrecht auch das Güterrecht genauer zu untersuchen. Dabei stellt sich insbesondere in grenzüberschreitenden Fällen die Frage, wie mit der Besonderheit des dem deutschen Recht bekannten pauschalierten Zugewinnausgleichs nach § 1371 Abs. 1 BGB verfahren werden muss. Besonderes Augenmerk wird daher darauf zu richten sein, ob der pauschalierte Zugewinnausgleich des deutschen Rechts auch dann zur Anwendung gelangen kann, wenn ausländisches Erb- oder Güterrecht maßgeblich ist. Dies hängt wiederum von der Frage ab, wie das pauschalierte Viertel des § 1371 Abs. 1 BGB im Internationalen Privatrecht zu qualifizieren ist. Mit dieser Einordnung und der sich daraus ergebenden Konsequenzen für den Rechtsanwender soll sich die Arbeit zu einem großen Teil kritisch auseinandersetzen.

---

1 *Meijers*, WPNR 1936, 641, 645, schreibt in der Originalfassung: „Op geen gebied van het privaatrecht rijzen meer internationale verwikkelingen dan juist op het gebied van het erfrecht."

Sowohl Deutschland als auch Italien hatten für sich betrachtet als Anknüpfung zur Bestimmung des Erbstatuts das Staatsangehörigkeitsprinzip gewählt. Maßgeblich war damit bis zum 17.08.2015 die Staatsangehörigkeit des Erblassers zum Zeitpunkt seines Todes.[2] Allerdings teilen sich nicht alle Länder mit Deutschland und Italien die Staatsangehörigkeit als Anknüpfungspunkt zur Bestimmung der jeweilig maßgeblichen Rechtsordnung (sog. Staatsangehörigkeitsprinzip). Zahlreiche nationale Kollisionsrechte machen die Anwendbarkeit des nationalen Erbrechts von anderen Anknüpfungspunkten abhängig wie beispielsweise dem letzten Wohnsitz[3] des Erblassers, seinem gewöhnlichen Aufenthalt im Zeitpunkt des Todes oder der Belegenheit von Nachlassgegenständen.[4] Darüber hinaus bestimmt auch die Möglichkeit der Rechtswahl im Einzelfall darüber, welches Recht zur Anwendung gelangt und vor allem in welchem Umfang es zur Anwendung gelangt.

Europa ist auf der einen Seite gezeichnet von einer Unterschiedlichkeit und Vielschichtigkeit aufgrund der zahlreichen Mitgliedstaaten. Auf der anderen Seite bestehen europaweite Bestrebungen nach einer Vereinheitlichung im europäischen Raum. Besonders im Zusammenhang mit der Einführung der Erbrechtsverordnung vom 04.07.2012 über die Zuständigkeit, das anzuwendende Recht, die Anerkennung und Vollstreckung von Entscheidungen und die Annahme und Vollstreckung öffentlicher Urkunden in Erbsachen sowie zur Einführung eines europäischen Nachlasszeugnisses[5] als optionales Instrument, welche nach Art. 84 Abs. 2 EuErbVO im Wesentlichen erst seit dem 17. August 2015 Geltung beansprucht, zeigt sich dieser Prozess der Kollisionsrechtsvereinheitlichung. Damit einhergehend wurden wieder zahlreiche neu zu beantwortenden Fragen aufgeworfen, insbesondere im Verhältnis von Güter- und Erbstatut. In

---

2 Die deutsche Anknüpfung war bis zum Inkrafttreten der Europäischen Erbrechtsverordnung am 17.08.2015 in Art. 25 Abs. 1 EGBGB a. F. („Die Rechtsnachfolge von Todes wegen unterliegt dem Recht des Staates, dem der Erblasser im Zeitpunkt seines Todes angehörte") und die italienische Anknüpfung in Art. 46 Abs. 1 IPRG („la successione per causa di morte è regolata dalla legge nazionale del soggetto della cui eredità si tratta, al momento della morte.") geregelt. Auf die Verschiebungen durch Inkrafttreten der Europäischen Erbrechtsverordnung soll im Verlauf der Arbeit tiefergehender eingegangen werden.

3 Länder, welche vor dem 17.08.2015 noch an den letzten Wohnsitz des Erblassers angeknüpft haben, sind beispielsweise Bulgarien, Dänemark, Island, Norwegen und die Schweiz.

4 Große-Wilde/Ouart/*Ouart*, Einl. v. Artt. 25, 26 EGBGB Rn. 1.

5 ABl. EU 2012 Nr. L 201, S. 107.

den Erwägungsgründen zur Erbrechtsverordnung in Erwägungsgrund 7 heißt es dazu beispielsweise wie folgt: „Die Hindernisse für den freien Verkehr von Personen, denen die Durchsetzung ihrer Rechte im Zusammenhang mit einem Erbfall mit grenzüberschreitendem Bezug derzeit noch Schwierigkeiten bereiten, sollten ausgeräumt werden, um das reibungslose Funktionieren des Binnenmarktes zu erleichtern. In einem europäischen Rechtsraum muss es den Bürgern möglich sein, ihren Nachlass im Voraus zu regeln. Die Rechte der Erben und Vermächtnisnehmer sowie der anderen Personen, die dem Erblasser nahestehen, und der Nachlassgläubiger müssen effektiv gewahrt werden.“[6] Besonders am Beispiel des Zusammenwirkens von Güterrechtsstatut und Erbstatut lässt sich daher gezielt untersuchen, ob es durch die Einführung der Erbrechtsverordnung auf europäischer Ebene zu einer geplanten Beseitigung der Hindernisse bei grenzüberschreitenden Erbfällen gekommen ist oder ob es nicht auch hier einer Nachjustierung bedarf.[7] Gleiches gilt für die Einführung der Güterrechtsverordnung und das Zusammenspiel mit der Erbrechtsverordnung, wobei der Schwerpunkt der Arbeit auf die Erbrechtsverordnung gelegt werden soll.

Seit dem 17.08.2015 wird in der Europäischen Union – mit Ausnahme der Staaten Dänemark, Großbritannien[8] und Irland, die das Abkommen nicht unterzeichnet haben – das anwendbare Recht überall einheitlich an den gewöhnlichen Aufenthalt des Verstorbenen angeknüpft. Auch für Deutschland ist dies eine Neuerung, zumal sich das anwendbare Recht aus deutscher Sicht bislang nur nach dem Heimatrecht des Erblassers gerichtet hat. Maßgeblich als Anknüpfung war wie bereits erwähnt bislang die Staatsangehörigkeit des Erblassers, wie es Art. 25 Abs. 1 EGBGB a. F. vorgesehen hat. Der europäische Gesetzgeber führt mit der Erbrechtsverordnung allerdings auch in anderen Bereichen beachtliche Änderungen ein. So sieht die Verordnung in Kapitel VI ein europäisches Nachlasszeugnis vor, welches auch in allen anderen Mitgliedsstaaten Gültigkeit beansprucht. In der gesamten EU ist es daher nunmehr möglich, die Erbfolge bei Bedarf mit nur einem einzigen Zeugnis – dem Europäischen Nachlasszeugnis – zu belegen. Lediglich möglich und nicht zwingend ist es, da es nach dem eindeutigen Wortlaut des Art. 62 Abs. 2 EuErbVO für die Mitgliedstaaten nicht verpflichtend ist, das Europäische Nachlasszeugnis zu verwenden. Mit der

---

6 ABl. EU 2012 Nr. L 201, S. 107, Erwägungsgrund 7.

7 *Müller-Lukoschek*, Die neue EuErbVO, s. Vorwort (2013).

8 Das Vereinigte Königreich ist mit Wirkung vom 31.01.2020 aus der Europäischen Union ausgetreten. Das Austrittsübereinkommen sieht aber Übergangsregelungen bis zum 31.12.2020 vor.

Einführung der Erbrechtsverordnung wird es nun auch möglich sein, Urteile in erbrechtlichen Streitigkeiten in der gesamten EU anzuerkennen.[9] Dazu kommt, dass diese auch in der ganzen EU vollstreckbar sein werden, was die Abwicklung grenzüberschreitender Fälle durchaus vereinfacht.[10]

Ziel der Erbrechtsverordnung ist die Vereinfachung der Planung und Abwicklung von Erbfällen mit Auslandsbezug und insbesondere die Harmonisierung der Kollisionsnormen. Durch diese Bestrebungen der Vereinheitlichung auf europäischer Ebene wird es jedoch zu Verschiebungen aufgrund der neuen Rechtslage kommen, wobei in diesem Zusammenhang auch geklärt werden muss, welche praktischen Probleme sich daraus möglicherweise ergeben. Die Erstellung eines Erbscheins ist dabei nur eines der zahlreichen möglichen Probleme. Auch die nunmehr geltende Anknüpfung an den gewöhnlichen Aufenthalt gewissermaßen als Gegenstück zur Anknüpfung an die Staatsangehörigkeit soll auf ihren Nutzen hinterfragt werden. Nicht nur für die jeweils zuständigen Richter, sondern auch für die Erben werden sich Fragen hinsichtlich neuer Problemstellungen auftun, wenn ein ausländisches Erbstatut zur Anwendung gelangt. Und ob die Einführung der Erbrechtsverordnung auch wirklich zu einer Vereinfachung der Zuständigkeiten und Anwendungsregeln geführt hat und das Hauptziel der Verordnung erreicht worden ist, wird im Rahmen dieser Arbeit zu untersuchen sein. Ebenfalls mit in die Bewertung einzubeziehen ist die nunmehr geltende Güterrechtsverordnung (EuGüVO[11]), die besonders bei der Frage der Einordnung des pauschalierten Zugewinnausgleichs nach § 1371 Abs. 1 BGB Wichtigkeit erlangen wird und daher einer näheren Untersuchung bedarf. Gerade im Zusammenspiel mit der Erbrechtsverordnung wird es zu Abgrenzungsfragen kommen, welche Rechtsfragen im Ergebnis von welcher Verordnung erfasst werden.

§ 2 Gang der Untersuchung

Eine fundierte Stellungnahme zu der aufgeworfenen Problematik ist nur vor dem Hintergrund der Entwicklungen der jeweiligen Rechtssysteme und der Meinungsstände in der deutschen und der italienischen Rechtsprechung und

9 *Müller-Lukoschek*, Die neue EuErbVO, s. Vorwort (2013).

10 *Müller-Lukoschek*, Die neue EuErbVO, s. Vorwort (2013).

11 Verordnung (EU) 2016/1103 zur Durchführung der Verstärkten Zusammenarbeit im Bereich der Zuständigkeit, des anzuwendenden Rechts und der Anerkennung und Vollstreckung von Entscheidungen in Fragen des ehelichen Güterstands vom 24.6.2016 (ABl. EU 2016 L 183, S. 1).

Literatur möglich. In einem ersten Schritt sollen die Probleme im Zusammenhang mit einer Anknüpfung des Erbstatuts dargelegt werden. So sollen im Rahmen dieses zweiten Teils Ausführungen zum Staatsangehörigkeitsprinzip in Abgrenzung zum Aufenthaltsprinzip erfolgen. Ferner soll sowohl aus deutscher als auch aus italienischer Sicht auf die Rechtswahl als Möglichkeit der Bestimmung der Anwendung einer Rechtsordnung eingegangen werden. Auch wird es in diesem Zusammenhang um die Nachlassspaltung und die Nachlasseinheit aus deutscher und italienischer Sicht gehen. Schließlich sollen im Zuge der Ausführungen zum Erbstatut in gebotener Kürze sowohl aus deutscher als auch aus italienischer Perspektive das gemeinschaftliche Testament und der Erbvertrag beleuchtet werden.

Im dritten Teil der Arbeit erfolgt eine Darstellung der Anknüpfung des Güterstatuts und den jeweils dazugehörigen Problemen. Dabei soll eine Bündelung der Darstellung nach den Ländern Deutschland und Italien erfolgen. Es werden daher zunächst alle für das Güterstatut relevanten Ausführungen aus deutscher Sicht dargestellt, um daran anschließend die italienische Perspektive darzustellen. Letztlich soll sich in abschließenden Ausführungen noch der Güterrechtsverordnung und den damit einhergehenden Änderungen für das deutsche und italienische Güterrecht gewidmet werden.

Anschließend wird in einem vierten Teil das Zusammenspiel von Güter- und Erbstatut näher dargelegt. Im Einzelnen soll dabei zunächst auf den Zeitraum vor Inkrafttreten der Erbrechtsverordnung eingegangen werden. Insbesondere sollen dabei die Vorschriften des §§ 1371 Abs. 1, 1931 BGB ausgeleuchtet werden, in besonderem Maße bei Eheschließungen und Erbfällen mit Auslandsbezug. Zentrale Frage der Untersuchung soll dabei sein, ob der pauschalierte Zugewinnausgleich des § 1371 Abs. 1 BGB auch dann gewährt werden kann, wenn sich der Zugewinn in internationalem Bereich abspielt. deutsche und das italienische IPR auf seine Problematik bezüglich des Verhältnisses von Güter- und Erbstatut hin untersucht. Dies ist wiederum davon abhängig zu machen, wie der pauschalierte Zugewinnausgleich des § 1371 Abs. 1 BGB im Internationalen Privatrecht letztlich qualifiziert wird. Mit der Frage der Qualifikation und den damit einhergehenden unterschiedlichen Fallkonstellationen wird sich im Laufe dieser Arbeit beschäftigt. Im Anschluss daran wird auf einige Fallbeispiele zu sprechen gekommen, die anschaulich verdeutlichen sollen, wie das Verhältnis von Erb- und Güterstatut in deutsch-italienischen Erbfällen im Einzelnen ausgestaltet sein kann und welche Schwierigkeiten sich daraus ergeben. Nach Darlegung der einzelnen Fallgestaltungen sollen problematische Fälle kritisch gewürdigt und gegebenenfalls Lösungsansätze zur Problembewältigung gefunden werden. Dabei wird zu fragen sein, ob sich das Instrumentarium der

Anpassung über die Aufstellung von generellen Regeln als Mittel der Problembewältigung anbietet oder ob eine Anpassung nicht letztlich doch einzelfallabhängig bleiben sollte oder sogar muss.

Daran anschließend folgt eine Darstellung der Rechtslage nach Inkrafttreten der Erbrechtsverordnung bis zum Urteil des Europäischen Gerichtshofes vom 01. März 2018 in der Rechtssache C-558/16[12]. Welche Änderungen haben sich durch die Erbrechtsverordnung ergeben? Auf welche Anknüpfungen ist nunmehr zu achten, wie stellt sich das Verhältnis zwischen Güter- und Erbstatut mit der Erbrechtsverordnung dar? All diesen Fragen und weiteren Problemfeldern soll sich in genanntem Abschnitt gewidmet werden.

Abschließend ist eine Auseinandersetzung mit dem Urteil des Europäischen Gerichtshofes vom 01. März 2018 in der Rechtssache C-558/16[13] im Hinblick auf das Zusammenspiel von Güter- und Erbstatut erforderlich. Bei diesem Vorabentscheidungsgesuch geht es im Wesentlichen um die Auslegung der Art. 1 Abs. 1, Art. 67 Abs. 1 und Art. 68 Buchst. 1 der Europäischen Erbrechtsverordnung, demnach um den genauen Anwendungsbereich der Verordnung. Interessant ist dieses Urteil des Europäischen Gerichtshofes für deutsches Recht insoweit, als konträr zur in Deutschland vorherrschenden Ansicht bezüglich der Einordnung des pauschalierten Viertels des § 1371 Abs. 1 BGB entschieden worden ist. Eine sachgerechte Auseinandersetzung mit der Entscheidung des Europäischen Gerichtshofes kann daher nur im Anschluss an die Darstellung der Rechtslage zur Qualifikation des pauschalierten Viertels sowohl im deutschen als auch im italienischen Recht erfolgen.

In den Schlussbetrachtungen ist eine abschließende Wertung der vorangegangenen vorzunehmen. Was haben die Einführung der Erbrechtsverordnung und der Güterrechtsverordnung gebracht? Ist es besser geworden? Welche Probleme bestanden vorher, mit denen man sich möglicherweise nun nicht mehr konfrontiert sieht?

---

12 EuGH, 01.03.2018, Rs. C 558/16 (*Mahnkopf*) = RNotZ 2018, 250.
13 EuGH, 01.03.2018, Rs. C 558/16 (*Mahnkopf*) = RNotZ 2018, 250.

Teil 2: Anknüpfung des Erbstatuts und dazugehörige Probleme

§ 1 Der Internationale Erbfall im Zusammenspiel mit dem Güterrecht

Zunächst wird im nachfolgenden Teil der Arbeit geklärt, was unter dem Begriff des internationalen Erbfalls zu verstehen ist. Mit in Augenschein zu nehmen ist dabei das Güterrecht, welches bei der Abwicklung eines Erbfalles einzubeziehen ist. Dabei wird auf den Gleichlauf zwischen dem deutschen und dem italienischen Erbrecht Bezug genommen, der sich im Laufe der Arbeit bei jeder Begriffsbestimmung widerspiegeln wird.

I. Begriff

Bei einem Todesfall fragt sich zunächst, nach welcher Rechtsordnung sich die Erbfolge richtet. Fehlt es an einer Auslandsberührung, so kommt es ohne Weiteres nur auf deutsches materielles Recht an. Schwierig wird es bei Auslandsberührung, also dann, wenn bei der Abwicklung von Erbfällen nicht mehr das nationale Recht eines Staates allein zur rechtlichen Beurteilung maßgeblich ist. Und wie bereits *Kropholler*[14] festgestellt hat, handelt es sich bei dem Bereich der Nachlassabwicklung im Internationalen Erbrecht um dasjenige Terrain des Internationalen Privatrechts mit den größten Problemen. Bei dem Begriff des internationalen Erbfalls geht es im weitesten Sinne um Erbfälle, die einen Auslandsbezug aufweisen.[15] Dabei ist besonders die Verzahnung von nationalem und ausländischem Recht schwierig, gerade im Hinblick auf die uneinheitliche Rechtslage auf dem Gebiet des Erbrechts. Derartige Sachverhalte mit Berührungspunkten im Ausland nehmen mittlerweile sowohl in der anwaltlichen Beratung als auch in der notariellen Praxis einen immer größer werdenden Raum ein, wie man anhand der folgenden statistischen Darlegung gut

---

14 *Kropholler*, IPR, § 51 I S. 433. Er spricht davon, dass kaum ein anderes Rechtsgebiet „so wenig flexibel ausgestaltet" ist wie das Erbrecht.

15 Flick/Piltz/*Piltz*, Der internationale Erbfall, Rn. 1; Scherer/*Pawlytta/Pfeiffer*, Handbuch Erbrecht, § 33 Rn. 1.

erkennen kann:[16] In der Alt-Bundesrepublik Deutschland lebten im Jahre 1961 rund 700.000 Ausländer, bei dem damaligen Stand der Bevölkerung machte dies einen Anteil von insgesamt 1,2 % aus.[17] Im Jahre 2015 sind von 82,2 Millionen Menschen in der Bundesrepublik rund 8,7 Millionen Menschen als Ausländer zu zählen gewesen.[18] Dazwischen liegt demnach ein beträchtlicher Anstieg der Ausländerquote um 7,5 %. Jährlich tragen sich mittlerweile um die 800.000 Erbfälle in Deutschland zu; im Jahr 2011 zum Beispiel waren es 852.328 Personen, die verstorben sind.[19] Im Jahre 2015 waren es sogar bereits 925.000 Todesfälle bundesweit; die Zahl der Todesfälle ist somit gegenüber dem Vorjahr um 6,5 % gestiegen.[20] Legt man demnach die oben genannten Zahlen der Anzahl an Erbfällen zugrunde, so kommt man dazu, dass ungefähr jeder zehnte Erbfall in der Bundesrepublik einen Auslandsbezug aufweist.[21] Möchte man einen Erbfall auch als „international“ bezeichnen, so ist zu beachten, dass es sich dabei zwangsläufig auch um ein Zusammenspiel mehrerer Faktoren handelt, denn namentlich sind dabei wirtschaftliche, soziale und politische Faktoren in eine Gesamtschau zu nehmen.[22] Aufgrund der fortschreitenden Mobilität entscheiden sich auch viele deutsche Staatsbürger, mit dem Eintritt des Rentenalters ihr Lebensende dauerhaft im Ausland zu verbringen. Daraus folgt letztlich auch, dass es mit diesen zunehmenden Wanderungsbewegungen zur Entstehung von gemischt-nationalen Ehen aufgrund engen Zusammenlebens der Menschen aus unterschiedlichen Kulturen und Ländern kommt. Zwangsläufig führen die damit einhergehenden internationalen Familienbeziehungen jedoch auch zu immer mehr grenzüberschreitenden Problemen und Konflikten im Bereich des

---

16 Quelle: statistisches Bundesamt; Zahlen im Internet abrufbar unter https://www.destatis.de beziehungsweise unter http://appsso.eurostat.ec.europa.eu.; in: *Müller-Lukoschek,* Die neue EuErbVO, § 1 Rn. 1 (2015).

17 *Müller-Lukoschek,* Die neue EuErbVO, § 1 Rn. 2 (2015).

18 https://www.destatis.de/DE/ZahlenFakten/GesellschaftStaat/Bevoelkerung/Bevoelkerung.html.

19 *Müller-Lukoschek,* Die neue EuErbVO, § 1 Rn. 3 (2015).

20 Pressemitteilung Nr. 225 vom 30. Juni 2016, zu finden unter https://www.destatis.de/DE/PresseService/Presse/Pressemitteilungen/2016/06/PD16_225_126.html (zuletzt abgerufen am 01.07.2020); Pressemitteilung Nr. 22 vom 19. Januar 2017, zu finden unter https://www.destatis.de/DE/Presse/Pressemitteilungen/2017/01/PD17_022_232.html (zuletzt abgerufen am 01.07.2020).

21 *Müller-Lukoschek,* Die neue EuErbVO, § 1 Rn. 3 (2015).

22 *Flick,* in: FS Wassermeyer, 2005, 613, 615.

Erb- und Familienrechts,[23] denen es entgegenzutreten gilt. Ebenfalls zu berücksichtigen im internationalen Erbfall sind solche Fälle, bei denen deutsche Erblasser bei Eintritt ihres Todes noch Teile ihres Vermögens im Ausland haben. Neben der eigentlichen Erbfolge bei teilweiser Nachlassbelegenheit im Ausland gehen damit noch Fragestellungen des Nachweises der Erbfolge und die Anerkennung derselben ein.[24] Auch „losere Anknüpfungen" fallen noch unter den Begriff des internationalen Erbfalls, wie beispielsweise die Rechtswahl von ausländischem Recht – welche an späterer Stelle relevant wird – oder ein ausländischer ehelicher Güterstand bei ansonsten ausschließlichem Inlandssachverhalt.[25]

Liegt ein Erbfall mit Bezug zu Deutschland und Italien vor, so können sowohl das italienische als auch das deutsche Recht oder auch beide Rechtsordnungen in Betracht kommen.[26] Dies kann zunächst dann der Fall sein, wenn der Erblasser ein italienischer Staatsangehöriger war, er seinen Wohnsitz oder seinen Aufenthalt in Italien hatte, wenn eine Immobilie oder Rechte in Italien belegen waren oder der Erblasser ein Testament oder sonstige Rechtsgeschäfte in Italien verrichtet oder abgeschlossen hat.[27] Kam es daher nach altem Recht zu einer Nachlassspaltung, so konnten gegebenenfalls auch mehrere Rechtsordnungen zur Anwendung gelangen.[28] Damit lässt sich festhalten, dass es nicht nur dann zu Berührungspunkten mit italienischem Erbrecht kommt, wenn ein Italiener im Inland stirbt, sondern natürlich auch dann, wenn beim Tode eines deutschen Staatsangehörigen Gegenstände seines Vermögens in den Nachlass gelangen, die entweder in Italien selbst belegen sind oder sich dort befinden. Der Fall, dass eine in Italien belegene Immobilie eines deutschen Erblassers in den abzuwickelnden Nachlass fällt, dürfte den in der Praxis wohl häufigsten Fall darstellen.[29]

---

23 Vgl. BMJ Newsletter vom 15.1.2007 („Mehr Rechtssicherheit für Familien in Europa"), http://www.vaeter-aktuell.de/Europa_20070115.htm; FAZ vom 21.11.2006, Nr. 271, S. 23; Groll/Steiner/*Kindler/Kränzle*, Erbrechtsberatung, § 40 Rn. 1 (2019).

24 *Müller-Lukoschek*, Die neue EuErbVO, § 1 Rn. 5 (2015).

25 Flick/Piltz/*Piltz*, Der internationale Erbfall, Rn. 1.

26 *Reiß*, Internationales Erbrecht Italien, Rn. 2.

27 *Reiß*, Internationales Erbrecht Italien, Rn. 2.

28 Bamberger/Roth/*Lorenz*, Art. 25 EGBGB Rn. 51 (2012); *Reiß*, Internationales Erbrecht Italien, Rn. 2.

29 *Reiß*, Internationales Erbrecht Italien, Rn. 3.

II. Besonderheiten

Kommt man im Anschluss daran dazu, dass ein Fall mit Auslandsberührung vorliegt, so zeigen sich in der beratenden Praxis im Wesentlichen zwei Problemkreise auf: Zum einen sollte dem Erblasser im Rahmen der Planung des Übergangs seines Vermögens auf die Rechtsnachfolger beratend zur Seite gestanden werden, zum anderen müssen neben dem Erblasser auch die Hinterbliebenen bei Eintritt des Erbfalles vollumfänglich beraten werden.[30] Eine irgendwie geartete Systematisierung für jene Fälle zu finden, bei denen eine Auslandsbeziehung die rechtliche Entscheidungsfindung prägt, ist nicht zuletzt wegen ihres zahlreichen und facettenreichen Auftretens fast schon unmöglich.[31] Denn so treten bereits bei einem Erbfall mit rein nationalen Bezugspunkten teilweise äußerst komplexe Fragestellungen auf, die sowohl tatsächlicher als auch rechtlicher Natur sind.[32] Daher kann Erblassern nur empfohlen werden, sich insbesondere bei einem Erbfall mit Auslandsberührung der Hilfe unabhängiger und erfahrener Berater bei der Nachlassplanung zu bedienen.[33] Zumal sich der internationale Erbfall von dem „normalen" Erbfall dadurch unterscheidet, dass noch „etwas hinzu kommt"; denn möglicherweise wird der Erbfall auch durch ausländische Rechte bestimmt und nicht bloß durch das nationale deutsche Erbrecht. Gerade dann sind nämlich nicht nur die materiellen Rechte der jeweiligen Staaten maßgeblich, heranzuziehen ist dann auch das Kollisionsrecht der in Rede stehenden Staaten, welches nicht selten erhebliche Unterschiede aufweist. Bei internationalen Erbfällen stellt sich demnach im Vorfeld das Problem der Ermittlung des anwendbaren Rechts, bevor überhaupt an die weitere Frage herangegangen werden kann, wer denn im Erbfall der Erbe geworden ist oder wer Erbe werden wird, sofern es sich bislang zunächst noch um die reine Planung des Nachlasses handelt. Wie bereits erwähnt, kommt zur Lösung solcher Fragestellungen das jeweilige Internationale Privatrecht ins Spiel.[34] Das anwendbare Recht muss eingangs durch das IPR bestimmt werden. Die eigentliche Arbeit, nämlich die feine Auseinandergliederung der beteiligten materiellen Interessen, fällt letztlich in den Aufgabenbereich des jeweils durch das IPR berufenen Sachrechts.[35] Das IPR

---

30 *Müller-Lukoschek*, Die neue EuErbVO, § 1 Rn. 8 (2015).

31 *Kegel/Schurig*, IPR, § 1 VIII 2b).

32 Flick/Piltz/*Wachter*, Der internationale Erbfall, Rn. 129.

33 So auch Flick/Piltz/*Wachter*, Der internationale Erbfall, Rn. 129, mit Hinweis auf durch die Beratung eines im Ausland ansässigen Berater zwangsläufig entstehenden Kosten.

34 *Müller-Lukoschek*, Die neue EuErbVO, § 1 Rn. 10 (2015).

35 *Kegel/Schurig*, IPR, § 1 VIII 2b).

stellt demnach nur eine Hilfestellung zur Rechtsfindung dar, mit dessen Hilfe nur in die richtige Richtung bei einer Ergebnisfindung gegangen werden kann. Mehr als ein Instrumentarium der Beteiligten bei der Rechtsfindung ist das IPR hingegen nicht.

§ 2 Staatsangehörigkeitsprinzip – Aufenthaltsprinzip

Im Folgenden sollen die Unterschiede zwischen der alten Anknüpfung an das Staatsangehörigkeitsprinzip und der nunmehr vorrangigen Anknüpfung an das Aufenthaltsprinzip dargestellt werden. Sowohl Deutschland als auch Italien sahen eine Anknüpfung an die Staatsangehörigkeit vor. Trotzdem soll in der Darstellung zunächst zwischen beiden Ländern differenziert werden.

I. Deutschland

Jene Rechtsordnung, welche auf den Fall mit Auslandsbezug zur Anwendung gelangt und einen bestimmten Zusammenhang aufweist, wird als entsprechendes Statut bezeichnet.[36] Das IPR kennt einige Statute, auf welche hier nicht eingegangen werden soll. Statute bilden im Grunde eine „Bündelung" der maßgeblichen Rechtsfragen in einen Teilbereich. Dabei wird durch das Internationale Erbrecht gerade noch keine materiellrechtliche Entscheidung in Erbrechtsangelegenheiten getroffen, vielmehr muss erst mithilfe des dadurch gefundenen Rechts das materielle Erbrecht angewandt werden. Für den Bereich des Erbrechts und der damit einhergehenden zu klärenden Rechtsfragen ist demnach grundsätzlich das Erbstatut heranzuziehen.[37] Bislang richtete sich das Erbstatut nach Art. 25 Abs. 1 EGBGB a. F., welcher sich mit der Rechtsnachfolge von Todes wegen befasst hat. Mit Neufassung[38] der Vorschrift kommt eine Anwendung der erbrechtlichen Vorschriften nur noch über die Erbrechtsverordnung in Betracht. Fortan wird das Internationale Erbrecht seit dem 17.8.2015 von der Erbrechtsverordnung abgedeckt, weswegen die Vorschriften des EGBGB nicht mehr beachtet werden. Richtete sich vor Geltung der Erbrechtsverordnung die Anknüpfung des Sachverhaltes nach der Staatsangehörigkeit des Erblassers, wird das Erbstatut nunmehr über Art. 21 EuErbVO grundsätzlich durch den gewöhnlichen Aufenthalt bestimmt. Um aber einen möglichst umfassenden Gleichlauf des erbrechtlichen

36 Ferid/Firsching/*Firsching*, Internationales Erbrecht, Bd. I, Deutschland, C Rn. 234.

37 So auch Flick/Piltz/*Wachter*, Der internationale Erbfall, Rn. 136.

38 Art. 25 EGBGB wurde neu gefasst durch das Gesetz v. 29.6.2015 (BGBl. I, S. 1042) mit Wirkung vom 17.8.2015.

Kollisionsrechts zu gewährleisten, sieht die Neufassung des Art. 25 EGBGB nunmehr vor, dass die Vorschriften des Kapitels III der Erbrechtsverordnung entsprechend anzuwenden sind.[39] Die Vorschriften des EGBGB werden seit dem 17.08.2015 also nur noch dann herangezogen, um etwaig aufkommende Regelungslücken zu schließen. In seiner neuen Fassung kommt der Art. 25 EGBGB demnach nur noch in Betracht, wenn Rechtsfragen, welche nicht in den sachlichen Anwendungsbereich der Erbrechtsverordnung fallen, nach dem bisherigen autonomen deutschen IPR erbrechtlich qualifiziert werden.[40] Trotzdem soll in diesem Abschnitt noch auf die Grundregelungen des Erbstatutes nach deutschem nationalem Recht eingegangen werden, um die Verschiebungen der maßgeblichen Anknüpfungspunkte noch deutlicher herausarbeiten zu können.

Die Anknüpfung an die Staatsangehörigkeit war der maßgebliche Aufhänger, wonach sich das Erbstatut für den Erblasser richtete. Ausschlaggebend für die Erbfolge war demnach grundsätzlich das Personalstatut im Zeitpunkt des Todes des Erblassers, die Staatsangehörigkeit war die maßgebliche Anknüpfung.[41] In Abs. 1 des Art. 25 EGBGB a. F. war also eine objektive Anknüpfung an das Heimatrecht des Erblassers vorgesehen. Über Art. 25 EGBGB a. F. wurde der Grundsatz der Nachlasseinheit im deutschen IPR deutlich: Es sollte auf einen Sachverhalt lediglich eine einheitliche Rechtsordnung angewandt werden.[42] Hingegen unterscheiden ausländische Rechtsordnungen meist bei der Anknüpfung zwischen unbeweglichem und beweglichem Vermögen.[43] Für die Wahl der Staatsangehörigkeit als Anknüpfung in Art. 25 Abs. 1 EGBGB a. F. wurde neben

---

39 Vgl. BT-Drucks. 18/4201 S. 70.

40 Grüneberg/*Thorn*, BGB, Art. 25 EGBGB Rn. 1. *Dutta* spricht davon, dass es sich bei Art. 25 EGBGB in seiner Fassung ab Geltung der Erbrechtsverordnung um eine „Staubsaugernorm" handelt, „welche die neben der Erbrechtsverordnung verbleibenden Krümel aufsaugt und der Verordnung zuordnet.", MüKo-BGB/*Dutta*, Art. 25 EGBGB Rn. 1 (2020).

41 BeckOK-BGB/*Lorenz*, Art. 25 EGBGB Rn. 15; Burandt/Rojahn/*Franke*, Erbrecht, Art. 25 EGBGB Rn. 47 (2014); MüKo-BGB/*Dutta*, Art. 25 EGBGB Rn. 19 f. (2015); HK-BGB/*Staudinger*, Vorbemerkung zu Art. 25 EGBGB Rn. 1 (2014); Soergel/*Schurig*, BGB, Art. 25 Rn. 19 (1996).

42 Für eine Anknüpfung des Art. 25 Abs. 1 EGBGB war es nicht ausschlaggebend, wo sich die Nachlassgegenstände befanden. Vielmehr sollte es mit der Anknüpfung an die Staatsangehörigkeit bei einer „kollisionsrechtlichen Nachlasseinheit" bleiben, siehe dazu Hausmann/Hohloch, HB des ErbR, Kapitel 26 Rn. 83 (*Hohloch/Heckel*); Staudinger/*Dörner*, Art. 25 EGBGB Rn. 21 (2007).

43 HK-BGB/*Staudinger*, Art. 25 EGBGB Rn. 1 (2014) m. w. N.

der Rechtsklarheit die Übereinstimmung mit personenrechtlichen Anknüpfungen genannt, aber auch die Beibehaltung eines „bewährten Rechtsgrundsatzes", denn für eine Anknüpfung an den gewöhnlichen Aufenthalt des Erblassers würde so kein Bedürfnis bestehen.[44] Daher waren bislang weder der gewöhnliche Aufenthalt noch der Wohnsitz des Erblassers maßgeblich; es zählte nur die Staatsangehörigkeit des Erblassers. Gegen die wohl eher starre Anknüpfung an die Staatsangehörigkeit des Erblassers gab es sicherlich gute Gründe. Denkbar ist zum Beispiel, dass die persönliche Bindung des Verstorbenen an sein aktuelles Aufenthaltsland viel stärker war als an seine eigene Staatsangehörigkeit.[45] Zu kritisieren war demnach durchaus, dass die Staatsangehörigkeitsanknüpfung keine Möglichkeit einer anderweitigen Anknüpfung für den Erblasser gelassen hat.

Die Reichweite des Erbstatutes legte die Vorschrift des Art. 25 Abs. 1 EGBGB a. F. fest. Danach richtete sich der Anwendungsbereich dieser Kollisionsnorm nach dem Anknüpfungsgegenstand der „Rechtsnachfolge von Todes wegen".[46] Genauer gesagt sind damit alle Rechtsfragen gemeint, die damit zu tun haben, dass Vermögen auf den einen Menschen übergeht, sobald ein anderer Mensch verstirbt.[47] Der Anwendungsbereich des Erbstatuts erfasste demnach dem Grunde nach den gesamten erbrechtlichen Bereich. Davon nicht umfasst wurden hingegen Formfragen von Testamenten, für die das Haager Testamentsübereinkommen bzw. Art. 26 EGBGB a. F. einschlägig war. Insbesondere regelte das Erbstatut Fragen wie beispielsweise den Umfang der Erbschaft, überhaupt die Berufung zur Erbschaft und damit einhergehend die Zahl der gesetzlichen Erben und deren Erbquoten, die Erbfähigkeit, das Pflichtteilsrecht sowie die Nachlassverbindlichkeiten und damit verbunden etwaige Haftungsfragen.[48] Ebenfalls

---

44 BT-Drucks. 10/504, 74.

45 Man gehe zum Beispiel davon aus, dass ein Spanier nach 55 Jahren Leben, Aufenthalt, Arbeit und Familiengründung in Deutschland trotz anderweitiger Staatsangehörigkeit eine stärkere Bindung zu Deutschland als seinem Aufenthaltsland aufweist als zu Spanien als Land seiner Staatsangehörigkeit. Die Kritik an der Staatsangehörigkeitenanknüpfung konnte demnach im Einzelfall durchaus berechtigt sein (dazu siehe *Kropholler*, IPR, § 51 II, S. 435), allerdings sind auch die Vorteile einer einfachen Festmachung der maßgeblichen Rechtsordnung durch Anknüpfung an die – meist unstreitig zu ermittelnde – Staatsangehörigkeit nicht zu unterschätzen.

46 *Reiß*, Internationales Erbrecht Italien, Rn. 40.

47 In allen Rechtsordnungen hängt der Eintritt des Erbfalles mit dem Todeseintritt zusammen, so *Kropholler*, IPR, § 51 IV, S. 440; Staudinger/*Dörner*, Art. 25 EGBGB Rn. 71 ff. (2007).

48 Siehe dazu BayObLG, Beschluss v. 18.2.1998 – 1 Z BR 55/97 = ZEV 1998, 472 mit Anm. *S. Lorenz* m. w. N.; zu den einzelnen Fallgestaltungen der vom Erbstatut erfassten

unter das Erbstatut fiel damit das Erbrecht des hinterbliebenen Ehegatten, allerdings richtete sich der güterrechtliche Ausgleich nach Art. 15 EGBGB a. F.[49]

II. Italien

Auch mit dem vergleichsweise neuen IPR-Gesetz behielt Italien die Prinzipien der Staatsangehörigkeitenanknüpfung und der Nachlasseinheit bei. Die grundlegende Vorschrift des Art. 46 Abs. 1 IPRG a. F. sah die Anknüpfung für die Beerbung wie das deutsche Recht auch bei dem Heimatrecht des Erblassers im Zeitpunkt seines Todes.[50] Die Anknüpfung erfolgte dabei dergestalt, dass es auf die Belegenheit der Nachlassgegenstände oder aber auch den bisherigen Wohnsitz des Erblassers nicht ankam.[51] Auch fand anders als im damals geltenden deutschen Recht eine Einschränkung des Grundsatzes der Nachlasseinheit nicht durch einen etwaigen Vorrang des Einzelstatuts vor dem Gesamtstatut statt.[52] Das italienische Recht kannte eine Vorschrift vergleichbar mit Art. 3a Abs. 2 EGBGB a. F. nämlich gerade nicht.[53] Mangels Vorrang des Einzelstatus blieb es im italienischen Recht bei dem Grundsatz der Nachlasseinheit.[54] Aus italienischer Sicht wurden daher die deutschen Staatsangehörigen auch bezüglich ihres Grundvermögens, welches sich in Italien befand, allein nach deutschem

---

Bereiche siehe die Ausführungen zum Anwendungsbereich des Erbstatuts in *Kropholler*, IPR, § 51 IV, S. 440 f. Bezüglich des Umfanges der Erbschaft muss erwähnt werden, dass bei verheirateten Ehegatten zunächst das Güterstatut befragt werden musste, ob der Nachlass nicht durch die Bildung eines Gesamtgutes geschmälert wurde. Erst dann kann das verteilt werden, was „übrigbleibt".

49 OLG Frankfurt, Beschluss v. 20.10.2009 – 20 W 80/07 = ZEV 2010, 253; *Hohloch*, FamRZ 2010, 1216; MüKo-BGB/*Dutta*, Art. 25 EGBGB Rn. 200 (2015).

50 Seit dem 17.08.2015 gilt auch für die Bestimmung des Erbstatutes in Italien die EuErbVO, sodass die Vorschriften der Art. 46-50 IPRG durch die Verordnung restlos ersetzt worden sind, vgl. Süß/*Cubeddu Wiedemann/Wiedemann*, Erbrecht in Europa, Italien, Rn. 2.

51 Burandt/Rojahn/*Frank*, Erbrecht, Länderbericht Italien, Rn. 7 (2019); Ferid/Firsching/*Hausmann/Trabucchi*, Internationales Erbrecht, Bd. III, Italien, Rn. 36.

52 Ferid/Firsching/*Hausmann/Trabucchi*, Internationales Erbrecht, Bd. III, Italien, Rn. 36.

53 *Frank*, JbItalR 25 (2012), 17, 20.

54 Siehe hierzu auch *Ballarino*, DIP, S. 502; Burandt/Rojahn/*Frank*, Erbrecht, Länderbericht Italien, Rn. 8 (2019); Ferid/Firsching/*Hausmann/Trabucchi*, Internationales Erbrecht, Bd. III, Italien, Rn. 36.

Recht beerbt.[55] Etwaige Abweichungen und Besonderheiten hätten sich noch aus bestehenden internationalen Abkommen ergeben können;[56] zwischen Italien und Deutschland existierten allerdings keine staatsvertraglichen Regelungen, welchen der Vorrang einzuräumen gewesen wäre. Aus deutscher Sicht stellte sich die Rückverweisung ein wenig anders dar: Da Art. 25 Abs. 1 EGBGB a. F. und Art. 46 Abs. 1 IPRG a. F. eine übereinstimmende Anknüpfung an die Staatsangehörigkeit des Erblassers vorsahen, schied eine Rückverweisung bei einem italienischen Erblasser zunächst aus.[57] Auf die Möglichkeit einer Rechtswahl nach Art. 46 Abs. 2 IPRG a. F. soll sogleich noch eingegangen werden.

Das italienische Erbstatut klärte bis zur vollumfänglichen Geltung der Erbrechtsverordnung erbrechtlich bezogene Fragen wie beispielsweise, ob der Erbfall selbst eingetreten war, die Erbfolge testamentarischer und gesetzlicher Art, Annahme und Ausschlagung des Erbes, den Erwerb und Verlust der

---

55 Ferid/Firsching/*Hausmann/Trabucchi*, Internationales Erbrecht, Bd. III, Italien, Rn. 36 m. w. N. zur Frage, ob dies aus italienischer Richterperspektive auch dann gelten muss, wenn sich Grundbesitz eines deutschen Erblassers in Frankreich befindet.

56 Als vorrangige Staatsverträge in Italien wäre zum einen an den italienisch-türkischen Konsularvertrag zu denken, welcher am 9.9.1925 ratifiziert worden ist. Im Rahmen dieses bilateralen Abkommens wird im Grundsatz an das Heimatrecht des Erblassers angeknüpft, für Immobiliareigentum ist die lex rei sitae anzuwenden. Daneben bedarf das Washingtoner Übereinkommen über ein einheitliches Recht der Form eines internationalen Testaments vom 26.10.1973 einer Erwähnung (abgedruckt bei Staudinger/*Dörner*, vor Art. 25 f. Rn. 141 (2000)), welches eine Sachrechtsvereinheitlichung insofern zur Folge hat, als dass dadurch eine neue Testamentsform geschaffen worden ist, welche unabhängig von ihrer kollisionsrechtlichen Anknüpfung in allen Vertragsstaaten Wirksamkeit entfaltet. Daneben ist Italien auch dem Baseler Europäischen Übereinkommen vom 16.5.1972 beigetreten, welches über die Einrichtung einer Organisation zur Registrierung von Testamenten entscheidet. Dieses Übereinkommen hat sich zum Ziel gesetzt, der Gefahr entgegenzutreten, dass ein Testament gar nicht oder erst verspätet aufgefunden wird (ebenfalls abgedruckt bei Staudinger/*Dörner*, vor Art. 25 f. Rn. 146 (2000)). Das Haager Übereinkommen über die Nachlassverwaltung vom 2.10.1973 ist von Italien zwar unterzeichnet, allerdings dann nicht ratifiziert worden. Auch ist das Haager Übereinkommen über das auf die Rechtsnachfolge von Todes wegen anzuwendende Recht vom 1.8.1989 in Italien nicht in Kraft. Zudem ist Italien nicht Vertragsstaat des Haager Übereinkommens über das auf die Form letztwilliger Verfügungen anzuwendende Recht vom 5.10.1961, weswegen ihm bei deutsch-italienischen Erbfällen keine weitere Bedeutung zukommt.

57 Ferid/Firsching/*Hausmann/Trabucchi*, Internationales Erbrecht, Bd. III, Italien, Rn. 36.

Erbenstellung sowie die Größenordnung des Nachlasses.[58] Wie sich erkennen lässt, war der Geltungsbereich des Erbstatuts nach Art. 46 Abs. 1 IPRG a. F. ähnlich weit gefasst wie das Verständnis vom deutschen Erbstatut nach Art. 25 EGBGB a. F. und behandelte grundsätzlich alle Fragen, die mit einem Erbfall auftauchten und zusammenhingen, besonders den Eintritt und Zeitpunkt eines Erbfalles, die Berufung zum Erben und dazu deren Rechtsstellung.[59] Art. 46 IPRG a. F. umfasste demnach alle mit der Beerbung zusammenhängenden Fragen und solchen, die keiner gesonderten Anknüpfung unterlagen, wie beispielsweise die Testamentsform in Art. 48 IPRG a. F.[60] Auch wurden im italienischen Recht solche rechtlichen Konstrukte wie der Vertrag zugunsten Dritter oder die Schenkung auf den Todesfall erbrechtlich qualifiziert und unterlagen damit ebenfalls dem Erbstatut.[61] Ist im deutschen Recht nach § 2301 BGB maßgeblich, ob die Schenkung bereits zu Lebzeiten vollzogen worden ist,[62] so kam es nach italienischem IPR darauf gar nicht an.[63]

III. Der gewöhnliche Aufenthalt

Zur Bestimmung der anzuwendenden Rechtsordnung ist fortan nicht mehr das Staatsangehörigkeitsprinzip maßgeblich. So richtet sich das anzuwendende Recht danach, wo der Erblasser seinen gewöhnlichen Aufenthalt hatte. Es hat

---

58 Burandt/Rojahn/*Frank*, Erbrecht, Länderbericht Italien Rn. 7 f. (2019); siehe hierzu auch die Aufzählungen bei *Reiß*, Internationales Erbrecht Italien, Rn. 77.

59 *Kindler*, RabelsZ 61 (1997), 227, 266.

60 Testamente als letztwillige Verfügungen waren hinsichtlich ihrer Form nach italienischem IPR dem Formstatut unterworfen, da sich die Anknüpfung hinsichtlich der Formwirksamkeit von Testamenten nach Art. 48 IPRG a. F. richtete. Nach Art. 48 IPRG a. F. wurde an die Formwirksamkeit der Verfügung von Todes wegen an das Recht des Staates angeknüpft, in dem der Testierende verfügt hat, oder dem er im Zeitpunkt der Testamenterrichtung oder seines Todes angehörte oder an das Recht desjenigen Staates, in dem der Testierende seinen Aufenthaltsort oder seinen Wohnsitz hatte. Maßgeblich waren daher die Formvorschriften des jeweiligen Landes. Italien ist dem Haager Testamentsformübereinkommen im Gegensatz zu Deutschland wie bereits dargelegt nicht beigetreten und unterstellte demnach die letztwillige Verfügung nicht den Regeln des Übereinkommens, sondern ihrem eigenen Kollisionsrecht.

61 *Ballarino*, DIP, S. 558 f.; *Damascelli*, Riv.dir.int. 1997, 78, 94 f.; *Deli*, NLCC 1996, 1278, 1293 ff.; *Ebenroth/Kleiser*, RIW 1993, 353, 358 f.; *Hausmann*, JbItalR 15/16 (2002/2003), 173, 187 ff.; Süß/*Cubeddu Wiedemann/Wiedemann*, Erbrecht in Europa, Italien, Rn. 3; *v. Daumiller*, Rechtswahl, S. 144; *Kruis*, italienisches Erbrecht, S. 136 f. m. w. N.

62 Grüneberg/*Thorn*, BGB, Art. 25 EGBGB Rn. 15 (2015).

63 Ferid/Firsching/*Hausmann/Trabucchi*, Internationales Erbrecht, Bd. III, Italien, Rn. 54.

daher eine Abkehr vom Staatsangehörigkeitsprinzip hin zum Aufenthaltsprinzip stattgefunden.

1. *Der gewöhnliche Aufenthalt des Erblassers*

Mit Inkrafttreten der Erbrechtsverordnung wandelt sich auch die objektive Anknüpfung desjenigen Rechts, welches auf die Rechtsnachfolge von Todes wegen des Erblassers Anwendung findet. Wurde bislang sowohl im deutschen Art. 25 Abs. 1 EGBGB a. F. als auch im italienischen Art. 46 Abs. 1 IPRG a. F. an die Staatsangehörigkeit des Erblassers angeknüpft, findet diese Anknüpfung in der Erbrechtsverordnung nun keinerlei Beachtung mehr. Vielmehr richtet sich die gesamte Rechtsnachfolge von Todes wegen gem. Art. 21 Abs. 1 EuErbVO nach dem Recht des Staates, in dem der Erblasser seinen letzten gewöhnlichen Aufenthalt hatte; die Regelanknüpfung im Rahmen der Erbrechtsverordnung ist demnach der gewöhnliche Aufenthalt des Erblassers. Trifft der Erblasser zuvor keine wirksame Rechtswahl, so richtet sich die Anknüpfung nunmehr nach dem letzten gewöhnlichen Aufenthaltsort des Erblassers. In der Haager Konferenz wurde diese neue Anknüpfung damit begründet, dass hauptsächlich anstatt auf rechtliche auf faktische Umstände abgestellt werden könne. Deshalb sei es eine Vereinfachung, wenn man nun den gewöhnlichen Aufenthalt als Anknüpfung international einheitlich verwendet.[64] In Deutschland hat der Gesetzgeber zunächst bewusst auf eine gesetzliche Definition des gewöhnlichen Aufenthaltes verzichtet, als es um die Reform des IPR-Gesetzes im Jahre 1986 ging. Der Gedanke dahinter war, dass gegenüber völkerrechtlichen Verträgen die einheitliche Auslegung des IPR nicht torpediert werden sollte.[65]

a) *Begrifflichkeit und Vereinheitlichungsbestrebungen*

Die Erbrechtsverordnung hat sich unter anderem zum Ziel gesetzt, den Unionsbürgern bereits im Vorfeld eine gewisse Transparenz über das Recht, welches anwendbar ist, zu verschaffen.[66] Jedoch ist nicht klar, ob dieses Ziel mit der endgültigen Fassung der Erbrechtsverordnung auch erreicht wird. Anknüpfungspunkt

---

64 *Haas*, in: Perspektiven, S. 58; *Baetge*, Gewöhnlicher Aufenthalt, S. 34, 103; *Frantzen*, FS Jayme 2004, S. 188.

65 BT Drucks. 10/504, S. 41: „Im Interesse einer einheitlichen Anknüpfung innerhalb des Entwurfs und in Übereinstimmung mit den neueren Haager Übereinkommen, die auf den gewöhnlichen Aufenthalt abstellen, wird daher auch hier der gewöhnliche Aufenthalt zugrunde gelegt."

66 Erwägungsgrund 37.

der Rechtsnachfolge von Todes wegen ist nunmehr der gewöhnliche Aufenthalt des Erblassers, sodass die Abwicklung nach Todeseintritt dem Recht des Staates unterliegt, in dem der Erblasser zum Todeszeitpunkt eben auch seinen letzten gewöhnlichen Aufenthalt innehatte. Dass nunmehr an den Aufenthaltsort angeknüpft wird, ist für die meisten der Mitgliedstaaten eine nicht gerade unwesentliche und vor allem auch keine gänzlich unumstrittene Änderung,[67] wenn sie zuvor wie beispielsweise Italien und Deutschland auf das Staatsangehörigkeitsprinzip abgestellt haben (Art. 46 Abs. 1 IPRG a. F.; Art. 25 Abs. 1 EGBGB a. F.).[68] Dabei ist zwingend zu beachten, dass der Begriff des gewöhnlichen Aufenthaltes –wie die restlichen Begriffe der Erbrechtsverordnung auch – einer autonomen Auslegung unterworfen ist.[69] Problematisch ist dabei allerdings, dass es weder in der Erbrechtsverordnung an sich eine Definition des gewöhnlichen Aufenthaltes gibt, noch lässt sich sonst im unionsrechtlichen Internationalen Privatrecht eine allgemeine Legaldefinition finden. Immerhin besteht die Möglichkeit, zur Auslegung des Begriffes die Erwägungsgründe 23 und 24 der Verordnung zu Rate zu ziehen[70], sprechen diese doch über die Kriterien für eine Bestimmung des gewöhnlichen Aufenthaltes.

---

67 Immerhin vierzehn der EU-Mitgliedstaaten knüpften in erster Linie an die Staatsangehörigkeit ihrer Erblasser an, vgl. hierzu *S. Lorenz*, ErbR 2012, 39, 43; *Sonnentag*, EWS 2012, 457, 458.

68 Vgl. z. B. *Kanzleiter*, in: FS Zimmermann, 2010, 165, 166. So sprechen einige auch von einem „Paradigmenwechsel" für die Mitgliedstaaten: *v. Bar/Mankowski*, IPR II, § 5 Rn. 228; *Altmeyer*, ZEuS 2010, 475, 478; *Buschbaum/Simon*, ZEV 2012, 525; *Geimer*, in: Hager, Erbrechtsverordnung, 9, 26; *Lange*, ZVglRWiss 110 (2011), 426, 428; *Schauer*, JEV 2012, 78, 83; *Looschelders*, FS Coester-Waltjen, S. 531; *S. Lorenz*, ErbR 2012, 39, 43; *Mankowski*, IPRax 2015, 39; *Remien*, in: Erbrecht und Vermögenssicherung, 95, 102; *Solomon*, in: Symposium DNotI, S. 19, 20; *M. Stürner*, JbItalR 26 (2013), 59, 73; *Süß*, ZErb 2009, 342, 343, *Vienenkötter*, Begriff des gewöhnlichen Aufenthalts, S. 264.

69 *Rudolf*, NZ 2010, 353, 359; *Faber*, JEV 2010, 42, 45; dazu sogleich mehr.

70 *Wilke*, RIW 2012, 601, 603 m. w. N. Dabei ist zu sagen, dass den Erwägungsgründen keine unmittelbare Normativwirkung zukommt, da sie kein Bestandteil eines verbindlichen Rechtstextes sind. Allerdings lassen sich ihnen wichtige Hinweise entnehmen, die den Sinn und Zweck der jeweiligen Vorschriften und den damit einhergehenden Willen des EU-Gesetzgebers besser zum Ausdruck bringen. Sie stellen demnach eine Auslegungshilfe dar, wie dem Begriff des gewöhnlichen Aufenthaltes zu einer noch schärferen Umrandung verholfen werden kann. Vgl. EuGH Slg. 1989, 2789 Rn. 31 (*Casa Fleischhandel*); MüKo-BGB/*v. Hein*, Art. 3 EGBGB Rn. 164 m. w. N. (2018); NK-BGB/*Looschelders*, vor Art. 1 EuErbVO Rn. 18; *Gruber*, Methoden, S. 171; siehe auch die Ausführungen bei *Stotz*, in: Riesenhuber, Europäische Methodenlehre, § 22 Rn. 19.

Wirft man also einen Blick auf die von Erwägungsgrund 23 und 24 erwähnten Kriterien, so soll es dabei für die Bestimmung des gewöhnlichen Aufenthaltes auf eine Gesamtbeurteilung der Lebensumstände ankommen, unter denen der Erblasser im Todeszeitpunkt und den vorangegangenen Jahren gelebt hat. Mit zu berücksichtigen sind dabei die Regelmäßigkeit und die Dauer des Aufenthaltes in dem jeweiligen Mitgliedstaat. Denn behält man die Ziele der Verordnung im Auge, so soll der gewöhnliche Aufenthalt möglichst erkennen lassen, dass eine besonders feste und enge Beziehung zu dem maßgeblichen Staat besteht. Verdeutlicht wird dieses Ziel darüber hinaus noch durch den Erwägungsgrund 24, der beispielhaft von zwei schwierigen Fallgestaltungen spricht: Zum einen könnte der gewöhnliche Aufenthalt dennoch das Herkunftsland des Erblassers sein, auch wenn er sich für einen längeren Zeitraum in einem anderen Staat aufgehalten hat, um dort zu arbeiten. Dies wäre dann der Fall, wenn er trotz alledem immer noch eine enge und feste Bindung zu seinem Herkunftsstaat aufrechterhalten hat und man sagen kann, dass sich in diesem Land weiterhin sein Lebensmittelpunkt in sowohl familiärer als auch sozialer Hinsicht befunden hat.[71] Die zweite Konstellation könnte die sein, dass der Erblasser abwechselnd in einer Mehrzahl von Staaten gelebt hat, ohne sich allerdings in einem von ihnen für eine längere Zeit niedergelassen zu haben. Dabei könnte die Staatsangehörigkeit ein besonderer Faktor bei der Gesamtbeurteilung sein oder aber auch die Lage seines Vermögens.[72]

Die nachstehenden Ausführungen sollen sich damit auseinandersetzen, was unter dem Begriff des gewöhnlichen Aufenthalts im Sinne der Erbrechtsverordnung überhaupt zu verstehen ist. Obwohl sich letztendlich alles um den Begriff des gewöhnlichen Aufenthaltes als eine der Kernänderungen mit Geltung der Erbrechtsverordnung dreht, ist es doch umso erstaunlicher, dass sich in der Erbrechtsverordnung keine gängige Definition des gewöhnlichen Aufenthaltes finden lässt.[73] Besonders im Hinblick auf die Staatenvielfalt innerhalb der EU, die dem Geltungsbereich der Erbrechtsverordnung unterworfen ist, lässt dies beinahe unbegrenzten Raum für eigene Definitionen, Herangehensweisen und Bestimmungen des gewöhnlichen Aufenthaltes. Diese zaghafte Herangehensweise des europäischen Gesetzgebers ist daher nicht ganz nachvollziehbar. Ist man sich auf nationaler Ebene schon nicht über eine gängige Definition einig, lässt sich nur erahnen, welcher Begriffsvielfalt man sich europaweit gegenübersieht.

71 Erwägungsgrund 24.

72 Erwägungsgrund 24.

73 So auch *Lange*, ZVglRWiss 110 (2011), 426, 429.

Gerade im Bereich der Nachlassplanung ist durch den unbestimmten Begriff des gewöhnlichen Aufenthaltes nur schwer vorherzusehen, welches Erbstatut im Falle des Todeseintritts zur Anwendung gelangen wird. Neben dem Versuch einer einheitlichen Begriffsbestimmung sollen anschließend noch die Vorzüge einer Ablösung der Staatsangehörigkeit als primäres Anknüpfungsmoment, aber auch sich daraus ergebende Nachteile erarbeitet werden; denn so lässt sich die durchaus berechtigte Frage stellen, ob es sich beim gewöhnlichen Aufenthalt um eine erstrebenswerte Alternative zur ursprünglichen Anknüpfung an die Staatsangehörigkeit handelt. Im Rahmen der Suche nach einer brauchbaren Begrifflichkeit des gewöhnlichen Aufenthaltes wird sich noch die Frage zu stellen sein, ob der gewöhnliche Aufenthalt auch in mehrfacher Hinsicht begründet werden kann oder ob es lediglich einen gewöhnlichen Aufenthalt der Erblasser geben kann. Darüber hinaus werden im Anschluss daran Alternativen zur Anknüpfung an den gewöhnlichen Aufenthalt des Erblassers erörtert und untersucht. Außen vor bei den Ausführungen sollen die gewöhnlichen Aufenthalte der weiteren unterschiedlichen Personengruppen bleiben. Beschränkt werden soll sich hier insbesondere auf den gewöhnlichen Aufenthalt von Ehegatten und erwachsenen Erblassern; nicht betrachtet werden soll an dieser Stelle hingegen der gewöhnliche Aufenthalt von Kindern, welcher möglicherweise noch aus anderen Gesichtspunkten zu beurteilen wäre, als es beim gewöhnlichen Aufenthalt von Erblassern der Fall ist. Gerade bei Kindern gestaltet sich die Bestimmung des gewöhnlichen Aufenthaltes insofern divergierend zur Bestimmung desselben bei Erwachsenen, als hierbei in besonderem Maße auf das Alter des Kindes abgestellt werden muss. Denn so ist der Zusammenhang zum gewöhnlichen Aufenthalt des ihn betreuenden Elternteils umso stärker, je jünger das Kind ist.[74] Daher ist nachfolgend der gewöhnliche Aufenthalt von Ehegatten und erwachsenen Erblassern zu betrachten.

b) Die Definition des gewöhnlichen Aufenthalts des Erblassers

aa) Begriffsbildung: Einheitlich oder divergierend?

Besonders in völkerrechtlichen Verträgen kommt dem Begriff des gewöhnlichen Aufenthalts eine enorme und wichtige Bedeutung zu.[75] Aber auch im autonomen und europäischen Zivilverfahrens- und Kollisionsrecht gilt der

---

74 *Hilbig-Lugani*, GPR 2014, 8, 11.

75 *v. Hoffmann/Thorn*, IPR, § 5 Rn. 69; zur erstmaligen Verwendung des Begriffes des gewöhnlichen Aufenthalts, der in der bürgerlichen Processordnung für das Königreich Hannover vom 4. Dezember 1847 erfolgt, vgl. *Kropholler*, IPR, § 39 II S. 281.

gewöhnliche Aufenthalt mittlerweile als gängige Anknüpfung. Staatsangehörigkeit und Wohnsitz wurden von der Anknüpfung an den gewöhnlichen Aufenthalt weitestgehend verdrängt, wenn man bedenkt, dass nunmehr die Rom I-VO[76], die Rom II-VO[77], die Brüssel IIa-VO[78], die EuUntVO[79], die Rom III-VO[80], die EuGüVO[81], das Haager Unterhaltsprotokoll von 2007[82] und die EuErbVO[83] vorrangig an ihn anknüpfen bzw. den gewöhnlichen Aufenthalt als ein wichtiges Kriterium erachten.[84] Eine Ausnahme stellt einzig die EuGVVO[85] dar, welche im Rahmen der internationalen Zuständigkeit weiterhin noch an den Wohnsitz und

---

76 Verordnung Nr. 593/2008 des Europäischen Parlaments und des Rates vom 17.6.2008 über das auf vertragliche Schuldverhältnisse anzuwendende Recht, ABl. L 177/6.

77 Verordnung Nr. 864/2007 des Europäischen Parlaments und des Rates vom 11.7.2007 über das auf außervertragliche Schuldverhältnisse anzuwendende Recht, ABl. L 199/40.

78 Verordnung Nr. 2201/2003 des Rates vom 27. November 2003 über die Zuständigkeit und die Anerkennung und Vollstreckung von Entscheidungen in Ehesachen und in Verfahren betreffend die elterliche Verantwortung und zur Aufhebung der Verordnung (EG) Nr. 1347/2000, ABl. EU v. 23.12.2003, L 338/1.

79 Verordnung Nr. 4/2009 des Rates vom 18. Dezember 2008 über die Zuständigkeit, das anwendbare Recht, die Anerkennung und Vollstreckung von Entscheidungen und die Zusammenarbeit in Unterhaltssachen, ABl. EU v. 10.1.2009, L 7/1.

80 Verordnung Nr. 1259/2010 des Rates vom 20. Dezember 2010 zur Durchführung einer Verstärkten Zusammenarbeit im Bereich des auf die Ehescheidung und Trennung ohne Auflösung des Ehebandes anzuwendenden Rechts, ABl. EU v. 29.12.2010, L 343/10.

81 Verordnung Nr. 2016/1103 des Rates vom 24. Juni 2016 zur Durchfu⊠hrung einer Versta⊠rkten Zusammenarbeit im Bereich der Zusta⊠ndigkeit, des anzuwendenden Rechts und der Anerkennung und Vollstreckung von Entscheidungen in Fragen des ehelichen Gu⊠terstands, ABl. EU v. 08.07.2016, L 183/1.

82 Haager Protokoll über das auf Unterhaltspflichten anzuwendende Recht vom 23.11.2007, ABl. EU v. 16.12.2009, L 331/19.

83 Verordnung Nr. 650/2012 des Europäischen Parlamentes und des Rates vom 4. Juli 2012 über die Zuständigkeit, das anzuwendende Recht, die Anerkennung und Vollstreckung von Entscheidungen und die Annahme und Vollstreckung öffentlicher Urkunden in Erbsachen sowie zur Einführung eines Europäischen Nachlasszeugnisses, ABl. EU v. 27.7.2012, L 201/107.

84 *Hilbig-Lugani*, GPR 2014, 8.

85 Verordnung Nr. 1215/2012 des Europäischen Parlaments und des Rates vom 12.12.2012 über die gerichtliche Zuständigkeit und die Anerkennung und Vollstreckung von Entscheidungen in Zivil- und Handelssachen, ABl. EU v. 20.12.2012, L 351/1.

nicht an den gewöhnlichen Aufenthalt anknüpft.[86] Gedacht ist er nämlich als ein „tatsächlicher Wohnsitz", damit etwaigen Unterschieden bezüglich der normativen Wertungsdiskrepanzen in Bezug auf die verschiedenen nationalen Rechtsordnungen ausgewichen werden kann.[87] Dadurch, dass dem Aufenthaltsbegriff das Adjektiv „gewöhnlich" beigefügt worden ist, lassen sich lediglich solche Fälle unter den gewöhnlichen Aufenthalt fassen, die sich vom reinen körperlichen Aufenthalt dergestalt unterscheiden, dass sie aufgrund einer gewissen Beständigkeit oder Regelmäßigkeit noch darüber hinausgehen.[88] Nicht dem gewöhnlichen Aufenthalt zuzuordnen sind Anknüpfungen, welche sich wie bspw. Art. 3 der Insolvenzordnung[89] auf den „Mittelpunkt [des] hauptsächlichen Interesses" beziehen.[90] Diesbezüglich wurde jedoch vom EuGH entschieden, dass es sich bei einem Ort, an dem eine Person den Mittelpunkt ihrer Interessen verorten kann, trotzdem auch um den gewöhnlichen Aufenthalt der Person handelt.[91] Demzufolge kann sich auch im Insolvenzrecht nach dem gewöhnlichen Aufenthalt der Person gerichtet werden. Der diesbezüglichen Entscheidung des EuGH folgt wohl auch das überwiegende Schrifttum und folgt einer Entsprechung des Interessenmittelpunktes zum gewöhnlichen Aufenthalt.[92]

Selbst Art. 21 Abs. 1 EuErbVO, der die Anknüpfung an den gewöhnlichen Aufenthalt vorschreibt, sieht keine Umschreibung desselben vor. Allerdings können die Erwägungsgründe 23-25 der Erbrechtsverordnung zumindest einen teilweisen Rückschluss darauf gewährleisten, was man im Rahmen der

86 Siehe dazu insbesondere Art. 4 Abs. 1, Art. 5 Abs. 1 EuGVVO; dem gewöhnlichen Aufenthalt wird in der Verordnung eine wohl eher untergeordnete Rolle zugesprochen, Art. 19 Nr. 3, Art. 21 Abs. 1 lit. b) Ziff. i).

87 *Volkmar*, JW 1928, 857, 858; BGH, Beschluss v. 29.10.1980 – IVb ZB 586/80 = NJW 1981, 520; *Helms*, FamRZ 2011, 1765, 1769 sowie die Nachw. bei *ders.*, Liber amicorum Pintens I, S. 681, 687; Erman/*Hohloch*, Anh. Art. 17 EGBGB, Art. 5 Rom III-VO, Rn. 4 ff. (2017).

88 *Baetge*, Gewöhnlicher Aufenthalt, S. 105; *v. Hoffmann/Thorn*, IPR. § 5 Rn. 75; *Kropholler*, IPR, § 39 II S. 284; *Kegel/Schurig*, IPR, § 13 III 3a); *Hilbig-Lugani*, in: FS Brudermüller, 323, 324.

89 Verordnung (EG) Nr. 1346/2000 des Rates vom 29.5.2000 über Insolvenzverfahren, ABl. EU v. 30.6.2000, L 160/1.

90 *Hilbig-Lugani*, GPR 2014, 8.

91 EuGH, 25.10.2011, C-509/09 und C-161/10 – *eDate Advertising GmbH/X und Martinez/MGN Limited*, Rn. 49, hierzu *Thiede*, GPR 2011, 259 und *ders.*, GPR 2012, 219.

92 *M.-P. Weller*, in: Leible/Unberath, Brauchen wir eine Rom 0-Verordnung?, S. 293, 304, etwas anders in diesem Zusammenhang noch Rauscher/*Mäsch*, EuZPR/EuIPR, Art. 3 EG-InsVO Rn. 13.

Erbrechtsverordnung unter dem Begriff des gewöhnlichen Aufenthaltes zu verstehen hat.[93] Ohne eine gängige Definition des gewöhnlichen Aufenthaltes wird die Rechtsprechung des EuGH für eine Einheitlickeit in der Auslegung sorgen.

Bezüglich der Bestimmung des gewöhnlichen Aufenthaltes ist zunächst die Frage aufgeworfen worden, ob auf europäischer Ebene an eine einheitliche oder aber an eine divergierende Begriffsbildung angeknüpft werden sollte. Dabei geht es in erster Linie darum, ob sich der weite Begriff des gewöhnlichen Aufenthaltes ohne Weiteres mit den Zwecken des Erbrechts vereinbaren lässt oder ob es nicht weiterer verstärkender Kriterien für eine einfachere Feststellung bedarf.[94] Dem liegt der Gedanke zu Grunde, dass im Gegensatz zur familienrechtlichen Anknüpfung diejenige an das Erbstatut besonders stabil und für den Erblasser auch vorhersehbar sein soll.[95] Dies ist in Deutschland umstritten: Ist es erstrebenswerter, aufgrund der häufigen Verwendung des gewöhnlichen Aufenthaltes als Anknüpfungsmoment eine einheitliche und für alle europäischen Rechtsakte gleichermaßen gültige Begriffsbestimmung[96] zu verwenden oder soll die Begriffsbildung dahingehend ausgelegt werden, als die Auslegung für jede Rechtsmaterie einzeln und vor allem differenziert erfolgt?[97] Wäre es also sinnvoll, für alle EU-Verordnungen die gleiche Definition eines gewöhnlichen Aufenthaltes vorzuschreiben; wird vor allem überall auch von den gleichen Maßstäben ausgegangen?[98] Vereinzelt wurde schon aus dem Wortlaut der Erwägungsgründe 23 und 24 der Erbrechtsverordnung ein erbrechtsspezifisches

---

93 *Köhler*, in: Gierl/Köhler/Kroiß/Wilsch, IntErbR, § 4 Rn. 13.

94 *Vienenkötter*, Begriff des gewöhnlichen Aufenthaltes, S. 285.

95 *Geimer*, in: Hager, Erbrechtsverordnung, S. 9, 25; *S. Lorenz*, ErbR 2012, 39, 43 f.; *Mansel*, FS Ansay, S. 185, 211.

96 In diesem Sinne insbesondere *Solomon*, in: Dutta/Herrler, Tagungsband DNotI, Die EuErbVO, S. 19, 31 ff.; *Dörner*, ZEV 2010, 221, 226; *ders.*, ZEV 2012, 505, 510; *Seibl*, in: Symposium Parteiautonomie, S. 123, 134; Grüneberg/*Thorn*, BGB, Art. 21 EuErbVO Rn. 5; für eine einheitliche Begriffsbildung bereits Soergel/*Kegel*, BGB, Art. 5 EGBGB Rn. 43 (1996); *Martiny*, IPRax 2011, 437, 450; Erman/*Hohloch*, Art. 5 EGBGB Rn. 46 (2017); MüKo-BGB/*Dutta*, Art. 4 EuErbVO Rn. 3 (2018).

97 Ausführlich hierzu *Hilbig-Lugani*, GPR 2014, 8 ff.; *dies.*, FS Brudermüller, 323, 325; so etwa *Lehmann*, DStR 2012, 2085, 2086; *Simon/Buschbaum*, NJW 2012, 2393, 2395; Muscheler, Hereditare, 91, 112 (*Schaub*); auch *M.-P. Weller*, in: Leible/Unberath, Brauchen wir eine Rom 0-VO?, S. 293, 312; *Baetge*, in: FS Kropholler 2008, S. 77, 82; für eine differenzierende Begriffsbildung schon damals bereits *Neuhaus*, Grundbegriffe, S. 227 f. und *Kropholler*, IPR, § 39 II 5 (S. 285 ff.).

98 Dieser Frage widmet sich *Hilbig-Lugani*, GPR 2014, 8, 10.

Verständnis des gewöhnlichen Aufenthaltes herausgelesen.[99] Interessengerechter wäre nach dieser Ansicht eine erbrechtsspezifische Begriffsbildung, denn es macht durchaus einen Unterschied, ob man den gewöhnlichen Aufenthalt im Zuge eines Schuldverhältnisses bestimmen möchte oder ob er dazu dienen soll, für eine Verfügung von Todes wegen das anzuwendende Recht zu bestimmen.[100] Dafür könnte auch eine neuere Entscheidung des EuGH sprechen, in welcher er entschied, dass seine Rechtsprechung „zum Begriff des gewöhnlichen Aufenthalts in anderen Bereichen des Rechts der Europäischen Union [...] nicht unmittelbar auf die Feststellung des gewöhnlichen Aufenthalts von Kindern im Sinne von Art. 8 Abs. 1 der [Ehe-]Verordnung übertragen werden" kann[101] und demnach ein eigenes Begriffsverständnis zu entwickeln sei. Allerdings ist dem entgegenzuhalten, dass die Erwägungsgründe selbst keine spezifisch erbrechtliche Begriffsbildung vorsehen. Zwar sprechen sie von „spezifischen Zwecken dieser Verordnung", allerdings ist diesen Zwecken im Rahmen einer jeden Gesamtbetrachtung der Einzelfallumstände zu entsprechen. Das Grundverständnis des gewöhnlichen Aufenthaltes, welches sich aus den Erwägungsgründen herleiten lässt, sieht ganz im Gegenteil vor, dass bei der Bestimmung ein offener Terminus zur Feststellung des Lebensmittelpunktes verwendet werden soll. Es leuchtet ein, dass bei der Vielfalt der EU-Verordnungen nicht alle Erwägungen ohne weiteres auf das Internationale Erbrecht übertragen werden können. Wie erwähnt ist dies dann allerdings über die Einzelfallbetrachtung eines jeden Nachlassfalles zu korrigieren.[102] Nicht zuletzt der Gedanke der Einheit des Unionsrechts würde für eine derartige einheitliche Begriffsbildung sprechen.[103] Denn so wird sich

---

99 Für ein erbrechtsspezifisches Verständnis z. B. Geimer/Schütze/*Odersky*, EuErbVO, Art. 21 Rn. 4 f.; *Hess*, in: Symposium DNotI, S. 131, 136; *v. Hinden/Müller*, ErbStB 2013, 97, 99.

100 *Schaub*, in: Hereditare, 91, 113; in diesem Sinne auch *Lehmann*, FPR 2008, 203, 204 f.; *Süß*, ZErb 2009, 342, 343 f.; *Max Planck Institute for Comparative and International Private Law*, RabelsZ 74 (2010) 522, 605; ähnlich *Faber/Grünberger*, NZ 2011, 97, 101 f.; **a.A.** siehe *Dörner*, ZEV 2010, 221, 225 f. der davon spricht, dass „eine weitere Präzisierung des Begriffs oder die Entwicklung eines speziell erbrechtlichen Begriffsverständnisses" wenig sinnvoll erscheint; offen gelassen wurde diese Frage von *Lange*, ZVglRWiss 110 (2011), 426, 431.

101 EuGH, Urteil v. 2.4.2009 – Rs. C-523/07 (*Korkein hallinto-oikeus – Finnland*) Rn. 36.

102 Dies sei vielmehr „eine Folge der dem gewöhnlichen Aufenthaltskonzept innewohnenden Flexibilität", dass eine Einzelfallbetrachtung vorgenommen werden kann. Vgl. *Vienenkötter*, Begriff des gewöhnlichen Aufenthaltes, S. 286 m. w. N.

103 So ohne weitere Umschweife *M.-P. Weller*, in: Leible/Unberath, Brauchen wir eine Rom 0-VO?, S. 293, 296: „Das Wohl des Kindes macht ein anderes Verständnis vom

auch in der Praxis bei der Umsetzung der einzelnen Regelungen immer wieder anderer Themenbereiche bedient, um eine Auslegungshilfe in der Handhabung zu erlangen.[104] So wird beispielsweise für den Begriff des gewöhnlichen Aufenthaltes in Art. 3 HP 2007 auf BGH-Rechtsprechung abgestellt, welche sich mit autonomem IPR befasst.[105] Demnach wäre eine einheitliche Auslegung wünschenswert, im Zweifel wird dennoch auf Sinn und Zweck der einzelnen Vorschriften zurückgegriffen werden müssen.[106]

bb) Mindestverweildauer des Erblassers und die Vermutungsregelung

Da es an einer einheitlichen Definition des gewöhnlichen Aufenthaltes mangelt, ist bislang noch ungeklärt, über welchen Zeitraum ein Aufenthalt bereits bestanden haben muss (so die retrospektive Beurteilung) oder wie lange er in Zukunft noch andauern wird (prospektive Beurteilung), um ihn überhaupt als gewöhnlich zu bezeichnen. So ließe sich darüber nachdenken, zur näheren Eingrenzung des Begriffes des gewöhnlichen Aufenthaltes eine Mindestverweildauer für den Erblasser an einem bestimmten Ort aufzunehmen.[107] Dies wäre insofern von Vorteil, als damit eine zusätzliche Komponente eine Sicherheit für den Rechtsanwender bieten könnte.[108] *Odersky*[109] spricht dabei von einem „verstärkten gewöhnlichen Aufenthalt". Vereinzelt wurde als eine Art Faustregel gefordert, dass der Aufenthalt des Erblassers über einen Zeitraum von sechs Monaten Bestand gehabt

---

gewöhnlichen Aufenthalt erforderlich als das Interesse der Gläubiger an der Befriedigung ihrer Forderungen."; für eine einheitliche europäische Begriffsbildung spricht sich z. B. auch *Roth* aus, vgl. Schmoeckel/Otte, Europäische Testamentsformen, S. 13, 24; *Buschbaum/Kohler*, GPR 3/2010, 106, 112; *S. Lorenz*, ErbR 2012, 39, 44; *Remde*, RNotZ 2012, 65, 73

104 *Hilbig-Lugani*, FS Brudermüller, 323, 325.

105 BGH, Beschluss v. 3.2.1993, XII ZB 93/90 = NJW 1993, 2047 zu Art. 14 Abs. 1 Nr. 2 EGBGB, siehe jurisPK-BGB/*Ludwig*, Art. 3 HP 2007 Rn. 4.

106 *Helms*, Liber Amicorum Walter Pintens, 681, 689.

107 Zugunsten einer Mindestverweildauer haben sich ausgesprochen: *Buschbaum/Kohler*, GPR 3/2010, 106, 112 m. w. N.; *Geimer*, in: Hager, Erbrechtsverordnung, S. 9, 25; *S. Lorenz*, ErbR 2012, 39, 44; *Röthel*, 68. DJT, S. 1, 101; *Traar*, in: Symposium Europäisches Erbrecht, S. 85, 100. Dem standen hingegen ablehnend gegenüber: die Europäische Gruppe für Internationales Privatrecht, vgl. *Jayme*, IPRax 2006, 200, 201; der Deutsche Rat für IPR, vgl. *Bauer*, IPRax 2006, 202, 203; *Mansel*, FS Ansay, S. 185, 211; *Max Planck Institute for Comparative and International Private Law*, RabelsZ 74 (2010) 522, 606.

108 So auch *Vienenkötter*, Begriff des gewöhnlichen Aufenthalts, S. 286.

109 Geimer/Schütze/*Odersky*, EuErbVO, Art. 21 Rn. 1.

haben muss.[110] Allerdings ist dem entgegenzuhalten, dass eine Forderung nach einer Mindestaufenthaltsdauer wohl eine eher rechtspolitische Diskussion darstellt, für die sich jedoch weder eine Stütze in der Verordnung noch in der Literatur finden lässt. Besonders die Verordnung lässt keine Rückschlüsse darauf zu, wie lange der Aufenthalt Bestand gehabt haben muss. Ferner wird die Festlegung einer Mindestverweildauer nicht mit der vom Verordnungsgeber erwünschten flexiblen Handhabung des gewöhnlichen Aufenthaltes vereinbar sein.[111] Denn so ist gerade die Gesamtbetrachtung der Lebensumstände eines jeden Erblassers im Einzelfall die Grundidee der Erbrechtsverordnung, sodass die Bejahung einer fixen Mindestverweildauer dem entgegenstehen würde.[112] Daher wird es keiner Mindestverweildauer bedürfen, um einen gewöhnlichen Aufenthalt zu begründen,[113] zumal es auch von jedem Erblasser persönlich abhängig sein wird, wann man von einem „neuen" gewöhnlichen Aufenthalt sprechen kann. Und wann kann überhaupt von einer ausreichenden Integration gesprochen werden? Denn so erfolgt für manche Erblasser die Integration in dem neuen Aufenthaltsstaat zügiger als für andere Erblasser, die sich schwertun, sich zügig auf ein neues Land einzulassen.[114]

Neben einer Mindestverweildauer des Erblassers wurde noch die Möglichkeit angedacht, eine Vermutungsregelung für eine zeitliche Stabilisierung aufzustellen. Zugunsten eines gewöhnlichen Aufenthaltes soll in diesem Fall dann beispielsweise der Umstand streiten, dass der Erblasser eine tatsächliche

110 Die Befürwortung einer gewissen Aufenthaltsdauer wird wohl der Tatsache zu entnehmen sein, dass so manche Vorschrift nach dem gewöhnlichen Aufenthalt in einem bestimmten Zeitraum fragt, so z. B. Art. 3 Abs. 1 lit. a) Spiegelstrich 5 Brüssel II-VO.

111 *Junghardt*, Rom IV-VO, S. 157; *Kousoula*, Erbschein, S. 116.

112 *D. Lehmann*, Reform, Rn. 229; so auch *Kränzle*, Heimat, S. 238.

113 So auch deutlich EuGH 22.12.2010, Rs. C-497/10 PPU (*Mercredi*) Slg. 2010, I-14309 Rn. 51 = IPRax 2012, 340: „Die Verordnung sieht allerdings keine Mindestdauer vor. {...} Die Dauer eines Aufenthalts kann daher nur als Indiz im Rahmen der Beurteilung seiner Beständigkeit dienen, die im Licht aller besonderen Umstände des Einzelfalls vorzunehmen ist."; ebenso Grüneberg/*Thorn*, BGB, Art. 21 EuErbVO Rn. 6; *Dörner*, ZEV 2012, 505, 510; *Lehmann*, DStR 2012, 2085; *Wilke*, RIW 2012, 601, 603; *Döbereiner*, MittBayNot 2013, 358, 362; *Odersky*, notar 2013, 3, 4; *Baetge*, FS Kropholler 2008, S. 77, 84. **A. A.** hingegen siehe *Schaub*, in: Hereditare, 91, 113; *Traar*, in: Symposium Europäisches Erbrecht, S. 85, 99 f. Rechtspolitisch für eine Mindestverweildauer *Geimer*, ebd., S. 1, 17, hiergegen allerdings zu Recht *Max Planck Institute for Comparative and International Private Law*, RabelsZ 74 (2010) 522, 605 f.

114 So auch *Sonnentag*, EWS 2012, 457, 466.

Aufenthaltsdauer von fünf Jahren in einem Land hatte.[115] Dieser Ansatz ist insofern nicht von der Hand zu weisen und durchdacht, als mit einer Aufenthaltsdauer von fünf Jahren der Erblasser zwangsläufig auch gewisse Bindungen sozialer und familiärer Art in seinem Aufenthaltsstaat entwickelt haben wird.[116] Zudem würde über die Vermutungsregelung die Vorhersehbarkeit der Anknüpfung an den gewöhnlichen Aufenthalt deutlich erleichtert.[117] Allerdings bedeutet die Aufstellung einer zeitlichen Vermutungswirkung im Umkehrschluss gerade nicht, dass das Gericht nun keine Einzelfallprüfung der Lebensumstände des Erblassers mehr vornehmen muss.[118] Selbst bei Aufstellung einer Vermutungsregelung nach fünf Jahren Aufenthalt des Erblassers muss das Gericht trotzdem jeden Nachlassfall einer Einzelfallprüfung unterziehen, um die erforderliche Integrität auf eine etwaige Widerlegbarkeit hin zu überprüfen.[119] Sollte eine gerichtliche Einzelfallprüfung hingegen unterbleiben, so stünde dies wiederum im Widerspruch zu den Erwägungen, die eine Anknüpfung an den gewöhnlichen Aufenthalt in erster Linie tragen;[120] von einer Einzelfallgerechtigkeit kann in diesem Fall nicht gesprochen werden. Die angedachte Erleichterung bei der Rechtsanwendung durch die Vermutungsregelung tritt daher nicht ein und ist im Ergebnis abzulehnen. Um eine Vermutungsregelung aufzustellen, sind die tatsächlichen Gegebenheiten eines jeden Einzelfalles und die individuelle Integration des Erblassers zu verschieden, sind sie doch nie gleichläufig. Auch dürften die Umstände einer Integration oder Begründung des gewöhnlichen Aufenthaltes nicht immer in der Hand des Erblassers liegen, sodass eine starre Regelung zur Begründung des gewöhnlichen Aufenthaltes auch unter diesem Gesichtspunkt nicht praktikabel und insbesondere auch nur schwer zu ermitteln wäre.

cc) Der Begriffskern

Zumindest über den recht schmalen Begriffskern des gewöhnlichen Aufenthaltes ist man sich hingegen mittlerweile einig, welcher besagt, dass für die Bestimmung des gewöhnlichen Aufenthaltes grundsätzlich der *tatsächliche Lebensmittelpunkt*

---

115 *ten Wolde*, in: Internationales Erbrecht in der EU, S. 503, 508 (fünf Jahre); *S. Lorenz*, ErbR 2012, 39, 44 (eine Zeitangabe wird nicht genannt); *D. Lehmann*, Reform, Rn. 231 (drei bis fünf Jahre); dem stimmt zu *Kränzle*, Heimat, S. 262 f.; hingegen empfindet *Kousoula*, Erbschein, S. 117 einen Zeitraum von fünf Jahren als zu lang.

116 *Kousoula*, Erbschein, S. 117; *Röthel*, 68. DJT S. 1, 101.

117 *Vienenkötter*, Begriff des gewöhnlichen Aufenthalts, S. 289.

118 *D. Lübcke*, Nachlassverfahrensrecht, S. 363.

119 *Vienenkötter*, Begriff des gewöhnlichen Aufenthalts, S. 289.

120 *Vienenkötter*, Begriff des gewöhnlichen Aufenthalts, S. 289 f.

einer Person maßgeblich ist.[121] Für den Erblasser muss sich demnach zur Bejahung des tatsächlichen Lebensmittelpunktes der Schwerpunkt der Lebensverhältnisse abzeichnen.[122] Besonders im Hinblick auf die fortschreitende Mobilität der Erblasser soll mit dem Begriff des gewöhnlichen Aufenthalts demnach ein Anknüpfungsmoment gemeint sein, das eine besonders enge und feste Bindung zu dem betreffenden Staat erkennen lassen soll.[123] Auszufüllen ist dieser zugegebenermaßen etwas weitläufige Ausdruck des tatsächlichen Lebensmittelpunktes weiterhin mithilfe einer „Gesamtbeurteilung der Lebensumstände des Erblassers in den Jahren vor seinem Tod und im Zeitpunkt seines Todes“[124].[125] Da in diese Gesamtbeurteilung sowohl Aspekte der familiären und sozialen Integration miteinzubeziehen sind als auch die Regelmäßigkeit und die Dauer des Aufenthaltes des Erblassers in dem jeweiligen Staat, setzt sich die Bestimmung des gewöhnlichen Aufenthaltes sowohl aus subjektiv zu bestimmenden (persönlichen?) als auch aus objektiv festzumachenden Kriterien zusammen.[126] Gerade bei derart

---

121 So ausdrücklich Generalanwältin *Kokott* in der Rs. C-523/07 vom 29.1.2009 (A) Rn. 31 und 38; vgl. in der Sache auch EuGH v. 2.4.2009 – Rs. C-523/07 (*A*) = FamRZ 2009, 843, 844 f.; NK-BGB/*Makowsky*, Art. 4 EuErbVO Rn. 33; *Pirrung*, IPRax 2011, 50, 53; siehe für Rom I Rauscher/*Thorn*, Art. 19 Rom I-VO, Rn. 15 sowie Grüneberg/*Thorn*, BGB, Art. 19 Rom I-VO Rn. 6.

122 Vgl. *v. Bar/Mankowski*, IPR II, § 5 Rn. 233 ff.; *Kropholler*, IPR, § 39 II, S. 283.

123 Erwägungsgrund 23 a. E.

124 Erwägungsgrund 23 S. 2.

125 Vgl. zudem EuGH, Urteil v. 2.4.2009 – Rs. C-523/07 = FamRZ 2009, 843, Rn. 34; EuGH Gerichtsmitteilung v. 22.12.2010 – Rs. C-497/10 (*Mercredi*) = FamRZ 2011, 617, mit Anm. *Henrich* = IPRax 2012, 316. Einig ist man sich, dass zur Bestimmung des gewöhnlichen Aufenthaltes der tatsächliche Lebensmittelpunkt ausschlaggebend ist, vgl. hierzu *Hilbig-Lugani*, FS Brudermüller, 323, 324 m. w. Nachw.; auch bei Persönlichkeitsrechtsverletzungen stellt der EuGH (im Rahmen von Art. 5 Nr. 3 EuGVO) auf den „Interessenmittelpunkt“ der betroffenen Person ab, EuGH, verb. Rs. C-509/09 (*eDateAdvertising GmbH/X*) und C-161/10 (*Olivier Martinez und Robert Martinez/Société MGN Limited*), Rn. 50.

126 Gierl/Köhler/Kroiß/Wilsch, IntErbR, § 4 Rn. 14 (*Köhler*). Wie der BGH, Beschluss v. 29.10.1980 – IVb ZB 586/80 = NJW 1981, 520; BGH, Beschluss v. 03.02.1993 – XII ZB 93/90 = NJW 1993, 2047 = IPRax 1994, 131 m. Anm. *v. Bar*, 100-103) verlangt auch der EuGH die soziale Integration des Erblassers durch familiäre, berufliche und freundschaftliche Beziehungen, vgl. hierzu EuGH, Gerichtsmitteilung v. 22.12.2010 – Rs. C-497/10 (*Mercredi*) = FamRZ 2011, 617 = IPRax 2012, 340 Rn. 47; EuGH, Urteil v. 2.4.2009 – Rs. C-523/07 = FamRZ 2009, 843 = IPRax 2011, 76 Rn. 38, 44; KG, Beschluss v. 26.4.2016 – 1 AR 8/16 = FGPrax 2016, 181 = IPRax 2018, 72, 73 = NJW-RR 2016, 1100.

weitläufigen Begrifflichkeiten kommt es immer auf alle tatsächlichen Umstände des jeweiligen Falles an; es bedarf also bei jeder Sachverhaltsbetrachtung auch einer Einzelfallbetrachtung.[127] Besonders im Hinblick auf die Frage der Einzelfallbetrachtung wird natürlich die Frage aufzuwerfen sein, inwiefern es denn *nicht* zu einer Einzelfallbetrachtung kommen kann, woran demnach eine vereinheitlichte Begriffsbestimmung überhaupt angeknüpft werden soll und vor allem auch kann. Dabei darf ein Rückgriff auf nationale Begriffsverständnisse nicht erfolgen, vielmehr ist zur Begriffsbestimmung eine europäisch-autonome Auslegung erforderlich.[128] Zudem macht Erwägungsgrund 24 der Erbrechtsverordnung deutlich, dass es bei den Kriterien hinsichtlich einer Bestimmung des Lebensmittelpunktes zu Unsicherheiten kommen kann. Darin heißt es:

> *„In einigen Fällen kann es sich als komplex erweisen, den Ort zu bestimmen, an dem der Erblasser seinen gewöhnlichen Aufenthalt hatte. Dies kann insbesondere der Fall sein, wenn sich der Erblasser aus beruflichen oder wirtschaftlichen Gründen – unter Umständen auch für längere Zeit – in einen anderen Staat begeben hat, um dort zu arbeiten, aber eine enge und feste Bindung zu seinem Herkunftsstaat aufrechterhalten hat. [...] Weitere komplexe Fälle können sich ergeben, wenn der Erblasser abwechselnd in mehreren Staaten*

127 Dies sieht ja auch Erwägungsgrund 23 ausdrücklich vor. Dafür der EuGH, für den gewöhnlichen Aufenthalt des Kindes, Art. 8 Abs. 1 Brüssel IIa-VO – EuGH, Urteil 2.4.2009 – Rs. C-523/07 = FamRZ 2009, 843, Rn. 44 und EuGH, Gerichtsmitteilung v. 22.12.2010 – C-497/10 PPU (*Mercredi/Chaffe*) = FamRZ 2011, 617, Rn. 47 m. Anm. *Mankowski*, GPR 2011, 209; siehe dazu auch *Franzina*, CDT 3 Nr. 1 (2011), 85, 96 Rn. 18.

128 So jetzt auch EuGH, Urteil v. 16.7.2020 – C-80/19 (EE u.a.) = NJW 2020, 2947; Bonomi/Wautelet/*Bonomi*, Le droit européen des successions, Art. 4 Rn. 14; *Buschbaum*, GS Hübner, S. 589, 593; *Buschbaum/Kohler*, GPR 3/2010, 106, 112; *Chassaing*, JCP 2012, Nr. 25, 54, 57; *Fischer-Czermak*, in: Schauer/Scheuba, Europäische Erbrechtsverordnung, S. 43, 44; *Heinig*, RNotZ 2014, 197, 199; *Pintens*, in: Löhnig et al, Erbfälle EuErbVO, 1, 14; für Rom-II Rauscher/*Jakob*/*Picht*, Art. 23 Rom II-VO, Rn. 7; *Kunz*, GPR 4/2012, 208, 210; *Lange*, ZVglRWiss 110 (2011) 426, 430; siehe für Rom-I Rauscher/*Thorn*, Art. 19 Rom I-VO, Rn. 15; zu Art. 8 Brüssel IIa-VO: EuGH, Urteil v. 2.4.2009 – Rs. C-523/07 (*A*) = FamRZ 2009, 843, 844 f.; EuGH, Urteil v. 22.10.2010 – Rs. C-497/10 (*Mercredi/Chaffe*) = FamRZ 2011, 617, 619. Zum Art. 3 des HUP und Art. 3 der UnthVO: Rauscher/*Andrae*, EuZPR/EuIPR, Art. 3 HUP Rn. 8 ff. und Art. 3 UnthVO Rn. 25 f. Zum EhegüterRVO-E: *Martiny*, IPRax 2011, 437, 446; Bergquist/Damascelli/*Lagarde*, EuErbVO, Art. 21 Rn. 6. Zum Grundsatz der autonomen Auslegung siehe EuGH, Urteil v. 8.11.2005 – C-443/03 (*Leffler*), Tz. 45; EuGH, Urteil v. 14.10.1976 – C-29/76 (*Eurocontrol*), Tz. 3; EuGH, Urteil v. 3.5.2007 – C-386/05 (*Color Drack*), Tz. 18, *Döbereiner*, MittBayNot 2013, 358 f.; *Dutta*, RabelsZ 73 (2009), 547, 580.

gelebt hat oder auch von Staat zu Staat gereist ist, ohne sich in einem Staat für längere Zeit niederzulassen. […]"

Hat der Erblasser beispielsweise aufgrund seines beruflichen Werdegangs abwechselnd in mehreren Staaten gelebt, ohne je in einem der Staaten einen festen Wohnsitz begründet zu haben, so können sich daraus schwierige Fälle hinsichtlich einer Bestimmung des gewöhnlichen Aufenthaltes ergeben. Wenn der Erblasser hingegen Staatsangehöriger einer der „bereisten" Staaten war oder der Großteil seines Vermögens in einem dieser Staaten aufzufinden ist, sind dies wiederum Faktoren, die bei der Gesamtbeurteilung zu berücksichtigen sind.[129] Wie die Bestimmung des gewöhnlichen Aufenthaltes allerdings zu erfolgen hat, wenn der Erblasser weder die Staatsangehörigkeit eines der Staaten innehatte noch den Stand eines Großteils seines Vermögens in einem dieser Länder vorweisen kann, ist nicht geklärt. Vielmehr wird es in solchen Konstellationen zu viel größeren Differenzen bei der Auslegung bezüglich der Begriffsbestimmung des gewöhnlichen Aufenthaltes kommen, da die Erwägungsgründe für diesen Fall keine Hilfestellung bieten.

dd) Subjektive Elemente

Neben objektiv zu bestimmenden Faktoren wird noch zu klären sein, ob es bei der Bestimmung des gewöhnlichen Aufenthaltes neben der zeitlich festzusetzenden Komponente zusätzlich noch auf einen „Bleibewillen" der in Betracht stehenden Person ankommen muss. So setzen diejenigen Rechtsordnungen, die die Begründung eines sog. domicile vorsehen, einen derartigen *animus manendi* voraus.[130] Die Willensrichtung der in Betracht stehenden Person muss demnach diejenige sein, die physische Anwesenheit an einem bestimmten Ort für einen gewissen Zeitraum beizubehalten.[131] Erst dann könne auch von einem gewöhnlichen Aufenthalt gesprochen werden. So wurde daher vereinzelt vorgeschlagen, den Bleibewillen zu einem Tatbestandsmerkmal des gewöhnlichen Aufenthaltes

129 Vgl. hierzu Erwägungsgrund 24 S. 5 EuErbVO, Vgl. hierzu auch OLG München, Beschluss v. 22.3.2017 - 31 AR 47/17 = ZEV 2017, 333.

130 So wird für die Vereinigten Staaten die Intention der Person vorausgesetzt, den Aufenthaltsort auch als Heimat zu sehen. Siehe dazu *Hay/Borchers/Symeonides*, Conflict of Laws, § 4.20.

131 *Hay/Borchers/Symeonides*, Conflict of Laws, § 4.20 regarding the question if an intent is necessary for domicile.

zu machen.[132] Zumindest in der Erbrechtsverordnung wird ein solcher Bleibewille mancherseits gänzlich abgelehnt.[133] Ganz ablehnend möchte man dem Erfordernis eines Bleibewillens jedoch nicht gegenüberstehen,[134] denn so wurde bereits in Entscheidungen des EuGH zur Brüssel IIa-VO der Willen der in Rede stehenden Person mit in die Betrachtung einbezogen,[135] sodass nicht gänzlich von dem Erfordernis Abstand genommen werden möchte. Auch in zwei Beschlüssen des OLG Hamm vom 02. Januar 2018[136] und des OLG München vom 22. März 2017[137] ist davon die Rede, dass „für die Bestimmung des gewöhnlichen Aufenthalts des Erblassers... neben dem objektiven Moment des tatsächlichen Aufenthalts auch ein subjektives Element, nämlich ein Aufenthalts- bzw. Bleibewille, erforderlich“ ist. Die Erforderlichkeit eines Erblasserwillens ist daher nicht einheitlich beantwortet.

Allerdings ist wie auch bei der Integration des Erblassers in einen Staat zu sagen, dass der subjektive Bleibewille eines Erblassers ebenfalls nur schwierig festzustellen sein wird.[138] Dies muss insbesondere dann gelten, wenn sich der Erblasser nach seinem Tode zwangsläufig nicht mehr zu seinem Bleibewillen befragen lässt und äußern kann.[139] Von einer Erleichterung für die Gerichte im Rahmen der Rechtsfindung – worauf es ja in erster Linie ankommt – wäre jedenfalls bei Annahme der Erforderlichkeit eines animus manendi nicht

132 Diesen Vorschlag brachten beispielsweise *Köhler*, in: Gierl/Köhler/Kroiß/Wilsch, IntErbR, § 4 Rn. 14; *Mansel*, FS Ansay, S. 185, 211; *M.-P. Weller*, in: Leible/Unberath, Brauchen wir eine Rom 0-Verordnung?, S. 293, 321; *Kousoula*, Erbschein, S. 115.

133 *Baetge*, Gewöhnlicher Aufenthalt, S. 132; *Odersky*, notar 2013, 3, 5; *Verschraegen*, IPR, Rn. 1400.

134 *Döbereiner*, MittBayNot 2013, 358, 362; *Lehmann*, DStR 2012, 2085, 2087; *Kunz*, GPR 4/2012, 208, 211; *Schaub*, in: Hereditare, 91, 112 f.

135 Besonders deutlich EuGH, Gerichtsmitteilung v. 22.12.2010 – Rs. C-497/10 PPU (*Mercredi*) Slg. 2010, I-14309 Rn. 51 = IPRax 2012, 340: „Maßgebend für die Verlagerung des gewöhnlichen Aufenthalts in den Aufnahmestaat ist nämlich vor allem der Wille des Betreffenden, dort den ständigen oder gewöhnlichen Mittelpunkt seiner Interessen in der Absicht zu begründen, ihm Beständigkeit zu verleihen.“

136 OLG Hamm, Beschluss v. 2.1.2018 – I-10 W 35/17 = ZEV 2018, 343.

137 OLG München, Beschluss v. 22.3.2017 – 31 AR 47/17 = ZEV 2017, 333 m. Anm. *Rentsch*.

138 Auf die damit einhergehenden Gefahren wird unter anderem verwiesen von *Sturm/Sturm*, Liber amicorum Sajko, S. 309, 316; *D. Lübcke*, Nachlassverfahrensrecht, S. 364; *Khairallah*, in: Perspectives du droit des successions, S. 61, 65.

139 Siehe hierzu *Kunz*, GPR 4/2012, 208, 211; *D. Lübcke*, Nachlassverfahrensrecht, S. 364; *Vienenkötter*, Begriff des gewöhnlichen Aufenthaltes, S. 297 f.

auszugehen. Ferner wäre dies insbesondere aufgrund der Rechtssicherheitsbedenken nicht mit der Anknüpfung an den gewöhnlichen Aufenthalt vereinbar, die für die Nachlassplanung eine stabile und vor allem aber auch eine vorhersehbare Anknüpfung vorsieht. Der Vorschlag, den Bleibewillen zu einem zwingenden Tatbestandsmerkmal des Begriffes des gewöhnlichen Aufenthaltes zu machen, ist daher abzulehnen. Denn so ist der gewöhnliche Aufenthalt ganz bewusst überwiegend faktisch bestimmt worden, um sich nicht an subjektiven Kriterien orientieren zu müssen.[140] Dies bedeutet hingegen nicht, dass der animus manendi überhaupt nicht bei der Frage der Bestimmung des gewöhnlichen Aufenthaltes herangezogen werden kann. Vielmehr ist die Frage nach dem Aufenthaltswillen des Erblassers als eine von mehreren Komponenten zu werten,[141] welche schlussendlich mit den anderen in die Wertung miteinzubeziehenden Faktoren eine „Definition" des gewöhnlichen Aufenthaltes geben kann bzw. zur Begriffsbildung beitragen kann. Dabei stellt sich allerdings insbesondere die Frage, inwieweit es zu einer Integration in das Land des gewöhnlichen Aufenthaltes kommen muss bzw. wann von einer erfolgreichen Integration gesprochen werden kann.[142] Also auch die Abstimmung der subjektiven und objektiven Kriterien bleibt weiterhin unklar.[143]

ee) Mehrfacher gewöhnlicher Aufenthalt?

Die Frage, ob auch ein mehrfacher gewöhnlicher Aufenthalt begründet werden kann, wird überwiegend verneint.[144] Freilich wäre in tatsächlicher Hinsicht ein

---

140 *Kränzle*, Heimat, S. 261; *Sturm/Sturm*, Liber amicorum Sajko, S. 309, 316. Zudem lehnt das DNotI-Gutachten die Anknüpfung an den englischen Begriff des domicile ausdrücklich ab, vgl. DNotI-Studie, S. 262.

141 *Hilbig-Lugani*, FS Brudermüller, 323, 324.

142 *Hilbig-Lugani*, FS Brudermüller, 323, 324 f. Vgl. hierzu auch schon oben, S. 181, wo bereits die Frage der Integration aufgeworfen wurde.

143 Illustrativ EPEC, Study to inform a subsequent Impact Assessment on the Commission proposal on jurisdiction and applicable law in divorce matters, Draft final report, April 2006, 153, in: *Hilbig-Lugani*, FS Brudermüller, 323, 325; zumindest eine zusätzliche Heranziehung subjektiver Elemente erscheint von Nöten, so auch *Süß*, ZErb 2012, 342, 344; *Junghardt*, Rom IV-VO, S. 85 f.; dagegen jedoch *Max Planck Institute for Comparative and International Private Law*, RabelsZ 74 (2010) 522, 605 f.; offen gelassen von *Lange*, ZVglRWiss 110 (2011), 426, 431, in: *Schaub*, in: Hereditare, 91, 113.

144 Bonomi/Wautelet/*Bonomi*, Le droit européen des successions, Art. 4 Rn. 26; *Bonomi/Öztürk*, ZVglRWiss 114 (2015) 4, 9; *Dörner*, ZEV 2012, 505, 510; *Döbereiner*, MittBayNot 2013, 358, 362; *Greeske*, Kollisionsnormen, S. 82; *Kränzle*, Heimat, S. 235; *D.*

solcher mehrfacher gewöhnlicher Aufenthalt durchaus denkbar, denn so müssen sich die Menschen nicht mit Blick auf eine rechtliche Einstufung auf lediglich einen eindeutig bestimmbaren Lebensmittelpunkt festlegen.[145] Vielmehr muss das Problem allerdings aus rechtlichem Blickwinkel betrachtet werden, denn es ist nicht möglich, zwei Erbstatute zur gleichen Zeit nebeneinander zu berufen.[146] Argumentiert wird damit, dass bei der durchzuführenden Gesamtbeurteilung der Lebensumstände des Erblassers in den Jahren vor seinem Tod und im Zeitpunkt des Todes nur zu einem Ergebnis gelangt werden kann. Gemeint sind damit Fälle eines sog. Berufspendlers (welcher auch in Erwägungsgrund 24 genannt wird) oder auch sog. „Mallorca-Rentnern", welche sich zum einen aus beruflichen und zum anderen aus privaten Gründen für eine längere Zeit im Jahr in einem anderen Staat aufgehalten haben, den Rest des Jahres allerdings in ihrem Herkunftsland verbringen.[147] Da es hinsichtlich einer Anknüpfung nunmehr zu einer parallelen Anwendung von Zuständigkeit und anwendbarem Recht kommt, bedeutet dies im Rahmen der Erbrechtsverordnung, dass ein mehrfacher gewöhnlicher Aufenthalt nicht in Betracht kommen kann.[148] Gerade in kollisionsrechtlicher Hinsicht ist die Annahme eines mehrfachen

---

Lübcke, Nachlassverfahrensrecht, S. 369; NK-BGB/*Makowsky*, EuErbVO, Art. 4 Rn. 33; vgl. auch *Mankowski*, IPRax 2015, 39, 45; *Müller-Lukoschek*, Die neue EuErbVO, § 2 Rn. 143 (2015); *Odersky*, notar 2013, 3, 4; *Pawlytta/Pfeiffer*, in: Münchener Anwalts-Handbuch ErbR, § 33, Rn. 184; *Rechberger/Schur*, in: Kollisionsrecht in der EU, S. 185, 205; *Solomon*, in: Symposium DNotI, S. 19, 31; *Sonnenberger*, in: FS Kropholler 2008, S. 227, 237; *Süß*, Erbrecht in Europa, § 2 Rn. 34 (2015); Grüneberg/*Thorn*, BGB, Art. 21 EuErbVO Rn. 6; *Wachter*, ZNotP 2014, 2, 4; Geimer/Schütze/*Wall*, EuErbVO, Art. 4 Rn. 31; *ders.*, ZErb 2014, 272, 273.

145 Für die Bestimmung der internationalen Zuständigkeit wäre die Annahme mehrerer gewöhnlicher Aufenthalte nicht weiter hinderlich, so jedenfalls *Solomon*, in: Dutta/Herrler, Tagungsband DNotI, Die EuErbVO, S. 19, 31 ff.; *ders.*, in: Symposium DNotI, S. 19, 31.

146 *Solomon*, in: Dutta/Herrler, Tagungsband DNotI, Die EuErbVO, S. 19, 31 ff.

147 Zu den „Mallorca-Rentnern" siehe *Lehmann*, DStR 2012, 2085, 2086; *Solomon*, in: Dutta/Herrler, Tagungsband DNotI, Die EuErbVO, S. 19, 30 f.; *Steinmetz*, ZEV 2018, 317, 318.

148 Davon kann wohl unstreitig ausgegangen werden, siehe insb. *Döbereiner*, MittBayNot 2013, 358, 362; *Dörner*, ZEV 2012, 505, 510; *Greeske*, Kollisionsnormen, S. 82; *Lehmann*, DStR 2012, 2085, 2086; NK-BGB/*Makowsky*, Art. 4 EuErbVO Rn. 53; *Odersky*, notar 2013, 3, 4; Bergquist/Damascelli/*Odersky*, EuErbVO, Art. 4 Rn. 9; *Solomon*, in: Tagungsband DNotI, Die EuErbVO, S. 19, 31; Grüneberg/*Thorn*, BGB, Art. 21 EuErbVO Rn. 6.

gewöhnlichen Aufenthaltes nicht ratsam, da bei mehreren gewöhnlichen Aufenthalten des Erblassers zwangsläufig nur *eine* Rechtsordnung zur Anwendung gelangen kann. Dabei ist völlig unklar, wie diese Auswahlentscheidung zu erfolgen hat und nach welchen Kriterien; gibt es einen gewöhnlichen Aufenthalt des Erblassers von mehreren, welcher „gewöhnlicher" ist als die anderen? Fällt die vorzunehmende Gesamtabwägung nur zufällig zugunsten eines bestimmten gewöhnlichen Aufenthaltes aus? Die Folgen wären von einer Unsicherheit für die Nachlassplanung geprägt, welche nicht im Sinne der Verordnungsgeber gewesen sein kann. Besonders dem Ziel der Rechtsvereinheitlichung auf europäischer Ebene würde nicht gerecht, wenn es dem Erblasser möglich wäre, mehr als nur einen gewöhnlichen Aufenthalt als Anknüpfung für die Nachlassabwicklung zu begründen. Auch ist dies praktisch nicht durchsetzbar.[149]

Die Ablehnung der Begründung eines mehrfachen gewöhnlichen Aufenthalts ist begrüßenswert.[150] So würde ein Veweis auf miteinander konkurrierende Gesetzgebungen gerade nicht dem Hauptziel, nämlich einer Vereinheitlichung durch die Erbrechtsverordnung, entsprechen.[151] Denn würde die Erbrechtsverordnung von der Möglichkeit eines mehrfachen gewöhnlichen Aufenthaltes ausgehen, so würden sich diesbezüglich auch Hinweise in der Verordnung finden lassen.[152] Da die Verordnung jedoch keine zusätzliche Unteranknüpfung vorsieht, die wiederum an weitere Kriterien gebunden ist, ist nicht davon auszugehen, dass die Erbrechtsverordnung einen mehrfachen gewöhnlichen Aufenthalt vorgesehen hat.[153]

c) Bewertung

Die einheitliche begriffliche Anknüpfung an den gewöhnlichen Aufenthalt des Erblassers ist im Ergebnis zu begrüßen. Der gewählten Anknüpfung liegt der Gedanke des Verordnungsgebers zu Grunde, dass es für den Erblasser einer möglichst einfachen und einheitlichen Orientierung für seine Nachlassplanung bedarf. Grundsätzlich wird sich der Erblasser daher in der Rechtsordnung desjenigen Staates am wohlsten fühlen, in dem er auch lebt. Es wird ihm daher

149 Geimer/Schütze/*Odersky*, EuErbVO, Art. 21 Rn. 5.
150 So auch Geimer/Schütze/*Odersky*, EuErbVO, Art. 21 Rn. 5; *Vienenkötter*, Begriff des gewöhnlichen Aufenthalts, S. 313.
151 So auch Geimer/Schütze/*Odersky*, EuErbVO, Art. 21 Rn. 5; *Vienenkötter*, Begriff des gewöhnlichen Aufenthalts, S. 313.
152 Geimer/Schütze/*Odersky*, EuErbVO, Art. 21 Rn. 5.
153 Geimer/Schütze/*Odersky*, EuErbVO, Art. 21 Rn. 5.

deutlich erleichtert, am Ort seines gewöhnlichen Aufenthaltes fachkundig in der Nachlassplanung beraten zu werden. Der Begriffskern des gewöhnlichen Aufenthaltes, wonach der persönliche Lebensmittelpunkt des Erblassers maßgeblich ist, ist im Wege einer Gesamtbetrachtung festzustellen. Dabei sind alle für den Erblasser relevanten Lebensumstände miteinzubeziehen. Gerade die offen gehaltene Begriffsbildung des gewöhnlichen Aufenthaltes bietet dem Rechtsanwender die Möglichkeit, in jedem Einzelfall durch Einbeziehung aller Gesamtumstände zu einer für den Erblasser und seine Erben sachgerechten Lösung zu gelangen.[154] Ob die Anknüpfung an den gewöhnlichen Aufenthalt – wie von der Verordnung gewählt – der bessere Anknüpfungspunkt ist oder ob es nicht von Vorteil gewesen wäre, es bei einer primären Anknüpfung an die Staatsangehörigkeit des Erblassers zu belassen, wird sich künftig durch Anwendung der Erbrechtsverordnung noch zeigen. Freilich lässt sich dieser neuen Anknüpfung zugutehalten, dass sich der Lebensmittelpunkt des Erblassers meistens auch am Orte des gewöhnlichen Aufenthaltes befindet und damit einhergehend auch der Großteil des zu vererbenden Nachlasses dort aufzufinden ist.[155] Dies bringt für die Erben des Erblassers natürlich eine erhebliche Vereinfachung sowohl logistischer als auch rechtlicher Art mit sich. Neben einer Vereinfachung für die Erben wird darüber hinaus sichergestellt, dass sich Richter und Notare nunmehr nicht zuvor einer zeitaufwendigen Ermittlung des einschlägigen Rechts unterziehen müssen.[156] Eine Befassung mit ausländischem Heimatrecht von ausländischen Erblassern ist für den Berater durch die Anknüpfung an den gewöhnlichen Aufenthalt nunmehr – zumindest im Hinblick auf die objektive Anknüpfung – obsolet geworden, sodass mit der neuen Anknüpfung eine erhebliche Vereinfachung gewährleistet wird.

2. *Die Staatsangehörigkeit als stabiles Bindungskriterium*

a) *Anknüpfungsverschiebung*

Die Verschiebung der Anknüpfung von der Staatsangehörigkeit an den gewöhnlichen Aufenthalt hat allerdings nicht lediglich Vorzüge. Denn so bezweckt die Anknüpfung an die Staatsangehörigkeit die Verbindung des Erblassers mit

154 *Knot*, Europäische Erbrechtsverordnung, S. 9.

155 Deixler-Hübner/Schauer/*Schauer*, Migration, Familie und Vermögen, S. 48; *Müller-Lukoschek*, Die neue EuErbVO, § 2 Rn. 134; *Kindler*, IPRax 2010, 44, 47.

156 So explizit Erwägungsgrund 27: „Die Vorschriften dieser Verordnung sind so angelegt, dass sichergestellt wird, dass die mit der Erbsache befasste Behörde in den meisten Situationen ihr eigenes Recht anwendet. [...].“

einem Rechtssystem, mit dem er sich am stärksten verbunden fühlt. Demnach wird unter der Staatsangehörigkeit verstanden, dass sie einen Indikator sowohl der persönlichen als auch der kulturellen Beziehung einer Person zu seinem Heimatland und der dort geltenden Rechtsordnung darstellt.[157]

Zum einen gestaltet sich die Ermittlung der Staatsangehörigkeit des Erblassers als wesentlich einfacher, unterliegt sie doch einer erschwerten Manipulationsmöglichkeit durch den Erblasser und erweist sich daher als äußerst stabile Anknüpfung.[158] Der gewöhnliche Aufenthalt kann schlichtweg nicht die gleiche Stabilität und Voraussehbarkeit der Anknüpfung bieten wie die Staatsangehörigkeit des Erblassers, ist Letztere doch deutlich schwieriger zu ändern als der gewöhnliche Aufenthalt.[159] Diese Vorteile werden auch von denjenigen Vertretern anerkannt, die sich ansonsten für eine Anknüpfung an den letzten gewöhnlichen Aufenthalt aussprechen.[160] Auch stellen sich bei einer Anknüpfung an die Staatsangehörigkeit keine Fragen wie die der Ortsveränderung für einen gewissen Zeitraum, wie dies bei zeitweise im Ausland lebenden Erasmus-Studenten oder den sogenannten „Mallorca-Rentnern" der Fall sein dürfte. Er ist ein Anknüpfungspunkt, der einem starken Wandel unterliegt und sich im Laufe des Lebens gegebenenfalls auch mehrfach ändern kann.[161] Die Offenheit des Begriffes des gewöhnlichen Aufenthaltes kann zu Unsicherheiten bei der Rechtsanwendung führen, sind doch viele Umstände in die Gesamtschau miteinzubeziehen. Mitunter kann dies auch zu Konsequenzen in der dann eintretenden Rechtsfolge führen, die sich der Erblasser so nicht vorgestellt geschweige denn gewünscht hat.[162]

Zudem kann die Anknüpfung an den gewöhnlichen Aufenthalt auch aus dem Grund nicht die gleiche Stabilität und leichte Ermittlung gewähren wie eine Anknüpfung an die Staatsangehörigkeit, da der gewöhnliche Aufenthalt im Zeitpunkt der Testamentserrichtung nicht zwangsläufig derselbe sein muss wie zum Zeitpunkt des Todes des Erblassers. Dies gilt umgekehrt natürlich auch für die Staatsangehörigkeit, jedoch dürfte die Wahrscheinlichkeit, zum Zeitpunkt des Todes eine andere Staatsangehörigkeit als zu Beginn innezuhaben geringer

157 BVerfGE 31, 58, Beschluss des Ersten Senats v. 04.05.1971 – 1 BvR 636/68, S. 71; relativierend BVerfGE 63, 181, Beschluss des Ersten Senats v. 22.02.1983 – 1 BvL 17/81, S. 195.

158 *Müller-Lukoschek*, Die neue EuErbVO, § 2 Rn. 135 (2015).

159 Vgl. MüKo-BGB/*Dutta*, Art. 21 EuErbVO Rn. 2.

160 Vgl. nur *Dörner/Lagarde*, DNotI, S. 54, 65.

161 *Müller-Lukoschek*, Die neue EuErbVO, § 2 Rn. 136 (2015).

162 *Müller-Lukoschek*, Die neue EuErbVO, Rn. 136 (2015), dazu sogleich.

sein als jene, im Zeitpunkt des Todes einen anderen gewöhnlichen Aufenthalt zu haben. Dies wird nicht zuletzt der zunehmenden Mobilität der Bevölkerung geschuldet sein. Grenzfälle in zeitlicher Hinsicht werden bei der Anknüpfung an die Staatsangehörigkeit des Erblassers weitaus geringerer Natur sein. Insbesondere gilt dies in Anbetracht der Frage, wann ein gewöhnlicher Aufenthalt genau begründet worden ist. Dies wird sich vor allem dann als schwierig erweisen, wenn er für einen Zeitraum ermittelt werden muss, der bereits in der Vergangenheit liegt.[163] Die Erbrechtsverordnung bringt es demzufolge mit sich, die Anknüpfung an den gewöhnlichen Aufenthalt aufgrund ihrer Unbestimmtheit und ihrer damit einhergehenden Grenzfälle jedes Mal zunächst einer Einzelfallbetrachtung zu unterziehen. Da darüber hinaus die Auslegung des Begriffes des gewöhnlichen Aufenthaltes nicht den einzelnen Mitgliedstaaten überlassen ist, wird eine Auslegung noch immer dem EuGH vorbehalten bleiben.[164]

Auf der anderen Seite wird man dem Grundgedanken der Erbrechtsverordnung[165] bei einer Anknüpfung an den gewöhnlichen Aufenthalt eher gerecht als bei einer Anknüpfung an die Staatsangehörigkeit des Erblassers.[166] Zum einen führt diese Anknüpfung dazu, dass aufgrund der angestrebten Nachlasseinheit eine Gerichtszuständigkeit für den gesamten Nachlass als Einheit erfolgt.[167] Und andererseits führt dies dazu, dass die zuständigen Gerichte durch diesen Gleichlauf meist ihr eigenes Recht anwenden können, was nach Erwägungsgrund 27 auch eines der maßgeblichen Ziele der Verordnungsvorschriften ist. Ein Gleichlauf von internationaler Zuständigkeit und Erbstatut ist insbesondere aus dem Grund positiv zu werten, dass dadurch auf verfahrensrechtlicher Ebene etwaige Abwicklungsprobleme gar nicht erst entstehen.[168] Der Rechtsanwender kann

---

163 *Kanzleiter*, in: FS Zimmermann, 2010, 165, 173.

164 Hierbei zeigt auch die Judikatur des EuGH, dass sich bei der Begriffsbestimmung des gewöhnlichen Aufenthaltes keine starren Regelwerke aufstellen lassen, sondern die Anknüpfung teleologische und systematische Erwägungen erfordert, welche wiederum differenzierte Maßstäbe notwendig erscheinen lassen und insbesondere auch rechtfertigen können, vgl. hierzu NK-BGB/*Makowsky*, Art. 4 EuErbVO Rn. 26.

165 Der eine Vereinfachung der geltenden Rechtslage vorsieht, siehe Erwägungsgrund 7 der Erbrechtsverordnung. Hingegen sollen nicht die einzelnen Erbrechtsordnungen vereinheitlicht werden. Vielmehr sieht die Erbrechtsverordnung eine Vereinheitlichung und dadurch Vereinfachung hinsichtlich der Abwicklung von Nachlassangelegenheiten vor, welche einen grenzüberschreitenden Bezug aufweisen.

166 *Henrich*, Familien- und ErbR, S. 366.

167 *Schauer*, JEV 2012, 78, 81.

168 *D. Lübcke*, Nachlassverfahrensrecht, S. 348.

so sein eigenes Recht anwenden und muss sich keiner fremden Hilfe bedienen. Dies ist insofern zu begrüßen, als dass üblicherweise der Großteil des Erblasservermögens auch im Staate des letzten gewöhnlichen Aufenthaltes zu finden sein wird.[169] Für eine Parallelität von internationaler Zuständigkeit und Erbstatut geht die Anknüpfung an den gewöhnlichen Aufenthalt demnach – trotz ihrer Schwachstellen – einen Kompromiss ein, welchen die Staatsangehörigkeit nicht zu leisten vermag.[170] Diese „Vermögensnähe" wird auch einer der Gründe gewesen sein, weshalb sich der europäische Gesetzgeber nunmehr nach dem gewöhnlichen Aufenthaltes des Erblassers richtet.[171] So wird mittlerweile auch im internationalen Kindschaftsrecht an den gewöhnlichen Aufenthalt angeknüpft, um den Bedürfnissen des Kindes durch eine schnelle Entscheidung besser Rechnung tragen zu können;[172] mit der Anknüpfung an den gewöhnlichen Aufenthalt wird sich demnach nicht eines völlig neuartigen Begriffes bedient.[173] Die neue Anknüpfung bietet eine flexible Gestaltung und entspricht damit den europäischen Grundfreiheiten noch eher als die Anknüpfung an die Staatsangehörigkeit.[174]

Kritisch zu betrachten an der Anknüpfung an den gewöhnlichen Aufenthalt ist jedoch zudem der Umstand, dass es in gewissen Fällen schnell zu einem vom Erblasser nicht geplanten Statutenwechsel kommen kann. Bei der Verlegung des Wohnortes und gleichzeitig des gewöhnlichen Aufenthaltes ist sich nicht jeder Erblasser gleichermaßen darüber bewusst, dass damit gegebenenfalls auch ein Wechsel des Erbstatuts einhergehen kann. Auch wird den Menschen, die ihren gewöhnlichen Aufenthalt in einem Staat haben, dessen Staatsangehörigkeit sie nicht innehaben, oft nicht bewusst sein, dass sich mit der Erbrechtsverordnung

---

169 Zumindest wird dies wohl eher den Erwartungen des Erblassers entsprechen, so *Schauer*, in: Deixler-Hübner/Schauer, Migration, Familie und Vermögen, S. 48; *Schauer*, JEV 2012, 78, 81. Von der Belegenheit der wesentlichen Vermögensgegenstände am Ort des gewöhnlichen Aufenthaltes ist auch der Europäische Verordnungsgeber ausgegangen, da diese nach Erwägungsgrund 24 „ein besonderer Faktor bei der Gesamtbeurteilung aller tatsächlichen Umstände sein" soll.

170 *D. Lübcke*, Nachlassverfahrensrecht, S. 348.

171 *Schauer*, JEV 2012, 78, 81. Hier zeigen sich erneut die praktischen Erwägungen des Europäischen Gesetzgebers für eine Anknüpfung an den gewöhnlichen Aufenthalt.

172 Vgl. Art. 1, 2 MSA, Art. 5, 15 Abs. 1 KSÜ.

173 Der Begriff wurde bereits in mehreren anderen Verordnungen (u. a. Brüssel I und II, Rom I, II, III, und der EuUnterhaltsVO) gebraucht, siehe dazu Bergquist/Damascelli/*Lagarde*, EuErbVO, Art. 21 Rn. 5.

174 *Henrich*, Familien- und ErbR, S. 366.

der Anknüpfungspunkt von der Staatsangehörigkeit zum gewöhnlichen Aufenthalt gewandelt hat. Sofern dies nicht gewünscht sein sollte, wäre an die Möglichkeit einer vorherigen Rechtswahl zu denken – vorausgesetzt, dem Erblasser ist die neue Problematik überhaupt bewusst. Eine weitere Möglichkeit, einem Statutenwechsel entgegenzutreten ist die Anwendung der Ausweichklausel, auf die sogleich eingegangen werden soll. Ist nämlich eine offensichtlich engere Bindung des Erblassers zu einem anderen Staat als dem Staat des gewöhnlichen Aufenthaltes gegeben, so ließe sich über die Ausweichmöglichkeit des Art. 21 Abs. 2 EuErbVO nachdenken. Als Lösungsansatz gegen einen Statutenwechsel hat die Erbrechtsverordnung noch die Vorschrift des Art. 24 EuErbVO eingeführt. Diese besagt, dass für bereits errichtete Testamente nicht das Erbstatut einschlägig ist, sondern maßgebliches Erbstatut das hypothetische Erbstatut zum Zeitpunkt der Testamentserrichtung ist. Auch hier wird zwar an den gewöhnlichen Aufenthalt angeknüpft, allerdings nicht erst zum Todeszeitpunkt wie Art. 21 EuErbVO dies vorsieht, sondern bereits zum Zeitpunkt der Errichtung der Verfügung von Todes wegen des Erblassers.[175] Somit ist auch ein späterer Wechsel des Erbstatutes durch Wechsel des gewöhnlichen Aufenthaltes für die Verfügung von Todes wegen nicht von Belang.[176] Begründet wird dies mit dem Bestandsschutz der Verfügung von Todes wegen, welche im Zeitpunkt ihrer Verfügung Gültigkeit besessen hat.[177]

Auch aus verfahrensökonomischer Sicht kann die Anknüpfung an den gewöhnlichen Aufenthalt mit Hindernissen verbunden sein. Oft wird der gewöhnliche Aufenthalt als Voraussetzung für die allgemeine Zuständigkeit der Gerichte nach Art. 4 EuErbVO im Vorhinein nur schwierig zu bestimmen sein; was wiederum die Unsicherheit eines Antrages beim zuständigen Gericht erhöht und damit einhergehend zu einer umfassenden Tatsachenermittlung des Gerichtes führt, welches in der Sache angerufen worden ist.[178] Umfassende Tatsachenermittlungen gehen für ein Gericht meist einher mit höherem Kostenaufwand, weshalb unter dem Gesichtspunkt der Verfahrensökonomie die neue Anknüpfung nicht nur den angestrebten Vorteil der Vereinheitlichung hat.

---

175 Geimer/Schütze/*Frank*, EuErbVO, Art. 24 Rn. 19.
176 Geimer/Schütze/*Frank*, EuErbVO, Art. 24 Rn. 19.
177 Geimer/Schütze/*Frank*, EuErbVO, Art. 24 Rn. 21.
178 So auch Bergquist/Damascelli/*Odersky*, EuErbVO, Art. 4 Rn. 5.

b) Bewertung

Daher vermag keine der beiden Anknüpfungen klar und deutlich zu überzeugen, sodass sich keine allgemeingültige Aussage darüber treffen lässt, welche Anknüpfungsmöglichkeit zu bevorzugen wäre.[179] Für die neue Regelanknüpfung des gewöhnlichen Aufenthaltes wäre allerdings noch anzuführen, dass insbesondere mit zunehmender Migration und Mobilität die Staatsangehörigkeit eine immer kleinere Rolle spielen wird. Zwar wird das Erbrecht eines jeden Landes durch seine Kultur, Wirtschaft, Politik und Religion geformt und geprägt, jedoch betrifft dies immer seltener die Beziehung des Erben zu seiner Staatsangehörigkeit.[180] Das Leben des Erblassers wird überwiegend durch den Staat geformt, in dem er sich zuletzt die meiste Zeit aufgehalten hat.[181] Hat der Erblasser sogar mehrere Jahre seines Lebens dort verbracht, wird davon auszugehen sein, dass er der Anwendung des Rechtes seines gewöhnlichen Aufenthaltes zumindest nicht ablehnend gegenübersteht.[182] Zugunsten eines einheitlichen europäischen Rechtsraums wird die Anknüpfung an den gewöhnlichen Aufenthalt besser geeignet sein, eine Umsetzung der Wertungen der Europäischen Union zu ermöglichen. Auch ist eine Anknüpfung an den gewöhnlichen Aufenthalt nicht aus dem Grunde von vornherein zu verwerfen, weil nach wie vor viele Länder weiterhin an die Staatsangehörigkeit der Erblasser anknüpfen. Die veraltete Anknüpfung an die Staatsangehörigkeit des Erblassers hingegen wird besonders mit Blick auf die Europäische Union immer weiter an Wichtigkeit einbüßen.[183] In einem gemeinsamen Europa, wo Grenzen immer freizügiger werden und die Zahl an grenzüberschreitenden privaten Rechtsbeziehungen dadurch jedenfalls nicht geringer werden wird,[184] leuchtet es ein, dass fortan weniger auf die Staatsangehörigkeit geachtet wird, sondern eine hinzukommende oder alternative Anknüpfung gefunden werden sollte.

Dass sich aufgrund der fortschreitenden Mobilität eine Anknüpfung an den gewöhnlichen Aufenthalt des Erblassers als eine äußerst naheliegende Option

---

179 *Henrich*, Familien- und ErbR, S. 366.

180 Vgl. dazu *J. Schmidt*, Grundprobleme des Erbrechts in Internationaler Perspektive, https://www.mpg.de/7781857/JB_2014?c=8236817&force_lang=de (zuletzt aufgerufen: 01.07.2020). Auch *Zimmermann* setzt sich mit der kulturellen Prägung des Erbrechts auseinander in JZ 2016, 321.

181 *Schauer*, JEV 2012, 78, 83.

182 *Schauer*, JEV 2012, 78, 83.

183 *Sonnenberger*, 100 Jahre BGB, Das EGBGB und das IPR, 787, 803.

184 *Sonnenberger*, 100 Jahre BGB, Das EGBGB und das IPR, 787, 803.

erweist,[185] ist nicht von der Hand zu weisen. Gerade im Hinblick auf die Entscheidungsharmonie und der Vereinheitlichungsbestrebungen der Erbrechtsverordnung lassen sich angeführte Vorteile jedoch auch ins Gegenteil verkehren, denn so birgt die Anknüpfung an den gewöhnlichen Aufenthalt auch gewisse Schwachstellen. Dem Ziel der Erbrechtsverordnung, eine Vereinheitlichung der internationalen Erbrechte sicherzustellen, kann nur in erschwerter Weise gerecht werden, wenn es keine gesetzliche Definition des gewöhnlichen Aufenthaltes gibt. Vielmehr ergibt sich der gewöhnliche Aufenthalt aus einer Verbindung unterschiedlicher Elemente, um mit der Belegenheit der Vermögens, der familiären Beziehungen und der Aufenthaltsdauer nur einige wenige zu nennen.[186] Um all diese Aspekte mit einfließen zu lassen, müssen die Gerichte jegliche Umstände jedes Einzelfalles berücksichtigen, um eine gerechte Entscheidung treffen zu können.[187] Dieser „Freiraum" in der Begriffsfindung zum gewöhnlichen Aufenthalt wird es den einzelnen Mitgliedstaaten ermöglichen, stets eine vom Einzelfall abhängige Auslegung der Definition des gewöhnlichen Aufenthaltes vorzunehmen, was zwar nicht unbedingt immer zum Nachteil der betreffenden Parteien sein muss.[188] Trotzdem geht dies zulasten der Klarheit und insbesondere auch der Vereinfachung durch die neue Anknüpfung. Bis zu einer endgültigen Klärung der Begrifflichkeit wird es daher immer wieder zum Auseinanderklaffen von Begriffsbestimmungen kommen. Daher lässt sich darüber nachdenken, ob es neben der primären Anknüpfung an die Staatsangehörigkeit und den gewöhnlichen Aufenthalt nicht noch anderweitige Möglichkeiten der Anknüpfung gibt, welche in Erwägung gezogen werden könnten.

3. *Die Ausweichklausel des Art. 21 Abs. 2 EuErbVO*

Von der Regelanknüpfung des gewöhnlichen Aufenthaltes sind allerdings auch Ausnahmen möglich.[189] Dem deutschen Erbrecht war eine Ausweichmöglichkeit für die Anknüpfung an die Staatsangehörigkeit nicht geläufig, vielmehr bildete die Staatsangehörigkeitenanknüpfung die einzige Anknüpfung, und dies ohne weitere Ausweichmöglichkeit für den Rechtsanwender.[190] Der

---

185 *Lange*, ZVglRWiss 110 (2011), 426, 428, in: *Schaub*, in: Hereditare, 91, 111.

186 Vgl. auch Erwägungsgrund 24.

187 Siehe Erwägungsgrund 23.

188 Zu den Vorteilen einer flexibleren Einzelfallanwendung siehe *Deixler-Hübner*, in: Deixler-Hübner/Schauer, Art. 4 EuErbVO Rn. 14.

189 So auch *Schauer*, JEV 2012, 78, 81.

190 *Soutier*, Die Geltung deutscher Rechtsgrundsätze, S. 42 f.

gewöhnliche Aufenthalt muss daher im Rahmen der Erbrechtsverordnung nicht zwangsläufig die einzige Anknüpfung darstellen, um das für die Erbfolge maßgebende Recht festzustellen. Im Gegensatz zum Kollisionsvorschlag zur Erbrechtsverordnung sieht die endgültige Fassung in ihrem Art. 21 Abs. 2 EuErbVO nämlich eine Ausweichklausel bezüglich des auf die Rechtsnachfolge von Todes wegen anwendbaren Rechts vor.[191] Neben der Anknüpfung an den gewöhnlichen Aufenthalt kann sich über Art. 21 Abs. 2 EuErbVO nämlich ausnahmsweise aus den Gesamtumständen auch ein davon abweichendes Recht ergeben, wenn sich für den Erblasser zu seinem Todeszeitpunkt eine offensichtlich engere Bindung zu einem anderen Staat als zu demjenigen seines gewöhnlichen Aufenthaltes zeigt. Ist diese offensichtlich engere Verbundenheit des Erblassers zu einem anderen Staat als dem des gewöhnlichen Aufenthaltes gegeben, so kann von der Grundanknüpfung des gewöhnlichen Aufenthaltes abgewichen werden. Dabei hat sich der Gesetzgeber an Art. 4 Abs. 3 der Rom II-VO orientiert und nach diesem Vorbild auch für die Erbrechtsverordnung eine Ausweichklausel eingeführt.[192] Zwar wird mit recht anzuführen sein, dass im Rahmen der Bestimmung des gewöhnlichen Aufenthaltes bereits solche Umstände mit in die Gesamtwürdigung hineinbezogen worden sind, welche eine offensichtlich enge Bindung des Erblassers mit einem Staat aufweisen. Man könnte sich demzufolge berechtigterweise fragen, wieso es dann überhaupt einer Ausweichklausel bedarf.[193] So wurde der Einführung der Ausweichklausel vorgehalten, dass die Gesamtumstände des Erblassers im Wesentlichen bereits im Rahmen der Bestimmung des gewöhnlichen Aufenthaltes ausreichend berücksichtigt worden seien.[194] Trotzdem werden sich – nicht zuletzt aufgrund der breiten Auslegungsmöglichkeit – immer wieder Grenzfälle auftun, die eine klare Zuordnung zu einem Staat durch Festlegung des gewöhnlichen Aufenthaltes schwierig

---

191 MüKoBGB/*Dutta*, Art. 21 EuErbVO Rn. 5; *Janzen*, DNotZ 2012, 484, 486.

192 MüKoBGB/*Dutta*, Art. 21 EuErbVO Rn. 5; BeckOGK/*J. Schmidt*, Art. 21 EuErbVO Rn. 13, der dabei von einem „EU-Standard" für derartige Ausweichklauseln spricht; *Janzen*, DNotZ 2012, 484, 486.

193 Bereits bei der Entstehung der Erbrechtsverordnung ist die Ausweichklausel und ihre Sinnhaftigkeit diskutiert worden. Vgl. hierzu *Walther*, Der Gleichlaufgrundsatz, S. 192; *Lange*, ZErb 2012, 160, 162; *Lehmann*, DStR 2012, 2085, 2086; *Schauer*, JEV 2012, 78, 84; *Volmer*, Rpfleger 2013, 421, 422 f.; *Vollmer*, ZErb 2012, 227, 231; *Wilke*, RIW 2012, 601, 605.

194 *Walther*, Der Gleichlaufgrundsatz, S. 192; *Lange*, ZErb 2012, 160, 162; *Lehmann*, DStR 2012, 2085, 2086; *Schauer*, JEV 2012, 78, 84; *Volmer*, Rpfleger 2013, 421, 422 f.; *Vollmer*, ZErb 2012, 227, 231; *Wilke*, RIW 2012, 601, 605.

gestalten. Unter Hinzuziehung der Erwägungsgründe der Erbrechtsverordnung lässt sich aus Erwägungsgrund 24 der folgende Gedanke der Ausweichklausel entnehmen, dass sich der gewöhnliche Aufenthalt als oftmals nicht sehr leicht zu ermitteln darstellt und daher eine Ausweichmöglichkeit geschaffen werden sollte. Als Beispiel wird diesbezüglich angeführt, dass dies besonders dann in Betracht zu ziehen ist, wenn der Verstorbene aufgrund seines Arbeitsplatzes seinen gewöhnlichen Aufenthalt in ein anderes Land verlegen musste, er allerdings weiterhin tief mit seinem Heimatland verwurzelt geblieben ist. Heranzuziehen sind beispielsweise auch Personen mit Rückkehrwillen wie Arbeitnehmer, die für einen lediglich abgegrenzten Zeitraum – aber lange genug für die Begründung eines gewöhnlichen Aufenthaltes – im Ausland leben und arbeiten. In derart gelagerten Fällen wird man sagen müssen, dass sich eine vom gewöhnlichen Aufenthalt abweichende Anknüpfung als nicht allzu fernliegend anbietet und die möglicherweise interessengerechtere Lösung darstellt.

Zur Frage, ob eine offensichtlich engere Verbindung des Erblassers mit dem betreffenden Staat bestand, wird das Augenmerk wohl auf das Merkmal der *tatsächlichen* Integration zu richten sein, welches bei Festlegung des gewöhnlichen Aufenthaltes nicht ausreichend Berücksichtigung gefunden haben wird.[195] Zu beachten ist dabei allerdings, dass die Ausweichklausel des Art. 21 Abs. 2 EuErbVO nicht immer dann zum Einsatz kommen kann, wenn die Feststellung des gewöhnlichen Aufenthaltes mangels hinreichender Anknüpfungspunkte Schwierigkeiten bereiten sollte.[196] Es handelt sich bei der Ausweichklausel eher um eine Ausnahmeregelung, welche nicht leichtfertig angewandt werden sollte. Daher ist in Bezug auf die Ausweichklausel eine restriktive Handhabung ratsam, damit selbige nicht zu einem Auffangtatbestand umfunktioniert wird, sobald die Ermittlung des gewöhnlichen Aufenthalts mal Probleme bereitet.[197] Um zu vermeiden, dass es bei der Bestimmung des gewöhnlichen Aufenthaltes zu Normenmangel kommt, darf erst in einem letzten Schritt auf die engeren

195 *Köhler*, in: Gierl/Köhler/Kroiß/Wilsch, IntErbR, § 4 Rn. 18; NK-Nachfolgerecht/*Köhler*, Art. 21 EuErbVO Rn. 12.

196 Dies ergibt sich recht deutlich aus den Erwägungsgründen, siehe Erwägungsgrund 25 a. E.; zu den damit einhergehenden Problemen kritisch *Lange*, ZErb 2012, 160, 162 f.

197 *Dutta*, FamRZ 2013, 4, 8, wonach Gerichte „über die Ausweichklausel Stabilitätsinteressen des Erblassers wahren" können; *Dörner*, ZEV 2012, 505, 511; *Köhler*, in: Gierl/Köhler/Kroiß/Wilsch, IntErbR, § 4 Rn. 19; NK-Nachfolgerecht/*Köhler*, Art. 21 EuErbVO Rn. 13; Grüneberg/*Thorn*, BGB, Art. 21 EuErbVO Rn. 7.

Beziehungen des Erblassers zu einem anderen Staat abgestellt werden.[198] Deshalb ist bei der Suche nach der richtigen Anknüpfung stets nach einem zweistufigen Verfahren zu prüfen: Zunächst wird anhand der verschiedenen Merkmale versucht, den gewöhnlichen Aufenthalt des Erblassers zu bestimmen.[199] Falls auf der ersten Stufe kein befriedigendes Ergebnis gefunden werden kann, wird dann in einem zweiten Schritt zu untersuchen sein, ob nicht subsidiär mithilfe der Ausweichklausel an den Staat der offensichtlich engeren Bindung vor dem Tode des Erblassers angeknüpft werden kann.[200] Die Ausweichklausel stellt damit letztlich eine Korrekturmaßnahme dar, um die Schwächen der Anknüpfung an den gewöhnlichen Aufenthalt auszugleichen und Einzelfälle zu lösen.[201]

In der Praxis werden Fälle, die unter die Ausweichklausel fallen, wohl eher selten auftreten.[202] Dafür bietet die Anknüpfung an den gewöhnlichen Aufenthalt einen zu weiten Spielraum, um auch Einzelfallkonstellationen meist gerecht zu werden. Mangels gesetzlich festgelegter Definition des gewöhnlichen Aufenthaltes bietet dieser auf der anderen Seite eine Auslegungsbandbreite, welche dem Rechtsanwender wiederum ein gewisses Maß an Flexibilität einräumt.[203] Inwieweit die Ausweichklausel des Art. 21 Abs. 2 EuErbVO dann noch als Auffangtatbestand für durch die Anknüpfung an den gewöhnlichen Aufenthalt nicht ergangene Einzelfallgerechtigkeit fungieren soll, kann mit Recht angezweifelt werden.[204] Mit anderen Worten: Welche „Gesamtheit der Umstände",

---

198 *Kunz,* GPR 4/2012, 208, 210; als ultima ratio auch Bergquist/Damascelli/*Lagarde,* EuErbVO, Art. 21 Rn. 14; *Schauer,* in: Deixler-Hübner/Schauer, Art. 21 EuErbVO Rn. 20 m. w. Nachw.

199 MüKoBGB/*Dutta* Art. 21 EuErbVO Rn. 7, wobei sich dies im Falle der Zuständigkeit nach Art. 4 EuErbVO auch bereits aus prozessualen Gründen ergibt, vgl. hierzu Art. 15 EuErbVO. Danach hat sich das Gericht nach einer Prüfung seiner Zuständigkeit von Amts wegen für unzuständig zu erklären, wenn es für die angerufene Erbsache nach der Erbrechtsverordnung nicht zuständig ist.

200 MüKoBGB/*Dutta* Art. 21 EuErbVO Rn. 7

201 *Dutta,* FamRZ 2013, 4, 8; Grüneberg/*Thorn,* BGB, Art. 21 EuErbVO Rn. 7.

202 Bergquist/Damascelli/*Lagarde,* EuErbVO, Art. 21 Rn. 18.

203 MüKo-BGB/*Dutta,* Art. 21 EuErbVO Rn. 6.

204 Krit. zur Abgrenzung von gewöhnlichem Aufenthalt und Ausweichklausel auch *Döbereiner,* MittBayNot 2013, 358, 362; *Fischer-Czermak,* in: Schauer/Scheuba, Europäische Erbrechtsverordnung, S. 43, 45; *Keim,* in: A. Roth, Die Wahl ausländischen Rechts, S. 67, 70; *Kränzle,* Heimat, 230; *Lange,* ZErb 2012, 160, 162 f.; *Lehmann,* DStR 2012, 2085, 2086; *D. Lübcke,* Nachlassverfahrensrecht, S. 280; *Müller-Lukoschek,* Die neue EuErbVO, § 2 Rn. 148 ff. (2015); *Odersky,* notar 2013, 3, 5 in Fn. 11; *Rudolf,* NZ 2013, 225, 234; *v. Sachsen Gessaphe,* in: Deinert, Internationales Recht im Wandel, 2013,

wie sie für die Ausweichklausel gefordert werden sollen daneben noch Berücksichtigung finden können, wenn doch die Gesamtheit der Umstände auch im Rahmen der richterlichen Würdigung des gewöhnlichen Aufenthaltes ebenfalls eine vollumfängliche Prüfung erfordert?[205] Wenn zur Bestimmung des gewöhnlichen Aufenthaltes familiäre, soziale, zeitliche und berufliche Faktoren eines Aufenthaltsortes erforderlich sind, wie ist es dann möglich, dass für den Erblasser nach Erwägung all dieser Komponenten noch eine Lösung über die Ausweichklausel in Form einer offensichtlich noch engeren Bindung zu einem anderen Staat gefunden werden kann?[206] Ein maßgeblicher Gedankengang zur Einführung einer Ausweichklausel zum gewöhnlichen Aufenthalt lässt sich aus dem Erwägungsgrund 25 entnehmen. Daraus geht wie anfangs bereits erwähnt hervor, dass die Ausweichklausel nicht als ein subsidiärer Anknüpfungspunkt für Zweifelsfälle des gewöhnlichen Aufenthaltes herangezogen werden darf.[207] Daher bleiben für Art. 21 Abs. 2 EuErbVO u. a. Anwendungsfälle dergestalt, dass der Erblasser kurz vor seinem Tode einen anderen, allerdings noch nicht verfestigten gewöhnlichen Aufenthalt begründet hat, beispielsweise aufgrund einer neuen Arbeitsstelle.[208] Mit dem Wechsel des gewöhnlichen Aufenthaltes ändert sich zugleich das maßgebliche Erbstatut, vgl. Art. 21 Abs. 1 EuErbVO.[209] Verstirbt der Erblasser anschließend, so lässt sich mithilfe der Ausweichklausel vorbehaltlich einer offensichtlich engeren Bindung zu einem anderen Staat noch

---

163, 181 f.; *Solomon*, in Dutta/Herrler, Tagungsband DNotI, Die EuErbVO, S. 19, 34; *Vollmer*, ZErb 2012, 227, 231; *Walther*, Der Gleichlaufgrundsatz, S. 192; *Wilke*, RIW 2012, 601, 605; *Volmer*, Rpfleger 2013, 421, 423.

205 MüKo-BGB/*Dutta*, Art. 21 EuErbVO Rn. 6; *Solomon*, in: Dutta/Herrler, Tagungsband DNotI, Die EuErbVO, S. 19, 34 Rn. 40; Insbesondere begegnet damit Abs. 2 nicht der „Gefahr willkürlicher Anknüpfung an einen vom Erblasser in keiner Weise als Lebensmittelpunkt intendierten letzten gewöhnlichen Aufenthalt", so jedoch die Befürchtung von *Bajons*, in: Schauer/Scheuba, Europäische Erbrechtsverordnung, S. 29, 32. Diese Gefahr besteht allerdings nicht, da es einen letzten gewöhnlichen Aufenthalt, der nicht Lebensmittelpunkt des Erblassers war, nicht geben sollte (s. Art. 4 EuErbVO Rn. 3 ff.).

206 *Solomon*, in: Dutta/Herrler, Tagungsband DNotI, Die EuErbVO, S. 19, 34 Rn. 40; so ausdrücklich auch *Fischer-Czermak*, in: Schauer/Scheuba, Europäische Erbrechtsverordnung, S. 45; ähnlich *Vollmer*, ZErb 2012, 231; *Lehmann*, DStR 2012, 2086.

207 Vgl. den Erwägungsgrund 25 der EuErbVO.

208 *Köhler*, in: Gierl/Köhler/Kroiß/Wilsch, IntErbR, § 4 Rn. 18; *Schauer*, in: Deixler-Hübner/Schauer, Art. 21 EuErbVO Rn. 22 m. w. Nachw.; *Solomon*, in: Dutta/Herrler, Tagungsband DNotI, Die EuErbVO, S. 19, 35, Rn. 41.

209 *Solomon*, in: Dutta/Herrler, Tagungsband DNotI, Die EuErbVO, S. 19, 35, Rn. 41.

eine Anknüpfung an den vorletzten Aufenthalt aufrechterhalten.[210] Aufgefangen werden sollen derartige Konstellationen, in denen dem Erblasser aufgrund eines unvorhersehbaren Wechsels seines Erbstatuts keine Gelegenheit mehr gegeben wird, rechtzeitig auf die Verlegung zu reagieren.[211] Außen vor bleibt bislang jedoch eine Klärung der Frage, wann ein gewöhnlicher Aufenthalt als so verfestigt gilt, dass er nicht mehr im Wege der Ausweichklausel verdrängt werden kann.[212] Denn sobald von einem gefestigten gewöhnlichen Aufenthalt auszugehen ist, wird für eine Anwendung der Ausweichklausel kaum noch Raum bleiben. Auch wenn die Vorschrift hinsichtlich der Bestimmung des gewöhnlichen Aufenthaltes mehr Flexibilität bietet und demnach Einzelfällen noch mehr gerecht werden kann als die bloße Bestimmung des gewöhnlichen Aufenthaltes über Abs. 1, so birgt Abs. 2 dennoch die Gefahr, dass nunmehr nicht nur die Bestimmung des gewöhnlichen Aufenthaltes von gewisser Schwierigkeit sein wird.[213] Darüber hinaus muss sich in einem weiteren Schritt auch gefragt werden muss, ob nicht doch noch eine offensichtlich engere Bindung des Erblassers zu einem anderen Staat als zu jenem des gewöhnlichen Aufenthaltes besteht.[214] Die Beschränkung auf absolute Ausnahmefälle war demzufolge eine Notwendigkeit, um Rechtsunsicherheiten auf diesem Gebiet nicht noch weiter zu verstärken.[215]

§ 3 Rechtswahl

Die nachfolgenden Darstellungen sollen einen Überblick darüber geben, nach welchen internationalprivatrechtlichen Vorgaben eine Rechtswahl sowohl im deutschen als auch im italienischen Recht erfolgte.

I. Deutschland

1. Die Regelung des Art. 25 Abs. 2 EGBGB a. F.

Erst wurde dem Drängen von Teilen der Literatur nicht nachgekommen, im internationalen Erbrecht doch eine Rechtswahl für den Erblasser zuzulassen.[216]

---

210 *Solomon*, in: Dutta/Herrler, Tagungsband DNotI, Die EuErbVO, S. 19, 35, Rn. 41.

211 *Solomon*, in: Dutta/Herrler, Tagungsband DNotI, Die EuErbVO, S. 19, 35, Rn. 41.

212 *Solomon*, in: Dutta/Herrler, Tagungsband DNotI, Die EuErbVO, S. 19, 35, Rn. 42.

213 *Soutier*, Die Geltung deutscher Rechtsgrundsätze, S. 44.

214 *Soutier*, Die Geltung deutscher Rechtsgrundsätze, S. 44.

215 Ebenso *Müller-Lukoschek*, Die neue EuErbVO, § 2 Rn. 136 (2015); in: *Soutier*, Die Geltung deutscher Rechtsgrundsätze, S. 44.

216 Siehe dazu BT-Drucks. 10/504, S. 74 f.

Der Abs. 2 des Art. 25 EGBGB a. F. wurde erst vom Rechtsausschuss eingefügt[217]; nicht zuletzt deshalb, weil dieser sich von der Rechtswahl auch eine Vereinfachung erhoffte.[218] Dabei ist zu beachten, dass es sich bei der Rechtswahl nach Art. 25 Abs. 2 EGBGB a. F. um ein Ausnahmevorschrift handelte, welche weder verallgemeinerungs- noch erweiterungsfähig war.[219] Die so eingebrachte Rechtswahl unterlag jedoch einer starken Einschränkung, da es nur möglich war, das deutsche Recht für sich zu wählen – und das auch nur für unbewegliches Vermögen in Deutschland. Daher war von vornherein eine Wahl ausländischen Rechts ausgeschlossen,[220] dazu auch noch eine Rechtswahl für bewegliches und unbewegliches Vermögen im Ausland und für beweglichen Nachlass im Inland.[221] Für einen deutschen Erblasser war der Abs. 2 daher insofern ohne Bedeutung, als für ihn als deutschen Staatsangehörigen sowieso nach Art. 25 Abs. 1 EGBGB a. F. deutsches Erbstatut Anwendung fand.[222] Als deutscher Staatsangehöriger oder für den Fall, dass das ausländische Recht für den Immobiliarnachlass ohnehin wieder die lex rei sitae zur Anwendung gelangen lässt, weil es die Verweisung auf sein Rechtssystem nicht annimmt, ist die getroffene Rechtswahl ohnehin nur deklaratorischer Natur.[223] Trotzdem konnte sich unter Umständen allein die

---

217 Beschlussempfehlung und Bericht zur BT-Drucks. 10/5632, S. 15, 44. Genau heißt es dort: „ […] zumeist unter Berufung auf die Freiheiten, die dem Erblasser in den meisten Rechtsordnungen eingeräumt werden, oder mit dem Ziel, Übereinstimmung mit der Güterrechtsordnung herbeiführen zu können. Grundsätzlich erscheint zumindest eine gewisse Öffnung des Erbrechts für Parteieinfluß sachgerecht."

218 Ebd. S. 44.

219 *Kropholler*, IPR, § 51 III S. 437; *Tiedemann*, IntErbR, S. 23; Flick/Piltz/*Wachter*, Der internationale Erbfall, Rn. 203; *Schotten/Schmellenkamp*, IPR in der notariellen Praxis, Rn. 291 m. w. N.

220 So ausdrücklich Beschlussempfehlung und Bericht zur BT-Drucks. 10/5632, S. 44; BGH, Urteil v. 22.3.2006 – IV ZR 93/05 = FamRZ 2006, 862 f. = NJW-RR 2006, 948; BayObLG, Beschluss v. 11.3.1994 – 1Z BR 109/93 = BayObLGZ 1994, 48.

221 Vgl. BT-Drucks. 10/504, 74; Beschlussempfehlung und Bericht zur BT-Drucks. 10/5632, 44; *Kegel/Schurig*, IPR, § 21 I 2; HK-BGB/*Staudinger*, Art. 25 EGBGB Rn. 12 (2014); Staudinger/*Dörner*, Art. 25 EGBGB Rn. 466 (2000).

222 BeckOK-BGB/*Lorenz*, Art. 25 EGBGB Rn. 15; Burandt/Rojahn/*Franke*, Erbrecht, Art. 25 EGBGB Rn. 47 ff. (2014); *Ebenroth*, Erbrecht, Rn. 1257; *Ferid*, IPR, § 9 Rn. 9-12,13; Staudinger/*Dörner*, BGB, Art. 25 EGBGB Rn. 502.

223 Flick/Piltz/*Wachter*, Der internationale Erbfall, Rn. 203; *v. Hoffmann/Thorn*, IPR, § 9 Rn. 9; Staudinger/*Dörner*, Art. 25 EGBGB, Rn. 502 f. (2007). Wurde beispielsweise eine unwirksame Rechtswahl vom Erblasser dadurch getätigt, indem er beispielsweise die Anwendbarkeit einer anderen als die deutsche Rechtsordnung für sein Immobiliarvermögen wählen wollte oder er aber für im Ausland belegenes Immobiliarvermögen

Möglichkeit als hilfreich erweisen und eine Rechtswahl vorsorglich getroffen werden, sofern aus irgendwelchen Gründen das deutsche Erbrecht doch nicht berufen gewesen sein sollte.[224]

a) Wahlgegenstand

Als Wahlgegenstand in Betracht kamen die Sachvorschriften der deutschen Rechtsordnung, Art. 25 Abs. 2 EGBGB a. F.[225] Dem deutschen Erblasser wurde die Rechtswahl zugunsten deutschen Rechts für sein Immobiliarvermögen versagt.[226] Der Wahlgegenstand war demnach nur dem ausländischen Erblasser zugänglich. Möglich war auch eine Teilrechtswahl, es musste also nicht das gesamte unbewegliche Vermögen des ausländischen Erblassers einer Rechtswahl

---

das deutsche Recht gewählt hatte, so war diese nach deutschem Recht nicht wirksam. Es bestand allerdings die Möglichkeit, dass sie nach ausländischem Recht wirksam war, welches sich aus der Anknüpfung des Abs. 1 ergab (das jeweilige ausländische Recht). Wenn lediglich die Wahl des deutschen Rechts für das im deutschen Inland befindliche unbewegliche Vermögen zulässig war, stellt sich weiter die Frage, ob sich hier eine geltungserhaltende Reduktion zumindest zugunsten des deutschen Immobiliarvermögens anbietet. Zu bejahen ist eine geltungserhaltende Reduktion zumindest dann, wenn es dem Erblasser in jedem Fall darauf ankam, das unbewegliche Vermögen dem deutschen Recht zu unterwerfen. Zweifelhaft war sie hingegen dann, wenn ein einheitliches Erbstatut vom Erblasser gewünscht war. Im Zweifel war sich allerdings trotzdem für eine geltungserhaltende Reduktion auszusprechen; dies ergibt sich aus dem Rechtsgedanken des § 2085 BGB, welcher eine gesamtschuldnerische Haftung vorsieht und damit eine einheitliche Belegenheit der Nachlassgegenstände vorzieht. Siehe dazu die (eine geltungserhaltende Reduktion im Zweifel bejahenden) Ausführungen bei *Jayme*, IPRax 1986, 265, 270; *Tiedemann*, RabelsZ 55 (1991), 17, 23 f.; *v. Hoffmann/Thorn*, IPR, § 9 Rn. 29 f.; Staudinger/*Dörner*, BGB, Art. 25 EGBGB Rn. 490.

224 Soergel/*Schurig*, BGB, Art. 25 EGBGB Rn. 3 (1996). Dies wird wohl allerdings eher selten der Fall sein, da dazu der Heimatstaat sein Kollisionsrecht ändern müsste.

225 Vgl. Art. 4 Abs. 2 EGBGB.

226 Zu den Gründen siehe BT-Drucks. 10/504, 11, 74, worin es unter anderem heißt: „[...]. Würden bei Zulassung einer Rechtswahl die Interessen der besonders schutzwürdig erscheinenden Personen (Abkömmlinge des Erblassers einschließlich der nichtehelichen Kinder, Ehegatten und Eltern des Erblassers) dadurch gesichert, daß diese ihre nach der gesetzlichen Anknüpfung unentziehbaren Rechte ungeachtet einer Rechtswahl geltend machen können, so ginge die Rechtswahl über eine materiellrechtliche Verweisung auf fremdes Erbrecht kaum hinaus. Der Aufwand für eine solche Lösung [...] wäre angesichts der Notwendigkeit, auf verfahrensrechtlichem Gebiet umfangreiche Folgeregelungen zu schaffen, unverhältnismäßig groß.“

unterworfen werden.[227] Wie bei Art. 15 Abs. 2 Nr. 3 EGBGB a. F. auch war im Rahmen des Art. 25 Abs. 2 EGBGB a. F. die gegenständliche Beschränkung auf vereinzelte unbewegliche Vermögensgegenstände gestattet.[228]

b) Form der Rechtswahl

Als eigenständiges Rechtsgeschäft hatte die Rechtswahl nach Art. 25 Abs. 2 EGBGB a. F. in Gestalt eines Testamentes zu erfolgen. Da bezüglich einer Auslegung dieses Begriffes das deutsche Recht maßgeblich ist, wurden davon Testamente jeglicher Art sowie Erbverträge umfasst.[229] Dabei richtete sich die Formgültigkeit dieser Verfügungen von Todes wegen nach Art. 26 Abs. 1 bis 4 EGBGB a. F. bzw. auch nach den maßgeblichen Vorschriften, die sich im Haager Testamentsformabkommen finden.[230] Im Übrigen richtete sich die materielle Wirksamkeit der Verfügung und das restliche Zustandekommen allein nach dem deutschen Recht, welches über Art. 25 Abs. 2 EGBGB a. F. wählbar war.[231] Da das deutsche Recht eine Testamentsauslegung gestattet, war es nicht notwendig, dass der Erblasser in seiner Verfügung von Todes wegen eine ausdrückliche Rechtswahl zugunsten des deutschen Rechts trifft; vielmehr reichte es aus, dass eine konkludente Rechtswahl getroffen wurde, die dann durch Auslegung zu ermitteln war.[232] Indes setzte auch eine Auslegung voraus, dass ausreichende

---

227 BeckOK-BGB/*Lorenz*, Art. 25 EGBGB Rn. 21; HK-BGB/*Staudinger*, Art. 25 EGBGB Rn. 13 (2014) m. w. N.

228 So BeckOK-BGB/*Lorenz*, Art. 25 EGBGB Rn. 21 m. w. N; Flick/Piltz/*Wachter*, Der internationale Erbfall, Rn. 217 m. w. N.; *Schotten/Schmellenkamp*, IPR in der notariellen Praxis, Rn. 291 ebenfalls m. w. N.

229 Erman/*Hohloch*, Art. 25 EGBGB Rn. 17 (2014); Grüneberg/*Thorn*, BGB, Art. 25 EGBGB Rn. 8 (2015).

230 Erman/*Hohloch*, Art. 25 EGBGB Rn. 17 (2014); ebenso MüKo-BGB/*Dutta*, Art. 25 EGBGB Rn. 36 (2015); Grüneberg/*Thorn*, BGB, Art. 25 EGBGB Rn. 8 (2015); HK-BGB/*Staudinger*, Art. 25 EGBGB Rn. 14 (2014).

231 OLG Hamburg, Beschluss v. 13.01.2003 – 2 Wx 4/00 = BeckRS 2003, 17991; *Kropholler*, IPR, § 51 III, S. 438 m. w. N., welche auf den Rechtsgedanken der Artt. 27 Abs. 4, 31 Abs. 1 EGBGB a. F. eingehen; Erman/*Hohloch*, Art. 25 EGBGB Rn. 17 (2014); *v. Bar/Mankowski*, IPR II, Rn. 368 (1991); Grüneberg/*Thorn*, BGB, Art. 25 EGBGB Rn. 8 (2015); *Tiedemann*, RabelsZ 55 (1991), 17, 26.

232 Dazu OLG Zweibrücken, Beschluss v. 28.5.2002 – 3 W 218/01 = MittBayNot 2003, 146 m. Anm. von *Riering*, 149 und mit kritischer Anmerkung *Süß*, ZEV 2003, 164; LG München I, Beschluss v. 5.2.2007 – 13 T 13484/06 = NJW 2007, 3445; LG Stuttgart, MittBayNot 2003, 305; Erman/*Hohloch*, Art. 25 EGBGB Rn. 17 (2014); *Kropholler*,

Anhaltspunkte für eine Rechtswahl zugunsten des deutschen Rechts zu erkennen waren – erforderlich war demnach ein entsprechendes Erklärungsbewusstsein des Erblassers.[233] Die Rechtswahl nach Art. 25 Abs. 2 EGBGB a. F. erforderte daher, dass sich auch die Testierfähigkeit nach deutschem Recht richtete.[234] Ebenso richtete sich nicht nur die Testierfähigkeit, sondern auch die Möglichkeit eines Widerrufs der durch den Erblasser getätigten Rechtswahl nach deutschem materiellen Recht. Nach der deutschen Rechtsordnung waren damit die §§ 2253 ff. BGB auf den Widerruf entsprechend anwendbar.[235]

c) *Folgen der Rechtswahl*

Die Rechtsnachfolge von Todes wegen beurteilte sich nach dem deutschen IPR gem. Art. 25 Abs. 1 EGBGB a. F. nach dem Heimatrecht des Erblassers und bezog sich auf den Gesamtnachlass (demnach das bewegliche und das unbewegliche Vermögen des Erblassers). Wenn man nach Beachtung der zuvor angesprochenen Punkte zu einer wirksamen und statthaften Rechtswahl kam, so führte diese in der Regel zu einer Nachlassspaltung. Der Gesamtnachlass wurde daher aufgeteilt. Durch die getätigte Rechtswahl bildete für das Vermögen im Inland das deutsche Recht das maßgebliche Erbstatut, und für das restliche Vermögen des Erblassers kam das allgemeine Erbstatut aus Art. 25 Abs. 1 EGBGB a. F. zum Zuge. Kam es dabei jedoch zu der Konstellation, dass das über Art. 25 Abs. 1 EGBGB a. F. berufene allgemeine Erbstatut nach den dort geltenden Vorschriften sowieso wieder auf deutsches Recht zurückverwiesen hat, so konnten sich von dieser Regel wiederum Änderungen ergeben. In einem derartigen Fall blieb es nämlich bei einer vollumfänglichen Geltung deutschen Rechts und vor allem auch bei der Nachlasseinheit.[236]

IPR, § 51 III, S. 438; Soergel/*Schurig*, BGB, Art. 25 EGBGB Rn. 10 m. w. N. (1996); Staudinger/*Dörner*, BGB, Art. 25 EGBGB Rn. 535 ebenfalls m. w. N. (2007).

233 BeckOK-BGB/*Lorenz*, Art. 25 EGBGB Rn. 21; Flick/Piltz/*Wachter*, Der internationale Erbfall, Rn. 215; *Kropholler*, IPR, § 51 III, S. 438; HK-BGB/*Staudinger*, Art. 25 EGBGB Rn. 14 (2014).

234 BeckOK-BGB/*Lorenz*, Art. 25 EGBGB Rn. 21. Deutsches Recht gilt beispielsweise auch bei Fragen der Anfechtung wegen Willensmängeln oder für sonstige Nichtigkeitsgründe, siehe dazu *Dörner*, DNotZ 1988, 87.

235 *Kropholler*, IPR, § 51 III, S. 438.

236 Hausmann/Hohloch/*Hohloch/Heckel*, HB des ErbR, Kapitel 26 Rn. 95.

2. *Fazit*

Ob es sich bei der Staatsangehörigkeit als Anknüpfungskriterium für die Rechtsnachfolge von Todes wegen um eine bestmögliche Lösung handelte, wird man nur uneinheitlich beantworten können. Freilich sprach klar für die Anknüpfung an das Staatsangehörigkeitsprinzip, dass es eine einfache Feststellung ohne große Schwierigkeiten ermöglichte. Auch die Stabilität der Anknüpfung war ein deutlich hervorzuhebender Vorteil. Schwierig wurde es allerdings dann, sobald nicht mehr nur ein Erblasser allein für eine Entscheidungsfindung maßgeblich war, sondern ein Mehrpersonenverhältnis vorlag, so wie es beispielsweise bei Eheleuten der Fall sein konnte. Dann stellte die Staatsangehörigkeit eine Anknüpfung dar, die zu unterschiedlichen und vor allem auch zu nicht gewollten Ergebnissen führen konnte. Auch die Nachlassspaltung über Art. 3a Abs. 2 EGBGB a. F. oder über die Rechtswahl nach Art. 25 Abs. 2 EGBGB a. F. war nicht unbedingt von Vorteil. Dem Erblasser die Möglichkeit zu lassen, für sein unbewegliches Vermögen das Belegenheitsrecht zur Anwendung gelangen zu lassen, erscheint zwar zunächst sinnvoll.[237] Allerdings muss nach der Sinnhaftigkeit dann gefragt werden, wenn das Recht des Belegenheitsortes Regelungen vorsieht, welche dem Erblasser völlig unbekannt waren oder so in ihrer Wirkung nicht gewollt waren. Dagegen ließe sich natürlich einwenden, dass sich vor einer Rechtswahl vergewissert werden müsse, welche Konsequenzen sie mit sich bringt. Trotzdem konnte es auch dann zu Konstellationen kommen, welche vom Erblasser nicht gewünscht waren, da sie sich möglicherweise in der Ausführung letztlich komplizierter dargestellt haben als zunächst angenommen. Dem Interesse an einem größeren Entscheidungseinklang konnte jedenfalls nicht immer über die Rechtswahl Rechnung getragen werden.

II. Italien

Neben der objektiven Anknüpfung an das Heimatrecht des Erblassers bestand als Ausdruck der Privatautonomie wie im deutschen Recht auch im italienischen Recht die Möglichkeit für den Erblasser, eine beschränkte Rechtswahl

237 Berufen wird sich dabei „auf das Interesse an äußerem Erscheinungseinklang und damit an der Durchsetzbarkeit unserer Entscheidung." Ebenfalls als Vorteil gewertet wurden die „größere Sachnähe" bei Anwendung des Belegenheitsrechts und „die Verzahnung des Erbrechts mit dem Sachenrecht", dazu siehe *Kegel/Schurig*, IPR, § 12 II 2 cc).

hinsichtlich des auf den Erbfall anzuwendenden Rechts zu tätigen.[238] Dabei war erforderlich, dass diese testamentarisch festgehalten und nach überwiegender Ansicht wohl auch ausdrücklich erklärt wurde.[239] Vorliegend bietet es sich an, bereits im Zuge der Ausführungen zur Rechtswahl auf die so mögliche Nachlassspaltung einzugehen.

1. Die Regelung des Art. 46 Abs. 2 IPRG a. F.

Sowohl im älteren als auch im neueren Internationalen Erbrecht war demnach die Anknüpfung an die Staatsangehörigkeit weiterhin maßgeblich. Neu war hingegen die Möglichkeit eines Renvoi nach Art. 13 Abs. 1 IPRG. Einer Weiterverweisung nach Art. 13 Abs. 1 lit. a) IPRG war nur für den Fall Folge zu leisten, in dem das Recht desjenigen Staates, auf welches verwiesen worden ist, diese Verweisung auch angenommen hat (*rinvio oltre*).[240] Wenn allerdings das ausländische Internationale Privatrecht auf italienisches Recht verwies, Art. 13 Abs. 1 lit. b) IPRG, so wurde dieser Rückverweisung durch die italienischen Gerichte immer nachgekommen (*rinvio indietro*).[241] Nicht nur, dass das italienische Recht nunmehr eine Rück- und Weiterverweisung zugelassen hat; so ergaben sich aufgrund der Anwendung des Domizilprinzips im Internationalen Erbrecht zahlreicher Rechtsordnungen in Bezug auf den unbeweglichen Nachlass diverse Fallgestaltungen für eine Nachlassspaltung.[242]

Der Erblasser konnte nach Art. 46 Abs. 2 IPRG a. F. die Rechtsfolge in seinen gesamten Nachlass demnach durch ausdrückliche Erklärung in Testamentsform dem Recht des Staates unterstellen, in dem er seinen gewöhnlichen Aufenthalt hatte. Nach Art. 13 Abs. 2 lit. a) IPRG führte die Rechtswahl zu einer Sachnormverweisung.[243] Wie der Wortlaut bereits mit der „l'intera successione" in Art. 46 Abs. 2 S. 1 IPRG a. F. hergab, bezog sich die Rechtswahl des Erblassers auf die

---

238 Beschränkt nur deshalb, da dem Erblasser nicht jedes Recht frei zur Wahl stand; dazu aber sogleich. Über die genauere Entwicklung des Art. 46 Abs. 2 IPRG siehe die Ausführungen bei *Kruis*, italienisches Erbrecht, S. 36 ff.; zur Rechtswahl als Ausdruck der Privatautonomie vgl. *v. Daumiller*, Rechtswahl, S. 82; *Maglio/Thorn*, ZVglRWiss 1997, 347, 366.

239 Siehe dazu *Priemer*, MittRhNotK 2000, 45, 57.

240 Cian/Trabucchi/*Barel*, Art. 13 IPRG Anm. II Rn. 2.

241 Zum Ausschluss der Rück- und Weiterverweisung beachte die Fallkonstellationen in Art. 13 Abs. 2 IPRG.

242 *Kindler*, RabelsZ 61 (1997), 227, 265 f.

243 Burandt/Rojahn/*Frank*, Erbrecht, Länderbericht Italien Rn. 11 f. (2019); *Kindler*, RabelsZ 61 (1997), 227, 269.

gesamte Rechtsnachfolge und nicht etwa lediglich auf einzelne Teile derselben.[244] So klar wie der Wortlaut der Vorschrift auch sein mag, gibt die Gesetzesbegründung allerdings keine Hilfestellung bezüglich einer Auslegung dieses Tatbestandsmerkmals.[245] Nicht zuletzt deshalb, weil auch im Internationalen Erbrecht eine kollisionsrechtliche Nachlasseinheit angestrebt wurde, wird man aber davon ausgehen können, dass die Rechtswahl sich nur auf das Aufenthaltsrecht und das Nachlassvermögen im Allgemeinen richten konnte.[246] Letztlich war es damit nach italienischem Recht unzulässig, eine nur gegenständlich beschränkte Rechtswahl für einzelne oder nach Belegenheit unterschiedene Nachlassgegenstände durchzuführen.[247]

Wählbar war für den Erblasser nach Art. 46 Abs. 2 IPRG a. F. nur das Recht desjenigen Staates, in dem er einen gewöhnlichen Aufenthalt hatte. Dabei war es nicht ausreichend, auf den bloßen schlichten Aufenthalt des Erblassers abzustellen; vielmehr bedurfte es des tatsächlichen gewöhnlichen Aufenthaltes des Erblassers. Dies stützt auch eine Betrachtung des Art. 43 Abs. 2 des CC als lex fori, der diesbezüglich zu einer Auslegung des Begriffes des Aufenthalts (*la residenza*) herangezogen werden kann.[248] Dieser sieht nämlich vor, dass die residenza eben der Ort ist, an dem eine Person ihren gewöhnlichen (*dimora abituale*) und nicht bloß ihren schlichten Aufenthalt hat. Dies ist auch aus dem Grund verständlich, als dass der gewöhnliche Aufenthalt des Art. 46 Abs. 2 IPRG a. F. anstelle des Heimatrechts des Erblassers nach Abs. 1 trat und demnach bereits eine gewisse Stabilität aufweisen sollte,[249] um überhaupt als eine maßgebliche Variante zur

---

244 Vgl. hierzu die italienischen Ausführungen: „[...], il soggetto della cui eredità si tratta ha la facoltà di derogare al criterio di collegamento della propria cittadinanza attraverso una dichiarazione di scelta di legge [...], per la quale sono fissate le seguenti condizioni: deve avere ad oggetto l'intera successione [...].", *Barel/Armellini*, DIP, Cap. VI Rn. 206; Im Gegensatz zum deutschen Recht kann demnach über die gewillkürte Bestimmung des Erbstatutes lediglich eine Rechtswahl zugunsten des gesamten Nachlasses getroffen werden, vgl. *Reiß*, Internationales Erbrecht Italien, Rn. 108 m. w. N. Sie ist also nur dann wirksam, wenn sich die Rechtswahl auf den einheitlichen Nachlass bezieht, vgl. *Kruis*, italienisches Erbrecht, S. 35.

245 *Kindler*, RabelsZ 61 (1997), 227, 270.

246 *Kindler*, RabelsZ 61 (1997), 227, 270 m. w. N.

247 *Kindler*, RabelsZ 61 (1997), 227, 270.

248 Zum Begriff der residenza siehe Art. 43 Abs. 2, 44 Abs. 1 CC sowie Art. 31 disp. att.; vgl. ebenfalls Cian/Trabucchi/*Rizzieri*, Art. 43 CC III Rn. 1: „[...], è il luogo di normale abitazione, ossia il luogo dove la persona vive normalmente l'intimità sua e della sua famiglia.", m. w. N.; *Mosconi*, DIP II, 101, 106.

249 Vgl. zu Art. 46 IPRG auch die Ausführungen bei *Deli*, NLCC 1996, 1278, 1288.

Anknüpfung an die Staatsangehörigkeit zu gelten. Auch durften dabei die praktischen Vorteile für den Erblasser nicht außer Acht gelassen werden, denn so wird sich im Zweifel sein Vermögen auch in dem Staat befunden haben, in dem er seinen gewöhnlichen Aufenthalt hatte.[250] Ziel der Festlegung des gewöhnlichen Aufenthalts als Rechtswahlmöglichkeit war es, dass dadurch im Ausland lebenden Italienern die Wahl des Rechts ihres gewöhnlichen Aufenthaltes genauso ermöglicht werden sollte wie den in Italien lebenden Ausländern, welche das italienische Recht wählen konnten; denn möglicherweise fühlte sich der Erblasser mit seinem Aufenthaltsstaat stärker verbunden als mit seinem Heimatrecht,[251] sodass die Abwicklung des Erbfalls über das Recht des gewöhnlichen Aufenthaltes des Erblassers vorteilhafter war. Von der Rechtswahl unberührt bleiben sollten solche Fälle, bei denen ein italienischer Staatsangehöriger Pflichtteilsberechtigte hinterließ, denen nach italienischem Recht auch ein solcher Pflichtteil zustand, Art. 46 Abs. 2 IPRG a. F. Danach blieben die Rechte dieser Pflichtteilsberechtigten (*legittimari*) außer Betracht, sofern diese im Zeitpunkt des Todes des Erblassers ihren gewöhnlichen Aufenthalt auch in Italien hatten. Die Noterbrechte der Berechtigten wurden demnach durch eine Rechtswahl des Erblassers nicht berührt.[252]. Dabei wurde eine gültige Rechtswahl durch italienische Staatsangehörige vom deutschen IPR als Rückverweisung gem. Art. 4 Abs. 1 S. 2 EGBGB gewertet und auch angenommen, da zuvor der Art. 25 Abs. 1 EGBGB a. F. eine Gesamtverweisung auf das italienische Recht aussprach und es somit erst zur Anwendung des Art. 4 Abs. 1 S. 2 EGBGB kam.[253]

2. *Wertung*

Die Prinzipien der Nachlasseinheit und der Anknüpfung an die Staatsangehörigkeit wurden demnach von der Möglichkeit der Rechtswahl und der Zulassung eines *rinvio* trotz Beibehaltung der wesentlichen Grundsätze durchbrochen bzw.

---

250 *v. Daumiller*, Rechtswahl, S. 84. Erforderlich für die Wahl des Rechts des gewöhnlichen Aufenthaltes war, dass der Erblasser diesen gewöhnlichen Aufenthalt auch bis zu seinem Tode beibehalten hat, Art. 46 Abs. 2 S. 2 IPRG. Ansonsten war die durchgeführte Rechtswahl nicht wirksam.

251 Ferid/Firsching/*Hausmann/Trabucchi,* Internationales Erbrecht, Bd. III, Italien, Rn. 56.

252 Burandt/Rojahn/*Frank*, Erbrecht, Länderbericht Italien Rn. 16 und 89 (2019); *Reiß*, Internationales Erbrecht Italien, Rn. 115.

253 Ferid/Firsching/*Hausmann/Trabucchi*, Internationales Erbrecht, Bd. III, Italien, Rn. 56.

in ihrer Geltung eingeschränkt.[254] Dem Erblasser stand demzufolge durch die Zulassung der Parteiautonomie im Rahmen der Bestimmung des Erbstatutes offen, die Reichweite des Erbstatutes durch eine Rechtswahl in gewisser Weise zu lenken.[255] Voraussetzung bei der Ausübung einer wirksamen Rechtswahl war allerdings, dass sich diese auch auf den gesamten Nachlass erstrecken muss;[256] daher blieb es trotz Einräumung einer Rechtswahlmöglichkeit weitestgehend noch beim Prinzip der Nachlasseinheit im italienischen Recht. Jedoch dürfte je nachdem, in welchem Staat sich der Erblasser zum Zeitpunkt der Ausübung seiner Rechtswahl befunden hat, der Grundsatz der Anknüpfung an die Staatsangehörigkeit des Erblassers durchbrochen worden sein, sollte durch die wirksame Rechtswahl nunmehr das Erbrecht eines anderen Staates zur Anwendung gelangt sein.

§ 4 Nachlassspaltung - Nachlasseinheit

Nachfolgend sollen in Ergänzung zu vorangegangenen Ausführungen zur Rechtswahl weitere Darstellungen zur Nachlassspaltung und Nachlasseinheit erfolgen. Dabei soll der Schwerpunkt auf dem weniger bekannten italienischen Recht liegen. Im Rahmen der Darstellung des italienischen Rechts erfolgen zudem zwecks besseren Verständnisses Ausführungen zur Möglichkeit einer Rück- und Weiterverweisung und zum materiellen italienischen Recht.

I. Deutschland

1. Grundsatz der Nachlasseinheit

Im deutschen Kollisionsrecht war neben der Anknüpfung an die Staatsangehörigkeit des Erblassers noch der Grundsatz der Nachlasseinheit maßgeblich. Grundsätzlich war demnach das Heimatrecht des Erblassers für den gesamten Nachlass entscheidend. Eine subjektive Anknüpfung im Erbrecht war nur begrenzt möglich. Hierzu ließ Art. 25 Abs. 2 EGBGB a. F. für im Inland belegenes unbewegliches Vermögen eine Rechtswahlmöglichkeit des Erblassers zugunsten

---

254 *Engbers*, Deutsch-italienische Erbfälle, S. 17.

255 Im Zusammenspiel mit Art. 30 Abs. 1 S. 2 IPRG förderte die Rechtswahlmöglichkeit des Erblassers nach Art. 46 Abs. 2 IPRG zudem einen Gleichlauf von Erb- und Güterstatut, womit Anpassungsprobleme güterrechtlicher Ausgleichsansprüche verhindert werden konnten, vgl. *Maglio/Thorn*, ZVglRWiss 1997, 347, 366.

256 *Engbers*, Deutsch-italienische Erbfälle, S. 17.

des deutschen Rechts zu.[257] Ungeachtet einer im deutschen Recht vorgesehenen Nachlasseinheit konnte es daher zu einer Spaltung des Nachlasses kommen, wenn von der Rechtswahlmöglichkeit Gebrauch gemacht wurde.[258] Diese Spaltung war ein Kriterium, welches vom Erblasser im Zuge seiner Verfügung von Todes wegen und der Nachlassplanung mit berücksichtigt werden musste. Sie war dann zu bejahen, wenn aus Sicht des deutschen IPR auf einen Erbfall gleich mehrere Statute Anwendung fanden, indem die Vererbung der einzelnen Vermögenswerte des Nachlasses sich nach unterschiedlichen Rechtsordnungen richtete.[259] Wichtig war dabei, dass es sich im Falle der Nachlassspaltung um zwei verschiedene Nachlässe handelte, welche nicht nur völlig getrennt voneinander zu behandeln waren, sondern auch rechtlich selbständig waren.[260] Aber nicht nur durch eine Rechtswahl im Sinne des Art. 25 Abs. 2 EGBGB a. F. konnte es zu einer Nachlassspaltung kommen. Denkbar waren noch andere Faktoren, die zu einer Nachlassspaltung führen konnten. Abgesehen von einem Vorrang des Einzelstatuts vor dem Gesamtstatut nach Art. 3a Abs. 2 EGBGB a. F. kam noch die partielle Rückverweisung des ausländischen Heimatrechts nach Art. 4 Abs. 1 EGBGB in Betracht[261], wenn die ausländische Rechtsordnung nur einen Teil der Verweisung auf ihr eigenes Recht annahm und ansonsten eine Rückverweisung auf das deutsche Recht erfolgte. Auf Art. 4 EGBGB soll hier allerdings nicht weiter eingegangen werden.

2. *Die Folgen der Nachlassspaltung*

Überwiegender Ansicht nach hatte die Nachlassspaltung, unabhängig davon wie sie eingetreten ist, zur Folge, dass die Rechtsnachfolge von Todes wegen in jeden Nachlass nach dem maßgeblich einschlägigen Erbstatut separat beurteilt

---

257 Flick/Piltz/*Wachter*, Der internationale Erbfall, Rn. 201 m. w. N.; MüKo-BGB/*Dutta*, Art. 25 EGBGB Rn. 21 (2015); Staudinger/*Dörner*, BGB, Art. 25 EGBGB Rn. 498 ff. m. w. N. (2007).

258 Staudinger/*Dörner*, BGB, Art. 25 EGBGB Rn. 552 (2007).

259 Grüneberg/*Thorn*, BGB, Art. 25 EGBGB Rn. 9 (2015); Erman/*Hohloch*, Art. 25 EGBGB Rn. 36 (2014); *Dörner*, DNotZ 1988, 67, 97 f; *Derstadt*, Anpassung bei Nachlaßspaltung, S. 46 ff.

260 Burandt/Rojahn/*Franke*, Erbrecht, Art. 25 EGBGB Rn. 26 (2014); Soergel/*Schurig*, BGB, Art. 25 EGBGB Rn. 18 (1996); Staudinger/*Dörner*, BGB, Art. 25 EGBGB Rn. 552 m. w. N. (2007).

261 Eine partielle Rück- und Weiterverweisung ist nunmehr auch nach Art. 34 EuErbVO denkbar.

wurde.[262] Die einzelnen Nachlassteile waren demnach rechtlich unabhängig voneinander, die Vermögensmasse des Erblassers unterteilte sich in verschiedene Teile. Dazu kam, dass der Erblasser im Hinblick auf die verschiedenen Teile des Nachlasses seine Erbfolge auch unterschiedlich regeln konnte.[263] Diese Eigenständigkeit der einzelnen Nachlässe führte demnach dazu, dass die gesetzlichen Erben auch separat für jedes Erbstatut herauszufinden waren, und damit auch deren Erbquoten[264] und vor allem auch die Pflichtteile.[265] Kam es dann im Rahmen der Nachlassspaltung zu einer isolierten Teilnachlassbetrachtung, so waren im Wesentlichen vier rechtliche Konstellationen denkbar, in denen sich die Problematik am besten zeigte.[266] Zum einen konnte der Fall auftreten, dass eine Verfügung von Todes wegen in einem Staat Geltung beanspruchte, sie allerdings nach der anderen beteiligten Rechtsordnung nicht wirksam war.[267] Problematisch konnte zudem auch sein, eine Mindestbeteiligung am Nachlass durch die Billigung von Noterb- oder Pflichtteilsrechten sicherzustellen.[268] Auch die Frage, wie Nachlassverbindlichkeiten zu behandeln waren, dürfte eine zweite Betrachtung erfordert haben sowie auch der Ausgleich von Verfügungen, die zu Lebzeiten des Erblassers an seine späteren Erben getroffen wurden.[269]

II. Italien

Wie bereits in vorangegangenen Ausführungen dargelegt,[270] konnte der Erblasser nach Art. 46 Abs. 2 IPRG a. F. die Rechtsfolge in seinen gesamten Nachlass

---

262 BGH, Urteil v. 5.6.1957 – IV ZR 16/57 = NJW 1957, 1316; BGH, Urteil v. 5.4.1968 – V ZR 18/67 = NJW 1968, 1571; BayObLG, Beschluss v. 27.10.1959 –BReg. 1 Z 41/59Z = BayObLGZ 1959, 399; BayObLG, Beschluss v. 15.2.1971 – BReg. 1 Z 90/70 = BayObLGZ 1971, 34; BeckOK-BGB/*Lorenz*, BGB, Art. 25 EGBGB Rn. 51; MüKo-BGB/*Dutta*, Art. 25 EGBGB Rn. 130 m. w. N. (2015); Grüneberg/*Thorn*, BGB, Art. 25 EGBGB Rn. 8 ff. (2015); Staudinger/*Dörner*, BGB, Art. 25 EGBGB Rn. 767 (2007).

263 OLG Zweibrücken, Beschluss v. 21.7.1997 – 3 W 111/97 = NJWE-FER 1997, 258 = IPRax 1999, 110, 111 ff., in: Groll/Kindler/*Kindler*, Erbrechtsberatung, F Rn. 136 (2010).

264 BGH, Urteil v. 5.6.1957 – IV ZR 16/57 = NJW 1957, 1316; BayObLG, Beschluss v. 5.7.2002 – 1 Z BR 45/01 = NJW 2003, 216.

265 BGH, Urteil v. 21.04.1993 – XII ZR 248/91 = NJW 1993, 1920; OLG Celle, Urteil v. 8.5.2003 – 6 U 208/02 = ZEV 2003, 509.

266 Groll/*Kindler*, Erbrechtsberatung, F Rn. 139 (2010).

267 Groll/*Kindler*, Erbrechtsberatung, F Rn. 139 (2010).

268 Groll/*Kindler*, Erbrechtsberatung, F Rn. 139 (2010).

269 Groll/*Kindler*, Erbrechtsberatung, F Rn. 139 (2010).

270 Vgl. vorangegangene Ausführungen unter Teil 2, § 3 Abs. 2 Nr. 1 und 2.

durch ausdrückliche Erklärung in Testamentsform dem Recht des Staates seines gewöhnlichen Aufenthaltes unterstellen. Dabei bezog sich die Rechtswahl des Erblassers auf die *gesamte* Rechtsnachfolge und nicht etwa lediglich auf einzelne Teile derselben.[271] Die Gesetzesbegründung bietet allerdings keine Hilfestellung bezüglich einer Auslegung dieses Tatbestandsmerkmals.[272] So wird man im Ergebnis allerdings davon ausgehen können, dass die Rechtswahl sich nur auf das Aufenthaltsrecht und das Nachlassvermögen im Allgemeinen richten konnte.[273]

1. Der Nachlass nach italienischem Recht: Grundsatz der Nachlasseinheit

Für die Ermittlung des Erbstatuts war das ausländische Internationale Erbrecht deshalb von so großer Wichtigkeit, da die im autonomen deutschen IPR in Art. 25 Abs. 1 EGBGB a. F. festgehaltene Verweisung nicht direkt zur Anwendung des materiellen Erbrechts des jeweiligen Staates geführt hat, sondern es zunächst einmal erforderlich gemacht hat, dass geprüft wird, ob eine Rück- oder eine Weiterverweisung einschlägig war (Art. 4 Abs. 1 S. 1 EGBGB).[274] Bestimmte daher das ausländische Internationale Erbrecht durch seine maßgeblichen Vorschriften, dass das eigene materielle Recht zur Anwendung gelangen sollte, so erfolgte die Prüfung der Erbnachfolge nach dem jeweiligen materiellen Recht. Das italienische Recht richtete sich nach dem Grundsatz der Nachlasseinheit, welcher jedoch vereinzelt durchbrochen werden konnte.[275]

---

271 Vgl. hierzu die italienischen Ausführungen: „[...], il soggetto della cui eredità si tratta ha la facoltà di derogare al criterio di collegamento della propria cittadinanza attraverso una dichiarazione di scelta di legge [...], per la quale sono fissate le seguenti condizioni: deve avere ad oggetto l'intera successione [...].", *Barel/Armellini*, DIP, Cap. VI Rn. 206. Im Gegensatz zum deutschen Recht kann demnach über die gewillkürte Bestimmung des Erbstatutes lediglich eine Rechtswahl zugunsten des gesamten Nachlasses getroffen werden, vgl. *Reiß*, Internationales Erbrecht Italien, Rn. 108 m. w. N. Sie ist also nur dann wirksam, wenn sich die Rechtswahl auf den einheitlichen Nachlass bezieht, vgl. *Kruis*, italienisches Erbrecht, S. 35.

272 *Kindler*, RabelsZ 61 (1997), 227, 270.

273 *Kindler*, RabelsZ 61 (1997), 227, 270 m. w. N.

274 Groll/Kindler/*Kindler*, F Rn. 24 (2010).

275 Vgl. vorangegangene Ausführungen unter Teil 2, § 3 II Nr. 1 und 2.

a) Die Rechtslage vor und nach dem 1.9.1995

Mittlerweile ist das Gesetz vom 31.5.1995 Nr. 218 über die Reform des italienischen Systems des internationalen Privatrechts die Rechtsgrundlage für das italienische Kollisionsrecht.[276] Die Verkündung des Reformgesetzes in der Gazzetta Ufficiale 120/96 erfolgte am 3.6.1995, nachdem im Jahre 1993 der Entwurf für ein neues italienisches IPR vorgelegt worden ist.[277] Zum 1.9.1995 ist das Gesetz in Kraft getreten; hinsichtlich der Nachlassplanung musste sich demnach seither an dem neuen Reformgesetz des italienischen Privatrechts orientiert werden. Ereignete sich der Erbfall hingegen noch vor diesem Stichtag, so war noch das alte Kollisionsrecht anzuwenden.[278] Jedenfalls ergibt sich diesbezüglich aus der Übergangsvorschrift des Art. 72 Abs. 1 IPRG, dass alle Vorgänge, welche vor dem Inkrafttreten des Gesetzes abgeschlossen wurden, anhand der mittlerweile aufgehobenen Vorschriften Artt. 17-31 des Einführungsgesetzes zum Codice Civile (*disposizioni preliminari al codice civile*) und den Artt. 2, 3, 4 und 37 Abs. 2 der italienischen Zivilprozessordnung zu beurteilen waren.[279] Die „abgeschlossenen Vorgänge"[280] i. S. d. Art. 72 Abs. 1 IPRG sollten nicht sachrechtlich zu

---

276 Legge 31 maggio 1995, n. 218 sulla riforma del sistema italiano di diritto internazionale privato, ordentliche Beilage zur G.U. n. 128 v. 3.6.1995; abgedruckt in deutscher Sprache sowohl bei Riering/*de Meo*, IPR-Gesetze in Europa, S. 42 ff. als auch bei Ferid/Firsching, Internationales Erbrecht, Bd. III, Italien, Texte A II 2. Dabei umfasst das IPR-Reformgesetz sowohl das Kollisionsrecht als auch das internationale Verfahrensrecht.

277 Ferid/Firsching/*Hausmann/Trabucchi*, Internationales Erbrecht, Bd. III, Italien, Rn. 30.

278 Burandt/Rojahn/*Frank*, Erbrecht, Länderbericht Italien Rn. 1 (2019): Zuvor wurde das italienische Kollisionsrecht zum überwiegenden Teil durch die Einführungsbestimmungen zum Codice Civile aus dem Jahre 1942 geregelt und fand bis dato keinen Niederschlag in einem eigenen Regelwerk. Diese „Bestimmungen über das Recht im Allgemeinen" („disposizioni sulla legge in generale") werden auch als „disposizioni preliminari al codice civile" bezeichnet, was übersetzt unseren Einführungsvorschriften gleichkommt. Siehe zu den für das Kollisionsrecht maßgeblichen Einführungsbestimmungen des Codice Civile 1942 in deutscher Sprache Riering/*de Meo*, IPR-Gesetze in Europa, S. 29 ff.; *Frank*, JbItalR 25 (2012), 17, 19 Fn. 2.

279 Dabei schreibt Art. 72 IPRG den Anwendungsbereich vor, während Art. 73 IPRG die aufgehobenen Vorschriften normiert. Siehe hierzu auch *Engbers*, Deutsch-italienische Erbfälle, S. 13.

280 Unter einem abgeschlossenen Vorgang ist dabei zu verstehen, dass erst die vollständige Auseinandersetzung des Nachlasses als ein solcher zu werten ist. Der Tod des Erblassers allein stellt noch keinen abgeschlossenen Vorgang im Sinne des Art. 72

verstehen sein, denn der Begriff war kollisionsrechtlicher Natur und ist auch so zu verstehen.[281] Eine Erläuterung des kollisionsrechtlichen Gesetzgebers, was darunter zu verstehen war, fand sich in den Übergangsvorschriften nicht. Vielmehr musste der Begriff des abgeschlossenen Vorganges durch eine Auslegung des Abs. 1 erarbeitet werden, welcher vorsah, dass die Anknüpfungstatbestände vor dem 2.9.1995, also vor Inkrafttreten des IPRG, vollendet gewesen sein mussten.[282]

In den disposizioni preliminari al codice civile fanden sich keine Vorschriften zu einer Rück- und Weiterverweisung durch das italienische Recht; dies war dem italienischen Recht demnach fremd. Mit dem Gesetz vom 31.5.1995 Nr. 218 über die Reform des italienischen Privatrechts sieht das italienische Kollisionsrecht nunmehr mit seinem dort normierten Art. 13 Abs. 1 IPRG einen renvoi (*rinvio*) vor.[283] Die Vorschrift des Art. 13 Abs. 1 IPRG schreibt dabei als zwingende Voraussetzung für die Annahme der Verweisung auf das Recht eines anderen Staates vor, dass das Recht dieses Staates die Verweisung auch annimmt (lit. a)) oder es sich bei der Verweisung um eine Rückverweisung auf das italienische Recht handelt (lit. b)). Liegt demnach eine der beiden Voraussetzungen vor, wird der Weiterverweisung auf das Recht eines anderen Staates durch das ausländische IPR gefolgt. Nach Abs. 2 des Art 13 IPRG wird einer Verweisung nach Abs. 1 hingegen nicht gefolgt, wenn die Parteien eine Rechtswahl getroffen haben, es sich um Formfragen oder um Fragen zu außervertraglichen Schuldverhältnissen (Kapitel 11 des 3. Titels des IPRG) handelt.

Allerdings sind der Verweisung auf das Recht eines anderen Staates auch Grenzen gesetzt. Sollte das ausländische Recht in seinen Wirkungen gegen die öffentliche Ordnung (*ordine pubblico)* des italienischen Rechts verstoßen, so verbietet sich dessen Anwendung nach Art. 16 Abs. 1 IPRG. Liegt demnach ein Verstoß gegen den *ordine pubblico* vor und gelangt das ausländische Recht dadurch nicht zur Anwendung, so ist nach Art. 16 Abs. 2 IPRG „das Gesetz anzuwenden, das durch andere Anknüpfungskriterien berufen ist, die gegebenenfalls für

IPRG dar. Siehe hierzu näher Ferid/Firsching/*Hausmann/Trabucchi*, Internationales Erbrecht, Bd. III, Italien, Rn. 34.

281 Ferid/Firsching/*Hausmann/Trabucchi*, Internationales Erbrecht, Bd. III, Italien, Rn. 33.

282 Wörtlich heißt es dort: „Dieses Gesetz ist auf alle Verfahren anzuwenden, [...] die vor diesem Tag abgeschlossen wurden." Siehe hierzu auch die Beispiele für derartige Anknüpfungstatbestände in: Ferid/Firsching/*Hausmann/Trabucchi*, Internationales Erbrecht, Bd. III, Italien, Rn. 33.

283 Burandt/Rojahn/*Frank*, Erbrecht, Länderbericht Italien Rn. 2 (2019).

denselben Tatbestand vorgesehen sind". Gibt es keine vorgesehenen Hilfsanknüpfungen im IPRG, so ist italienisches Sachrecht anzuwenden, Art. 16 Abs. 2 S. 2 IPRG.[284] Aber auch wenn kein Verstoß gegen die öffentliche Ordnung durch die Wirkung des ausländischen Rechts festzustellen ist, gibt es im italienischen Recht noch Vorschriften, welchen zwingend der Anwendungsvorrang gewährt werden muss, vgl. Art. 17 IPRG. Dabei handelt es sich um solche Vorschriften, welche sich aus dem italienischen Recht ergeben und welche unter Berücksichtigung ihres Gegenstandes und ihres Zwecks trotz der Berufung ausländischen Rechts zur Anwendung gelangen müssen (sog. „Eingriffsnormen").

Bis zur Reform des IPR im Jahre 1995 sah das italienische Recht als Anknüpfungsmoment (*criterio di collegamento*) ausschließlich die Staatsangehörigkeit der Erblasser vor.[285] Dies ergibt sich aus Art. 23 der disposizioni preliminari al codice civile, welcher sich nach der Staatsangehörigkeit im Zeitpunkt des Todes des Erblassers richtet. Dies sollte unabhängig davon gelten, wo sich der Nachlass des Erblassers befindet („..., *ovunque siano i beni,...* ") oder ob es sich um Auslandsitaliener oder Ausländer handelt, die in Italien lebten. Die Staatsangehörigkeitsanknüpfung ist dabei auf *Mancini* zurückzuführen, der diese Anknüpfung bereits im Jahre 1865 in das italienische Rechtssystem einbrachte.[286] Schon der Codice Civile von 1865 richtete sich nicht nach dem französischen Vorbild, sondern es wurde im italienischen Recht das Prinzip der Nachlasseinheit unter Anknüpfung an das Heimatrecht des Erblassers verfolgt, welches sich nach der italienischen Doktrin unter Führung von *Mancini „ritornando alla tradizione romanistica"*[287] richtete. Dasselbe wurde auch für Schenkungen so vorgesehen, die sich dann nach dem Heimatrecht des Schenkers richteten.[288]

b) Ein Überblick: Das materielle Erbrecht Italiens

Nachfolgend soll eine kurze Darstellung des materiellen italienischen Erbrechts erfolgen, um an späterer Stelle die Ausführungen auf europäischer Ebene besser

---

284 Dabei soll Art. 16 IPRG aufgrund der gewichtigen Stellung des *ordine pubblico* einer engen Auslegung unterzogen werden, so jedenfalls *Maglio/Thorn*, ZVglRWiss 1997, 347, 353.

285 Somit sah das italienische die gleiche Anknüpfung wie das deutsche Recht vor, vgl. Ferid/Firsching/*Hausmann/Trabucchi*, Internationales Erbrecht, Bd. III, Italien, Rn. 29.

286 *Kropholler*, IPR, § 37 I, S. 263.

287 Was soviel bedeutet wie „die Rückkehr zur römischen Rechtstradition".

288 Ferid/Firsching/*Hausmann/Trabucchi*, Internationales Erbrecht, Bd. III, Italien, Rn. 29.

nachvollziehen zu können. Im Wesentlichen soll dabei die gesetzliche Rechtsnachfolge von Todes wegen betrachtet werden, welche dann eintritt, wenn eine testamentarische Erbfolge nicht erfolgt, Art. 457 Abs. 2 CC. Dabei fällt die Erbschaft nach Art. 565 CC in folgender Reihenfolge an: Ehegatten[289], den Abkömmlingen, den Aszendenten, den Seitenverwandten, den anderen Verwandten und schließlich dem Staat.

aa) Die wesentlichen Grundsätze

Das italienische Erbrecht ist im zweiten Buch des Codice Civile vom ersten bis vierten Titel normiert. Neben Gemeinsamkeiten zum deutschen materiellen Erbrecht (wie beispielsweise dem Grundsatz der Universalsukzession) weisen die Vorschriften der Artt. 456 ff. CC allerdings auch nennenswerte Differenzen zum deutschen Recht auf, welche zumindest kurz vorab einer Erwähnung bedürfen. Stirbt der Erblasser, so erfolgt anders als im deutschen Recht nach § 1922 Abs. 1 BGB der Anfall der Erbschaft nicht kraft Gesetzes, sondern nach italienischem Recht bedarf es einer gesonderten Erbschaftsannahme, welche explizit geäußert werden muss, vgl. Artt. 459, 470 CC. Bis zu Annahme der Erbschaft ruht diese nach den Artt. 459, 470 CC. Darüber hinaus verbietet das italienische Recht die Erstellung von gemeinschaftlichen Testamenten und von Erbverträgen, Artt. 458, 589 CC. Wie bereits unter § 3 III 2b) dargestellt, waren besonders diese Verbotsvorschriften des materiellen italienischen Rechts mit Blick auf eine kollisionsrechtliche Rechtswahlmöglichkeit von wichtiger Bedeutung. Ist im deutschen Recht die Nacherbfolge vollumfänglich möglich, fällt im italienischen Recht eine lediglich eingeschränkte Möglichkeit der Nacherbfolge ins Auge, welche sich aus Art. 692 CC ergibt. Einschränkungen ergeben sich auch zulasten der Testierfreiheit des Erblassers über Artt. 536 ff. CC, welche für das Pflichtteilsrecht vorsehen, dass dieses als echtes Not- oder Vorbehaltsrecht ausgestaltet ist. Das Pflichtteilsrecht ist daher im italienischen Recht unantastbar. Im Unterschied zum deutschen Recht sind im italienischen Erbrecht darüber hinaus die gewillkürte und die gesetzliche Erbfolge nach Art. 457 CC als grundsätzlich gleichwertig anzusehen (*l'eredità si devolve per legge o per testamento*). Auch das Ehegattenerbrecht bei Zusammenkunft mit ehelichen Kindern gestaltet sich anders als im deutschen Recht nach der Anzahl der Kinder, worauf an späterer Stelle noch eingegangen werden soll. Es zeigt sich also, dass sich im italienischen materiellen Erbrecht bereits auf den ersten Blick einige Unterschiede

289 Zur historischen Entwicklung des italienischen Ehegattenerbrechts siehe *Zimmermann*, RabelsZ 80 (2016), 39, 65 f.

zum deutschen Recht finden lassen, die besonders im Zusammenspiel beider Rechtsordnungen einer genaueren Auseinandersetzung bedürfen.

bb) Die Stellung der Erben

Nach Art. 456 CC wird gleich dem deutschen Recht mit dem Tode des Erblassers die Erbfolge eröffnet (*la successione si apre al momento della morte*). Dadurch allein ist allerdings noch keine Aussage über die Berufung zur Erbschaft und den Erbschaftsanfall getroffen. Vielmehr stellt der Tod des Erblassers wie im deutschen Recht auch nur die objektive „Notwendigkeit" dar, um den Zugang zu den Artt. 456 CC zu eröffnen, und indiziert den Beginn des Erbschaftsanfalles.[290] Die eigentliche Berufung zur Erbschaft *(la vocazione)*, also die Ernennung von Personen in die Nachfolge der Rechte des Erblassers und der Erbschaftsanfall bestätigen sich allerdings meist zeitgleich mit dem Tode des Erblassers.[291] Nimmt der Berufene die Erbschaft einmal an, so fällt die Annahme der Erbschaft auf den Zeitpunkt des Erbfalles zurück. Schlägt der Berufene allerdings das Erbe aus (*rinunzia all'eredità,* Artt. 519 ff. CC), so bewirkt dies – anders als im deutschen Recht – nicht den nachträglichen Wegfall der zuvor bereits innegehabten Erbenstellung; vielmehr verliert der Ausschlagende dadurch gänzlich das Recht, die angefallene Erbschaft anzunehmen.[292] Die Ausschlagung selbst kann daher nur vom Berufenen, nicht allerdings vom Erben erklärt werden.[293] Streng genommen hat der Ausschlagende damit die Rechtsstellung desjenigen, der nie die Erbschaft erworben hat; im Gegensatz zum deutschen Recht, wo der ausschlagende Erbe bereits zuvor die Rechtsstellung eines Erben erlangt hat und

---

290 *Reiß*, Internationales Erbrecht Italien, Rn. 174.

291 Ein Auseinanderfallen der Berufung zur Erbschaft und des Erbschaftsanfalles kommt nur dann in Betracht, wenn beispielsweise ein Fall der aufschiebend bedingten Erbeinsetzung im Raum steht oder es sich um die Erbeinsetzung eines nasciturus handelt. In vorgenannten Fällen kann zwar mit dem Tode des Erblassers die Berufung zur Erbschaft bejaht werden, allerdings hängt der Erbschaftsanfall noch vom Eintritt der in Rede stehenden Bedingung ab. Dieser „luftleere Raum" wird in der italienischen Literatur als „Aussicht auf den Erbschaftsanfall" tituliert, woraus sich allerdings keine Rechte aus der Erbschaft ergeben sollen (so *Grosso/Burdese*, Le successioni, parte generale, S. 72 ff). Auf der anderen Seite ist die Rechtsprechung diesbezüglich der Ansicht, dass auch in diesem „Zwischenstadium" die Erbschaft auch sofort angenommen werden kann, vgl. Cass., 16.8.1993 Nr. 8737 und 22).

292 *Kindler*, Einführung in das italienische Recht, § 13 Rn. 3.

293 Gierl/Köhler/Kroiß/Wilsch, IntErbR, Länderbericht Italien Rn. 31 (*Lettieri*).

sie durch Ausschlagung rückwirkend wieder beseitigt.[294] Im Ergebnis werden in beiden Fällen die Ausschlagenden so behandelt, als wären sie nie Erben geworden, jedoch mit dem Unterschied, dass es nach italienischem Recht eben nie zu einer - wenn auch nur kurz andauernden - Erbenstellung gekommen ist, Art. 521 Abs. 1 CC.

Aber auch beim Rechtsverhältnis der Erben untereinander gehen die italienischen und die deutschen Vorschriften anderer Wege. Besteht nach deutschem Recht nicht nur im Außenverhältnis, sondern auch zwischen den Erben eine Gesamthandsgemeinschaft, vgl. §§ 2032, 2033 Abs. 2, 2040 Abs. 1 BGB, so kommen im italienischen Recht mangels Entstehung einer Gesamthandsgemeinschaft lediglich die allgemeinen Regeln über die Bruchteilsgemeinschaft zur Anwendung, Artt. 1100-1116 CC.[295]

cc) Das Erbrecht des überlebenden Ehegatten

Primäre Voraussetzung für die Anwendung des gesetzlichen Erbrechts des Ehegatten ist der Bestand einer wirksam geschlossenen und damit gültigen Ehe. Die Erbberechtigung der Ehegatten besteht auch bei gerichtlicher oder einvernehmlicher[296] Trennung, Art. 548 Abs. 1, 585 Abs. 1 CC; allerdings gilt dies nicht im Anwendungsfalle des Art. 151 Abs. 2 CC, wenn gerichtlich festgestellt worden ist, dass einen der beiden Ehegatten wegen dessen ehelichen Pflichten widersprechenden Verhaltens die Trennung anzulasten ist.[297] Derjenige Ehegatte, welchem die Trennung anzulasten ist, verliert daher sein Erbrecht. Ihm steht lediglich ein Recht auf eine lebenslange Rente (*assegno vitalizio*) zu. Diese Rente

294 So zumindest die überwiegende Ansicht: Cian/Trabucchi/*Vascellari*, Art. 519 CC Anm. II 1; in: *Kindler*, Einführung in das italienische Recht, § 13 Rn. 3.

295 Näher zum italienischen Recht siehe *Reiß*, ZErb 2005, 212 ff.; in: *Kindler*, Einführung in das italienische Recht, § 13 Rn. 30.

296 Mithilfe des Gesetzes Nr. 164/2014 wird den Ehegatten nunmehr die Möglichkeit eingeräumt, abgesehen vom gerichtlichen Trennungsverfahren die Trennung bzw. Scheidung einvernehmlich vor einem Rechtsanwalt oder aber auch vor einem Standesbeamten zu vereinbaren. Selbstredend steht den Ehegatten diese Möglichkeit nur bei einvernehmlicher Trennung zu, abgesehen von weiteren Voraussetzungen. Die Alternative zur ansonsten vorgesehenen gerichtlichen Trennung der Ehegatten soll dazu führen, dass in Italien Trennungs- und Scheidungsverfahren abgekürzt und zudem die Gerichte dadurch entlastet werden. Vgl. hierzu Süß/Ring/*Cubeddu Wiedemann*/*Wiedemann*, Eherecht in Europa, Italien, Rn. 181.

297 Überhaupt keine Beerbung findet hingegen statt, wenn beide Ehegatten gerichtlich für schuldig an der Trennung nach Art. 151 Abs. 2 CC befunden werden.

des hinterbliebenen Ehegatten ist nicht höher als die Unterhaltsleistung, welche bezogen wird und wird nach dem Erbschaftsvermögen sowie der Eigenschaft und der Zahl der gesetzlichen Erben berechnet, Art. 548 Abs. 2 S. 2 CC. Dies gilt auch für den Fall, dass die Trennung beiden Ehegatten angelastet werden kann, Art. 548 Abs. 2 S. 3 CC.

Für den Fall, dass Kinder, Aszendenten oder Geschwister nicht vorhanden sind, so fällt dem hinterbliebenen Ehegatten nach Art. 583 CC die gesamte Erbschaft zu. Wenn der Ehegatte mit lediglich einem Kind zusammentrifft, so steht dem Hinterbliebenen die Hälfte der Erbschaft zu. Sind allerdings mehrere Kinder vorhanden, so hat der Ehegatte lediglich einen Anspruch auf 1/3 der Erbschaft, Art. 581 CC. Wenn der Ehegatte mit Aszendenten oder Geschwistern (voll- oder halbbürtig) zusammentrifft, steht ihm ein Anteil von 2/3 der Erbschaft zu.

Trafen bei Nachlassfällen im italienischen Recht vor der Reform im Jahre 1975 beim Tode eines Ehegatten auch eheliche Kinder mit dem hinterbliebenen Ehegatten zusammen, so führte dies nach damaliger Rechtslage dazu, dass für den hinterbliebenen Ehepartner die Nachlassbeteiligung nicht hoch ausfiel. Die Vorschrift des Art. 581 Abs. 1 a. F. des CC sah nämlich vor, dass dem Ehepartner kein Erbteil zu vollem Eigentum zustand. Vielmehr ergab sich aus der Vorschrift, dass an Teilen des Nachlasses ein Nießbrauchsrecht zugesprochen wurde. Die genaue Quotelung war wiederum abhängig davon, wie viele eheliche Kinder das Ehepaar hatte. Traf mit dem Hinterbliebenen nur ein Kind zusammen, so wurde dem Ehegatten an der Hälfte des Nachlasses ein Nießbrauchsrecht zugesprochen. Waren allerdings mehrere Kinder vorhanden, so musste sich der hinterbliebene Ehegatte mit dem Nießbrauch eines Drittels zufriedengeben, vgl. Art. 581 Abs. 2 CC a. F. Dabei war dem italienischen Recht noch immer die Vorstellung zu entnehmen, dass eheliche Kinder als „legitime Familie" sozusagen den Vorrang vor den Ehegatten genießen würden.[298]

Nicht nur im Zusammentreffen mit den Kindern der Ehegatten bedeutete die Reform von 1975 für den hinterbliebenen Ehegatten eine Besserstellung. Mit Blick auf Art. 582 CC gilt dies – im Gegensatz zum Art. 582 Abs. 2 CC a. F. – auch

---

298 Nach damaligem Recht wurde demnach derjenige Ehegatte benachteiligt, welcher ein geringeres oder sogar gar kein Eigenvermögen nachweisen konnte. Dies war in der Regel noch immer die Ehefrau, welche sich zu Hause um Haushalt und Kinder kümmerte. Nachdem die alte Vorschrift des Art. 565 CC wegen eines Verstoßes gegen Artt. 3 und 30 Abs. 3 der italienischen Verfassung für verfassungswidrig erklärt worden ist, sieht der neue Art. 581 CC nunmehr keinen bloßen Ehegattennießbrauch mehr vor. Vgl. hierzu statt vieler *Azzariti*, Successioni dei legittimari, Nr. 121 S. 483 f., jeweils m. w. N.

für ein Zusammentreffen mit Vorfahren und Geschwistern. Sind Vorgenannte vorhanden, so fallen dem hinterbliebenen Ehegatten nach der Vorschrift zwei Drittel der Erbschaft zu. Der nunmehr aufgehobene Art. 593 CC a. F. sah vor, dass neben den Vorfahren und Geschwistern sonstige erbberechtigte Verwandte ein Viertel des Nachlasses erhalten. Mit Art. 582 CC sind diese sonstigen Verwandten jedoch vollständig aus der Erbfolge herausgenommen worden. Somit wird der Ehegatte im italienischen Recht sogar bessergestellt als im deutschen Erbrecht, wo nach § 1931 Abs. 1 BGB dem Ehegatten beim Zusammentreffen mit Kindern nur ein Viertel des Nachlasses zugesprochen wird – die pauschalierte Erhöhung sei hier außen vorgelassen. Auch beim Zusammentreffen mit Eltern, Großeltern oder Geschwistern des Erblassers wird dem Hinterbliebenen im deutschen Recht mit der Hälfte immer noch weniger zugestanden als dies im italienischen Recht der Fall ist. Wird ihm dort über Art. 582 S. 1 CC zwei Drittel der Erbschaft zugestanden, gelangt der hinterbliebene Ehegatte über das deutsche Recht nur zu einem Anteil in Höhe der Hälfte des Nachlasses.

dd) Das Verwandtenerbrecht

Nach Art. 566 CC sind die Abkömmlinge des Erblassers die Erben erster Ordnung; sie erben zu gleichen Teilen. Als Abkömmlinge des Erblassers sind dabei die nichtehelichen und adoptierten Kindern den ehelichen Kindern gleichgestellt. Mit Einführung des Prinzips des einheitlichen Statuts der Abkömmlinge wurden durch Gesetz Nr. 219 v. 10.12.2012 und gesetzesvertretendes Dekret Nr. 154 v. 28.12.2013 unter anderem die Vorschrift des Art. 74 CC zur Verwandtschaft, Art. 315 CC zur Rechtsstellung der Kinder und Art. 258 CC zur Wirkung der Anerkennung abgeändert, sodass eine Differenzierung zwischen ehelichen, nichtehelichen und adoptierten Kindern nicht mehr stattfindet. Sind keine Abkömmlinge oder Geschwister des Erblassers vorhanden, so erben die Eltern des Erblassers zu gleichen Teilen bzw. der noch lebende Elternteil, Art. 568 CC. Wenn hingegen weder Abkömmlinge noch Geschwister oder Eltern des Erblassers vorhanden sind, so erben die Aszendenten der mütterlichen und der väterlichen Linie jeweils zur Hälfte, Art. 569 Abs. 1 CC. Sollten die Aszendenten nicht im gleichen Grad stehen, so fällt die Erbschaft dem Gradnächsten zu, unabhängig von der Linie, Art. 569 Abs. 2 CC.

Die Geschwister des Erblassers erben zu gleichen Teilen nur dann, wenn der Erblasser keine Abkömmlinge, keine Eltern oder keine anderen Aszendenten hat, Art. 570 Abs. 1 CC. Nach Art. 570 Abs. 2 CC bekommen die halbbürtigen Geschwister bei Zusammentreffen mit vollbürtigen Geschwistern die Hälfte des Anteils, der den vollbürtigen Geschwister zuteilwird.

ee) *Sonstiges Erbrecht*

Fraglich ist, wie neben dem Erbrecht des überlebenden Ehegatten und dem Verwandtenerbrecht mit anderen denkbaren Konstellationen zu verfahren ist. Die gleichgeschlechtliche Partnerschaft[299] ist zwar in vielen Punkten durchaus mit der Ehe vergleichbar und entfaltet gleichsame Wirkungen. Allerdings findet gerade die Vorschrift des Art. 585 CC keine Anwendung, da im Rahmen der gleichgeschlechtlichen Partnerschaft keine der Ehe vergleichbaren Trennungsphase vorgesehen ist.[300] Ferner ist die nichteheliche Lebensgemeinschaft der Ehe nicht gleichgestellt, sodass sie bis auf einen Fall keinerlei erbrechtliche Relevanz entfaltet: So besteht für den hinterbliebenen Lebenspartner allein ein Wohnrecht für höchstens fünf Jahre in der gemeinsamen Wohnung nach dem Tod des anderen Ehepartners und die Möglichkeit des Eintritts in den Mietvertrag.[301] Des Weiteren stehen ihm noch Schadensersatzansprüche aufgrund von unerlaubten Handlungen eines Dritten zu, welche zum Tode des Lebenspartners geführt haben.[302]

c) *Das Erbscheinsverfahren*

Im Gegensatz zum deutschen Recht hat sich ein besonderes Erbscheinsverfahren im italienischen Rechtssystem nicht durchgesetzt. Vielmehr wurde sich bewusst gegen einen Erbschein, wie er uns geläufig ist, entschieden. Begründet wurde dieser Schritt damit, dass durch das Fehlen eines Erbscheines verhindert werden soll, dass der wahrhaftige Erbe und etwaig vorhandene Vertragspartner des Scheinerben Überrumpelungen im Rahmen des Nachlasses ausgesetzt werden.[303] Erforderlich ist in Italien vielmehr lediglich ein sog. Offenkundigkeitsakt eines Notars, der sog. *atto di notorietà*.[304] Beim atto di notorietà handelt es sich

---

299 Zur Einführung der gleichgeschlechtlichen Ehe in Italien und den weiteren Wirkungen vgl. die Ausführungen unter Teil 3 § 2 IV Nr. 2.

300 Gierl/Köhler/Kroiß/Wilsch, IntErbR, Länderbericht Italien Rn. 51 (*Lettieri*).

301 Gierl/Köhler/Kroiß/Wilsch, IntErbR, Länderbericht Italien Rn. 53 (*Lettieri*).

302 Gierl/Köhler/Kroiß/Wilsch, IntErbR, Länderbericht Italien Rn. 53 (*Lettieri*).

303 Siehe dazu die Ausführungen bei *G. Azzariti*, Nr. 16 in Fn 76: „... non si è creduto opportuno untrodurre anche il certificato ereditario, essendosi questo sistema ritenuto pericolosissimo, perché tale da render possibili speculazioni e sorprese in danno dei veri eredi e dei terzi." Auch das italienische Justizministerium hat in einer Auskunft aus dem Jahre 1989 erläutert, wieso sich gegen den Erbschein entschieden worden ist. Siehe dazu JbItalR 5 (1992), 288 f., in: *Kindler*, Einführung in das italienische Recht, S. 203 Fn. 15.

304 Davon ausgenommen sind jedoch die Provinzen Trentino, Südtirol, Friaul-Julisch Venetien und Cortina d'Ampezzo, welche im Jahre 1919 neu hinzuerworben wurden.

um eine eidesstattliche Erklärung von solchen Personen, die den Erblasser kannten und nachweisen können, dass sie Kenntnis von bestimmten Tatsachen haben, die in einem Zusammenhang mit der Erbfolge stehen.[305] Dadurch wird lediglich bewiesen, dass der Erklärende in jedem Fall Kenntnis von den Tatsachen an sich hatte (Art. 2699 CC); bewiesen sind die Erklärungen, die sich in dem atto di notorietà befinden, allerdings noch nicht.[306] Die wohl wichtigste Bedeutung dieser notariellen Erklärung liegt darin, dass gutgläubige Dritte bei einem Erwerb von Nachlassgegenständen von Personen geschützt werden, die sich letztlich als Scheinerben nach Art. 534 Abs. 2 CC erweisen.[307] Mangels gesetzlicher Grundlage handelt es sich bei dem atto di notorietà um schlichte öffentliche Urkunden i. S. d. Art. 2699 CC.[308] Bezweckt werden soll damit die Erleichterung bei der Erbringung des Nachweises, dass sich ein Dritter auf Gutgläubigkeit berufen kann, wenn es um den redlichen Rechtserwerb vom Scheinerben geht, welcher

---

Dort besteht die Möglichkeit, dass für den Grundbuchverkehr ein Erbschein ausgestellt werden kann (ein sog. *certificato d'eredità*), welchem eine dem § 2365 BGB vergleichbaren Richtigkeitsvermutung zukommt; geregelt in Artt. 17 ff., 21 I r.d. vom 28.3.1929, Nr. 499. Siehe dazu *Kindler*, Einführung in das italienische Recht, § 13 Rn. 5 m. w. N. Wie im deutschen Recht auch ist nach Art. 14 des r.d. 28.3.1929, n. 499 nicht erforderlich, dass die Erbschaft angenommen werden muss. Vielmehr stellt allein der Antrag durch den zur Erbschaft Berufenen bereits eine konkludente Annahme der Erbschaft dar. Siehe dazu *Dallafior*, Legitimation des Erben, S. 137 m. w. N.

305 Cass., 6.7.2009 Nr. 15803.

306 Der corte di cassazione stellt den atto di notorietà lediglich als ein Indiz für die Rechtsnachfolge dar: Cass., 18.2.1977 Nr. 737 = Giust.Civ.Mass. 1977/1, S. 315 = Giur.It. 1977, S. 818: „Mentre talune, particolari e specifiche norme di legge considerano l'atto notorio come prova sufficiente delle qualità di erede e di legatario, quando queste siano fatte valere a fini esclusivamente amministrativi – anche se nell'ambito della giurisdizione ordinaria – nessuna disposizione attribuisce siffatta rilevanza a detto documento, quando venga prodotto in giudizio in funzione probatoria di una delle suddette qualità. In tal caso, in particolare, **l'atto notorio non dà luogo ad una presunzione legale**, sia pure juris tantum, circa la spettanza della qualità di erede o di legatario, ma integra **un mero indizio**, il quale deve essere comprovato da altri elementi di giudizio." (Hervorhebungen durch die Autorin); *Engbers*, Deutsch-italienische Erbfälle, S. 204 m. w. N.

307 *Engbers*, Deutsch-italienische Erbfälle, S. 204 m. w. N.

308 Dies ist bei so ziemlich allen atti di notorietà der Fall, welche keinen gesetzlichen Niederschlag gefunden haben, siehe *Engbers*, Deutsch-italienische Erbfälle, S. 204 m. w. N.

über Art. 534 Abs. 2 CC geschützt werden soll[309]. Ein Erbschein unseres Inhaltes ist der italienischen Rechtsordnung damit fremd.[310] Es gibt im italienischen Recht noch anderweitige atti di notorietà, welche allerdings keinen Erbschein in dem uns bekannten Sinne darstellen. Beispielsweise können derartige Notorietätsurkunden zur Übertragung gewisser Schulden der öffentlichen Hand auf die Erben ausgestellt werden.[311] Wie sich aus der Nichteinführung eines an sich Sicherheit gewährenden Erbscheines ein Schutz des Erben oder der Vertragspartner der Scheinerben ergeben soll, ist zumindest aus deutscher Sicht nicht ganz nachvollziehbar. Denn so besteht gerade der Zweck des Erbscheines darin, die Verkehrssicherheit im Hinblick auf den Nachlass zu sichern und für Transparenz zu sorgen. Auf der anderen Seite ließe sich gegen die Einführung eines Erbscheines anführen, dass mit Antrag auf Ausstellung eines Erbscheines beim Nachlassgericht regelmäßig zwangsläufig auch die Anerkennung der Erbschaft mit einhergeht. Dies bedeutet nicht zuletzt, die damit einhergehenden Verbindlichkeiten und Folgen in der Haftung für die Erbschaft ebenfalls auf sich zu nehmen. Als nachteilig könnte sich auch herausstellen, dass sich mit der Ausstellung des Erbscheins für viele Erben die Feststellung und Fixierung der Erbschaft sozusagen „erledigt" hat. Dass ein Erbschein nach § 2361 BGB auch nachträglich noch eingezogen werden kann, ist möglicherweise vielen gar nicht bewusst und wird so eventuell gar nicht in die Planung mit einbezogen. Letztlich ist die Ausstellung des Erbscheines auch einfach eine Kostenfrage, mit der sich die Erben zuvor auseinandergesetzt haben sollten.

§ 5 Gemeinschaftliches Testament und Erbvertrag

Im Folgenden sollen sowohl das gemeinschaftliche Testament als auch der Erbvertrag aus deutscher und italienischer Sicht dargestellt werden.

---

309 Ins Deutsche übersetzt lautet der Gesetzestext der Vorschrift: „Die auf Grund entgeltlicher Verträge mit dem Scheinerben erworbenen Rechte Dritter, die ihren guten Glauben beim Vertragsabschluss nachweisen, bleiben unberührt." Siehe zum Zweck der atti di notorietà auch *Corsi*, Riv.not. 1991, 91, 107: „... la finalità di tale atto può essere esclusivamente quello **di facilitare la dismostrazione della buona fede del terzo che entri in rapporti giuridici con l'erede appartente**." (Hervorgehoben durch die Autorin).

310 *Reiß*, Internationales Erbrecht Italien, Rn. 532.

311 So sehen es Art. 25 und 29 des r.d. 17. Juli 1910, n. 536 vor, weitere Nachweise finden sich bei *Dallafior*, Legitimation des Erben, S. 133 f.

I. Deutschland

Das gemeinschaftliche Testament wird im Gesetz nicht weiter erläutert. Allgemein ist darunter eine letztwillige Verfügung zu fassen, die von mehreren Personen gemeinschaftlich getroffen worden ist.[312] Offen bleibt hierbei allerdings, ob der bloße Wille zu einer gemeinschaftlichen Testierung ausreicht oder ob die Verfügungen auch in einem gemeinschaftlichen Testament zusammengefassen sein müssen, um als gemeinschaftliches Testament Geltung zu beanspruchen.

Im Wesentlichen werden drei Arten von gemeinschaftlichen Testamenten unterschieden.[313] Nachfolgend soll lediglich näher auf das wechselbezügliche gemeinschaftliche Testament im Verhältnis zum Erbvertrag eingegangen werden. Dabei sollen die Darstellungen lediglich überblicksartig erfolgen.

1. Gemeinschaftliches Testament

Beim gemeinschaftlichen Testament gilt für das Verhältnis der wechselbezüglichen Verfügungen der Ehegatten zueinander nicht die Vorschrift § 2085 BGB, wo von mehreren selbständigen Verfügungen die Rede ist. Vielmehr gilt § 2270 BGB als spezielle Norm zu den gemeinschaftlichen Testamenten. Von einer Wechselbezüglichkeit einer Verfügung ist dann auszugehen, wenn ein „Zusammenhang des Motivs" besteht und eine die eine Verfügung mit der anderen „stehen und fallen" soll.[314] Es muss also eine innere Abhängigkeit zwischen den einzelnen Verfügungen gegeben sein.[315] Allerdings wird die allgemeine Vorschrift des § 2085 BGB von § 2270 BGB nur insoweit ausgeschlossen, als eben die gegenseitige Abhängigkeit der Verfügungen in Frage steht. Zur Frage der Auswirkung der Nichtigkeit einer wechselbezüglichen Verfügung eines Ehegatten auf anderweitige von ihm im gemeinschaftlichen Testament getroffene Anordnungen ist wiederum § 2085 BGB heranzuziehen.[316]

---

312 MüKo-BGB/*Musielak*, vor § 2265 BGB Rn. 2.

313 Näher zu den einzelnen Arten gemeinschaftlicher Testamente siehe BayObLG, Beschl. v. 13.12.1957 – BReg. 1 Z 59/1957 = BayObLGZ 1957, 376; BeckOK-BGB/*Litzenburger*, § 2265 BGB Rn. 12 ff.; BeckOGK/*Braun*, § 2265 BGB Rn. 74 ff.

314 OLG Frankfurt a.M., Beschl. v. 12.3.2012 – 21 W 35/12 = NJW-RR 2012, 776; OLG Düsseldorf, Beschl. v. 17.01.2012 – I-3 Wx 198/11 = BeckRS 2012, 4247; OLG München, Beschl. v. 16.07.2012 – 31 Wx 290/11 = NJW-RR 2013, 202; MüKo-BGB/*Musielak*, § 2270 BGB Rn. 1.

315 Grüneberg/*Weidlich*, BGB, § 2270 BGB Rn. 1; MüKo-BGB/*Musielak*, § 2270 BGB Rn. 1.

316 MüKo-BGB/*Leipold*, § 2085 BGB Rn. 13.

2. *Erbvertrag*

Der Erbvertrag als „wirklicher Vertrag“[317] nach § 1941, §§ 2274 ff. BGB bewirkt für den Begünstigten, dass dieser sich unmittelbar als Erbe oder Vermächtnisnehmer berufen kann.[318] Die Rechtsposition mit Begründung von Rechten und Pflichten entsteht allerdings erst mit dem Erbfall, was den Erbvertrag im Gegensatz zum Rechtsgeschäft unter Lebenden zu einer Verfügung von Todes wegen macht.[319] Neben dem jederzeit frei widerruflichen Testament ist der Erbvertrag demnach die zweite Möglichkeit einer Verfügung von Todes wegen. Ferner verpflichtet sich der andere Vertragspartner durch Vertragsschluss nicht dazu, das niedergeschriebene Vermächtnis oder die Erbschaft auch zwingend anzunehmen, so er denn im Erbvertrag bedacht wird.[320]

Gerade diese Doppelnatur ist so besonders an einem Erbvertrag. Zum einen ist durch den Vertragscharakter jede spätere letztwillige Verfügung, welche im Widerspruch zur vertragsmäßigen Verfügung steht, unwirksam.[321] Hingegen wird nach § 2286 BGB durch den Erbvertrag das Recht des Erblassers, über sein Vermögen durch Rechtsgeschäft unter Lebenden zu verfügen, nicht beschränkt. Zu Lebzeiten ist der Erblasser in Bezug auf sein Vermögen und damit einhergehende Verfügungen daher frei. Inhaltlich kann der Erblasser Erbeinsetzungen, Vermächtnisse sowie Auflagen und die Wahl des anzuwendenden Erbrechts mit bindender Wirkung verfügen, vgl. § 2278 Abs. 2 BGB.

3. *Ähnlichkeiten und Unterschiede*

Sowohl beim gemeinschaftlichen Testament als auch beim Erbvertrag werden Verfügungen von Todes wegen von mehreren Personen errichtet. Ferner lässt sich vereinzelt überlegen, ob letztwillige Verfügungen von Ehegatten, die diese in einem unwirksamen Erbvertrag getroffen haben, als gemeinschaftliches Testament beibehalten werden können sowie umgekehrt auch.[322] Dies liegt an den Übereinstimmungen in der Bindungswirkung wechselbezüglicher gemeinschaftlicher Testamente und des Erbvertrages, womit bestimmte erbvertragliche Vorschriften auch auf das gemeinschaftliche Testament Anwendung finden.[323]

317 BGH, Urteil v. 8.1.1958 – IV ZR 219/57 = NJW 1958, 498.
318 MüKo-BGB/*Musielak*, vor § 2274 BGB Rn. 2.
319 MüKo-BGB/*Musielak*, vor § 2274 BGB Rn. 2.
320 MüKo-BGB/*Musielak*, vor § 2274 BGB Rn. 2.
321 Vgl. § 2289 Abs. 1 S. 2 BGB.
322 MüKo-BGB/*Musielak*, vor § 2274 BGB Rn. 16.
323 MüKo-BGB/*Musielak*, § 2271 BGB Rn. 36, 47.

Jedoch bestehen deutlich mehr Unterschiede zwischen dem gemeinschaftlichen Testament und dem Erbvertrag als Gemeinsamkeiten. Zunächst ist das gemeinschaftliche Testament vom Bestand der Ehe bzw. der Lebenspartnerschaft abhängig, § 2265 BGB. Wichtig ist hierbei, dass auch im gemeinschaftlichen Testament jeder Ehegatte stets nur einseitig über sein Vermögen verfügt, sodass rechtlich selbständige Verfügungen von Todes wegen vorliegen.[324] Im Unterschied hierzu kann der Erbvertrag zwischen beliebigen Vertragspartnern abgeschlossen werden. Es müssen nicht zwangsläufig Ehegatten oder Lebenspartner sein. Erforderlich für einen Erbvertrag ist zudem lediglich die letztwillige Verfügung eines der beiden Vertragspartner, nicht zwingend von beiden.[325] Das gemeinschaftliche Testament kann im Gegensatz zum Erbvertrag grundsätzlich widerrufen werden, wohingegen der Erbvertrag eine Bindungswirkung für die Vertragspartner herstellt.[326] Schließlich sind als Unterschiede zwischen dem gemeinschaftlichen Testament und dem Erbvertrag noch die Anforderungen an die Form der Errichtung[327] zu nennen und die Fähigkeit der Testamentserrichtung und Schließung eines Erbvertrages. Das gemeinschaftliche Testament ist im Grunde zwischen einem Einzeltestament und einem Erbvertrag einzuordnen, da Verfügungen mit bindender Wirkung getroffen werden können, diese allerdings erst im Todesfall eines Ehegatten eintritt.

II. Italien

Die Rechtswahl als Ausprägung der Privatautonomie lässt im nächsten Schritt die Frage offen, ob die kollisionsrechtliche Rechtswahlmöglichkeit auch die Möglichkeit eröffnete, sich über die materiellrechtlichen Verbotsvorschriften im italienischen Recht durch eine wirksam erfolgte Rechtswahl „hinwegzusetzen". Hierzu stellt sich zunächst einmal die Frage nach den geltenden Verbotsvorschriften im materiellen italienischen Recht, daran anschließend die Frage nach der Qualifikation dieser Vorschriften zum einen aus italienischer und zum anderen aus deutscher Sicht und letztlich die Kernfrage der Umgehungsmöglichkeiten durch getätigte Rechtswahl auf Kollisionsebene.

324 Grüneberg/*Weidlich*, BGB, Einf. v. § 2265 BGB Rn. 1; MüKo-BGB/*Musielak*, vor § 2265 BGB Rn. 18.

325 MüKo-BGB/*Musielak*, vor § 2265 BGB Rn. 18.

326 MüKo-BGB/*Musielak*, vor § 2265 BGB Rn. 18; MüKo-BGB/*Musielak*, vor § 2274 Rn. 16.

327 Für das Testament vgl. die Vorschriften §§ 2231 ff., 2247, 2267 BGB und für den Erbvertrag vgl. § 2276 BGB.

1. Besondere Kollisionsregeln für die testamentarische Erbfolge

Als besondere Vorschriften in Bezug auf die testamentarische Erbfolge sind bis zur Geltung der Erbrechtsverordnung ab dem 17.08.2015 zum einen die Testierfähigkeit des Erblassers nach Art. 47 IPRG a. F. und die Formgültigkeit des Testamentes nach Art. 48 IPRG a. F. zu erwähnen. Erstere richtete sich nach dem Heimatrecht des Verfügenden im jeweiligen Zeitpunkt der Testamentserrichtung, der Änderung oder des Widerrufs. Da nur diese Zeitpunkte maßgeblich waren, konnte eine nachträgliche Änderung der Staatsangehörigkeit keine Auswirkungen auf die Testierfähigkeit haben. Eine Rechtswahlmöglichkeit sah Art. 47 IPRG hingegen nicht vor, entscheidend war ausschließlich das Heimatrecht des Verfügenden.[328]

Hinsichtlich der Formgültigkeit von Testamenten nach Art. 48 IPRG a. F. waren zum einen maßgeblich das Recht am Errichtungsort, die Staatsangehörigkeit des Verfügenden oder aber das Recht am Wohnsitz oder gewöhnlichen Aufenthalt des Erblassers.[329] Für die letzten beiden Anknüpfungspunkte war entweder die Testamentserrichtung oder der Tod des Erblassers maßgeblich, nicht jedoch für die Anknüpfung am Errichtungsort.[330] Übereinstimmungen zwischen dem deutschen und dem italienischen IPR fanden sich in der Handhabung der italienischen Verbote des Erbvertrages in Art. 458 CC und des gemeinschaftlichen Testaments, Art. 589 CC. In beiden Kollisionsrechten wurden diese Vorschriften nicht als eine Frage der Form, sondern eher als inhaltliche Schranken gesehen.[331] Deswegen war der favor testamenti nach Art. 4 i. V. m. Art. 1 des

---

328 Ferid/Firsching/*Hausmann/Trabucchi*, Internationales Erbrecht, Bd. III, Italien, Rn. 81.

329 Das Haager Testamentsformübereinkommen vom 5.10.1961 wurde von Italien nicht ratifiziert. Da Deutschland allerdings einer Ratifizierung des Übereinkommens nachgekommen ist, hat es ein italienisches Testament auch anhand der Vorschriften des HTÜ zu beurteilen; Italien hingegen hat diesbezüglich seine eigene Vorschrift zur Form von Testamenten anzuwenden. Deutlich wird allerdings, dass Art. 48 IPRG im Wesentlichen den Vorgaben des Art. 1 des Haager Testamentsformübereinkommens entspricht.

330 Ferid/Firsching/*Hausmann/Trabucchi*, Internationales Erbrecht, Bd. III, Italien, Rn. 84.

331 OLG Koblenz, Urteil v. 21. 2. 2013 - 2 U 917/12 = ZEV 2013, 557, 558; *Ballarino*, DIP, S. 538 f.; *Engbers*, Deutsch-italienische Erbfälle, S. 62 f.; BayObLG, MittBayNot 1994, 274, 277 mit Anmerkung *Rehm*, 275; Süß/*Cubeddu Wiedemann/Wiedemann*, Erbrecht in Europa, Italien, Rn. 22; *Kruis*, italienisches Erbrecht, S. 131 f., 133 m. w. N.; in: Ferid/Firsching/*Hausmann/Trabucchi*, Internationales Erbrecht, Bd. III, Italien, Rn. 86.

Haager Testamentsübereinkommens bzw. nach Art. 48 IPRG a. F. oder Art. 26 Abs. 4 EGBGB a. F. nicht anzuwenden. Sollte daher ein Beteiligter italienischer Staatsangehörigkeit gewesen sein, so richtete sich seine Erbfolge nach italienischem Recht, sodass weder ein Erbvertrag noch ein gemeinschaftliches Testament eingesetzt werden konnten.[332] Außer mit der Wahl des deutschen Erbrechts nach Art. 25 Abs. 2 EGBGB a. F. oder Art. 46 Abs. 2 IPRG a. F. war es dem Erblasser nicht möglich, diesen Grundsatz einzuschränken.[333] Dagegen war auf die „bloße" Formgültigkeit von Erbverträgen oder gemeinschaftlichen Testamenten der Art. 48 IPRG a. F. analog anzuwenden.[334] Wie sich die Rechtslage der Erbverträge und der gemeinschaftlichen Testamente nunmehr nach Inkrafttreten der Erbrechtsverordnung darstellen wird, darauf werde ich an späterer Stelle zu sprechen kommen.[335]

2. *Verbotene Gestaltungsmöglichkeiten und ihre Qualifikation*

Auch im italienischen Recht soll der Grundsatz der Testierfreiheit gelten, jedoch mit anderen Schwerpunkten als es das deutsche materielle Erbrecht vorsieht.[336] Sieht das deutsche Recht die Errichtung eines gemeinsamen Testamentes über die Vorschrift des § 2265 BGB vor, ist im italienischen Art. 589 CC hingegen unumstößlich festgehalten, dass die Errichtung eines gemeinschaftlichen oder gegenseitigen Testamentes unzulässig ist.[337] Auch Erbverträge[338] unterliegen im italienischen Erbrecht einem Verbot, vgl. Art. 458 CC; allerdings werden im italienischen Schrifttum dabei nur Rechtsgeschäfte *mortis causa* unter das Erbvertragsverbot gefasst.[339] Durch das Verbot von Erbverträgen soll verhindert

---

332 Ferid/Firsching/*Hausmann/Trabucchi*, Internationales Erbrecht, Bd. III, Italien, Rn. 86.

333 Ferid/Firsching/*Hausmann/Trabucchi*, Internationales Erbrecht, Bd. III, Italien, Rn. 86.

334 *Kindler*, RabelsZ 61 (1997), 227, 268; *Kruis*, italienisches Erbrecht, S. 127.

335 Siehe hierzu die Ausführungen unter Teil 4, § 2 II Nr. 2.

336 *Kindler*, Einführung in das italienische Recht, § 13 Rn. 19.

337 Art. 589 CC: „Non si può fare testamento da due o più persone nel medesimo atto,... "; Vgl. dazu auch Cian/Trabucchi/*Amadio*, Codice Civile, Art. 589 Rn. 1; *Frank*, JbItalR 25 (2012), 17, 28; *Rauscher/Scheuer*, JbItalR 8 (1995), 59, 76; OLG Frankfurt, Beschluss v. 17.5.1985 - 20 W 413/84 = MittBayNot 1986, 98.

338 Siehe hierzu die Ausführungen zum materiellen italienischen Recht unter Teil 2 § 4 IV Nr. 1b) aa).

339 Darunter sind solche Rechtsgeschäfte zu verstehen, bei denen der Tod den Grund für die Zuweisung darstellt, vgl. dazu und zur Abgrenzung zu Rechtsgeschäften post mortem näher *Rauscher/Scheuer*, JbItalR 8 (1995), 59, 77.

werden, dass sich Spekulationen auf den Tod des Verfügenden auftun.[340] Das italienische Recht lehnt demnach nicht nur den Erbvertrag ab, sondern sieht auch keine Wirksamkeit eines gemeinschaftlichen oder gegenseitigen Testamentes vor. Kommt es dennoch durch die Errichtung eines gemeinschaftlichen oder gegenseitigen Testaments zu einem Verstoß gegen die Verbotsnorm des Art. 589 CC, so hat ein solcher Verstoß zur Folge, dass das gemeinschaftliche Testament nichtig ist.[341] Dies führt wiederum dazu, dass im Regelfall die gesetzliche Erbfolge eintritt.[342] Möchte demnach ein italienisches Ehepaar, welches zudem auch in Italien lebt, ein gemeinschaftliches oder ein gegenseitiges Testament errichten, so schließen die Schranken des italienischen Testamentserbrechts eine wirksame Errichtung derselben aus.

Anders stellt sich die Situation allerdings dar, wenn die Ehegatten italienischer Staatsangehörigkeit ihren Wohnsitz in Deutschland innehaben und eigenhändig oder aber vor einem deutschen Notar ein gemeinschaftliches Testament errichten. So greifen die Verbote der Artt. 458 und 589 CC in diesem Fall nur ein, wenn sich diese Vorschriften auch als inhaltliche Verbote darstellen. Denn nur dann konnten Verfügungen, die i. S. d. Art. 26 Abs. 5 S. 1 EGBGB a. F. getätigt worden sind, auch nach dem hypothetischen Erbstatut eines jeden Beteiligten zum Errichtungszeitpunkt der letztwilligen Verfügung beurteilt werden.[343] Würde man hingegen die Schranken des italienischen Testamentserbrechts als Formvorgaben werten und nicht als inhaltliche Verbote, so bestünde die Möglichkeit, dass auch Italiener in Deutschland gemeinschaftliche oder gegenseitige Testamente wirksam in den im Rahmen des deutschen Rechts anerkannten Formvorgaben errichten könnten.[344] Dazu müssten diese Testamentsformen nur unter Anwesenheit beider Teile zur Niederschrift eines Notars oder eigenhändig (§§ 2247, 2267 BGB) errichtet werden. Dass dies theoretisch möglich ist, lässt sich zumindest bezüglich des gemeinschaftlichen Testaments aus deutscher Perspektive den Vorschriften der Art. 4 i. V. m. Art. 1 Abs. 1 lit. a) des Haager

---

340 Hierzu näher *Bertino*, Nuova giur.civ.comm. 2003, II, S. 191 ff.; zusammenfassend *Ebenroth*, Erbrecht, Rn. 279; *Kindler*, Einführung in das italienische Recht, § 13 Rn. 20.

341 *Hausmann,* JbItalR 15/16 (2002/2003), 173, 180.

342 *Hausmann,* JbItalR 15/16 (2002/2003), 173, 180.

343 OLG Zweibrücken, Beschluss v. 28.10.1991 – 3 W 34/91 = FamRZ 1992, 608; Staudinger/*Dörner*, Art. 25 EGBGB Rn. 301, 335 (2000); Soergel/*Schurig*, BGB, Art. 26 EGBGB Rn. 35 (1996); Grüneberg/*Thorn*, BGB, Art. 25 EGBGB Rn. 13 und Art. 26 EGBGB Rn. 8 (2015).

344 *Hausmann,* JbItalR 15/16 (2002/2003), 173, 183.

Testamentsformübereinkommens vom 5.10.1961 entnehmen. Für Erbverträge folgt dies aus einer Betrachtung des Art. 26 Abs. 3 i. V. m. Abs. 1 Nr. 1 EGBGB a. F.[345]

3. *Beurteilung der Verbotsnormen nach italienischem Recht*

Wie die verbotenen Gestaltungsmöglichkeiten im italienischen und deutschen IPR genau qualifiziert werden, ist umstritten bzw. wurde in der italienischen Rechtsprechung bereits unter der Geltung des Codice Civile aus dem Jahre 1865 diskutiert.[346] Das Kollisionsrecht schweigt zu Vorschriften über ihre Form und Zulässigkeit.[347] Im italienischen Recht hatte sich mittlerweile die einhellige Ansicht herausgebildet, die gesetzlichen Verbote inhaltlich zu qualifizieren.[348] Zurückzuführen ist dies auf zwei Grundsatzentscheidungen zum damaligen Art. 761 CC des Obersten Kassationshofes in Rom[349], die den Grundstein für diese Ansicht gelegt haben; letztlich hat sich an dieser Sichtweise auch unter der Geltung des Art. 589 CC von 1942 nichts geändert.[350] Zur Untermauerung dieser Ansicht wurde angeführt, dass sich eine Qualifizierung inhaltlicher Art bereits aus der Systematik des Codice Civile ergeben würde. Bei einer Betrachtung der Aufteilung des Codice Civile zeige sich, dass sich das Verbot der gemeinschaftlichen und gegenseitigen Testamente (Art. 589 CC) im ersten Kapitel des dritten Titels befinde, welcher sich wiederum mit den allgemeinen Vorschriften der testamentarischen Erbfolge befasse. Würde die Vorschrift hingegen im 4. Kapitel zu finden sein, welches sich mit der Testamentsform befasst, so würde dies umgekehrt für eine Qualifikation als Formvorschrift sprechen.[351] Als weiteres

345 *Hausmann*, JbItalR 15/16 (2002/2003), 173, 183; zu einem Beispielsfall, bei dem italienische Ehegatten vor einem deutschen Notar ein gemeinschaftliches Testament errichten siehe BayObLG, Beschluss v. 13.12.1957 – BReg. 1 Z 59/1957 = BayObLGZ 1957, 376; OLG Frankfurt, Beschluss v. 17.5.1985 – 20 W 413/84 = IPRax 1986, 111 und das Gutachten in DNotI-Report 2001, 137; *Kindler*, Einführung in das italienische Recht, § 13 Rn. 22.

346 *Hausmann*, JbItalR 15/16 (2002/2003), 173, 184.

347 *Frank*, JbItalR 25 (2012), 17, 23.

348 Burandt/Rojahn/*Frank*, Erbrecht, Länderbericht Italien Rn. 65 (2019); *Frank*, JbItalR 25 (2012), 17, 28.

349 Cass., 6.3.1880 = Foro it. 1880 I S. 269 und Cass., 25.6.1880 = Foro it. 1880 I S. 1063.

350 App. Torino 18.1.1947 = Foro Pad. 1947 I, 407 m. Anm. *Perabò*, In tema di testamento congiuntivo; dem zustimmend siehe *Giannattasio*, Delle successioni, Art. 589 Anm. 2, in: *Hausmann*, JbItalR 15/16 (2002/2003), 173, 184.

351 Hierzu siehe *Hausmann*, JbItalR 15/16 (2002/2003), 173, 184.

Argument für eine inhaltliche Qualifikation wurde der Sinn und Zweck der Verbotsvorschrift hervorgehoben. Das Verbot der gemeinschaftlichen Testamente solle die Freiheit und Ursprünglichkeit der testamentarischen Verfügungen sichern und dafür sorgen, dass die im italienischen Testamentserbrecht elementare Grundidee der freien Widerruflichkeit von letztwilligen Verfügungen bis zum Tod gewahrt werden solle.[352] Es wurde daher bereits die Bindung an sich als sachlicher Aspekt in einem gemeinschaftlichen Testament missbilligt und nicht etwa eine bestimmte Form derselben.[353] Bis dato ist man – sogar nach der Änderung des IPRG im Jahre 1995 – von der inhaltlichen Qualifikation der italienischen Verbotsnormen auch nicht abgewichen.[354] Demnach fällt die Zulässigkeit von gemeinschaftlichen Testamenten und Erbverträgen nicht unter das Form-, sondern unter das Erbstatut, da sie vom italienischen Recht als materiellrechtliche Frage und nicht als bloße Formfrage eingestuft wird.[355]

4. Die Beurteilung nach deutschem Recht

Auch nach deutscher Sichtweise geht man bei der Qualifikationsfrage der italienischen Verbotsnormen im Ergebnis von einer inhaltlichen Qualifikation aus.[356] Überwiegender Ansicht nach richtet sich das deutsche Kollisionsrecht wohl danach, wie sich das ausländische Recht bei derartigen Qualifizierungen von Verbotsnormen entscheidet; also ob das Verbot inhaltlich qualifiziert wird oder es sich nach der Ansicht der ausländischen Rechtsprechung um eine bloße Formvorschrift handelt.[357] Es wird dabei von einer Art Verweisung der Qualifikation unseres IPR auf jene Rechtsordnung ausgegangen, die in der Sache zur Anwendung gelangt.[358]

---

352 *Frank*, JbItalR 25 (2012), 17, 28; *Hausmann*, JbItalR 15/16 (2002/2003), 173, 184; gesprochen wird insofern auch von einer „unerwünschten Bindung des Erblassers" durch einen Erbvertrag, so beispielsweise *Kindler*, Einführung in das italienische Recht, § 13 Rn. 20.

353 *Hausmann*, JbItalR 15/16 (2002/2003), 173, 184.

354 *Ballarino*, DIP, S. 523 f., 538 f.; *Frank*, JbItalR 25 (2012), 17, 28.

355 *Frank*, JbItalR 25 (2012), 17, 23.

356 *Grundmann*, IPRax 1986, 94 f.

357 OLG Frankfurt, Beschluss v. 17.5.1985 – 20 W 413/84 = IPRax 1986, 111 f.; *Kegel/Schurig*, IPR, § 21 III 2a); Grüneberg/*Thorn*, BGB, Art. 25 EGBGB Rn. 14 (2015); Erman/*Hohloch*, BGB, Art. 25 EGBGB Rn. 31 und Art. 26 EGBGB Rn. 21 (2014); *Grundmann*, IPRax 1986, 94 ff. m. w. Nachw.

358 *Grundmann*, IPRax 1986, 95.

Das italienische Recht geht in der Frage nach der Qualifikation der italienischen Verbotsnormen seit der beiden Grundsatzentscheidungen des Obersten Kassationshofes in Rom im Jahre 1880 auch weiterhin von einer inhaltlichen Qualifikation aus.[359] Bei einer Orientierung der Qualifikationsfrage am italienischen Recht wird man auch nach deutschem Recht zu dem Ergebnis gelangen, dass die italienischen Verbotsnormen einer inhaltlichen Qualifikation unterliegen.[360] Letztendlich gelangt man mit dieser Ansicht auch nach deutscher Rechtsauffassung dazu, dass gemeinschaftliche Testamente errichtet durch Italiener auch in Deutschland keine Wirksamkeit entfalten können, und dies unabhängig davon, ob die in Deutschland vorgesehenen Formvorschriften eingehalten worden sind oder nicht. Da es sich bei den italienischen Verbotsnormen gerade nicht um Verbote handelt, die als Formvorschriften zu klassifizieren sind, bleibt es nach dieser Ansicht insgesamt dabei, dass gemeinschaftliche Testamente und Erbverträge nichtig sind. Hat demnach einer der beiden Erblasser die italienische Staatsangehörigkeit, kann nicht dazu geraten werden, Erbverträge oder gemeinschaftliche Testamente als Gestaltungsmöglichkeiten zu wählen.

Neben einer solchen Qualifikationsverweisung auf das italienische Recht könnte man die Beurteilung im deutschen Recht allerdings noch anders angehen. Es bestünde nämlich noch die Möglichkeit, die allgemeinen Grundsätze zur Beurteilung solcher ausländischen Rechtsinstitute anzuwenden, die dem deutschen Recht fremd sind. Ausgangspunkt ist dabei das Begriffsverständnis unserer lex fori. Dazu wäre dann folgendermaßen vorzugehen: Durch Auslegung des Anwendungsbereiches unserer möglicherweise einschlägigen Kollisionsnormen ist der Rechtscharakter der in diesem Fall italienischen Verbotsnormen

359 Zu der Qualifikation der gemeinschaftlichen Testamente im italienischen Recht wird ausgeführt: „Un'analisi della „forma congiuntiva“ negli ordinamenti che la ammettono mostra che questa è qualificata dalle conseguenze che produce [...] ed è anche condizionata da determinate qualità personali degli autori dell'alto. Dunque, più che una forma pura e semplice, essa costituisce un *istituto giuridico autonomo* nel quadro delle successioni a causa di morte. Se pertanto il documento in cui sono consegnate le due volontà è stato creato in un paese diverso da quella la cui legge regola la successione ammettendo l'istituto del testament congiuntivo, occorrerà rivolgersi a quest'ultima per stabilire se la forma concretamente posta in essere era veramente idonea. E la conclusion, dal punto di vista della *lex successionis*, sarà negative perchè le nostre forme testamentarie [...] sono “tagliate” sul modello del testamento personale.” *Ballarino*, DIP, S. 538.

360 *Hausmann*, JbItalR 15/16 (2002/2003), 173, 185.

festzustellen.[361] Da es sich vorliegend um die Betrachtung der Verbotsnormen zu gemeinschaftlichen Testamenten und Erbverträgen handelt, wären als inländische Kollisionsnormen die Vorschriften der Artt. 25 Abs. 1, 26 Abs. 5 S. 1 EGBGB a. F. heranzuziehen gewesen. Diese Kollisionsvorschriften verwiesen nämlich auf das Heimatrecht des Erblassers, sofern diese Rechtsfragen die Rechtsnachfolge von Todes wegen betrafen, was bei Fragen der Nachlassverteilung und Einflussnahme auf dieselbe der Fall ist. Hingegen würde das Haager Testamentsformübereinkommen bzw. Art 26 Abs. 1-4 EGBGB a. F. insofern den in diesem Falle unrichtigen Anknüpfungspunkt darstellen, als sich diese Vorschriften bzw. das Abkommen mit den Formerfordernissen von letztwilligen Verfügungen befasst bzw. befassten.[362] Da das italienische Recht die Anwendung seiner Verbotsnormen nicht davon abhängig macht, ob gemeinschaftliche Testamente oder Erbverträge in Italien selbst oder im Ausland errichtet werden, sind auch aus der deutschen Betrachtungsweise die Verbotsnormen als inhaltliche Verbote zu werten.[363] Bereits längere Zeit wird in der italienischen Rechtspraxis der Versuch unternommen, den festgeschriebenen Verboten mithilfe von Umgehungsgestaltungen entgegenzukommen, was sich beispielsweise in der Konstruktion von Alternativmöglichkeiten zu den gängigen Testamenten zeigt.[364]

5. *Ausschaltung der Verbotsnormen durch Rechtswahl*

Aufgrund der verbotenen Gestaltungsmöglichkeiten für italienische Staatsangehörige stellt sich in Erbschaftsangelegenheiten die Frage, wie bei deutsch-italienischen Erbfällen zu verfahren ist. Wie bereits dargelegt, wurde im deutschen internationalen Erbrecht über Art. 25 Abs. 2 EGBGB a. F. dem Erblasser nur in sehr engen Grenzen ermöglicht, für seine Rechtsnachfolge von Todes wegen deutsches Recht zu wählen. Besonders im Zusammenhang mit den Verbotsvorschriften des italienischen materiellen Rechts stellt sich dabei die Frage, ob durch eine wirksame Rechtswahl auf kollisionsrechtlicher Ebene die Verbote

---

361 Vgl. dazu näher die Ausführungen bei *Dörner*, StAZ 1988, 345, 351 f.; Staudinger/*Dörner*, Art. 25 EGBGB Rn. 308 ff. (2000).

362 *Hausmann*, JbItalR 15/16 (2002/2003), 173, 185.

363 BayObLG, Beschluss v. 13.12.1957 – BReg. 1 Z 59/1957 = BayObLGZ 1957, 376; BayObLG, Beschluss v. 13.1.1961 – BReg. 1 ZS 143/58 = BayObLGZ 1961, 4; OLG Frankfurt, Beschluss v. 17.5.1985 – 20 W 413/84 = IPRax 1986, 111, 112; Staudinger/*Dörner*, Art. 25 EGBGB Rn. 312 (2000).

364 *Rauscher/Scheuer*, JbItalR 8 (1995), 59, 76 f.

von gemeinschaftlichen bzw. gegenseitigen Testamenten und Erbverträgen auf der Ebene des materiellen Rechts umgangen werden konnten.

Für Erbfälle mit deutschem und mit italienischem Bezug hatte dies zur Folge, dass ein italienischer Staatsangehöriger für den Fall seines Todes lediglich das auf deutschem Boden befindliche Immobiliarvermögen wählen konnte. Allerdings stellte diese enge Zulässigkeit wiederum eine Möglichkeit dar, die der italienische Erblasser bei einer Rechtswahl für sich nutzen konnte, um den im italienischen materiellen Recht vorherrschenden Verbotsnormen zu entgehen. Denn selbst für den Fall, bei dem der italienische Erblasser einen nach seinem Heimatrecht nichtigen Erbvertrag mit einer darin enthaltenen Rechtswahl aufgesetzt hätte, so hätte dies nicht zwangsläufig die Wirksamkeit der Rechtswahl in Bezug auf den deutschen Immobiliarnachlass in Zweifel gestellt.[365] Für das durch einen Italiener in Deutschland errichtete gemeinschaftliche Testament oder den Erbvertrag bedeutete dies demnach Folgendes: Wurde darin unter anderem in Deutschland belegenes Immobiliarvermögen gewählt, so konnte es dazu kommen, dass es diesbezüglich zwar bei einer Wirksamkeit der Rechtswahl blieb.[366] Im Hinblick auf das sonstige Vermögen des Erblassers griff allerdings weiterhin die Verbotsnorm des Art. 589 CC ein, sodass es damit zu einer Nichtigkeit der Rechtswahl kam.[367] Welche Auswirkungen das Inkrafttreten der EuErbVO auf diese Problematik hat, darauf soll in einem weiteren Kapitel dieser Arbeit eingegangen werden.[368]

---

365 *Hausmann,* JbItalR 15/16 (2002/2003), 173, 190.
366 *Hausmann,* JbItalR 15/16 (2002/2003), 173, 191.
367 *Hausmann,* JbItalR 15/16 (2002/2003), 173, 191.
368 Siehe hierzu die Ausführungen unter Teil 4 § 2 II Nr. 2.

Teil 3: Anknüpfung des Güterstatuts und dazugehörige Probleme

In diesem Teil der Arbeit soll die Anknüpfung des Güterstatuts aus deutscher und italienischer Sicht näher dargestellt werden. Dabei sind besonders die dem Güterstatut zugehörigen Probleme zu erörtern. Im Anschluss daran ist noch auf die Güterrechtsverordnung und die sich daraus ergebenden Verschiebungen einzugehen.

§ 1 Deutschland

I. Das Ehegüterstatut und sein Umfang

Im Zentrum der Betrachtungen zum Güterstatut steht die Ehe mit der Verpflichtung, dass Ehegatten füreinander Sorge zu tragen haben und im Rahmen ihres Ehelebens dazu verpflichtet sein sollen, den Lebensbedarf der Familie sicherzustellen. Auch sind die Ehegatten einander zur Fürsorge und Beistand verpflichtet.[369] Die ehelichen Rechtspflichten sind auch unbestritten; die Verpflichtung zur Herstellung und zur Aufrechterhaltung der ehelichen Lebensgemeinschaft bildet das Fundament dieser ehelichen Rechtspflichten.[370] Das Güterrecht widmet sich hingegen einer anderen Frage. Natürlich macht eine Auseinandersetzung mit dem Güterrecht die Betrachtung der Ehe als Grundstein unerlässlich[371], trotz alledem geht es beim Güterrecht in erster Linie um die Frage, was mit dem Vermögen der Ehegatten passiert, welches sich im Laufe ihres Ehelebens angesammelt hat. Wer profitiert in welcher Weise vom Vermögen des anderen? Wie läuft die Aufteilung ab, insbesondere bei Ehegatten mit internationalem Bezug? Besonders im Miteinander mit dem Erbrecht spielt das Güterrecht eine wichtige Rolle. Vor der eigentlichen Erbauseinandersetzung wird zu klären sein, was überhaupt in den Nachlass fällt. Erst in einem weiteren Schritt ist zu ermitteln, wer was und vor allem wie viel davon erbt. Demnach

369 Jauernig/*Budzikiewicz*, BGB, § 1353 Rn. 3; MüKo-BGB/*Roth*, § 1353 BGB Rn. 31 (2019); Prütting/Wegen/Weinreich/*Weinreich*, § 1353 BGB Rn. 5 ff.; HK-BGB/*Kemper*, § 1353 BGB Rn. 3 (2014); Weinreich/Klein/*Weinreich*, FamilienR, § 1353 Rn. 17 ff.

370 Jauernig/*Budzikiewicz*, BGB, § 1353 Rn. 2.

371 Im Güterrecht werden nun mal Vermögensfragen geklärt, welche auf dem Bestand der Ehe beruhen, Prütting/Wegen/Weinreich/*Weinreich*, vor §§ 1363 ff. BGB Rn. 1.

ist es unerlässlich, zuvor festzustellen, in welchem Güterstand das jeweils in Betracht stehende Ehepaar lebt.

Vielen Ehepaaren wird nicht klar sein, dass sie mit der Eheschließung ihr Leben im gesetzlichen Güterstand verbringen werden, sollte sich nicht zuvor informiert und für einen vertraglichen Güterstand entschieden worden sein. Die Vorschrift des § 1363 BGB sieht als gesetzlichen Güterstand den Güterstand der Zugewinngemeinschaft vor. Dass in Deutschland nunmehr der gesetzliche Güterstand der Zugewinngemeinschaft nach § 1363 Abs. 1 BGB der Grundsatz ist, beruht auf dem im Jahre 1958 in Kraft getretenen Gleichberechtigungsgesetz.[372] Bis zu diesem Zeitpunkt stand es allein den Ehemännern zu, über das Vermögen der Frau Verfügungen zu tätigen. Dass derartige Regelungen mit unseren heutigen Vorstellungen von der Gleichberechtigung zwischen den Geschlechtern nicht zu vereinbaren sind, dürfte selbstverständlich sein. Die Änderung durch das Gleichberechtigungsgesetz entspricht folglich auch dem Gedanken, der mit der Verwirklichung des Zugewinnausgleichs manifestiert werden sollte: Zum einen kann nunmehr jeder Ehegatte sein Vermögen selbständig verwalten. Zum anderen soll es auch dem nicht voll erwerbstätigen Ehegatten möglich sein, an der Vermögensmehrung im Rahmen der Ehe teilzuhaben.

Bis zum Inkrafttreten der Güterrechtsverordnung am 29.01.2019 war das internationale Ehegüterrecht in Deutschland in den Vorschriften der Artt. 14 und 15 EGBGB a. F. geregelt. Nach Art. 15 Abs. 1 EGBGB a. F. unterlagen die güterrechtlichen Wirkungen der Ehe grundsätzlich dem Recht, welches zum Zeitpunkt der Eheschließung maßgeblich war, worauf sogleich einzugehen ist. Die Vorschrift des Art. 15 EGBGB a. F. verfolgte dabei den Zweck, das anwendbare Recht für die güterrechtlichen Wirkungen einer Ehe festzulegen.[373] Ihr lagen insgesamt sechs Wertentscheidungen zu Grunde, welche einer Abgrenzung zueinander bedurften und sich gegenseitig einschränkten.[374] Bei der Betrachtung des Art. 15 Abs. 1 EGBGB a. F. blieb demnach eine Hinzuziehung der allgemeinen Ehewirkungen nach Art. 14 EGBGB a. F. nicht aus, wurde durch

372 BGBl. 1957 I Nr. 26, S. 609.

373 MüKo-BGB/*Looschelders*, Art. 15 EGBGB Rn. 14 (2020).

374 Dies waren die Gleichberechtigung und das Staatsangehörigkeitsprinzip, der Gleichlauf mit dem allgemeinen Ehewirkungsstatut, die Unwandelbarkeit, die Zulassung weitergehender Rechtswahlmöglichkeiten, die Einheit des Güterstatuts und schließlich der Verkehrsschutz. Siehe hierzu ausführlich MüKo-BGB/*Looschelders*, Art. 15 EGBGB Rn. 14 ff. (2020).

diesen prinzipiellen Gleichlauf mit dem allgemeinen Ehewirkungsstatut[375] dem Ziel eines einheitlichen Familienstatuts entsprochen.[376] Dabei wurde nicht ausschließlich auf die gesetzliche Anknüpfung nach Abs. 1 geschaut, auch die Rechtswahl nach Abs. 2 wurde mit in den Verweis aufgenommen.[377] Nach Abs. 2 des Art. 15 EGBGB a. F. bestand darüber hinaus für die Ehegatten noch die Möglichkeit, eine entsprechende Rechtswahl des Güterrechtsstatuts vorzunehmen. Darauf soll ebenfalls in Kürze eingegangen werden.

1. Der Anwendungsbereich des Ehegüterstatuts

Die gesetzliche Bestimmung des Art. 15 Abs. 1 EGBGB a. F. sah in Verbindung mit den allgemeinen Ehewirkungen des Güterstandes aus Art. 14 Abs. 1 EGBGB a. F. drei objektive Anknüpfungspunkte vor: Einerseits konnte an das Recht der gemeinsamen Staatsangehörigkeit angeknüpft werden, andererseits an den gemeinsamen gewöhnlichen Aufenthalt. Zuletzt ließ sich noch an die gemeinsame engste Verbindung der Ehegatten zu einem Staat anknüpfen. Im Gegensatz zum Erbstatut war also nicht nur die Staatsangehörigkeit der maßgebliche Anknüpfungspunkt, vielmehr konnte noch anderweitig angeknüpft werden, wenn eine gemeinsame Staatsangehörigkeit der Ehegatten nicht vorlag.[378]

a) Gütertrennung und Gütergemeinschaft im nationalen deutschen Recht

Im deutschen nationalen Familienrecht gilt nach § 1363 Abs. 1 BGB automatisch der Grundsatz der Zugewinngemeinschaft, sofern von den Ehegatten nicht durch Ehevertrag Gegenteiliges vereinbart worden ist. Die Zugewinngemeinschaft wird dabei vom Grundsatz der Vermögenstrennung näher erläutert, der in Abs. 2 verankert ist. Das Vermögen der Ehegatten wird dabei nicht vermischt; vielmehr bleibt das Vermögen des einzelnen Ehegatten in seinem Eigentum und steht – in gewissen Grenzen – auch zu seiner eigenen freien Verfügung. Der Begriff der Zugewinngemeinschaft ist daher ein wenig missverständlich gewählt;[379]denn

---

375 Staudinger/*Mankowski*, BGB, Art. 15 EGBGB Rn. 2; NK-BGB/*Sieghörtner*, Art. 15 EGBGB Rn. 1, 9.

376 MüKo-BGB/*Looschelders*, Art. 15 EGBGB Rn. 16 (2020).

377 Begründung dazu siehe BT-Drucks. 10/504, S. 58.

378 Aus Art. 14 Abs. 1 Nr. 1 EGBGB a. F. ergab sich, dass die gemeinsame Staatsangehörigkeit Vorrang vor den anderen beiden Anknüpfungspunkten genossen hat („..., sonst").

379 Gernhuber/*Coester-Waltjen*, FamR, § 33 Rn. 2 („... ist die Zugewinngemeinschaft aber jedenfalls keine Gemeinschaft der Ehegatten im herkömmlichen Sinn [...], sondern ein System der Gütertrennung mit Zusätzen, die (jedenfalls auch) dem Zugewinnausgleich

es handelt sich nämlich nicht um eine Gemeinschaft, sondern um eine Gütertrennung mit Zugewinnausgleich.[380] Eine vermögensbezogene Gemeinschaft wird ja gerade nicht gebildet. Vielmehr bleibt das Vermögen beider Ehegatten während der gesamten Ehe getrennt, vgl. § 1363 Abs. 2 BGB. Somit hat sich der deutsche Gesetzgeber für die Gütertrennung während der Ehe bis zur Auflösung derselben entschieden. Die eigentliche Gemeinschaft der Zugewinngemeinschaft verwirklicht sich dem Grunde nach erst nach Auflösung der Ehe, wenn die Zugewinngemeinschaft beendet wird. Dies wird wohl überwiegend beim Tode eines Ehegatten oder durch Scheidung der Ehegatten der Fall sein. Denn erst dann wird die Gemeinschaft in Form einer Teilhabe am Vermögen des anderen Ehegatten überhaupt verwirklicht.[381] Die Gütertrennung hingegen ist ein außerordentlicher Güterstand, der nur in einigen bestimmten Fällen eintritt, die vom Gesetz speziell angeordnet werden, wie beispielsweise in den Vorschriften der §§ 1388 und 1414 BGB.[382] Dies gilt nach § 1414 S. 1 BGB allerdings auch nur für den Fall, dass sich aus einem Ehevertrag nicht etwas Abweichendes ergibt. Denn so steht es den Ehegatten nach § 1415 BGB zu, durch Ehevertrag anstelle der ansonsten eintretenden Gütertrennung die Gütergemeinschaft nach den §§ 1415 ff. BGB zu vereinbaren.

Wie in den meisten Fällen bietet dabei der Wahlgüterstand der Gütergemeinschaft nicht nur Vorteile. So werden durch die Gütergemeinschaft auf der einen Seite zwar solche Nachteile ausgeglichen, die ein Ehegatte im Laufe der Ehe möglicherweise durch eine geringer ausfallende oder gar keine Erwerbstätigkeit erfährt. Umgekehrt entspricht die Gütergemeinschaft dabei nicht immer dem Gerechtigkeitsgrundsatz, den das eheliche Güterrecht sich auf die Fahne geschrieben hat. Denn im Ergebnis profitiert von der Gütergemeinschaft nämlich derjenige Ehegatte, welcher zu Beginn der Ehe ein geringeres Vermögen vorweisen konnte.[383] Daher wird heutzutage die Gütergemeinschaft auch kaum mehr von Ehegatten als der für die Ehe maßgebliche Güterstand gewählt.[384]

---

dienen. Insofern ist die Bezeichnung missverständlich."); BeckOK-BGB/*Siede/Cziupka*, § 1363 Rn. 8 m. w. N.; MüKo-BGB/*Koch*, § 1363 BGB Rn. 6 (2019).

380 BT-Drucks. 1/3802, S. 8, 53.

381 Henrich/Schwab/*Schwab*, Eheliche Gemeinschaft, S. 11; MüKo-BGB/*Koch*, § 1363 BGB Rn. 6 (2019).

382 Grüneberg/*Siede*, BGB, Einf. § 1363 BGB Rn. 1.

383 Henrich/Schwab/*Henrich*, Eheliche Gemeinschaft, S. 361, 362.

384 Henrich/Schwab/*Henrich*, Eheliche Gemeinschaft, S. 361, 363; *Langenfeld*, FamRZ 1987, 9, 13; MüKo-BGB/*Münch*, vor § 1415 BGB Rn. 19 (2019); Staudinger/*Thiele*, vor §§ 1415 ff. Rn. 10 (2018).

b) *Gesamtstatut und Einzelstatut*

Interessanter werden bei Sachverhalten mit Auslandsbezug die internationalprivatrechtlichen Regelungen der einzelnen Mitgliedstaaten. Befinden sich eheliche Güter nicht nur in Deutschland, sondern auch im Ausland, so sind unmittelbar und unweigerlich auch Berührungspunkte mit ausländischem Recht gegeben. Grundsätzlich sieht das Ehegüterstatut eine einheitliche Anknüpfung vor, das Vermögen einer Person wird durch das Prinzip der Einheit des Güterrechtsstatuts daher insgesamt einer bestimmten Rechtsordnung unterworfen.[385] Jedoch gewährte Art. 3a Abs. 2 EGBGB a. F. den Vorrang des Einzelstatuts für solche Gegenstände, die nicht in dem Staat aufzufinden waren, dessen Recht das anzuwendende Güterrechtsstatut war, sollten sie nach dem Recht der lex rei sitae anderen besonderen Vorschriften unterliegen. War dies der Fall, so fanden insoweit diese jeweiligen Sondervorschriften Anwendung.[386] Denn letztlich musste die güterrechtliche Sonderordnung des ehelichen Vermögens auch in Übereinstimmung mit denjenigen Rechtsordnungen bleiben, die für die einzelnen Gegenstände galten, aus denen sich das Sondervermögen zusammengesetzt hat.

c) *Das Verhältnis des Art. 3a Abs. 2 EGBGB a. F. zu Art. 15 Abs. 2 EGBGB a. F.*

Ferner war auch die Beziehung des Art. 3a Abs. 2 EGBGB a. F. zu der Vorschrift des Art. 15 Abs. 2 EGBGB a. F. streitig. Nach wohl vorzuziehender Ansicht war es auch nicht möglich, das Einzelstatut über eine Rechtswahl nach Art. 15 Abs. 2 EGBGB a. F. zu überwinden.[387] Bei einer Rechtswahl außen vor blieben demnach insbesondere am Belegenheitsort geltende kollisionsrechtliche Vorschriften, die für Grundbesitz die Anwendung der lex rei sitae vorsahen. Dies war dann nicht der Fall, sofern sie selbst auch eine parteiautonome Anknüpfung des Güterstatuts ermöglichten. Denn nur dadurch konnte den Interessen an der Anwendung der sachnäheren Rechtsordnung und dem einer am Belegenheitsort durchsetzbaren Rechtsordnung auch Rechnung getragen werden.[388] Diese fanden sich in den Gedanken des Art. 3a Abs. 2 EGBGB a. F. wieder.[389]

---

385 BeckOK-BGB/*Lorenz*, Art. 3a EGBGB Rn. 6; NK-BGB/*Sieghörtner*, Art. 15 EGBGB Rn. 5; MüKo-BGB/*v. Hein*, Art. 3a EGBGB Rn. 14 (2018).

386 NK-BGB/*Sieghörtner*, Art. 15 EGBGB Rn. 5; MüKo-BGB/*v. Hein*, Art. 3a EGBGB Rn. 17 (2018).

387 *Ludwig*, DNotZ 2000, 663, 674 ff; BeckOK-BGB/*Mörsdorf*, Art. 15 EGBGB Rn. 95 m. w. N.; Staudinger/*Mankowski*, Art. 15 EGBGB Rn. 21 (2011); NK-BGB/*Sieghörtner*, Art. 15 EGBGB Rn. 8.

388 *Ludwig*, DNotZ 2000, 663, 676; NK-BGB/*Sieghörtner*, Art. 15 EGBGB Rn. 8.

389 *Ludwig*, DNotZ 2000, 663, 676; NK-BGB/*Sieghörtner*, Art. 15 EGBGB Rn. 8.

2. Der Grundsatz der Unwandelbarkeit

Um die Rechtssicherheit und Rechtsklarheit zu wahren und zudem auch zum Schutze wohlerworbener Rechtspositionen sah Art. 15 Abs. 1 EGBGB a. F. den Grundsatz der Unwandelbarkeit des Güterstatuts vor.[390] In dieser Vorschrift wurde nur auf das maßgebliche Recht „bei der Eheschließung" verwiesen, sodass es sich durch diese zeitliche Fixierung im Gegensatz beispielsweise zur Staatsangehörigkeit um eine unwandelbare Anknüpfung handelte.[391] Dies bedeutet, dass nachträgliche Änderungen keinen Einfluss auf das Güterstatut hatten, auch wenn es dadurch zu einer Änderung des Ehewirkungsstatuts kam.[392] Jedenfalls blieb es bei Abs. 1 bei der Unwandelbarkeit, im Rahmen einer Rechtswahl nach Art. 15 Abs. 2 EGBGB a. F. war allerdings noch ein nachträglicher Statutenwechsel durch die Ehegatten möglich. Die Unwandelbarkeit des Güterstatutes bezog sich demnach lediglich darauf, dass das Güterstatut bei einer nachträglichen Änderung des Ehewirkungsstatuts nicht von Gesetzes wegen berührt wurde.[393] Ferner bezog sich der Grundsatz der Unwandelbarkeit lediglich auf den kollisionsrechtlichen Bereich; eine Entscheidung darüber, welcher Güterstand auf sachrechtlicher Ebene nun zur Anwendung gelangt, wurde hingegen nicht getroffen.[394]

---

390 BeckOK-BGB/*Mörsdorf*, Art. 15 EGBGB Rn. 80; Erman/*Hohloch*, Art. 15 EGBGB Rn. 1 (2017); MüKo-BGB/*Looschelders*, Art. 15 EGBGB Rn. 17 und 107 (2020).

391 Dabei sollten Probleme vermieden werden, welche sich aus dem Wechsel von Güterständen hätten ergeben können. Näher dazu siehe ebenfalls BT-Drucks. 10/504, S. 58; *Kropholler*, IPR, § 45 IV S. 352; MüKo-BGB/*Looschelders*, Art. 15 EGBGB Rn. 17 und 107 (2020).

392 Vgl. hierzu OLG Düsseldorf, Beschluss v. 3.11.1999 – 3 Wx 343/996 = FGPrax 2000, 5, 7; OLG Hamm, Urteil v. 16.2.2006 – 4 UF 224/05 = FamRZ 2006, 1383, 1384 = NJOZ 2007, 409; OLG Zweibrücken, Beschluss v 9.12.2015 – 3 W 115/15 = NJW 2016, 1185, 1186; Grüneberg/*Thorn*, BGB, Art. 15 EGBGB Rn. 3 (2019); MüKo-BGB/*Looschelders*, Art. 15 EGBGB Rn. 107 (2020); Staudinger/*Mankowski*, Art. 15 EGBGB Rn. 43 (2011); Soergel/*Schurig*, BGB, Art. 15 EGBGB Rn. 27 (1996); BeckOK-BGB/*Mörsdorf*, Art. 15 EGBGB Rn. 80; *Kegel/Schurig*, IPR § 20 VI 1a; Reithmann/Martiny/*Hausmann*, IntVertragsR Rn. 7.779 ff.; krit. hierzu äußert sich *Kropholler*, IPR § 45 IV S. 354.

393 Vgl. hierzu BT-Drs. 10/504, S. 58; Staudinger/*Mankowski*, Art. 15 EGBGB Rn. 45 (2011); MüKo-BGB/*Looschelders*, Art. 15 EGBGB Rn. 17 (2020).

394 Staudinger/*Mankowski*, BGB, Art. 15 EGBGB Rn. 126 (2011); NK-BGB, Art. 15 EGBGB Rn. 24 (*Sieghörtner*).

Die Vorschrift des Art. 15 Abs. 1 EGBGB a. F. ähnelte derjenigen der allgemeinen Ehewirkungen aus Art. 14 EGBGB a. F., sah allerdings in wesentlichen Punkten eine Abwandlung vor. Das objektiv bestimmte Ehegüterstatut wurde demnach unwandelbar im Zeitpunkt der Eheschließung angeknüpft. Bei der Eheschließung als maßgeblichem Zeitpunkt mussten also die Anknüpfungsmerkmale des Art. 14 Abs. 1 bis 3 EGBGB a. F. vorliegen. Dabei waren solche Vorgänge für die Bestimmung des Ehegüterstatuts nicht von Belang, die erst nach der Eheschließung Bedeutung erlangten, wie beispielsweise der Erwerb einer gemeinsamen effektiven Staatsangehörigkeit der Ehegatten, eine Vereinbarung des Statutes der allgemeinen Ehewirkungen nach der Eheschließung oder der Erwerb einer einheitlichen engsten Beziehung zu einem Staat.[395] Denn bei der Unwandelbarkeit des Ehegüterstatuts ging es darum, dass dieses im Zeitpunkt der Eheschließung eben festgelegt wird und es nicht mehr möglich sein sollte, durch eine nachträgliche Änderung von Umständen, die für eine objektive Anknüpfung noch maßgeblich gewesen wären, eine Änderung vorzunehmen.[396] Der Gedanke hinter der Unwandelbarkeit der Anknüpfung des Art. 15 Abs. 1 EGBGB a. F. war die Rechtssicherheit und Rechtsklarheit, welche dadurch verwirklicht werden sollte.[397] Daher waren alle nach dem Zeitpunkt der Eheschließung auftretenden Umstände für die Anknüpfung nicht mehr von Belang.

3. *Ausnahmen*

Von diesem Grundsatz der Unwandelbarkeit mussten jedoch auch Ausnahmen zu machen sein. Starre Anwendungsregeln haben meist den Nachteil, dass eine Anpassung an bestimmte Lebenslagen für solche Gegebenheiten nicht mehr möglich ist, die sich für die Eheleute beispielsweise viel später im Laufe der Ehe erst ergeben oder aber auch für die Eheleute erst nach einiger Zeit einen anderen Stellenwert erlangen. Somit war es Ehegatten in bestimmten Grenzen auch

---

395 OLG Düsseldorf, Beschluss v. 3.11.1999 – 3 Wx 343/996 = FGPrax 2000, 5, 7; OLG Hamm, Urteil v. 16.2.2006 – 4 UF 224/05 = FamRZ 2006, 1383, 1384 = NJOZ 2007, 409; OLG Zweibrücken, Beschluss v 9.12.2015 – 3 W 115/15 = NJW 2016, 1185, 1186; Grüneberg/*Thorn*, BGB, Art. 15 EGBGB Rn. 3 (2019); Staudinger/*Mankowski*, Art. 15 EGBGB Rn. 43 (2011); BeckOK-BGB/*Mörsdorf*, Art. 15 EGBGB Rn. 80 m. w. N.; *Pakuscher*, Unwandelbarkeit, S. 43; MüKo-BGB/*Looschelders*, Art. 15 EGBGB Rn. 107 (2020).

396 *Süß*, Rpfleger 2003, 53, 57.

397 Begr. RegE, BT-Drucks. 10/504 S. 58; MüKo-BGB/*Looschelders*, Art. 15 EGBGB Rn. 17 (2020).

möglich, während ihrer Ehe den maßgeblichen Güterstand auch durch die Wahl eines neuen Güterstatuts zu bestimmen.[398] Dabei war zu beachten, dass eine so getroffene Rechtswahl über Art. 15 Abs. 3 i. V. m. Art. 14 Abs. 4 S. 1 EGBGB a. F. in jedem Fall notariell beurkundet werden musste, sofern die Rechtswahl denn auch in Deutschland vorgenommen wurde. Möglich war die Rechtswahl zu jedem Zeitpunkt, demnach auch im Laufe der Ehe und demzufolge auch nach erfolgter Eheschließung. Allerdings entfaltete eine nach einer Eheschließung getroffene Rechtswahl keine Rückwirkungen für die Vergangenheit, sondern hatte lediglich eine ex nunc Wirkung. Dasjenige gemeinschaftliche Eigentum, welches unter der Geltung des bisherig geltenden Güterstatut erworben worden ist, musste auseinandergesetzt werden.[399] Eine irgendwie geartete „zielgerichtete Wandelbarkeit“[400] ließ sich beispielsweise dadurch durchsetzen, dass die gemeinsame engste Beziehung, die erst nach Eheschließung erworben wurde, anschließend als bereits bei Eheschließung bestehend ausgegeben worden ist.[401] Und letztlich ließ sich auch eine eher indirekte Ausnahme von dem Grundsatz der Unwandelbarkeit durch die Beachtung eines Renvoi ziehen. Ebenfalls unwandelbar angeknüpft wurde dagegen bei einer Aufhebung einer Rechtswahl, allerdings dort nicht an solche Merkmale, die zurzeit der Eheschließung bereits erfüllt waren.[402] Einer Wahlmöglichkeit i. S. d. Art. 15 Abs. 2 EGBGB a. F. unterlag nur das anwendbare Güterrecht eines Staates. Und darüber hinaus war auch nur das Sachrecht des gewählten Güterrechtsstatuts maßgeblich, denn es bestand keine Möglichkeit, eine gesamte Rechtsordnung inklusive ihres gesamten internationalen Privatrechts zu wählen.

4. Die unmittelbare Rechtswahl des Ehegüterstatuts

a) Normzweck und die Wirkungen der Rechtswahl

Wie bereits angesprochen, bestand für das Güterrecht eine Rechtswahlmöglichkeit nach Art. 15 Abs. 2 EGBGB a. F., dabei war sogar der Umfang ein erheblich größerer als für die Rechtswahlmöglichkeiten der allgemeinen Ehewirkungen

398 MüKo-BGB/*Siehr*, Art. 15 EGBGB Rn. 51 (2015).

399 *Süß*, Rpfleger 2003, 53, 58.

400 Der Begriff wurde so verwendet von *Schurig*, JZ 1985, 559, 562 ff.; zu einem solchen Fall vgl. OLG Frankfurt, Entscheidung v. 19.11.1985 3 UF 294/84 = IPRax 1986, 239, 240 m. Anm. *Jayme* 227 (Änderung des italienischen Güterrechts durch Reformgesetz vom 19.5.1975); in: MüKo-BGB/*Siehr*, Art. 15 EGBGB Rn. 51 (2015).

401 MüKo-BGB/*Siehr*, Art. 15 EGBGB Rn. 51 (2015).

402 MüKo-BGB/*Siehr*, Art. 15 EGBGB Rn. 51 (2015).

nach Art. 14 Abs. 2-4 EGBGB a. F.[403] Dabei handelte es sich um ein Novum, dass das deutsche IPR den Ehegatten nach den Vorgaben des Art. 15 Abs. 2 EGBGB a. F. die Möglichkeit einräumte, das für die güterrechtlichen Wirkungen der Ehe maßgebliche Recht zu wählen. Bislang hatten Art. 15 Abs. 2 EGBGB a. F. und das Haager Ehewirkungsabkommen von 1905, welches bereits außer Kraft getreten ist, bloße Ausnahmen von der Unwandelbarkeit des Ehegüterstatuts vorgesehen. Eine großzügige Anknüpfung an derartige Maßnahmen, die im Einzelfall für eine objektive Anknüpfung nicht wichtig waren, war jedoch nicht zulässig. Nunmehr wurde den Ehegatten die Möglichkeit gegeben, sich mithilfe einer wirksamen Rechtswahl flexibel ihren veränderten Vermögens- und Lebensverhältnissen anzupassen.[404] Zwar ging aus dem Wortlaut des Art. 15 Abs. 2 EGBGB a. F. nicht hervor, zu welchem Zeitpunkt eine Rechtswahl der Ehegatten erfolgen konnte.[405] Jedoch musste sich im Rahmen einer Auslegung der Vorschrift und auch aus dem Sinn und Zweck der güterrechtlichen Rechtswahl ergeben, dass diese sowohl vor der Eheschließung als auch im Laufe der Ehe bis zur rechtskräftigen Auflösung derselben erfolgen können musste.[406] Denn so sollten ja gerade sich ändernde Umstände bei einer Entscheidung zur Rechtswahl in Betracht gezogen werden; meist treten sich ändernde Gegebenheiten eben erst im Laufe der Eheführung ein. Eine vorherige Einschätzung ist oft gar nicht möglich. Daher kann sich konsequenterweise eine Rechtswahl auch nur sowohl auf den Zeitrahmen vor Eheschließung als auch auf den Zeitraum der Eheführung beziehen.[407] So werden die meisten Rechtswahlen durch die Ehegatten ohnehin erst während des Bestands der Ehe vorgenommen, eine vorherige Rechtswahl wirkt so oder so erst für den Zeitraum ab Bestand der Ehe.[408]

---

403 *Kropholler*, IPR, § 45 IV S. 352.

404 BT-Drucks. 10/504, 58; NK-BGB/*Sieghörtner*, Art. 15 EGBGB Rn. 35; Erman/*Hohloch*, Art. 15 EGBGB Rn. 22 (2017).

405 Art. 15 Abs. 2 EGBGB a. F. sprach lediglich von „Die Ehegatten können für die güterrechtlichen Wirkungen ihrer Ehe wählen:... ". Der offene Wortlaut könnte demnach den Schluss zulassen, dass eine Rechtswahl entweder vor der tatsächlichen Eheschließung oder im Laufe der bestehenden Ehe getätigt werden muss.

406 BT-Drs. 10/504, 58; OLG München, Beschluss v. 20.11.2012 – 34 Wx 404/12 = BeckRS 2013, 1177; Grüneberg/*Thorn*, BGB, Art. 15 EGBGB Rn. 21 (2019); Staudinger/*Mankowski*, Art. 15 EGBGB Rn. 107 (2011); BeckOK-BGB/*Mörsdorf*, Art. 15 EGBGB Rn. 62 f.; *v. Bar/Mankowski*, IPR II, Rn. 227 (1991); *Kegel/Schurig*, IPR, § 20 VI 1b.

407 Siehe hierzu MüKo-BGB/*Looschelders*, Art. 15 EGBGB Rn. 82 (2020); BeckOK-BGB/*Mörsdorf*, Art. 15 EGBGB Rn. 62 f.

408 BeckOK-BGB/*Mörsdorf*, Art. 15 EGBGB Rn. 62; MüKo-BGB/*Looschelders*, Art. 15 EGBGB Rn. 95 (2020).

Die Wirkungen der Rechtswahl traten ab Eheschließung dann ein, wenn eine formgerechte Erklärung einer Rechtswahl der Ehegatten nach Art. 15 Abs. 2 EGBGB a. F. abgegeben wurde. Bis zur erneuten Rechtswahl durch die Ehegatten blieb die einmal getätigte Rechtswahl über Art. 15 Abs. 2 EGBGB a. F. wirksam. Eine neue Rechtswahl durch die Ehegatten wurde auch für den Fall erlaubt, bei dem das ausländische Recht, welches nach der Rechtswahl zur Anwendung gelangt, eine Güterstandsänderung nicht zulässt. Für die deutsche Perspektive maßgebend war lediglich hiesiges Kollisionsrecht, welches eine Rechtswahlmöglichkeit nach Art. 15 Abs. 2 EGBGB a. F. und eine damit einhergehende Änderung des Güterstatuts vorsah und gewährleistete.[409] Grundsätzlich wirkte ein Statutenwechsel durch eine erneut getätigte Rechtswahl nur ex nunc, so war eine rückwirkende Rechtswahl nicht möglich.[410] Wie die Abwicklung und Auseinandersetzung des bisherigen Güterstandes zu erfolgen hatte, war umstritten.[411] Nach einer Ansicht richtete sich die Abwicklung des vorherigen Güterstandes auch nach seinem Recht und nicht nach dem neu gewählten Recht; das neu zur Anwendung gelangende Recht legte wiederum nur fest, ob und vor allem wie die güterrechtliche Bindung des Vermögens erfolgte, welches den Eheleuten nach einer Auseinandersetzung zustand.[412] Nach der entgegenstehenden Ansicht

---

409 MüKo-BGB/*Siehr*, Art. 15 EGBGB Rn. 44 (2015).

410 BeckOK-BGB/*Mörsdorf*, Art. 15 EGBGB Rn. 63.

411 *Wegmann*, NJW 1987, 1740, 1744; *Böhringer*, BWNotZ 1987, 104, 110; *Lichtenberger*, FS Ferid, 1988, 269, 274 ff.; *Schotten*, DNotZ 1999, 326, 332 ff.; *Schotten/Schmellenkamp*, IPR in der notariellen Praxis, Rn. 173b; Soergel/*Schurig*, BGB, Art. 15 EGBGB Rn. 24 (1996); MüKo-BGB/*Siehr*, Art. 15 EGBGB Rn. 45 (2015); NK-BGB/*Sieghörtner*, Art. 15 EGBGB Rn. 58. Gänzlich **a.A.** sind hingegen BT-Drs. 10/504, 104, 110; Grüneberg/*Thorn*, BGB, Art. 15 EGBGB Rn. 21 (2019); Erman/*Hohloch*, BGB, Art. 15 EGBGB Rn. 25 (2017); BeckOK-BGB/*Mörsdorf*, Art. 15 EGBGB Rn. 63 und 84; zur Abwicklung siehe ausführlich Staudinger/*Mankowski*, BGB, Art. 15 EGBGB Rn. 121 ff. (2011); *v. Bar/Mankowski*, IPR II, Rn. 277 (1991); *Mankowski/Osthaus*, DNotZ 1997, 10, 23 ff.

412 Vgl. hierzu *Wegmann*, NJW 1987, 1740, 1744; *Böhringer*, BWNotZ 1987, 104, 110; *Lichtenberger*, FS Ferid, 1988, 269, 274 ff.; *Schotten*, DNotZ 1999, 326, 332 ff.; *Schotten/Schmellenkamp*, IPR in der notariellen Praxis, Rn. 173b; Soergel/*Schurig*, BGB, Art. 15 EGBGB Rn. 24 (1996); MüKo-BGB/*Siehr*, Art. 15 EGBGB Rn. 45 (2015); NK-BGB/*Sieghörtner*, Art. 15 EGBGB Rn. 58. Gänzlich **a.A.** sind hingegen BT-Drs. 10/504, 104, 110; Grüneberg/*Thorn*, BGB, Art. 15 EGBGB Rn. 21 (2019); Erman/*Hohloch*, BGB, Art. 15 EGBGB Rn. 25 (2017); BeckOK-BGB/*Mörsdorf*, Art. 15 EGBGB Rn. 63 und 84; zur Abwicklung siehe ausführlich Staudinger/*Mankowski*, BGB, Art. 15 EGBGB Rn. 121 ff. (2011); *v. Bar/Mankowski*, IPR II, Rn. 277 (1991); *Mankowski/Osthaus*, DNotZ 1997, 10, 23 ff.

sollte die Überleitung zum neuen Güterstand auch nach neuem Recht erfolgen, da auch nur das neu gewählte Recht die bisherige Zuordnung des ehelichen Vermögens zu regeln befugt war.[413]

Letztere Ansicht überzeugt. Die Abwicklung konnte konsequenterweise nur über den neuen Güterstand erfolgen, da nur dieser auch ab Wirkung der Rechtswahl überhaupt befugt war, in der Sache eine Entscheidung zu treffen. Es würde gerade dem Sinn einer Rechtswahl zuwiderlaufen, die Abwicklung dem Recht des alten Güterstandes zu überlassen, da sich gerade bewusst für eine Unterwerfung zu einer anderen rechtlichen Zuordnung entschieden worden ist. Da mit wirksamer Rechtswahl der alte Güterstand nicht mehr entscheidungsbefugt war, wäre es nur konsequent, die Abwicklung über den neuen Güterstand durchzuführen.

b) Das wählbare Recht

Zum einen hatten die Eheleute über Art. 15 Abs. 2 Nr. 1 EGBGB a. F. die Möglichkeit, das Recht des Staates, dem einer von ihnen angehört, auch als Ehegüterstatut auszuwählen.[414] Neben dem wählbaren Heimatrecht stand den Ehegatten gleichermaßen auch nach Abs. 2 Nr. 2 das Recht zu, den gewöhnlichen Aufenthalt als Güterstatut auszuwählen. Das war auch dann der Fall, wenn beiden Ehegatten die gleiche Staatsangehörigkeit zukommt, denn die in Abs. 2 Nr. 2 verankerte Parteiautonomie sollte gerade den Sinn erfüllen, eine Anpassung des Ehegüterrechts an die damaligen tatsächlichen Gegebenheiten und Umstände zu ermöglichen.[415] Aus einem Umkehrschluss dazu ergibt sich, dass es eben auch keine Voraussetzung war, dass die Eheleute ihren gewöhnlichen Aufenthalt *nicht* in den gleichen Staaten haben.[416] Und mit Abs. 2 Nr. 3 a. F., der den Ehegatten eine Rechtswahl bezüglich ihres unbeweglichen Vermögens nach dem Recht der lex rei sitae verschaffte, wurde den Ehegatten auch eine gegenständlich beschränkte Rechtswahl zuteil, sofern sie denn davon Gebrauch machen

---

413 BT-Drs. 10/504, 104, 110; Grüneberg/*Thorn*, BGB, Art. 15 EGBGB Rn. 21 (2019); Erman/*Hohloch*, BGB, Art. 15 EGBGB Rn. 25 (2017); BeckOK-BGB/*Mörsdorf*, Art. 15 EGBGB Rn. 63 und 84; Staudinger/*Mankowski*, BGB, Art. 15 EGBGB Rn. 121 ff. (2011); *v. Bar/Mankowski*, IPR II, Rn. 277 (1991); *Mankowski/Osthaus*, DNotZ 1997, 10, 23 ff.

414 NK-BGB/*Sieghörtner*, Art. 15 EGBGB Rn. 36.

415 *Schotten/Schmellenkamp*, IPR in der notariellen Praxis, Rn. 156; *Wegmann*, NJW 1987, 1740, 1742.

416 AllgA, z. B. Bamberger/Roth/Hau/Poseck/*Mörsdorf*, Art. 15 EGBGB Rn. 67.

wollten.[417] Im Gegensatz zu Abs. 2 Nr. 1 und 2 a. F. ging die Nr. 3 a. F. damit in eine gänzlich andere Richtung; denn so sahen die anderen Nummern der Vorschrift eine Rechtswahl vor, die sich auf alle güterrechtlichen Beziehungen auswirkte und nicht nur auf das unbewegliche Vermögen.[418] Wie der klare Wortlaut des Abs. 2 Nr. 3 a. F. hergab, galt diese Rechtswahlmöglichkeit ausschließlich für unbewegliches und damit nicht für bewegliches Vermögen. Insoweit ging es bei Art. 15 Abs. 2 Nr. 3 a. F. darum, dass eine nur gegenständlich begrenzte Rechtswahl erfolgen konnte, die nur bestimmte Teile des Vermögens umfasste. Die Wirkungen dieser gegenständlich beschränkten Rechtswahl endeten damit, dass der betreffende Gegenstand beispielsweise an einen Dritten veräußert wurde und demnach aus dem ehelichen Vermögen austrat.[419] Art. 25 Abs. 2 EGBGB a. F. sah ähnlich wie Art. 15 Abs. 2 Nr. 3 EGBGB a. F. eine beschränkte Rechtswahl vor, auf die an späterer Stelle dieser Arbeit noch eingegangen werden soll. Dabei handelte es sich allerdings nur um eine einseitige Rechtswahlmöglichkeit, die dabei auch noch lediglich auf das deutsche Belegenheitsrecht beschränkt war, während es sich bei Abs. 2 Nr. 1 des Art. 15 EGBGB a. F. um eine allseitige Rechtswahlmöglichkeit handelte, die auch ausländische Belegenheitsrechte mit umfasste.[420]

5. Der Inhalt des Güterrechts

Die „güterrechtlichen Wirkungen der Ehe“ im Sinne des Art. 15 Abs. 1 EGBGB a. F. bezogen sich auf solche Rechtssätze materieller Art, die sich auf die Änderung, Schaffung, Abwicklung und die Aufhebung von Sonderordnungen des Vermögens beider Eheleute beziehen.[421] Mit umfasst wurden dabei allerdings auch solche Vorschriften, die eine derartige Sonderordnung des Vermögens aufgrund

---

417 Vgl. LG Mainz, Beschluss v. 14.12.1992 – 8 T 143/92 = NJW-RR 1994, 73; Grüneberg/*Thorn*, BGB, Art. 15 EGBGB Rn. 22 (2019); BeckOK-BGB/*Mörsdorf*, Art. 15 EGBGB Rn. 68; Soergel/*Schurig*, BGB, Art. 15 EGBGB Rn. 22 (1996); Erman/*Hohloch*, BGB, Art. 15 EGBGB Rn. 29 (2017); Staudinger/*Mankowski*, Art. 15 EGBGB Rn. 218 ff. (2011); *Looschelders*, IPR, Art. 15 EGBGB Rn. 38; *Siehr*, IPR § 4 II, S. 17 f.; *Lichtenberger*, FS Ferid, 1988, 269, 275 ff.; **a.A.***Kühne*, IPRax 1987, 69, 73; *Wegmann*, NJW 1987, 1740, 1743.

418 NK-BGB/*Sieghörtner*, Art. 15 EGBGB Rn. 38.

419 Vgl. LG Mainz, Beschluss v. 14.12.1992 – 8 T 143/92 = DNotZ 1994, 566, 568 (mit Anmerkung *Schotten*).

420 NK-BGB/*Sieghörtner*, Art. 15 EGBGB Rn. 38.

421 *Niewöhner*, MittRhNotK 1981, 219; NK-BGB/*Sieghörtner*, Art. 15 EGBGB Rn. 65.

und während der Ehe nicht vorsahen.[422] Dabei ließ sich das vertragliche und das gesetzliche Güterrecht unterscheiden, je nachdem, ob die Wirkungen einem gemeinsamen rechtsgeschäftlichen und vertraglich festgehaltenen Willen der Ehegatten entsprachen oder ob diese Wirkungen kraft Gesetzes eintreten sollten.[423] Im Rahmen des gesetzlichen Güterrechtes regelte das Ehegüterstatut im deutschen Kollisionsrecht, welche Gütermassen genau zu unterscheiden waren, welchem Ehegatten das Verwaltungs- und Klagerecht[424] zustand, welche Sorgfaltspflichten[425] zu wahren und welche Auskunftsansprüche zu erteilen waren, wer Nutzungen des Vermögens ziehen durfte[426] und wie sich die Schuldenhaftung ausgestaltete.[427] Im Grunde wurden so durch das Güterstatut alle güterrechtlichen Verhältnisse der Ehegatten geregelt, welche sich aus der Eheschließung selbst ergaben.[428] Beim vertraglichen Güterrecht war entscheidend, ob das maßgebliche Güterstatut die Erstellung von Eheverträgen als vertragliche Vereinbarung des Güterrechts überhaupt vorsah. War dies der Fall, so wurde von diesem Statut auch festgehalten, welchen Inhalt der Ehevertrag aufweisen muss.[429]

Wurden hingegen ausländische Normen qualifiziert, so war die Prüfung des Sachverhaltes nicht ausschließlich an den jeweiligen güterrechtlichen Begriffen festzumachen.[430] Dabei waren auch Beziehungen derart zwischen den Eheleuten in Betracht zu ziehen, die sich nach dem Verständnis des deutschen Güterrechts funktionell auch als Regelung der Vermögensordnung in der Ehe qualifizieren

422 Soergel/*Schurig*, BGB, Art. 15 EGBGB Rn. 32 (1996); Staudinger/*Mankowski*, BGB, Art. 15 EGBGB Rn. 231 (2011); NK-BGB/*Sieghörtner*, Art. 15 EGBGB Rn. 65.

423 *Niewöhner*, MittRhNotK 1981, 219; MüKo-BGB/*Looschelders*, Art. 15 EGBGB Rn. 33 (2020); NK-BGB/*Sieghörtner*, Art. 15 EGBGB Rn. 65 m. w. N.

424 OLG Köln NJW-RR 1998, 865; Reithmann/Martiny/*Hausmann*, IntVertragsR, Rn. 7.762.

425 Soergel/*Schurig*, BGB, Art. 15 EGBGB Rn. 33 (1996); BeckOK-BGB/*Mörsdorf*, Art. 15 EGBGB Rn. 20; Staudinger/*Mankowski*, BGB, Art. 15 EGBGB Rn. 264 (2011).

426 NK-BGB/*Sieghörtner*, Art. 15 EGBGB Rn. 69.

427 BGH, Urteil v. 18.03.1998 – XII ZR 251-96 = FamRZ 1998, 905, 906 = NJW-RR 1998, 1377; OLG Düsseldorf, Urteil v. 05.05.1999 – 22 W 7/95 = FamRZ 1995, 1587, 1588; MüKo-BGB/*Looschelders*, Art. 15 EGBGB Rn. 35 (2020).

428 MüKo-BGB/*Siehr*, Art. 15 EGBGB Rn. 60 m. w. N. (2015).

429 MüKo-BGB/*Looschelders*, Art. 15 EGBGB Rn. 45 (2020).

430 OLG Hamm, Beschluss v. 10.04.1992 – 4 WF 47/92 = NJW-RR 1992, 1220, 1222, zum Anspruch auf Herausgabe des persönlichen Vermögens nach türkischem Recht im Falle der Scheidung; NK-BGB/*Sieghörtner*, Art. 15 EGBGB Rn. 66.

ließen.[431] Wenn eine fremde Norm lediglich bei bestimmten Güterständen und nicht nur losgelöst dessen zur Anwendung gelangt, so ist dies meist als ein Indiz dafür zu werten, dass die Vorschriften auch dem Güterrecht zuzuordnen sind.[432] Insbesondere beurteilte das Güterstatut, welcher Güterstand letztlich als gesetzlicher auch wirklich maßgeblich war, wenn in der betreffenden Rechtsordnung gleich mehrere Güterstände in Betracht kamen.[433] Es regelte demnach die Wirkungen des maßgeblichen Güterstandes und vor allem auch, welche Gütermassen unterschieden werden mussten und ihre jeweilige Ausgestaltung im Einzelnen.[434]

6. *Das materielle eheliche Güterrecht Deutschlands*

a) *Der klassische Begriff der Ehe*

Der Begriff der Ehe wird im deutschen Recht nicht weiter definiert, das BGB sieht eine Legaldefinition nicht vor. Zunächst war es in Deutschland nur möglich, dass im Hinblick auf unser traditionelles Verständnis lediglich Männer und Frauen eine gemeinsame Ehe eingehen konnten. Allein aus diesem Grundsatz ließ sich in gewisser Weise der Kern einer Definition bestimmen, dass die Ehe eine auf Dauer angelegte Lebensgemeinschaft zwischen Mann und Frau sein musste.[435] Denkt man daran, dass zur Zeit der Verabschiedung des Grundgesetzes die Homosexualität in den §§ 175 ff. StGB noch mit Strafe belegt wurde, war die Einengung des Ehebegriffs auf verschiedengeschlechtliche Gatten nachvollziehbar, da noch niemand von einer Normalität gleichgeschlechtlicher Partnerschaften ausging. Partnern gleichen Geschlechts stand erst seit 01.08.2001 die Möglichkeit offen, ihrer Partnerschaft den Status einer gefestigteren Beziehung

---

431 OLG Hamm, Beschluss v. 10.04.1992 – 4 WF 47/92 = NJW-RR 1992, 1220, 1222, zum Anspruch auf Herausgabe des persönlichen Vermögens nach türkischem Recht im Falle der Scheidung; NK-BGB/*Sieghörtner*, Art. 15 EGBGB Rn. 66.

432 Staudinger/*Mankowski*, BGB, Art. 15 EGBGB Rn. 233 (2011); NK-BGB/*Sieghörtner*, Art. 15 EGBGB Rn. 66.

433 Vgl. zu den gesetzlichen Güterständen in Europa *Pintens*, FamRZ 2003, 329, 333 f.; ein rechtsvergleichender Überblick über die verschiedenen Möglichkeiten findet sich bei Staudinger/*Mankowski*, BGB, Art. 15 EGBGB, Rn. 235 ff. (2011); Länderübersicht über den gesetzlichen Güterstand bei *Süß*, Rpfleger 2003, 53, 60 ff.; NK-BGB/*Sieghörtner*, Art. 15 EGBGB Rn. 68.

434 MüKo-BGB/*Looschelders*, Art. 15 EGBGB Rn. 33 (2020); NK-BGB/*Sieghörtner*, Art. 15 EGBGB Rn. 69.

435 So z. B. OLG Köln, Beschluss v. 16. August 1993 – 16 Wx 133/93 = BeckRS 2011, 5736; Grüneberg/*Siede*, BGB, Einl. v. § 1297 BGB Rn. 1.

zu verleihen, indem sie ihre Partnerschaft als eingetragene Lebenspartnerschaft auf Lebenszeit begründen, § 1 LPartG. Immerhin konnte der Einführung des Instituts der eingetragenen Lebenspartnerschaft eine gewisse Loslösung vom traditionell behafteten Begriff der Ehe gesehen und ein gewisser Wandel diesbezüglich festgestellt werden. Die sich daraus ergebenden Rechte und Pflichten sind ähnlich wie diese einer Ehe, wo die Ehegatten einander unter anderem zur Fürsorge und Unterstützung sowie zur gemeinsamen Lebensgestaltung verpflichtet sind, vgl. §§ 2 ff. LPartG.[436] Der Bundesrat hielt allerdings die fehlende Möglichkeit der Eheschließung gleichgeschlechtlicher Partner für eine Diskriminierung aufgrund ihrer sexuellen Identität und beschloss am 25. September 2015 einen Gesetzesentwurf, welcher konkrete Änderungen im BGB in Bezug auf das Verbot gleichgeschlechtlicher Ehen vorsah.[437] Dieser Gesetzesentwurf wurde am 25. September 2015 der Bundesregierung vorgelegt. Als Gründe für diesen Gesetzesentwurf wurden unter anderem angeführt, dass es auch der gesellschaftliche Wandel nun nicht mehr länger hergebe, zwischen hetero- und homosexuellen Partnerschaften rechtliche Unterscheidungen aufrecht zu erhalten.[438] Dabei wurde im Gesetzesentwurf vorgeschlagen, dass die Vorschrift des § 1353 BGB dahingehend geändert werden sollte, dass sie folglich auch eine Eheschließung durch gleichgeschlechtliche Partnerschaften zulässt.[439] Der Gesetzestext sollte dann wie folgt lauten: „Die Ehe wird von zwei Personen

---

436 Mit Beschluss vom 7.5.2013 – 2 BvR 909/06, 2 BvR 1981/06, 2 BvR 288/07 = DStR 2013, 1228) hat das BVerfG festgestellt, dass die Ungleichbehandlung von eingetragenen Lebenspartnerschaften und Ehen bei der Zusammenveranlagung und somit beim Ehegattensplitting verfassungswidrig ist. Um die Entscheidung des BVerfG vom 7.5.2013 umzusetzen, wurden mit Gesetz für eine Änderung des EStG vom 15.7.2013 (BGBl I 2013, 2397) nach § 2 Abs. 8 EStG die einkommensteuerrechtlichen Vorschriften zu Ehegatten und Ehen auch auf Lebenspartner und Lebenspartnerschaften für anwendbar erklärt (BT-Drs. 17/13870). Durch die Neuregelung des § 2 Abs. 8 EStG wird die vom BVerfG festgestellte unterschiedliche Behandlung von Ehegatten und Lebenspartnern in den §§ 26, 26b, 32a Abs. 5 EStG beseitigt, sodass die Gleichbehandlung von Ehegatten und Lebenspartnern für das gesamte EStG mittels dieser Generalnorm sichergestellt werden kann.

437 Zur Problemstellung siehe BR-Drs. 273/15, Entwurf eines Gesetzes zur Einführung des Rechts auf Eheschließung für Personen gleichen Geschlechts, S. 1.

438 BR-Drs. 273/15, Entwurf eines Gesetzes zur Einführung des Rechts auf Eheschließung für Personen gleichen Geschlechts, S. 1.

439 BR-Drs. 273/15, Entwurf eines Gesetzes zur Einführung des Rechts auf Eheschließung für Personen gleichen Geschlechts, S. 1.

verschiedenen oder gleichen Geschlechts auf Lebenszeit geschlossen."[440] Auch das Lebenspartnerschaftsgesetz sollte in Teilen dahingehend abgeändert werden, dass eingetragene Partnerschaften i. S. d. § 1 LPartG auf Wunsch hin in eine Ehe umgewandelt werden können. Dabei sollte dann folgender Passus eingeführt werden: „Eine Lebenspartnerschaft wird in eine Ehe umgewandelt, wenn zwei Lebenspartnerinnen oder Lebenspartner gegenseitig persönlich und bei gleichzeitiger Anwesenheit erklären, miteinander eine Ehe auf Lebenszeit führen zu wollen. Die Erklärungen können nicht unter einer Bedingung oder Zeitbestimmung abgegeben werden. Die Erklärungen werden wirksam, wenn sie vor dem Standesbeamten abgegeben werden." Damit sollten bei Umsetzung des Gesetzesentwurfes den Partnern einer eingetragenen Lebenspartnerschaft die gleichen Rechte zukommen wie bislang nur einer verschiedengeschlechtlichen Ehe. Die Initiative wurde im November 2015 von der Bundesregierung an den Bundestag zur Beschlussfassung weitergeleitet unter anderem mit dem Hinweis darauf, dass es gleichgeschlechtlichen Paaren doch bereits seit 14 Jahren möglich sei, eine nichteheliche Lebenspartnerschaft einzugehen.[441]

Erst seit der Verabschiedung der Ehe für alle[442] im März 2017 ist es gleichgeschlechtlichen Paaren möglich, eine Ehe einzugehen.[443] Eine rechtliche Gleichstellung gleichgeschlechtlicher Paare und damit eine rechtliche Anerkennung homosexueller Paare vor dem Staat ist demnach erfolgt. Kritisiert wurde neben der Inkompatibilität mit Art. 6 Abs. 1 GG[444] die Schnelligkeit und Unüberlegtheit des Gesetzgebungsverfahrens; überhaupt war die gesetzliche Neuregelung

---

440 BR-Drs. 273/15, Entwurf eines Gesetzes zur Einführung des Rechts auf Eheschließung für Personen gleichen Geschlechts, S. 5.

441 BT-Drs. 18/6665, Entwurf eines Gesetzes zur Einführung des Rechts auf Eheschließung für Personen gleichen Geschlechts.

442 Gesetz zur Einführung des Rechts auf Eheschließung für Personen gleichen Geschlechts v. 20.7.2017, BGBl. I, 2787.

443 Zudem ermöglicht § 20a LPartG seit der Öffnung der Ehe für Personen gleichen Geschlechts die Umwandlung einer Lebenspartnerschaft in eine gleichgeschlechtliche Ehe. Insbesondere müssen die Lebenspartner nicht zunächst ihre Partnerschaft aufheben, um danach eine Ehe einzugehen. Bei der Umwandlung geht die Lebenspartnerschaft in der Ehe auf, vgl. MüKoBGB/*Duden*, § 20a LPartG Rn. 1.

444 So hielten viele Stimmen in der verfassungsrechtlichen Literatur die neue Regelung zur Ehe für alle für verfassungswidrig, da sich aus dem Willen des Verfassungsgesetzgebers zu Art. 6 Abs. 1 GG ergebe, dass der Schutz der Ehe ausschließlich auf eine Verbindung von Mann und Frau bezogen sei, vgl. hierzu *Ipsen*, NVwZ 2017, 1096, 1098 f.; *von Coelln*, NJ 2018, 1, 4; Sachs/*von Coelln*, Art. 6 GG Rn. 6; BeckOK-GG/*Uhle*, Art. 6 GG Rn. 36.

zur Öffnung der Ehe für alle ein hochumstrittenes und emotional aufgeladenes Kapitel. Allerdings war es auch eine politisch zwingende Konsequenz, da der veraltet geprägte Begriff der Ehe nicht mehr mit heutigen Gegebenheiten zu vereinbaren war. Immer mehr Menschen trauen sich nunmehr, ihre Homosexualität offen zu leben, ohne schwerwiegende Konsequenzen fürchten zu müssen. Eine Öffnung der Ehe für alle war damit längst überfällig. Einhergehend mit der Änderung der Rechtslage sollte daher einer Diskriminierung gleichgeschlechtlicher Paare durch die Gleichstellung entgegengetreten werden.

Nicht unter den Begriff der Ehe fallen hingegen die nichtehelichen Lebensgemeinschaften, welche die Möglichkeit einer jederzeitigen Aufhebung durch einen der Lebenspartner beinhalten.[445] Zentrales Element der nichtehelichen Lebensgemeinschaft ist demnach das Fehlen einer vollumfänglichen Rechtsverbindlichkeit der Partnerschaft.[446] Diesem sozusagen gelockerten Band kommen nicht die gleichen Vorteile zu wie einer Ehe oder einer eingetragenen Lebenspartnerschaft. Auch ist eine Analogie zur letzteren nicht denkbar, da die eingetragene Lebenspartnerschaft zwei Partner gleichen Geschlechts zur Voraussetzung hat. Die nichteheliche Lebensgemeinschaft als Verantwortungs- und Einstehensgemeinschaft setzt eine Partnerschaft zwischen Mann und Frau voraus, sodass die Voraussetzungen einer Analogie vorliegend nicht greifen.

b) Die allgemeinen Ehewirkungen

Als privates Rechtsverhältnis kommt die Ehe durch Vertragsschluss zustande.[447] Bei einem bloßen Vertragsverhältnis bleibt es aber nicht, vielmehr erwachsen aus der vertraglichen Eheschließung noch Solidaritätspflichten, welche mehr als vertragliche Verpflichtungen sind.[448] Da es sich allerdings um ein privatrechtliches

---

445 Siehe dazu BVerfG, Beschluss v. 9.11.2004 – 1 BvR 684/98 = NJW 2005, 1413 m. w. N.; Grüneberg/*Siede*, BGB, Einl. v. § 1297 BGB Rn. 10.

446 Vgl. diesbezüglich BGH, Urteil v. 7.11.2001 – XII ZR 247/00 (KG) = NJW 2002, 671. Das Wesen der Ehe ist allerdings nicht ganz unumstritten, siehe dazu die Ausführungen bei *Rolland*, Kommentar FamilienR, vor §§ 1353 ff. BGB Rn. 6 ff.: „Die Versuche, ein gesetzliches Ehemodell aus religiösen und säkularen Ehelehren abzuleiten, und dadurch das „Vorgegebene" zu bestimmen, sind nicht ermutigend. Das Bild ist so bunt wie die Ehelehren zahlreich [...]."

447 *Dethloff*, Familienrecht, § 4 Rn. 1; Grüneberg/*Siede*, BGB, Einf. v. § 1353 BGB Rn. 1.

448 So hat man früher die Ehe als ein bloßes Vertragsverhältnis eingestuft mit der Folge, dass die Ehegatten als Vertragsparteien über den Inhalt der Ehe entscheiden konnten. Zum Rechtsbegriff der Ehe und seine dogmatische Einordnung siehe ausführlich Staudinger/*Voppel*, BGB, § 1353 Rn. 4 ff. Er argumentiert, dass zum einen vertragliche Leistungsstörungsregeln nicht anwendbar sein können, da die Ehe zum Zwecke einer

Verhältnis handelt, ist dem BGB auch kein gesetzliches Leitbild dessen zu entnehmen, wie die Ehe im Einzelnen auszugestalten ist.[449] Bei einem Blick in die Vorschrift zur ehelichen Lebensgemeinschaft § 1353 Abs. 1 BGB ist davon die Rede, dass die Ehegatten zur ehelichen Lebensgemeinschaft verpflichtet sind und füreinander Verantwortung tragen. Was genau darunter zu verstehen ist bzw. eine Konkretisierung dieser Vorgaben fehlt. Die Basis für eine Umgrenzung der Rechte und Pflichten der Ehegatten im Verhältnis zueinander bildet die „Verbundenheit der Ehegatten in Selbstbestimmung und wechselseitiger Verantwortung füreinander und für die Familie“[450]. Dies hat den Vorteil, dass die Führung der Ehe als sehr persönliches Gut im Detail immer noch denjenigen überlassen wird, welche die Ehe letztlich eingegangen sind.[451] Diese fehlende Einmischung in die Gestaltung des privaten Eherechts ist durchaus begrüßenswert, handelt es sich bei der Führung der Ehe im Detail doch um einen sehr intimen und schützenswerten Bereich der Ehegatten. Grundsätzlich müssen bei der Entscheidungsfindung hinsichtlich einer Aufgabenverteilung der Ehegatten trotz alledem noch die Würde und Bereitschaft des anderen geachtet werden, die entsprechenden Entscheidungen in ihren Konsequenzen auch mitzutragen.[452] Nicht nur die persönliche Ausgestaltung der Eheführung im Einzelnen ist den Ehegatten überlassen, auch die Haushaltsführung und Erwerbstätigkeit wird ihnen nicht weiter vorgeschrieben. So bleibt es ihnen nach § 1356 Abs. 1 BGB überlassen, ob sie sich für eine gemeinschaftliche Haushaltsführung entscheiden oder sie auf einen Ehegatten übertragen. Jedenfalls muss eine entsprechende Entscheidung gemeinschaftlich ergehen. Auch die Erwerbstätigkeit während der Ehe ist mittlerweile nun beiden Ehegatten überlassen, § 1356 Abs. 2 BGB. War es früher nach dem BGB die Aufgabenteilung, dass der Ehemann das Geld nach Hause brachte und die Frau sich zu Hause um den Haushalt kümmerte, so kam es erst verhältnismäßig spät mit dem EheG aus dem Jahre 1976 zu einer Gleichberechtigung der Ehegatten, indem mit Einführung des § 1356 Abs. 2 BGB die Möglichkeit einer Erwerbstätigkeit beiden Ehegatten eingeräumt wurde.

---

im Idealfall lebenslangen persönlichen Bindung geschlossen werde. Darüber hinaus würden Unterhaltspflichten, welche sich aus der Ehe ergeben, auch mit Auflösung der Ehe noch bestehen bleiben und Nachwirkungen entfalten können.

449 *Dethloff*, Familienrecht, § 4 Rn. 1; Grüneberg/*Siede*, BGB, Einf. v. § 1353 BGB Rn. 2; Staudinger/*Voppel*, BGB, § 1353 Rn. 17 f.

450 Soergel/*Lipp*, BGB, § 1353 Rn. 2.

451 BeckOK-BGB/*Hahn*, § 1353 BGB Rn. 3; Soergel/*Lipp*, BGB, § 1353 Rn. 2; Staudinger/*Voppel*, BGB, § 1353 Rn. 23.

452 BeckOK-BGB/*Hahn*, § 1353 BGB Rn. 3.

c) *Beendigung der Gütergemeinschaft, der Gütertrennung und die Ehegattenhaftung im deutschen Recht*

aa) *Formen der Gütergemeinschaftsbeendigung*

Wie im italienischen Recht auch kann die Gütergemeinschaft der Ehegatten auch im deutschen Recht durch Auflösung der Ehe ein Ende finden. Sie wird dann kraft Gesetzes beendet. Anders ist dies bei Todeseintritt eines Ehegatten, welcher im italienischen Recht unmittelbar zur Beendigung der Gütergemeinschaft führt. Zwar wird die Ehe naturgemäß durch den Tod des einen Ehegatten aufgelöst, vgl. die Vorschrift § 1482 BGB. Allerdings bedeutet dies nicht zwangsläufig die damit einhergehende Auflösung der Gütergemeinschaft. Im deutschen Recht endet die Gütergemeinschaft beim Tode eines der Ehegatten nämlich nur dann, wenn nicht zuvor eine Vereinbarung zur fortgesetzten Gütergemeinschaft nach § 1483 BGB getroffen worden ist. Haben die Ehegatten den Eintritt der fortgesetzten Gütergemeinschaft vereinbart, so wird nach § 1483 Abs. 1 S. 1 BGB die Gütergemeinschaft zwischen dem überlebenden Ehegatten und den Abkömmlingen fortgesetzt. Diese Möglichkeit der Aufrechterhaltung der Gütergemeinschaft über den Tod eines Ehegatten hinaus ist dem italienischen Recht fremd. Stirbt der eine „Teil" der Gütergemeinschaft, so handelt es sich nach italienischem Recht nicht mehr um eine Gemeinschaft und führt demnach auch zum Erlöschen derselben. Dass die Gütergemeinschaft auch mit Abkömmlingen fortgeführt werden kann, ist eine Möglichkeit, die nur dem deutschen Recht geläufig ist. Sie dient der Aufrechterhaltung des familiären Vermögens und fungiert als ein Ersatz für eine Erbfolgeregelung, welche in Bezug auf das Gesamtgut getroffen werden müsste.[453] Ist eine fortgesetzte Gütergemeinschaft nicht vereinbart, so endet die Gütergemeinschaft auch durch Tod der Ehegatten. Ferner können die Ehegatten auf Aufhebung der Gütergemeinschaft klagen (§§ 1447 ff., 1469-1470 BGB) oder aber das Ende der Gütergemeinschaft kann durch Ehevertrag festgehalten werden. Dahingehend ergeben sich keine Abweichungen zum italienischen Recht.

Ist die Gütergemeinschaft der Ehegatten einmal beendet worden, so müssen sich die Ehegatten über das Gesamtgut auseinandersetzen, § 1471 Abs. 1 BGB. Bis zur Auseinandersetzung müssen die Ehegatten das Gesamtgut allerdings gemeinschaftlich verwalten, § 1472 Abs. 1 BGB, auch Verfügungen können nur gemeinschaftlich getätigt werden. Es bleibt zunächst beim Bestehen des Gesamtgutes, mit dem einzigen Unterschied, dass der Anteil an dem Gesamtgut

---

453 *Dethloff*, Familienrecht, § 5 Rn. 188; *Schwab*, Familienrecht, § 29 Rn. 232.

zugunsten etwaig bestehender Gläubiger des Anteilsberechtigten nunmehr aufgrund des ausdrücklichen Gesetzeswortlautes der Pfändung nach § 860 Abs. 2 ZPO unterliegt. Bei Beendigung der Gütergemeinschaft durch Tod eines Ehegatten ist die Gütergemeinschaft zwangsläufig zuerst auseinanderzusetzen, da erst nach der Auseinandersetzung klar wird, was genau Teil des Nachlasses ist.[454] Erst im Anschluss daran kann die Erbengemeinschaft auseinandergesetzt werden.[455] Ist von den Ehegatten vereinbart worden, dass nach dem Tode des einen die Gütergemeinschaft mit den gesetzlich erbberechtigten Abkömmlingen weitergeführt werden soll, so findet eine Fortsetzung der Gütergemeinschaft allerdings lediglich in Bezug auf das Gesamtgut statt, vorausgesetzt, dass der hinterbliebene Ehegatte die fortgesetzte Gütergemeinschaft nicht nach § 1484 Abs. 1 BGB ablehnt.[456] Hinsichtlich des Vorbehaltsguts und des Sonderguts finden die üblichen erbrechtlichen Regelungen Anwendung.

bb) Haftung der Ehegatten oder anderer Hinterbliebener

Hinsichtlich der Ehegattenhaftung können die Gläubiger der einzelnen Ehegatten aus dem Gesamtgut eine Befriedigung verlangen, solange sich aus den darauffolgenden Vorschriften nichts anderes ergibt, § 1459 Abs. 1 und § 1437 Abs. 1 BGB. Sollte beispielsweise eine Haftung des Gesamtguts ausgeschlossen sein, weil es sich um eine Verbindlichkeit aus einem Rechtsgeschäft handelt, zu welchem der andere Ehegatte zuvor seine Zustimmung nicht erteilt hat, so kann das Gesamtgut nicht in Anspruch genommen werden. Gleiches gilt für den Fall des Erwerbes einer Erbschaft, § 1461 BGB. Grundsätzlich ist es dabei so, dass der Ehegatte darüber hinaus bei Verbindlichkeiten, welche ihn treffen, noch mit seinem persönlichen Vermögen haftet. Eine Haftung mit dem persönlichen Vermögen für die Verbindlichkeiten des anderen Ehegatten ist im deutschen Recht auch vorgesehen. Verwalten beide Ehegatten das Vermögen gemeinschaftlich, so hat der eine Ehegatte auch für die Schulden des anderen mit seinem Vermögen einzustehen, § 1459 Abs. 2 BGB. Haben die Ehegatten eine alleinige Verwaltung des Vermögens durch einen Ehegatten festgehalten, so gilt die Haftung

---

454 *Dethloff*, Familienrecht, § 5 Rn. 188.

455 Hierzu siehe auch *Dethloff*, Familienrecht, § 5 Rn. 188.

456 Das Ausschlagungsrecht des hinterbliebenen Ehegatten ist entsprechend den Regelungen zur Erbschaftsausschlagung ausgestaltet. Den Abkömmlingen hingegen wird kein Ablehnungsrecht gewährt; jedoch können sie nach §§ 1491, 1495, 1496, 1517 BGB eine Befreiung von der fortgesetzten Gütergemeinschaft anstreben; zum Normzweck siehe BeckOK-BGB/*Siede/Spernath*, § 1484 BGB Rn. 1.

mit dem persönlichen Vermögen nur für den verwaltenden Teil der Eheleute, § 1437 Abs. 2 BGB. Dass der verwaltende Ehegatte auch mit seinem privaten Gut für die Verbindlichkeiten des nichtverwaltenden Ehegatten aufkommen muss, stellt gewissermaßen die Kehrseite der ansonsten vollumfänglich gegebenen Verwaltungsbefugnis dar.

Im Falle einer fortgesetzten Gütergemeinschaft hingegen haftet der überlebende Ehegatte für die Gesamtgutsverbindlichkeiten persönlich, § 1489 Abs. 1 BGB.[457] Die anteilsberechtigten Abkömmlinge hingegen haften bei der fortgesetzten Gütergemeinschaft überhaupt nicht für jegliche Verbindlichkeiten des hinterbliebenen oder des verstorbenen Ehegatten, vgl. Abs. 3, sofern sich die Haftung nicht allerdings noch aus anderen Gründen ergeben kann wie beispielsweise aus einer Bürgschaft, der Erbenstellung an sich oder aus gemeinschaftlichen Verpflichtungen.[458] Jedenfalls wird aus der bloßen fortgesetzten Gütergemeinschaft keine Haftung der anteilsberechtigten Abkömmlinge begründet.

cc) Formen der Gütertrennungsbeendigung

Auch die Gütertrennung endet unabhängig vom Beendigungsgrund mit dem Ende der Ehe oder einer ehevertraglichen Vereinbarung mit der Zielsetzung der künftigen Geltung eines anderen Güterstandes.[459] Sollten die Ehegatten die Gütertrennung ohne Bestimmung eines neuen Güterstandes lediglich aufheben, so greift der gesetzliche Güterstand.[460]

II. Art. 25 EGBGB a. F. und die Anknüpfung der güterrechtlichen Ehewirkungen in Art. 15 EGBGB a. F.

Zunächst erschien eine Unterscheidung beider Anwendungsbereiche von Art. 25 und Art. 15 EGBGB a. F. deutlich, scheinen sie doch völlig unterschiedliche Bereiche des Kollisionsrechtes zu bedienen. So wurden von der Rechtsnachfolge von Todes wegen alle Fragen umfasst, die sich damit beschäftigten, den Nachlass unter die Erben zu verteilen, wenn ein Vermögensträger stirbt. Hingegen befasste sich das Ehegüterrecht mit den güterrechtlichen Wirkungen einer Ehe. Es zielte also auf solche Fragen ab, die sich im Rahmen der vermögensrechtlichen Sonderregeln stellten und die deshalb Geltung beanspruchten, da

457 Grüneberg/*Siede*, BGB, § 1489 BGB Rn. 1.
458 Vgl. hierzu Grüneberg/*Siede*, BGB, § 1489 BGB Rn. 3.
459 MüKo-BGB/*Münch*, § 1414 BGB Rn. 9.
460 MüKo-BGB/*Münch*, § 1414 BGB Rn. 9; BeckOK-BGB/*Siede/Cziupka*, § 1414 BGB Rn. 14.

der Vermögensinhaber verheiratet war. Dabei sind nach wie vor beide Gebiete unweigerlich miteinander verbunden, da beim Tode eines Ehegatten nicht nur der Erbfall bezogen auf sein Vermögen eintritt, sondern auch die Ehe durch Tod endet und diese noch abgewickelt werden muss. Eine isolierte Betrachtung schien daher nicht möglich, mussten gerade auch jene Probleme einer gewissenhaften Beurteilung unterzogen werden, welche sich durch den Todesfall eines Ehegatten ergeben. Dabei sollten im Idealfall beide Regime wie Zahnräder ineinandergreifen, um eine reibungslose Auseinandersetzung zu gewährleisten. Offen blieb dabei zunächst die Frage, wie die Verteilung des Erblasservermögens erfolgt, nämlich entweder aufgrund des Erbrechts oder des Ehegüterrechts. In diesem Zusammenhang spielte unter anderem die Qualifikation des pauschalierten Zugewinnausgleichs gem. § 1371 Abs. 1 BGB auf kollisionsrechtlicher Ebene eine große Rolle.[461] Ob der § 1371 Abs. 1 BGB nun erbrechtlich qualifiziert wurde und er damit unter das Erbstatut fiel oder ob eine güterrechtliche Qualifikation erfolgte und er damit nur Anwendung fand, wenn deutsches Güterrecht berufen war, ist hingegen an späterer Stelle zu klären.

§ 2 Italien

Das italienische internationale Familienrecht wies im 19. Jahrhundert eine stärkere Bindung zur Staatsangehörigkeit auf, als es dem deutschen Recht geläufig und bekannt war. Ursprung des Staatsangehörigkeitsprinzips war das von *Mancini* begründete Nationalitätsprinzip, welches aus zwei seiner Reden entwickelt wurde.[462] Dabei war er der Ansicht, dass Landschaft, Geschichte, Religion, Klima und die Sprache eines Landes einen Menschen derart prägen würden, dass das jeweilige Recht unter Berücksichtigung der genannten Aspekte das gebührliche Recht sei, welches zur Anwendung gelangen müsse.[463] Er vertrat daher die These, dass die Nation der Grundbegriff des Völkerrechts sei. In Italien war demnach eine stärkere Bindung der Landsleute an das Land zu spüren als an den Wohnsitz

---

461 Flick/Piltz/*Wachter*, Der internationale Erbfall, Rn. 150; Staudinger/*Dörner*, Art. 25 EGBGB Rn. 32 (2000). Eine Harmonisierung beider Systeme ist im Wege einer Rechtswahl auch nur in begrenztem Umfang möglich, vgl. *ebenda*, Rn. 752 ff.

462 Gemeint sind seine beiden berühmten Reden in Turin aus dem Jahre 1851 und in Genf aus dem Jahre 1874, in denen er vom Nationalitätsprinzip sprach. An der Universität Turin hielt Mancini seine Rede della nazionalità come fondamento del diritto delle genti, welche abgedruckt zu finden ist in *Mancini*, Diritto internazionale, Prelezioni 1873, S. 5 ff, 27 f., 35 f.

463 *Jayme*, JbItalR 1967, 3, 4.

selbst.[464] Bis heute sind Motive der nationalen Zugehörigkeit grundlegende Prägungen des italienischen internationalen Familienrechts.

I. Allgemeines

Das Erbstatut entscheidet darüber, wer zu welcher Quote am Nachlass des Erblassers berechtigt ist. Hingegen legt das Güterrechtsstatut für Ehegatten fest, was im Falle des Todes eines Ehegatten aus güterrechtlicher Sicht in den Nachlass fällt, wie es zur Auflösung des Güterstandes kommt und schlussendlich darüber, wie sich das Verhältnis zum Erbstatut ausgestaltet.[465] Das Erbrecht wird daher im Regelfall vom Güterrecht beeinflusst bzw. muss immer im Verhältnis zum Erbrecht gesehen werden, denn mit dem Todesfall eines Erblassers wird neben der Eröffnung der Rechtsnachfolge von Todes wegen auch der bestehende Güterstand der Ehegatten beendet.[466] Besonders im deutschen Erbrecht muss das Güterrecht aufgrund des pauschalierten Zugewinnausgleichs nach deutschem Recht einer gesonderten Betrachtung unterzogen werden. Aber auch im italienischen Recht bedarf es im Verhältnis zum Erbrecht einer Hinzuziehung der güterrechtlichen Vorschriften, sind diese bei Tode eines Ehegatten ebenfalls zu berücksichtigen. Nach der Vorschrift des Art. 30 IPRG für die güterrechtliche Beziehung zwischen Ehegatten beurteilt sich das Güterrecht nach dem Recht, welches nach Art. 29 IPRG für die persönlichen Beziehungen maßgebend ist.[467] Dabei werden die persönlichen Beziehungen primär vom gemeinsamen Heimatrecht geregelt. Haben die Ehegatten unterschiedliche Staatsangehörigkeiten, so ist das Recht des Staates maßgeblich, in dem das Eheleben hauptsächlich stattfindet. Dies wird in der Regel wohl das Recht des gemeinsamen gewöhnlichen Aufenthaltes der Ehegatten sein. Durch die Verweisung in Art. 30 IPRG auf das allgemeine Ehewirkungsstatut gestaltet sich das italienische Güterstatut im Gegensatz zum deutschen Güterstatut als wandelbar.[468] Entscheidend sind demnach diejenigen Verhältnisse, die im Zeitpunkt des Todes des erstversterbenden Ehegatten vorherrschten und nicht diejenigen zum Zeitpunkt der Eheschließung. Maßgeblich werden die entsprechenden Verhältnisse also erst, wenn

---

464 *Jayme*, JbItalR 1967, 3, 5.

465 *Reiß*, ZErb 2005, 306.

466 *Engbers*, Deutsch-italienische Erbfälle, S. 33; *Schömmer/Reiß*, Internationales Erbrecht Italien, Rn. 143 (2005).

467 *Ballarino*, DIP, S. 425 f.; *Priemer*, MittRhNotK 2000, 45, 50.

468 *Ballarino*, DIP, S. 428; *Kindler*, RabelsZ 61 (1997), 227, 263; *Engbers*, Deutsch-italienische Erbfälle, S. 35.

sich mit der konkreten güterrechtlichen Fragestellung auseinandergesetzt werden muss.[469] Kam es im Laufe des Bestands der Ehe zu einem Statutenwechsel, so wirkt das im Zeitpunkt des Todes nunmehr maßgebliche Güterrechtsstatut nach wohl überwiegender Ansicht zurück auf die gesamte Zeit der bestandenen Ehe.[470]

II. Rechtswahl

Die Anwendung des Rechts der persönlichen Verhältnisse auf das kollisionsrechtliche Güterrecht als Ausgangslage konnte allerdings im Wege der Privatautonomie der Ehegatten abgeändert werden. Denn auch für das Güterrecht bot das italienische Kollisionsrecht eine Rechtswahlmöglichkeit. So fand sich in Art. 30 Abs. 1 S. 2 IPRG die Berechtigung der Ehegatten, das Güterrechtsstatut auch durch Rechtswahl zu bestimmen. Zum einen konnte das Heimatrecht eines jeden Ehegatten gewählt werden, zum anderen das Recht des Staates, in dem einer der beiden Ehegatten seinen Wohnsitz hatte. Eine solche Güterstandsvereinbarung entfaltete allerdings nur dann gem. Art. 30 Abs. 1 S. 2 IPRG Wirksamkeit, wenn das Recht des Ortes, zu dessen Gunsten oder an dem die alternative Vereinbarung getroffen worden war, die Rechtswahl auch als gültig anerkannte.[471] Besonders in einer deutsch-italienischen Ehe war eine derartige Rechtswahl vor der Geltung der Erb- und der Güterrechtsverordnung zu empfehlen, sodass möglichst eine Parallelität zwischen Erb- und Güterstatut erreicht werden konnte.[472] Wenn nämlich deutsches Güterstatut neben ausländischem Erbstatut angewandt werden musste, konnten durch die sich unterscheidenden Anknüpfungen der jeweiligen Statute Unregelmäßigkeiten auftreten, die sich nur im Wege einer Anpassung ausgleichen ließen.

III. Das materielle eheliche Güterrecht Italiens

1. *Die Güterstände*

Bis zum Inkrafttreten des Reformgesetzes am 20.9.1975 galt in Italien die Gütertrennung als gesetzlicher Güterstand. Die gesetzliche Güterstandsgemeinschaft

469 *Ballarino*, DIP, S. 426.

470 *Ballarino*, DIP, S. 426 ff.; Ferid/Firsching/*Hausmann/Trabucchi*, Internationales Erbrecht, Bd. III, Italien, Rn. 90; siehe hierzu auch *Priemer*, MittRhNotK 2000, 45, 51 f.; Süß/*Cubeddu Wiedemann/Wiedemann*, Erbrecht in Europa, Italien, Rn. 48.

471 *Reiß*, Internationales Erbrecht Italien, Rn. 163.

472 Süß/*Cubeddu Wiedemann/Wiedemann*, Erbrecht in Europa, Italien, Rn. 49.

(*communione dei beni*) ist letztlich durch das Reformgesetz eingeführt worden. Diese Veränderung ging besonders daraus hervor, dass man in Italien ab dann dazu übergehen wollte, den verfassungsrechtlich niedergelegten Gleichheitsgrundsatz zwischen den Ehegatten anzugleichen. Die Idee hinter der Reformierung des Familienrechts war die Verwirklichung des Art. 2 Abs. 2 der italienischen Verfassung, der vorsieht, dass solche sozialen und wirtschaftlichen Erschwernisse beseitigt werden sollen, die die Gleichheit von Personen torpedieren könnten.[473]

a) Gesetzlicher Güterstand der Gütergemeinschaft

Das materielle italienische Güterrecht sieht in Art. 162 CC vor, dass die Ehegatten – wie im deutschen Recht auch – die Möglichkeit zur Schließung von Eheverträgen besitzen. Dabei ist allerdings zu beachten, dass sie dem Publizitätsprinzip unterliegen und demnach in einer öffentlichen Urkunde niederzulegen sind, vgl. Art. 2699 CC. Verfassen die Ehegatten demnach einen Ehevertrag, ohne ihn notariell zu beurkunden, so ist dieser nichtig.[474] Auch das deutsche Recht sieht in § 1410 BGB die notarielle Beurkundung des Ehevertrages vor, sodass ein Verstoß ebenfalls zur Formnichtigkeit führt. Neben den Güterrechtsverträgen kommt in Italien die Gütergemeinschaft (*comunione legale*, Art. 159, 177 ff. CC) zum Tragen, welche in Ermangelung einer ehevertraglichen Vereinbarung nach Art. 162 CC den gesetzlichen Güterstand der Ehegatten darstellt. Inhaltlich handelt es sich bei der comunione legale um eine Errungenschaftsgemeinschaft.[475] Nach der Errungenschaftsgemeinschaft bleibt das voreheliche Vermögen im Eigentum eines jeden Ehegatten, darüber hinaus bleibt Vermögen, welches dem Ehegatten nach der Eheschließung durch Schenkung oder durch Erbfolge zuteil geworden ist, im jeweils eigenen Vermögen (als sog. Eigengut, Art. 179 CC). Das im Laufe der Ehe geschaffene Vermögen hingegen gehört als Gesamtgut beiden Ehegatten, über welches beide auch gleichermaßen verfügen können.[476] Wird demzufolge von den Ehegatten kein Ehevertrag geschlossen, greift der gesetzliche Güterstand der Gütergemeinschaft, vgl. Art. 159 CC. Es wird also im Einzelfall zunächst zu untersuchen sein, ob die Ehegatten eine anderweitige Vereinbarung i. S. d. Art. 162 CC getroffen haben, welche dann

473 Henrich/Schwab/*Patti*, Eheliche Gemeinschaft, S. 125 f.

474 *Luther*, JbItalR 7 (1994), 3, 19.

475 *Dopffel*, FamRZ 1978, 478, 479; *Ferid*, FamRZ 1975, 465 ff.; *Jayme*, StAZ 1976, 185, 193 ff.

476 *Rotino*, Der gesetzliche Güterstand, S. 6.

vorrangig zu beachten sein wird. Im Rahmen der comunione legale stehen beiden Ehegatten sowohl bei der Verwaltung als auch an den erworbenen Gütern die gleichen Rechte zu.[477]

Der gesetzliche Güterstand der Gütergemeinschaft im italienischen Recht sieht vor, dass neben zahlreichen weiteren Gegenständen auch dasjenige Vermögen, welches von den Ehegatten mit in die Ehe eingebracht worden ist oder durch Erbschaft oder Schenkung erlangt worden ist, vom ehelichen Gesamtgut ausgeschlossen wird.[478] Demnach ist die sog. communione dei beni auch nicht als eine richtige Gütergemeinschaft im Sinne des Wortlautes anzusehen, vielmehr handelt es sich dabei um die Errungenschaftsgemeinschaft als Erwerbs- und Verwaltungsgemeinschaft, die wohl international den am weitestgehend verbreiteten Güterstand darstellt.[479] Da sich das Gesamtgut der Ehegatten auf den Erwerb nach der Eheschließung oder nach dem sonst wie gearteten Beginn des Güterstandes beschränkt, spricht man bei der Errungenschaftsgemeinschaft auch von einer beschränkten Gütergemeinschaft.[480] Die Errungenschaftsgemeinschaft ist daher als eine Art Kompromiss zwischen der Gütertrennung und der Gütergemeinschaft anzusehen. Bei der Errungenschaftsgemeinschaft setzt sich das Vermögen der Eheleute aus drei verschiedenen Teilen zusammen. Zum einen setzt es sich zusammen aus dem ehelichen Gesamtgut, und zum anderen gehören die jeweils zuvor vorhanden gewesenen Vermögensgüter eines jeden Ehegatten dazu.[481] Diese Vermögensgemeinschaft löst sich allerdings dann auf, sobald nach Art. 191 CC eine gerichtliche Trennung der Eheleute von Tisch und Bett vorgenommen wird. Nach dem Zeitpunkt dieser Trennung findet ein Vermögenserwerb von Ehegatten nun nicht mehr zugunsten der ehelichen Gemeinschaft statt, vielmehr wird Vermögen nur noch zu Vorbehaltsgut erworben.[482]

---

477 *Kaster-Müller*, Verwaltung und Haftung bei der comunione legale, S. 24.

478 Eine Aufzählung der Gegenstände für den persönlichen Bedarf eines jeden Ehegatten, welche nicht zur Gütergemeinschaft im Sinne des Art. 177 CC gehören, liefert Art. 179 CC.

479 *Süß*, Rpfleger 2003, 53, 60; vgl. hierzu auch die Aufzeichnungen von *Henrich*, FamRZ 2002, 1521, 1523 f.

480 *Dengel*, Die europäische Vereinheitlichung, S. 23.

481 *Süß*, Rpfleger 2003, 53, 60; Henrich/Schwab, Eheliche Gemeinschaft, S. 19 (*Pintens*); Süß/Ring/*Cubeddu Wiedemann*/*Wiedemann*, Eherecht in Europa, Italien, Rn. 51.

482 *Süß*, Rpfleger 2003, 53, 60.

b) Ehevertragliche Regelungen

Neben dem gesetzlichen Güterstand der Gütergemeinschaft können die Ehegatten zwei weitere ehevertragliche Regelungen in Bezug auf den Güterstand zu treffen. Zum einen können sie abweichend von Artt. 177 ff. CC Einzelheiten der gesetzlichen Gütergemeinschaft nach Art. 210 Abs. 1 CC abändern, sofern dies nicht den Bestimmungen des Art. 161 CC widerspricht (*comunione convenzionale*). Zum anderen können neben der Errungenschaftsgemeinschaft die italienischen Ehegatten den Güterstand der Gütertrennung nach Art. 215 CC (*regime di separazione dei beni*) vereinbaren, sodass jeder von ihnen die alleinige Inhaberschaft der von ihm während der Ehe erworbenen Gegenstände behält. Dabei steht nach Art. 217 CC jedem Ehegatten die Nutzung und Verwaltung derjenigen Gegenstände zu, die ihm allein gehören. Beiden ehevertraglichen Regelungen ist gemein, dass sie bestimmten Formvorschriften unterliegen. Sie entfalten Dritten gegenüber nur dann Wirksamkeit, wenn nach Art. 162 f. CC die wichtigsten Daten am Rande der Eheschließungsurkunde vermerkt sind.

c) Der Einfluss des Güterstandes der Ehegatten auf die Erbfolge

Nach § 1371 Abs. 1 BGB wird im deutschen Recht dem hinterbliebenen Ehegatten ein pauschaler Ausgleich in Höhe eines Viertels der Erbschaft gewährt, wenn die Ehegatten zuvor im gesetzlichen Güterstand der Zugewinngemeinschaft gelebt haben. Jedoch sieht nicht jede Rechtsordnung einen dem § 1371 Abs. 1 BGB entsprechenden Ausgleich des Zugewinns vor; so richtet sich im italienischen Recht das gesetzliche Erbrecht der Ehegatten nach den Artt. 581-585 des CC, völlig losgelöst vom Güterstand der Ehegatten.[483] Anders als im deutschen Recht finden sich im italienischen Erb- und Familienrecht nämlich überhaupt keine Angaben dazu, ob und wenn ja, in welchem Umfang sich der Güterstand des Ehepaares auf das Erbrecht auswirkt, das für den hinterbliebenen Ehegatten relevant wird.[484] Selbst wenn man einen Blick auf die Vorschriften des italienischen Güterrechts wirft (Artt. 159 ff. CC), findet sich nichts, was das Verhältnis von Erb- und Güterrecht im Todesfall des einen Ehegatten regelt.[485] Sind im deutschen Recht die Regelungen über das Güter- und das Erbstatut derart

483 Burandt/Rojahn/*Frank*, Erbrecht, Länderbericht Italien Rn. 57 (2019); es erfolgt demnach eine klare Trennung von den güterrechtlichen Folgen bei der Beendigung der Ehe und dem gesetzlichen Erbrecht, vgl. hierzu auch *Engbers*, Deutsch-italienische Erbfälle, S. 36; *Reiß*, Internationales Erbrecht Italien, Rn. 370.

484 *Reiß*, Internationales Erbrecht Italien, Rn. 370.

485 *Reiß*, Internationales Erbrecht Italien, Rn. 371; *Reiß*, ZErb 2005, 306, 308.

miteinander verknüpft, dass der § 1371 Abs. 1 BGB die erbrechtlichen Bestimmungen ergänzt und ein ineinandergreifendes Geflecht von Erb- und Güterrecht bildet, bleibt eine derartige wechselseitige Ergänzung im italienischen Recht auf der Strecke.

Stirbt einer der beiden Ehegatten, so wird die Ehe aufgelöst, Art. 149 Abs. 1 CC. Befanden sich die Ehegatten zum Zeitpunkt ihrer Ehe im gesetzlichen Güterstand der Gütergemeinschaft, so geht mit dem Tode des einen Ehegatten nicht nur die Auflösung der Ehe einher. Vielmehr endet auch der Güterstand und bringt eine Auflösung der Gemeinschaft mit sich, Art. 191 Abs. 1 CC.[486] Wird die Errungenschaftsgemeinschaft aufgelöst, hat dies zur Folge, dass nach Art. 194 Abs. 1 CC das gemeinschaftliche Vermögen zu gleichen Teilen (*parti eguali*) aufgeteilt wird.[487] Es findet also eine Auseinandersetzung der Gütergemeinschaft statt. Durch diesen güterrechtlichen Ausgleich erhält der hinterbliebene Partner des verstorbenen Ehegatten diejenige Hälfte des gemeinschaftlichen Vermögens, die ihm zusteht.[488] Dies gilt unabhängig davon, wie sich das Erbrecht nach dem verstorbenen Ehegatten darstellt.[489] Demgegenüber gelangt der Teil des gemeinschaftlichen Vermögens, der dem verstorbenen Ehegatten zusteht, mit seinem Eigenvermögen zusammen in den Nachlass, welcher dann unter den Erben der Verstorbenen gemäß seiner vorgesehenen Quoten verteilt wird.[490] Bei der gesetzlichen Erbfolge des Ehegatten hat der hinterbliebene Ehegatte als Erbe des Verstorbenen mittelbar einen Anteil am Gesamtgut in Höhe seiner vorgesehenen Erbquote; gleiches gilt für den Pflichtteil bei der testamentarischen Erbfolge.[491]

486 Dies gilt natürlich lediglich für den Güterstand der Gütergemeinschaft. Haben die Ehegatten zuvor hingegen eine Gütertrennung nach Art. 215 CC vereinbart, so bleibt auch nach der Beendigung des Güterstandes alles beim Alten; ein Ausgleich zugunsten des hinterbliebenen Ehegatten wird nicht gewährt. Eine dem deutschen § 1931 Abs. 4 BGB vergleichbare Vorschrift zur Erhöhung des Erbteils des hinterbliebenen Ehegatten auch im Falle der Gütertrennung sieht das italienische materielle Recht nämlich nicht vor.

487 Ferid/Firsching/*Hausmann/Trabucchi*, Internationales Erbrecht, Bd. III, Italien, Rn. 240.

488 Ferid/Firsching/*Hausmann/Trabucchi*, Internationales Erbrecht, Bd. III, Italien, Rn. 240; *Reiß*, ZErb 2005, 306, 308; *Reiß*, Internationales Erbrecht Italien, Rn. 371.

489 *Reiß*, ZErb 2005, 306, 308.

490 Ferid/Firsching/*Hausmann/Trabucchi*, Internationales Erbrecht, Bd. III, Italien, Rn. 240; *Reiß*, ZErb 2005, 306, 308; *Reiß*, Internationales Erbrecht Italien, Rn. 371.

491 Die Auseinandersetzung der Errungenschaftsgemeinschaft einerseits und die Erbfolge nach dem Ehegatten bedürfen daher einer klaren Trennung, vgl. *Reiß*, Internationales Erbrecht Italien, Rn. 371.

2. *Begriff der Ehe und allgemeine Ehewirkungen*

a) *Ehe und gleichgeschlechtliche Partnerschaften*

Der Begriff der Ehe bezieht sich im italienischen Recht auf zweierlei Wirkungskreise. Zum einen ist mit dem Begriff das familienrechtliche Rechtsgeschäft der geistigen und materiellen Gemeinschaftsgründung (*comunione materiale e spirituale*, Art. 1 ScheidungsG) durch zwei ehefähige Personen unterschiedlichen Geschlechtes gemeint.[492] Dass es sich dabei um Personen verschiedenen Geschlechts (*differenza di sesso*) handeln muss, ergibt sich zwar nicht expressis verbis aus dem Gesetz. Allerdings ist insbesondere den Vorschriften des Art. 143 und 143*bis* zu entnehmen, dass es sich für den italienischen Gesetzgeber selbstverständlich um verschiedengeschlechtliche Ehegatten handeln muss, da dort klassisch von den Rechten und Pflichten von Ehemann und Ehefrau die Rede ist. So genossen nichteheliche Lebensgemeinschaften den Schutz des Art. 2 der Cost., da sie als „formazioni sociali" gesehen werden, demnach als eine Art „soziale Zusammenkunft".[493] Indes brachte dieser Schutz keine gesonderten Regelungen mit sich, sondern es galt lediglich der allgemeine Schutz über das Solidaritätsprinzip.[494] Vergleichbaren Schutz wie für die Ehe zwischen Mann und Frau gewährte das Solidaritätsprinzip hingegen nicht.

Zwar wurden in Italien bereits Überlegungen angeführt, wie bei gewollten gleichgeschlechtlichen Eheschließungen zu verfahren ist.[495] Allerdings wurde recht schnell deutlich, dass das italienische Recht weiterhin zwangsläufig von einer Ehe zwischen zwei Personen unterschiedlichen Geschlechts ausgeht; die gleichgeschlechtliche Ehe wurde demnach nicht eingeführt.[496] Auch das Scheidungsrecht geht im Grundsatz von einer Eheschließung zwischen Mann und Frau aus, was sich daran zeigt, dass eine Geschlechtsumwandlung des einen Ehegatten, wenn sie denn rechtskräftig festgestellt worden ist, nach italienischem

---

492 *Christandl*, in: Eccher/Schurr/Christandl, Handbuch italienisches Zivilrecht, 5/30.

493 *Cubeddu Wiedemann*, in: Kroppenberg et al, Rechtsregeln für nichteheliches Zusammenleben, S. 119, 120.

494 *Balestra*, La famiglia di fatto, S. 1033 ff; *Bonini Baraldi*, Le nuove convivenze, S. 1033; *Cubeddu Wiedemann*, in: Kroppenberg et al, Rechtsregeln für nichteheliches Zusammenleben, S. 119, 120.

495 *Auletta*, Il diritto di famiglia, p. 22 f.

496 *Bonilini*, Fonti, Sogetti, Famiglia, p. 86. "È necessaria la diversità di sesso: sebbene la legge non lo stabilisca espressamente, il matrimonio non è concepibile, se non tra un uomo ed una donna: in questo senso è la tradizione, così vuole la coscienza sociale; più norme (art. 89 e 147) la presuppongono." (m. w. N.).

Recht zur Scheidung berechtigt, vgl. Art. 3 Z 2 lit. g) ScheidungsG. Möchte demnach ein gleichgeschlechtliches Paar heiraten, stellt dies trotz mangelnder Hindernisse im Gesetz noch immer eines der dem italienischen Recht bekannten Ehehindernissen dar.[497] Liegt ein solches Ehehindernis vor, so handelt es sich nicht lediglich um ein Verbot, zugleich wird es auch dem Standesbeamten untersagt, die Eheschließung überhaupt durchzuführen.[498] Wird eine Ehe zwischen Personen desselben Geschlechts vom Standesbeamten trotzdem geschlossen, wäre sie als nichtig anzusehen (*nullità*), wenn sie denn überhaupt anerkannt würde oder nicht zuvor schon als überhaupt nicht erst existent (*inesistenza*) eingestuft worden ist.[499] Gleichgeschlechtlichen Partnerschaften ist es bislang daher in Italien nicht möglich, ihre Lebensgemeinschaft durch eine Eheschließung zu besiegeln.[500] So ist es auch nach jüngster italienischer Rechtsprechung nicht verfassungswidrig, das Verbot gleichgeschlechtlicher Ehen weiterhin aufrechtzuerhalten.[501] Bislang ist auch nicht ersichtlich, dass das italienische Recht dahingehend einem Wandel unterliegt oder Diskussionen für eine Öffnung der Ehe für alle geführt würden. Für die Gleichgeschlechtlichkeit kommt es darauf an, welches Geschlecht sich aus der Geburtsurkunde ergibt, maßgeblich ist demnach das rechtliche Geschlecht der in Rede stehenden Person.[502] Möchten etwa Transsexuelle eine Ehe eingehen, so ist es ihnen auch möglich, mit Personen des ursprünglich gleichen Geschlechts eine Ehe zu schließen, sofern sie sich einer Geschlechtsumwandlung unterzogen haben und das neue Geschlecht auch in der Geburtsurkunde eingetragen worden ist.[503]

---

497 LG Latina 10.6.2005 = Riv.not. 2006, 3, 734; zu den verschiedenen Ehehindernissen im italienischen Recht siehe *Christandl*, in: Eccher/Schurr/Christandl, Handbuch italienisches Zivilrecht, 5/38 ff.

498 *Christandl*, in: Eccher/Schurr/Christandl, Handbuch italienisches Zivilrecht, 5/38.

499 Vgl. dazu m. w. N. *Ferrando*, Matrimonio civile, S. 250; LG Latina 10.6.2005 = Riv. not. 2006, 3, 734.

500 Süß/Ring/*Cubeddu Wiedemann*/*Wiedemann*, Eherecht in Europa, Italien, Rn. 4. Möglich ist seit dem 11. Mai 2016 hingegen die Begründung einer gleichgeschlechtlichen Lebenspartnerschaft in Italien, eingeführt von der Regierung des Premierministers Matteo Renzi, dazu sogleich mehr.

501 Corte cost 15.4.2010 Nr. 138, FD, 2010, 653 und Corte cost 7.7.2010, Nr. 276, FD, 2011, 18; zu ersterem Urteil siehe *Veronesi*, Studium Juris 2010, 997. Zur Eheauflösung im Falle einer Umwandlung des Geschlechtes siehe die Ausführungen bei *Veronesi*, Studium Juris 2014, 1146.

502 Siehe hierzu *Ferrando*, Matrimonio civile, S. 251.

503 *Ferrando*, Matrimonio civile, S. 251.

Hingegen steht es italienischen homosexuellen Paaren nach mittlerweile jahrelanger Diskussion nunmehr offen, eine eingetragene Lebenspartnerschaft einzugehen.[504] Mit großer Mehrheit wurde trotz heftigen Widerstandes jüngst das Gesetz zur Anerkennung eingetragener Lebenspartnerschaften von Homosexuellen verabschiedet.[505] Orientiert wurde sich dabei an dem deutschen Beispiel; so bleibt es italienischen eingetragenen Lebenspartnerschaften ebenfalls verwehrt, Kinder zu adoptieren.[506] Als letztes westeuropäisches Land ohne eine gesetzliche Regelung für gleichgeschlechtliche Partnerschaften ging der Billigung des Gesetzesentwurfes voraus, dass der europäische Gerichtshof für Menschenrechte Italien wegen fehlender Rechte für Homosexuelle verurteilte.[507] Der EGMR führte aus, dass homosexuelle Paare Opfer einer Verletzung von Art. 8 der EMRK seien, da es ihnen nach italienischem Recht nicht möglich sei, eine Ehe oder eine eingetragene Lebenspartnerschaft einzugehen.[508] Eine Ungleichbehandlung sei insofern nicht gerechtfertigt, als dass es auch gleichgeschlechtlichen Paaren möglich sei, eine feste und engagierte Beziehung zu begründen und zu führen. Auch Paaren gleichen Geschlechts dürfe demnach die rechtliche Anerkennung und ein rechtlicher Schutz nicht abgesprochen werden.[509] Der Gerichtshof sah die Rechte der Beschwerdeführer in Art. 8 EMRK verletzt, da

---

504 Eingeführt wurde die Möglichkeit der Eintragung einer gleichgeschlechtlichen Partnerschaft in Italien mit Gesetz vom 20.5.2016, n. 76.

505 Senato della Repubblica, 569ª seduta pubblica martedì 2 febbraio 2016, disegni die legge 2081 (*Cirinnà*), abrufbar unter http://www.senato.it/service/PDF/PDFServer/BGT/964262.pdf (zuletzt abgerufen am 02.01.2021). Berichtet wurde über die Billigung des Gesetzes auch in den deutschen Medien: http://www.spiegel.de/panorama/gesellschaft/italienisches-parlament-stimmt-gesetz-zu-homopartnerschaft-zu-a-1091955.html (zuletzt abgerufen am 02.01.2021).

506 Das Lebenspartnerschaftsgesetz in Deutschland sieht keine Möglichkeit für die eingetragene Lebenspartnerschaft vor, dass Partner gemeinsam ein Kind adoptieren können. Allerdings ist es ihnen möglich, ein Kind „sukzessiv", also einer nach dem anderen, zu adoptieren, vgl. hierzu § 9 VII LPartG. Die Einschränkung, dass eine gemeinschaftliche Adoption durch die eingetragenen Lebenspartner nicht erfolgen kann, ist daher faktisch nicht von Bedeutung.

507 EGMR, Urteil v. 21.07.2015 – 18766/11, 36030/11DE (*Case of Oliari and others v. Italy*).

508 EGMR, Urteil v. 21.07.2015 – 18766/11, 36030/11DE (*Case of Oliari and others v. Italy)* Leitsätze Ziff. 1.

509 EGMR, Urteil v. 21.07.2015 – 18766/11, 36030/11DE Rn. 165 mit Verweis auf EGMR, Slg. 2010 Nr. 99 = NJW 2011, 1421 – *Schalk u. Kopf/Österreich*; EGMR, Slg. 2013 Nr. 78, 81 – *Vallianatos u. a./Griechenland.*

das sicherzustellende Recht auf Achtung des Privat- und Familienlebens nicht gewährleistet werden konnte.[510] Demnach mussten als Antwort auf die Rüge vom Europäischen Gerichtshof vom italienischen Recht Maßnahmen getroffen werden, welche das Privat- und Familienleben gleichgeschlechtlicher Paare in gleichem Umfang achten und gewährleisten wie die traditionelle Ehe. Auch wenn es sich hierbei nicht um die Öffnung der Homosexuellenehe handelt, zeigt sich doch ein gewisser Wandel, und dies sogar in einem stark konservativ geprägten Land wie Italien.

Zum anderen versteht das italienische Recht unter der Ehe noch das Verhältnis der Ehegatten zueinander, also die jeweiligen Rechte und Pflichten, welche sich zwischen den Ehegatten aus der Eheschließung ergeben. Auf die sich aus der Ehe ergebenden Rechte und Pflichten soll sogleich eingegangen werden. Das italienische Recht kennt allerdings – ebenso wie das deutsche Recht – keine gesetzlich festgelegte Definition der Ehe. Vielmehr wird aus den Vorschriften zu den gegenseitigen Rechten und Pflichten, den darin enthaltenen Umschreibungen und aus dem Normenzusammenhang eine Definition der Ehe im italienischen Recht hergeleitet.

b) Die ehelichen Rechte und Pflichten

Wo früher der Mann als „capo della famiglia" Schutz gewähren und die Frau Gehorsam schulden musste, steht das italienische Recht heute für eine Gleichberechtigung in der Ehe. Deutlich wird dies auch bei einem Blick auf die Vorschrift des Art. 143 CC, welcher die Rechte und Pflichten der Ehegatten in gleicher Weise und gleichem Umfang statuiert. Im Kapitel über die ehelichen Rechte und Pflichten wird festgehalten, dass sich die Eheleute einander zur Treue, zum Beistand sowohl seelischer als auch materieller Natur, zur Zusammenarbeit im Interesse der Familie und zum häuslichen Zusammenleben verpflichtet sind, Art. 143 Abs. 2 CC. Ferner ergibt sich aus Art. 143 Abs. 3 CC, dass beide Ehegatten gehalten sind, zur Befriedigung der familiären Bedürfnisse beizutragen. Was im italienischen Familienrecht vorher demnach als ein Über- / Unterordnungsverhältnis ausgestaltet war, wird nunmehr als ein Miteinander der Ehegatten gesehen. Die Rolle der Frau hat sich im italienischen Recht daher stark gewandelt und sieht eine Gleichberechtigung beider Ehegatten vor.

---

510 Siehe EGMR, Urteil v. 13.7.2000 – Slg. 2000 Nr. 249 = ÖJZ 2002, 74 – *Scozzari u. Giunta/Italien*; EGMR, Urteil v. 11.7.2002 – Slg. 2002 Nr. 120 = NJW-RR 2004, 289 – *Christine Goodwinn/Vereinigtes Königreich*; EGMR, Urteil v. 4.12.2008 – 30562/04 u. 30566/04= NJOZ 2010, 696 – *S. u. Marper/Vereinigtes Königreich*).

In einem Vergleich zum deutschen Recht fällt hierbei auf, dass das italienische Recht in der Festlegung seiner allgemeinen ehelichen Pflichten weitergeht als das deutsche Recht und einen umfangreicheren Pflichtenkreis vorsieht. Mit §§ 1353, 1360 BGB hält sich der deutsche Gesetzgeber sehr generell, indem er die eheliche Verantwortung füreinander als Generalklausel festhält und darüber hinaus wirtschaftliche Aspekte des Familienlebens in § 1360 BGB unterstreicht.[511] Anders als im italienischen Pflichtenkatalog des Ehelebens verzichtet der deutsche Gesetzgeber auf eine Nennung der einzelnen Hauptpflichten. Eine neutralere Festsetzung der ehelichen Pflichten hat meines Erachtens insofern den Vorzug verdient, als dass sich das Eherecht somit frei von Einflüssen des Staates gestaltet und dem Willen des Gesetzgebers[512] besser gerecht wird, den Ehegatten die Ausgestaltung ihrer ehelichen Pflichten als allgemeine Ehewirkungen nicht vorzuschreiben. Dass hinsichtlich der wesentlichen ehelichen Pflichten ein gesetzlicher Konsens gefunden werden muss, ist einleuchtend und stellt für jeden Ehegatten ein „Pflichtengerüst" dar, auf welchem sich eigene und einverständliche Pflichten des Familienlebens aufbauen lassen. Dabei ist es sinnvoll, die ehelichen Pflichten über einen Grundsatz an Übereinstimmung hinaus nicht weiter festzulegen und die einzelne Ausgestaltung den Ehegatten zu überlassen.

Im Verhältnis zum alten Recht vor der Reform gestaltete sich (auch) die Haushaltsführung der Ehegatten im italienischen Recht in Kongruenz mit dem damals herrschenden Leitbild der Hausfrauenehe.[513] Die Haushaltsführung war demzufolge so ausgestaltet, dass der Ehemann durch Nachgehen einer Erwerbstätigkeit für die Einkünfte sorgte, während sich die Ehefrau zu Hause um Haushalt und Kinder kümmerte. Der italienische Gesetzgeber hat sich nach der Reform jedoch dazu entschlossen, diesem Leitbild der klassischen Rollenverteilung entgegenzutreten und dazu überzugehen, den Ehegatten die gleichen Rechte einzuräumen.[514] Daher wird nunmehr in Art. 143 Abs. 3 CC festgehalten, dass beide Ehegatten entsprechend ihren Vermögensverhältnissen und Fähigkeiten dazu gehalten sind, zur Befriedigung der familiären Bedürfnisse beizutragen. Ähnlich wie § 1356 Abs. 2 BGB sind demnach beide Ehegatten

---

511 *Luther*, RabelsZ 42 (1978), 304, 307.

512 Vgl. hierzu *Giesen*, in: FS Bosch 1976, 309 ff.; *Lüke*, ebd., 627 ff.; *ders.*, Grundsätzliche Veränderungen im Familienrecht durch das 1. EheRG, AcP 1978, 1 ff., siehe besonders 3 ff.

513 *Luther*, RabelsZ 42 (1978), 304, 310 f.

514 Die ehelichen Pflichten sind demnach mit der Reform vom 19.05.1975 auf eine „volle Gleichberechtigung" beider Ehegatten umgestellt worden, vgl. Bergmann/Ferid/*Henrich*, Internationales Ehe- und Kindschaftsrecht, Italien, S. 37.

gleichermaßen berechtigt, einer Erwerbstätigkeit nachzugehen; gleichzeitig sind sie allerdings auch verpflichtet, bei Erwerbsmäßigkeit für die Befriedigung der Bedürfnisse der Familie einzustehen. Können sich die Ehegatten bezüglich der Pflichten der Haushaltsführung nicht einigen bzw. wird den Pflichten vereinzelt nicht nachgekommen, so kann der Präsident des Landgerichts auf Antrag jedes Beteiligten nach Anhörung desjenigen, der die Verpflichtung nicht erfüllt, und nach Einholung weiterer Ermittlungen durch Beschluss anordnen, dass ein Teil der Einkünfte direkt an den anderen Ehegatten auszubezahlen ist, vgl. Art. 148 Abs. 2 CC. Darüber hinaus halten sowohl das italienische als auch das deutsche Recht nunmehr daran fest, die häusliche Arbeit gleichrangig mit der regulären Berufstätigkeit zu sehen und die Arbeit im Haushalt somit als einen gleichwertigen Beitrag zum Familienunterhalt i. S. d. § 1360 BGB und des Art. 143 CC zu werten.

c) Il Matrimonio – die Eheschließung

Die Eheschließung nach italienischem Recht gestaltet sich in den grundsätzlichen Voraussetzungen genauso wie im deutschen Recht. Nach Art. 106 CC ist zwingende Voraussetzung der Eheschließung, dass diese zu ihrer Wirksamkeit vor einem Standesbeamten geschlossen wird. Genauso sieht auch das deutsche Recht über § 1310 BGB eine Eheschließung nur vor dem Standesbeamten vor. Im großen Unterschied zum deutschen Recht regelt das italienische Eherecht immer noch die sog. Handschuhehe; eine Ehe, welche auch durch Bevollmächtigte des einzelnen oder beider Ehegatten geschlossen werden kann. Die Vorschrift des Art. 111 CC sieht vor, dass für bestimmte Konstellationen eine Eheschließung auch durch einen Bevollmächtigten erfolgen kann. Dies wird für jene Fälle in Anspruch genommen, bei denen sich der eine zukünftige Ehegatte aus dienstlichen Gründen bei den Streitkräften befindet (Abs. 1) oder wenn sich einer der Verlobten im Ausland aufhält (Abs. 2). Nach deutschem Recht ist die Eheschließung (neben der Testamentserrichtung, § 2064 BGB) das einzige Rechtsgeschäft, für welches die entsprechende Erklärung zwingend persönlich abgegeben werden muss, § 1311 BGB. Der Sinn dahinter besteht darin, dass beiden Personen die Möglichkeit gegeben werden muss, die Erklärung zur Eheschließung nach § 1310 BGB als entscheidenden Vorgang auszusprechen, also eine Konsensehe einzugehen.[515] Auch wenn ein Verstoß gegen § 1311 BGB nachträglich noch geheilt werden kann, etwa durch Zusammenleben und durch Zeitablauf, § 1315

515 BGH, Urteil v. 19.12.1958 – IV ZR 87/58 = NJW 1959, 717; Zu den Einzelerläuterungen der persönlichen Erklärung siehe Grüneberg/*Siede*, BGB, § 1311 BGB Rn. 2 ff.

Abs. 2 Nr. 2 BGB, führt zunächst einmal ein Verstoß zur Aufhebbarkeit der Ehe nach § 1314 Abs. 1 BGB.

Beiden Eheschließungsvorschriften ist hingegen gemeint, dass der Standesbeamte die Eheschließung aus bestimmten Gründen verweigern kann bzw. sogar zu verweigern hat. Nach Art. 112 CC wird dem italienischen Standesbeamten das Recht eingeräumt, die Eheschließung aus den vom Gesetz zugelassenen Gründen zu verweigern. Aus Art. 112 Abs. 2 CC, welcher im Falle einer Verweigerung eine entsprechend argumentativ untermauerte Bescheinigung fordert, ist zu schließen, dass der italienische Standesbeamte die Ehe nicht zwangsläufig verweigern *muss*. Im deutschen Recht hingegen ist es die Pflicht des Standesbeamten, in Fällen der offenkundigen Aufhebbarkeit der Ehe nach § 1314 Abs. 2 BGB die Mitwirkung zu verweigern, vgl. § 1310 Abs. 1 S. 2 BGB. Dies rührt aus dem Schutzgedanken her, welcher dem § 1314 Abs. 2 BGB entspringt: Befindet sich beispielsweise einer der Ehegatten im Zustand der Bewusstlosigkeit (Nr. 1) oder wusste er gar nicht, dass es sich bei der Eheschließung auch tatsächlich um eine Eheschließung handelt (Nr. 2), so sind dies Schutzvorschriften zugunsten des jeweils „beeinträchtigten" Ehegatten. In Abs. 1 hingegen wird auf solche Vorschriften verwiesen, bei dessen Verletzung eine Aufhebung der Ehe aus Gründen des öffentlichen Interesses erfolgen kann.[516]

Trotz aller Gleichberechtigungsbestrebungen von Mann und Frau im italienischen Recht fällt an vereinzelter Stelle auf, dass es noch Vorschriften gibt, welche sich lediglich an die Frau richten. Als Beispiel ist die Vorschrift des Art. 89 CC anzuführen, welche konstatiert, dass die Frau nach Auflösung der Ehe einem zeitweiligen Eheschließungsverbot unterliegt. Wurde eine Ehe aufgelöst oder die zivilrechtlichen Wirkungen für nichtig oder beendet erklärt, so hat nach italienischem Recht die Frau 300 Tage zu warten, bevor sie erneut eine Ehe eingehen kann. Auffällig ist, dass dieses zeitweilige Verbot einer erneuten Eheschließung nur für die Frau gelten soll. Abgesehen von einigen Ausnahmen in der Vorschrift (wie beispielsweise bei Impotenz eines Ehegatten) ist es der Frau demnach ein knappes Jahr verwehrt, eine neue Ehe einzugehen. Warum dieses Verbot nur für die Frau gelten soll, ist auf den ersten Blick vielleicht nicht ersichtlich. Bei einem zweiten Blick wird jedoch deutlich, dass die Vorschrift verhindern soll, dass bei bestehender Schwangerschaft der Frau ein Kind nicht im Laufe der zweiten Ehe geboren werden soll. Deutlich wird dies auch durch Art. 89 Abs. 3 CC, der das Verbot dann beenden lässt, wenn das Kind auf die Welt gekommen ist. Besteht dann nicht mehr die Gefahr der Einbringung eines Kindes in die

516 Grüneberg/*Siede*, BGB, § 1314 BGB Rn. 1.

nächste Ehe, so bedarf es auch keines Schutzes mehr über Art. 89 CC. Orientiert wird sich dabei an der Vorschrift des Art. 232 CC, welcher in Abs. 1 von einer Empfängnisvermutung während der Ehe ausgeht, wenn nach Ablauf von 180 Tagen seit der Eheschließung und vor Ablauf von 300 Tagen seit der Nichtigerklärung, Auflösung oder Beendigung der zivilrechtlichen Wirkungen der Ehe das Kind zur Welt gebracht wurde. Durch das zeitlich beschränkte Eheverbot sollen demnach Unsicherheiten vermieden werden, die entstehen können, sollte durch zwei unmittelbar aufeinanderfolgende Ehen die Frage der Vaterschaft im Raum stehen.[517] Würde in diesen 300 Tagen nämlich ein Kind zur Welt gebracht werden, so würde die Vermutung der Artt. 232, 233 CC dazu führen, dass das Kind als das eheliche Kind zum einen des vorherigen als auch des momentanen Ehemannes gelten würde.[518] Um genau solchen Fällen entgegenzutreten, sieht das italienische Recht dieses zeitlich beschränkte Eheverbot vor. Ausnahmen sind durch eine gerichtliche Befreiung von diesem Verbot nur dann möglich, wenn der Ehemann nachweislich 10 Monate vor Eheauflösung nicht mit seiner Frau zusammengelebt hat oder wenn es vollständig auszuschließen ist, dass die Frau ein Kind empfangen kann.[519] Wird gegen das zeitweilige Verbot der Eheschließung verstoßen, so liegt trotzdem eine gültige Eheschließung vor; es wird lediglich eine Geldstrafe verhängt, vgl. Art. 140 CC.

Dass bei Eheschließungen überhaupt eine Geldstrafe verhängt wird, wäre nach deutschem Recht undenkbar, zumal die Eheschließung in Deutschland abgesehen von der fehlenden Ehefähigkeit oder von Eheverboten wie der Doppelehe nach § 1306 BGB keinen weiteren Restriktionen unterliegt. Die Beweggründe der Vermeidung einer doppelten Vaterschaft sind zwar durchaus nachvollziehbar und ein erstrebenswertes Ziel; bei heutigem Stand der Medizin und der Wissenschaft dürfte es allerdings ein Leichtes sein, die Vaterschaft des Kindes festzustellen. Scheinbar hält es allerdings auch der italienische Gesetzgeber nicht für notwendig, diese Regelung zu streichen, was insbesondere angesichts der sehr geringen Geldstrafenandrohungen des Art. 140 CC (dort ist lediglich von 20 € bis 82 € die Rede) nur schwer nachvollziehbar scheint. Auch ist davon auszugehen, dass bei einer derartig geringen Strafandrohung der Anreiz italienischer Ehepaare in spe nicht sehr groß sein wird, dem vorübergehenden Verbot einer neuen Eheschließung auch nachzukommen. Durch die Regelung wird es lediglich der Frau schwer gemacht, sich von dem Eheverbot zu „befreien", indem

517 *Christandl*, in: Eccher/Schurr/Christandl, Handbuch italienisches Zivilrecht, 5/47.
518 *Christandl*, in: Eccher/Schurr/Christandl, Handbuch italienisches Zivilrecht, 5/47.
519 *Christandl*, in: Eccher/Schurr/Christandl, Handbuch italienisches Zivilrecht, 5/47.

von ihr der Beweis einer nicht bestehenden Schwangerschaft durch den vorherigen Ehepartner zum Zeitpunkt der gewünschten Eheschließung erbracht wird, vgl. Art. 89 Abs. 2 CC. Im Grunde ist Art. 89 CC lediglich ein Rudiment einer einmal für sinnhaft erachteten Vorschrift. Ein Festhalten an dieser Regelung erscheint allerdings antiquiert und gemessen an heutigen Möglichkeiten nicht mehr zeitgemäß.

Fehlen einzelne Voraussetzungen einer wirksamen Eheschließung, seien sie formeller oder materieller Natur, so steht dem italienischen Staatsbürger ein Rechtsbehelf zu. Im Abschnitt 3 des ersten Buches des CC ist in den Vorschriften Artt. 102-104 CC geregelt, wer aus welchen Gründen gegen die Eheschließung Einspruch (*opposizione*) erheben kann. Interessanterweise kann bei einem Verstoß gegen das zeitweilige Verbot einer erneuten Eheschließung auch von den Verwandten des früheren Ehemannes Einspruch gegen die Eheschließung erhoben werden, vgl. Art. 102 Abs. 4 CC. Voraussetzung dafür ist allerdings, dass die frühere Ehe aufgelöst worden ist. Bei einer Ehe, welche für nichtig erklärt worden ist, steht das Einspruchsrecht zum einen demjenigen zu, mit dem die Ehe geschlossen worden war, zum anderen aber auch den Verwandten des Ehegatten.

d) Eheschließung im Ausland

Italienische Staatsangehörige sind nicht zwangsläufig daran gebunden, ihre Eheschließung in Italien vorzunehmen. Vielmehr räumt das italienische Recht im Abschnitt 5 des ersten Buches über Personen und Familie die Möglichkeit ein, die Ehe im Ausland zu schließen. Dies gewährt italienischen Ehegatten eine deutlich flexiblere Gestaltung ihrer Eheschließung. Dabei ist ein gesondertes Verfahren zur Anerkennung einer im Ausland geschlossenen Ehe nicht mehr notwendig und nicht mehr vorgesehen.[520] Lange ungeklärt war allerdings, wie sich die *kirchliche* Eheschließung auswirkt, welche von Italienern im Ausland vorgenommen wurde. In einem Fall aus dem Jahre 1963, welcher damals vom Appellationsgericht Mailand entschieden worden ist, heiratete ein italienischer Staatsangehöriger in Deutschland eine Frau deutscher Staatsangehörigkeit.[521] Die Ehe, welche vor einem deutschen Standesbeamten geschlossen wurde, ist anschließend auch in ein italienisches Standesregister eingetragen worden. Neben der Eheschließung vor dem Standesbeamten heiratete das Paar darüber hinaus noch kirchlich (katholisch). Die so geschlossene Ehe wurde später von einem deutschen kirchlichen Gericht annulliert, es wurde angestrebt, eine

520 Süß/Ring/*Cubeddu Wiedemann/Wiedemann*, Eherecht in Europa, Italien, Rn. 39.
521 Zu der einschlägigen Entscheidung siehe Cass., 3.7.1965 = Foro padano 1965 I, 992.

Anerkennung dieser Annullierung durch italienische Gerichte zu erreichen. Das Mailänder Appellationsgericht wies einen entsprechenden Antrag auf Anerkennung jedoch mit der Begründung zurück, dass die kirchliche Eheschließung in Deutschland in Italien keine Rechtswirkung entfalte. Bei der kanonischen Eheschließung seien erforderliche Formvorschriften nicht eingehalten worden, welche nach italienischem Recht unabdingbar gewesen seien. Unter anderem sei eine erforderliche Lesung des „codice civile" nicht erfolgt, sodass die in Deutschland vorgenommene kirchliche Eheschließung in Italien keine Rechtswirkung entfalten könne.[522] Das Ergebnis, dass nicht jede im Ausland geschlossene Ehe auch volle Rechtswirksamkeit in Italien entfaltet, wurde zumindest nach alter Rechtslage als problematisch angesehen.[523] Bis zum Jahre 1986 wurden nach deutschem Recht über § 15a EheG Eheschließungen im Ausland nur dann als wirksam angesehen, wenn sie durch eine durch die Regierung ihres Landes (der Ehegatten) ermächtigte Person geschlossen worden waren.[524] Dabei mussten zudem die einschlägigen Gesetze dieses Landes eingehalten werden.[525] Da eine derartige Ermächtigungsvorschrift im italienischen Recht keinen Niederschlag gefunden hatte, mussten italienische Staatsangehörige bei Eheschließung in Deutschland ihre Ehe auch vor einem deutschen Standesbeamten schließen.[526]

Mittlerweile regelt Art. 115 des CC die Eheschließung von Staatsbürgern im Ausland. Danach unterliegt ein italienischer Staatsbürger den im ersten Abschnitt des Buches über Personen und Familie enthaltenen Vorschriften, auch wenn er die Ehe im Ausland in der dort geltenden Form geschlossen hat. Das heutige italienische Recht sieht demnach keine Hindernisse mehr in der Eheschließung eigener Staatsbürger im Ausland, vorausgesetzt, die eigenen Eheschließungsvoraussetzungen werden beachtet und eingehalten. Nach italienischem Recht ist die im Ausland geschlossene Ehe demnach unmittelbar wirksam, sollten die Voraussetzungen des Art. 116 CC erfüllt sein. Sollte demnach beispielsweise eine Eheschließung in England durch zwei italienische Gatten stattfinden, so ist es erforderlich, dem dortigen Standesbeamten eine Bescheinigung über die Befähigung zur Eheschließung vorzulegen, vgl. Art. 16 Abs. 1 CC.

Fraglich ist, ob und wenn ja wie eine Anerkennung nach italienischem Recht stattfindet, sollten gleichgeschlechtliche Paare im Ausland eine Ehe geschlossen

522 *Jayme*, JbItalR 1967, 3, 7 f.
523 *Jayme*, JbItalR 1967, 3, 7 f.
524 *Jayme*, JbItalR 1967, 3, 7 f.
525 *Jayme*, JbItalR 1967, 3, 7 f.
526 *Jayme*, JbItalR 1967, 3, 7 f.

haben. Denkbar wäre, dass ein gleichgeschlechtliches Paar für eine Eheschließung ein Land auswählt, welches die Homosexuellenehe erlaubt, um so möglicherweise eine Anerkennung nach italienischem Recht zu erreichen.[527] Bei einer Eheschließung durch gleichgeschlechtliche Partner findet allerdings keine Anerkennung durch das italienische Recht statt. So verstößt die gleichgeschlechtliche Ehe nach Ansicht der italienischen Rechtsprechung gegen den italienischen ordre public und wird daher nicht – wie andere Ehen – im Zeitpunkt der Eheschließung wirksam.[528] Auch über die Anerkennung ist es demnach gleichgeschlechtlichen Paaren nach italienischen Recht noch immer verwehrt, eine Eheschließung einzugehen.

e) Il divorzio all' italiana

Im späten 20. Jahrhundert kannte das italienische Recht lediglich die gerichtliche Trennung, also nur die *separazione*.[529] Da durch die gerichtliche Trennung die einmal eingegangene Ehe jedoch weiterhin vollen Bestand hatte, haben sich zwar viele Paare gerichtlich getrennt, gingen jedoch damit neben bestehender Ehe zwangsläufig außereheliche Verhältnisse ein.[530] Wenn nichteheliche Lebensgemeinschaften heute normal sind, wurden derartige Gemeinschaften damals als untragbar angesehen.[531] Dass eine Änderung von Nöten war, zeigte sich demnach anhand steigender Zahlen außerehelicher Beziehungen.[532]

---

527 Beispielsweise könnten homosexuelle Paare eine Ehe in Südafrika oder in Frankreich schließen, welche die gleichgeschlechtlichen Ehen erlauben, wobei Südafrika sogar bereits seit 2006 die gleichgeschlechtliche Ehe zulässt, vgl. für Südafrika Government Gazette Vol. 497, 30. November 2006, No. 29441, preamble page 4 (…"provide for same-sex couples to enjoy the status and the benefits coupled with the responsibilities that marriage accords to opposite-sex couples.", abrufbar unter: https://www.google.com/url?sa=t&rct=j&q=&esrc=s&source=web&cd=&ved=2ahUKEwj2j52Xlp_qAhVS3qQKHfzzAG8QFjAAegQIAhAB&url=https%3A%2F%2Farchive.opengazettes.org.za%2Farchive%2FZA%2F2006%2Fgovernment-gazette-ZA-vol-497-no-29441-dated-2006-11-30.pdf&usg=AOvVaw0TMe1EvPBSyIopfnhyQpWX); Frankreich lässt gleichgeschlechtliche Ehen erst seit dem Jahre 2013 zu: https://www.legifrance.gouv.fr/affichTexte.do?cidTexte=JORFTEXT000027414540&dateTexte=&categorieLien=id auf legifrance.gouv.fr (beide Quellen zuletzt abgerufen am 02.01.2021).

528 Siehe hierzu Cass., 15.3.2012 Nr. 4184.

529 *Henrich*, JbItalR 28 (2015), 3.

530 *Henrich*, JbItalR 28 (2015), 3.

531 *Henrich*, JbItalR 28 (2015), 3.

532 *Henrich*, JbItalR 28 (2015), 3.

Daher hat sich nach und nach das Verständnis des italienischen Gesetzgebers hinsichtlich des Bestandes der Ehe gewandelt. Wurde diese früher als ein unauflösliches Band gesehen, so stehen den italienischen Ehegatten mittlerweile ausreichende Möglichkeiten zur Verfügung, die einmal geschlossene Ehe aufzulösen. Die Möglichkeit, die einmal geschlossene Ehe durch Scheidung wieder zu beenden, wurde erst im Jahre 1970 – unter großem Protest der Scheidungsgegner – durch das Scheidungsgesetz Nr. 898 vom 1.12.1970 eingeführt.[533] Besonders am italienischen Eherecht ist, dass als wichtigster Grund der Scheidung mittlerweile die vorhergehende Trennung der Ehe gewertet wird. Das italienische Zivilgesetzbuch kennt drei verschiedene Arten, eine Ehe zu trennen, wobei die *separazione di fatto* als rein tatsächliche Ehetrennung eine unbeachtliche Form der Trennung darstellt. Daher bleiben als maßgebliche Trennungsarten streng genommen nur noch zwei übrig, welche einer Erwähnung bedürfen, wobei es bei einer Trennung einer weiteren Untergliederung bedarf. Nach Art. 150 Abs. 2 CC kann die *separazione personale*, also die persönliche Trennung der Ehegatten, zum einen gerichtlich und zum anderen in beiderseitigem Einverständnis erfolgen. Diese Art der Trennung wird auch Trennung von Tisch und Bett genannt, welche lediglich eine Voraussetzung für eine Scheidung dergestalt darstellt, als sie das Getrenntleben der Ehegatten gestattet, das Eheband dadurch allerdings noch nicht aufgelöst wird, vgl. Art. 3 Ziff. 2b EheauflösungsG. Dabei erfolgt die gerichtliche Trennung (Artt. 151-157 CC) durch Urteil auf eine Klage, welche von einem der Ehegatten eingereicht worden sein muss. Eine Trennung in beiderseitigem Einverständnis nach Art. 158 CC setzt voraus, dass Umstände vorliegen, welche die Fortsetzung des Zusammenlebens auch tatsächlich als unerträglich erscheinen lassen. Aus Art. 158 Abs. 1 CC geht ferner hervor, dass es nicht ausreicht, wenn sich die Ehegatten lediglich aufgrund einer Vereinbarung trennen; vielmehr wird auch für die einvernehmliche Trennung der Ehegatten eine gerichtliche Bestätigung des Scheidungsrichters erforderlich sein, um die Wirksamkeit derselben anzunehmen (Art. 158 Abs. 1 CC: „... non ha effetto senza l'omologazione del giudice."). Neben der Unzumutbarkeit des Zusammenlebens spielt das Wohl der Kinder auch eine große Rolle. Wenn die Fortsetzung des Zusammenlebens eine schwere Beeinträchtigung für die

---

533 Grundmann/Zaccaria/*Troiano*, Einführung in das italienische Recht, S. 312 mit zahlreichen w. N.; *Kindler*, Einführung in das italienische Recht, § 12 Rn. 31 m. w. N., welcher von der Legge Fortuna L. 1 dicembre 1970, n. 898 als maßgebliche gesetzliche Regelung zur Einführung des Instituts der Ehescheidung spricht; *Patti*, FamRZ 1990, 703.

Kindererziehung bedeuten würde, so erfolgt auch dann eine gerichtliche Trennung der Ehegatten. Liegen die Voraussetzungen des Art. 151 Abs. 1 CC vor, so wird nach Abs. 2 vom Gericht durch Urteil festgehalten, welchem Ehegatten die Trennung wegen dessen den ehelichen Pflichten widersprechenden Verhaltens anzulasten ist. Dies gilt allerdings nur dann, wenn ein entsprechender Antrag eines Ehegatten auf Feststellung der Verantwortlichkeit gestellt worden ist. Dabei ist nicht mehr Voraussetzung, dass einem Ehegatten die Schuld am Scheitern der Ehe nachzuweisen ist, wie es vor der Reform im Jahre 1975 noch der Fall war. Dem Verschuldensprinzip wird nach neuer Rechtslage demnach nicht mehr Rechnung getragen. Vielmehr ist der Antrag auf Feststellung nach Art. 151 Abs. 2 CC fakultativer Natur und kann auch von demjenigen Ehegatten gestellt werden, welchem letztlich die Verantwortlichkeit anzulasten ist.[534] Allerdings kann es in Einzelfällen dennoch von maßgeblichem Interesse sein, eine gerichtliche Schuldfeststellung anzustreben. Die Feststellung der Verantwortlichkeit ist nämlich insofern von wichtiger Bedeutung, als dem „Verursacher" in der Folge ein lediglich eingeschränkter Unterhalt zusteht, vgl. Art. 433 Nr. 1 CC. Der von der Schuldfeststellung nach Art. 151 Abs. 2 CC betroffene Ehegatte verliert demnach sein Recht auf regulären Unterhalt;[535] bei fehlender Verantwortlichkeit steht dem Ehegatten nach der Trennung hingegen nämlich der reguläre Unterhalt nach Art. 156 Abs. 1 und 2 CC zu, welcher nicht eingeschränkt ist. Die Schuldfeststellung als sog. *addebito* hat demnach vermögensrechtliche Auswirkungen auf die Unterhaltsquote des nicht allzu vermögenden Ehegatten, vgl. auch Art. 156 Abs. 1 CC.[536] Derjenige Ehegatte, welchem die Trennung nicht gerichtlich angelastet wird, hat gegen den vermögenderen Ehegatten einen Unterhaltsanspruch auf monatliche Leistungen, sodass ihm in vermögensrechtlicher Hinsicht eine gewisser Standard gewährt werden kann.[537] Der dadurch gewährte Lebensstil muss allerdings demjenigen vor der Trennung entsprechen.[538] Wurde den Ehegatten die Trennung bescheinigt, bedeutet dies allerdings nicht, dass die Ehe dadurch auch beendet wurde. Vielmehr braucht fortan nun nicht mehr den ehelichen Verpflichtungen wie Beistand, Zusammenleben

534 Cass., 07.11.2007 Nr. 21 099 welcher feststellt, dass unzumutbare Umstände beide Ehegatten an einer Persönlichkeitsentfaltung hindern würden.

535 Grundmann/Zaccaria/*Troiano*, Einführung in das italienische Recht, S. 311.

536 Grundmann/Zaccaria/*Troiano*, Einführung in das italienische Recht, S. 310.

537 Dazu und zu anderen Problemen bei der separazione personale dei coniugi siehe *Ceccherini*, I rapporti patrimoniali, S. 169 ff.

538 Dazu bspw. Cass., 04.04.1998 Nr. 3490; Cass., 18.08.1994, Nr. 437.

und Treue nachgekommen zu werden. Bei einer gerichtlichen Trennung nach Art. 151 CC muss die Trennung durch ein entsprechendes Urteil festgestellt werden, bei der einvernehmlichen Trennung der Ehegatten hingegen nach Art. 158 CC reicht es aus, wenn der Scheidungsrichter die Trennung bestätigt.

Ist die gerichtliche Trennung der Ehegatten einmal festgestellt worden oder wurde die einvernehmliche Trennung bestätigt, so liegt damit der nunmehr wichtigste und vor allem auch häufigste Scheidungsgrund vor.[539] Neben der Scheidung nach vorangegangener Trennung der Ehe kann die Scheidung auch dann verlangt werden, wenn es sich bei einem Ehegatten um einen Ausländer handelt und er im Ausland zum einen die Auflösung der Ehe vollziehen konnte oder dort eine neue Ehe eingegangen ist, vgl. Art. 3 Nr. 2 lit. e) l.d.[540] Der ausländische Ehegatte steht dann vor der Entscheidung, ob er das im Ausland getroffene Scheidungsurteil im Inland anerkennen lässt oder ob er in Italien erneut ein Scheidungsverfahren in die Wege leitet. Als Scheidungsfolge kommt es zunächst drauf an, wie die Ehe überhaupt geschlossen worden ist. Das italienische Recht unterscheidet nämlich einerseits zwischen der vor einem Standesbeamten geschlossenen regulären Zivilehe (*matrimonio contratto a norma del codice civile,* Art. 1 l.d.) und der Ehe, welche in religiöser Form geschlossen worden ist (*rito religioso,* Art. 2 l.d.).

Bei einer Durchsicht beider Artikel der legge sul divorzio fällt auf, dass in den einzelnen Artikeln von einer Scheidung an sich nicht die Rede ist. Immer noch findet die divorzio keinen Niederschlag im italienischen Gesetzestext. Vielmehr ist dort die Rede von einer Eheauflösung für die zivilrechtlich geschlossene Ehe und von der Beendigung der zivilrechtlichen Wirkungen, welche sich aus einer Eheschließung aus nach Art. 2 l.d. ergeben. Entgegen des möglicherweise auftretenden Eindruckes ist es darüber hinaus auch nicht so, dass Ehen, welche in religiöser Form geschlossen worden sind, erschwerten Scheidungsbedingungen unterlägen.[541] Letztlich ergeben sich aus Art. 3 l.d. nämlich die gleichen Voraussetzungen für eine Scheidung, weswegen eine vorherige Unterscheidung eher deklaratorischer Natur sein dürfte.[542]

---

539 *Kindler*, Einführung in das italienische Recht, § 12 Rn. 33.

540 Zitiert aus dem Legge sul divorzio (Legge 1 dicembre 1970, n. 898), zuletzt aktualisiert per Gesetzesdekret Nr. 21 vom 1. März 2018.

541 Cass., 17.11.2006, Nr. 24494, Famiglia e diritto 2007, 399 mit Anm. *Batà/Spirito*.

542 *Henrich*, JbItalR 28 (2015), 3, 4; zu diesem Abschnitt siehe *Kindler*, Einführung in das italienische Recht, § 12 Rn. 32.

Dass in Italien von einer Scheidung nicht die Rede ist, hat historische Gründe. Im Jahre 1929 schloss Italien mit dem Heiligen Stuhl ein Konkordat. Auf Drängen der Kirche wurden vom Staat die staatlich geschlossenen Ehen den kirchlich geschlossenen Ehen gleichgeordnet, was zu dem Ergebnis führte, dass Gläubige nun nicht mehr zweimal heiraten mussten (wie in Deutschland auch einmal vor dem Standesbeamten und einmal kirchlich geheiratet werden muss), sondern die Eingehung der kirchlichen Ehe ausreichte. Diese ebenbürtige Anerkennung der rechtlichen Wirkungen sowohl der kirchlichen als auch der zivilrechtlichen Ehe war eine Besonderheit im italienischen Recht. Ein Unterschied blieb trotz dieser Gleichstellung dann doch, welcher einer Erwähnung bedarf: Im Gegensatz zur zivilrechtlichen Ehe blieb es dabei, dass es sich bei der kirchlichen Ehe um eine solche Ehe handelte, welche nach kanonischem Recht weiterhin als unauflösbar galt. Teil der Vereinbarung war es allerdings auch, dass der Staat die zivilrechtlichen Wirkungen, welche er der kirchlichen Ehe zugesprochen hatte, im Nachhinein auch wieder entziehen konnte. Daher wird im italienischen Recht heute noch von der Auflösung einer Ehe gesprochen und nicht von einer Ehescheidung.[543] Wie gesagt sind die Wirkungen jedoch dieselben; es wird lediglich der Begriff der Scheidung umgangen. Die Auflösung der Ehe ist demnach faktisch einer Ehescheidung gleichzusetzen, mit Rücksicht auf religiöse Eheschließungen führt dies lediglich zu einer anderen Etikettierung einer eigentlichen Scheidung der Ehe.

3. *Grundlage der Gütergemeinschaft*

Bei der Gütergemeinschaft ist der überlebende Ehegatte im Todesfall seines Ehepartners bereits zur Hälfte Mitinhaber seiner möglicherweise erworbenen Güter geworden.[544] Überdies steht dem Hinterbliebenen über die Vorschrift des Art. 177 CC die Hälfte derjenigen Ersparnisse zu, die der vorverstorbene Ehegatte aus den Erträgen seiner eigenen Tätigkeit und seiner persönlichen Güter im Laufe seines Lebens verdient hat.[545] Was die andere Hälfte betrifft, so nimmt der hinterbliebene Ehegatte diesbezüglich eine vorrangige Position im Verhältnis zu den restlichen Erben ein. [546]Dies ergibt sich aus einer Betrachtung der Vorschriften der Artt. 540 f. und 581 f. CC.[547] Demnach erfolgt darüber von

---

543 Zur Historie der Zulassung einer Scheidung siehe *Henrich*, JbItalR 28 (2015), 3, 4.

544 Henrich/Schwab/*Patti*, Eheliche Gemeinschaft, S. 125, 130.

545 Henrich/Schwab/*Patti*, Eheliche Gemeinschaft, S. 125, 130.

546 Henrich/Schwab/*Patti*, Eheliche Gemeinschaft, S. 125, 130.

547 Henrich/Schwab/*Patti*, Eheliche Gemeinschaft, S. 125, 130.

vornherein eine Bevorzugung des hinterbliebenen Gatten, ohne dass die italienischen Vorschriften über eine Ausgleichsfunktion wie die des § 1371 Abs. 1 BGB verfügen würden.[548]

4. Wertung

Zusammenfassend lassen sich einige Unterschiede des deutschen und des italienischen Güterrechts festhalten. In Deutschland ist der gesetzliche Güterstand die Zugewinngemeinschaft nach § 1363 BGB, in Italien die comunione dei beni nach Artt. 159, 177 CC mit dem gravierenden Unterschied, dass es sich beim Güterstand im italienischen Recht auch tatsächlich um eine Gemeinschaft handelt. Das deutsche Recht suggeriert mit dem Begriff der Zugewinngemeinschaft einen Güterstand, welcher auf ein gemeinschaftliches Vermögen schließen lässt. Dass dem gar nicht so ist und jeder Ehegatte Alleineigentümer seines bisherigen Vermögens bleibt, ist dem Großteil der Bevölkerung nicht bewusst. Aber auch in Bezug auf die Gütergemeinschaft bestehen zwischen beiden Rechtsordnungen erhebliche Unterschiede. So sieht das deutsche Recht im Gegensatz zum italienischen Recht vor, dass Gehaltszahlungen unter das Gesamtgut der Ehegatten zu fassen sind, § 1416 Abs. 1 und 2 BGB. Sobald die Gehaltszahlungen auf dem Konto des einen Ehegatten eingegangen sind, hat dieser keine alleinige Verfügungsberechtigung mehr über das Konto. Da das Vermögen beider Ehegatten Gesamtgut wird, ohne dass es einer gesonderten Vermögensübertragung der einzelnen Vermögensgegenstände bedarf, ist es unschädlich, wenn das Konto auf den Namen lediglich eines Ehegatten läuft. Im italienischen Recht hingegen fallen Gesamtzahlungen gerade nicht in das Gesamtgut der Ehegatten. Vielmehr kann jeder Ehegatte über sein Gehalt frei verfügen. Solange sich die erworbenen Güter auf beni personali beschränken, also auf persönliche Güter, ist der einzelne Ehegatte dem Gesamtgut auch nicht zum Ausgleich verpflichtet. Dies liegt daran, dass das Arbeitseinkommen im italienischen Recht nicht in das Gesamtgut fällt und demnach der comunione de residuo zugeordnet wird. Hinsichtlich der Gehaltszahlungen bedeutet dies im Unterschied zum deutschen Recht, dass selbst bei beträchtlichen Investitionen des eigenen Einkommens eine Zustimmung des anderen Ehegatten solange nicht erforderlich ist, wie sich diese Investitionen um solche in die beni personali handelt. Streng genommen bedeutet dies, dass der Ehegatte über sein ganzes Vermögen verfügen könnte, solange es sich um Verfügungen zugunsten des Eigenguts handelt. Dies stellt einen

548 Henrich/Schwab/*Patti*, Eheliche Gemeinschaft, S. 125, 130.

gravierenden Unterschied zum absoluten Verfügungsverbot des § 1365 BGB dar, welcher konstatiert, dass große Verfügungen des Vermögens einer Zustimmung bedürfen.

Gleiches gilt für die Verwaltung des ehelichen Vermögens. Im deutschen Recht ist nur eine gemeinschaftliche Vermögensverwaltung möglich, oder aber die Verwaltung wird einem Ehegatten allein übertragen. Nach Art. 180 CC des italienischen Rechts hingegen steht es jedem Ehegatten allein zu, das gemeinschaftliche Vermögen zu verwalten. Hierbei spricht man auch von einer konkurrierenden Verwaltung.[549] Wie bereits zuvor festgehalten, gilt dies allerdings nur für solche Fälle, bei denen noch eine gewöhnliche Verwaltung anzunehmen ist. Sobald die gewöhnliche Verwaltung nicht mehr zutrifft, müssen auch nach italienischem Recht beide Ehegatten gemeinsam verwalten. Im Gegensatz zum deutschen Recht kommt es nach italienischem Güterrecht darüber hinaus zu einer ausgedehnteren Haftung; Voraussetzung ist allerdings auch hier, dass es sich um Maßnahmen der gewöhnlichen Verwaltung handelt. Gemein ist dem deutschen und dem italienischen Güterrecht hingegen, dass jegliches Vermögen, welches außerhalb der Ehe erworben wurde, nicht mit in die Berechnung einfließen darf. Damit ist nur dasjenige Gut im Rahmen der güterrechtlichen Beurteilung von Belang, welches auch im Laufe der Ehe erworben wurde.

5. Beendigung der Gütergemeinschaft und die Ehegattenhaftung im italienischen Recht

Die comunione legale als gesetzlicher Güterstand in Italien kann nach Art. 191 Abs. 1 CC zum einen von Gesetzes wegen enden, wenn ein Ehegatte stirbt, die Ehegatten sich scheiden lassen oder die Eheschließung für nichtig erklärt wird. Gilt ein Ehegatte als verschollen oder besteht eine Todesvermutung, so wird auch für diese Fälle die Gütergemeinschaft aufgelöst. Im Gegensatz zum deutschen Recht ergibt sich für das italienische Recht zusätzlich noch die Besonderheit, dass die Gütergemeinschaft auch dann aufgelöst wird, wenn sich die Ehegatten persönlich trennen (die sog. separazione personale). Eine persönliche Trennung sieht nach italienischem Recht eine Trennung von Tisch und Bett vor; kann dies nachgewiesen werden, gilt in Italien die Gütergemeinschaft der Ehegatten bereits als beendet. Eine bloß räumliche Trennung als faktisches Getrenntleben reicht nicht aus, um den Fall einer Gütergemeinschaftsauflösung nach Art. 191 Abs. 1

---

549 *Kropholler*, in: FS Henrich 2000, S. 393, 394.

CC bejahen zu können. Vielmehr muss es sich um eine substantiierte Trennung handeln, um von einer persönlichen Trennung im Sinne der Norm zu sprechen.

Darüber hinaus kann nach Art. 191 Abs. 1 CC die Gütergemeinschaft auch dann aufgelöst werden, wenn über das Vermögen eines Ehegatten der Konkurs angemeldet wird oder durch Gericht die Gütertrennung angeordnet wird. Wie die gerichtliche Gütertrennung im Einzelnen abläuft, wird von Art. 193 CC statuiert. Wird ein Ehegatte entmündigt oder in seiner Geschäftsfähigkeit beschränkt, kann die gerichtliche Gütertrennung angeordnet werden. Findet durch einen Ehegatten eine schlechte Verwaltung der Gemeinschaft statt, so kann auch für diesen Fall eine Trennungsanordnung erfolgen. Das deutsche Recht sieht mit § 1447 BGB für den Fall der unzureichenden Verwaltung der Gemeinschaft ebenfalls die Möglichkeit vor, eine Aufhebungsklage anzustreben. Unzureichend wäre die Verwaltung beispielsweise dann, wenn seine Rechte für die Zukunft dadurch erheblich gefährdet werden können, dass der andere Ehegatte zur Verwaltung des Gesamtguts unfähig ist oder sein Recht, das Gesamtgut zu verwalten, missbraucht.[550] Im Unterschied zum italienischen Recht steht diese Möglichkeit hingegen ausschließlich demjenigen Ehegatten zu, welcher das Gesamtgut *nicht* verwaltet, § 1447 BGB. Die Konstellation der alleinigen Verwaltung durch einen Ehegatten ist in der deutschen Gütergemeinschaft dann denkbar, wenn die Ehegatten im Ehevertrag, durch den die Gütergemeinschaft vereinbart wird, die alleinige Verwaltung eines Ehegatten bestimmen. In Abweichung zum italienischen Recht steht dem Ehegatten nach deutschem Recht die Möglichkeit einer Aufhebungsklage eben dann nicht zu, wenn hinsichtlich des Gesamtgutes sowieso eine gemeinsame Verwaltung durch die Ehegatten erfolgt. Eine einseitige Aufhebung der Gütergemeinschaft ist grundsätzlich nicht möglich, auch ein Entzug der Verwaltungsbefugnis ist nicht vorgesehen.[551] Der Aufhebungsantrag soll dem nichtverwaltenden Ehegatten aufgrund des dadurch entstehenden Machtgefälles und der potentiellen Missbrauchsgefahr durch den verwaltenden Ehegatten somit die Möglichkeit gewähren, bei einer Gefährdung seiner Rechte einzuschreiten.

Geht es um die Haftung der Ehegatten gegenüber etwaigen Gläubigern, ist zunächst danach zu differenzieren, ob es sich dabei um Gläubiger handelt, welche sich aus gemeinschaftlich eingegangenen Rechtsgeschäften ergeben oder ob es sich um solche des jeweiligen Ehegatten, also um persönliche Gläubiger handelt. Sind persönliche Gläubiger bei Beendigung der Gütergemeinschaft vorhanden,

550 Siehe hierzu die Vorschrift § 1447 Nr. 1 BGB.

551 MüKo-BGB/*Münch*, § 1447 BGB Rn. 1 (2019); BeckOGK/*Mensch*, § 1447 BGB Rn. 2 f.

so gestattet ihnen das italienische Recht über Art. 189 CC den Zugriff auf das gesamte persönliche Vermögen desjenigen Ehegatten, welcher der Schuldner des Gläubigers ist. Sollte das Vermögen einmal nicht ausreichen oder ist der Gläubiger selbst nach völliger Erschöpfung des Schuldnervermögens noch nicht befriedigt, so wird dem Gläubiger nach primärer Befriedigung aus dem Schuldnervermögen der Zugriff auf die Hälfte der ehelichen Güter als seinen Anteil an der comunione legale bewilligt. Wie sich die Vollstreckung in die Anteile an der comunione legale ausgestaltet, ist noch nicht abschließend geklärt und umstritten. Im Zentrum der Frage steht, ob zur Befriedigung der Gläubiger in alle Gegenstände der comunione legale vollstreckt werden darf oder ob gewisse Ausnahmen dahingehend zu berücksichtigen sind, dass in manche Güter nur zum Teil vollstreckt werden darf. Die mittlerweile wohl überwiegende Ansicht geht davon aus, dass eine vollumfängliche Vollstreckung in alle Güter der comunione legale möglich ist, dies allerdings nur bis zum Wert der Hälfte des gesamten Vermögens und nicht darüber hinaus.[552] Handelt es sich bei den Gläubigern jedoch um gemeinschaftliche Gläubiger der Ehegatten, so ist es ihnen möglich, ihre Ansprüche auch aus dem gemeinschaftlichen Vermögen geltend zu machen. Wie bei den persönlichen Gläubigern auch ist es erst bei vollständiger Ausschöpfung des in diesem Falle gemeinschaftlichen Vermögens gestattet, sich aus den persönlichen Gegenständen beider Ehegatten zu befriedigen, Art. 179 CC. Auch hier kann sich bis zur Hälfte der bestehenden Forderung an den persönlichen Gegenständen befriedigt werden, Art. 190 CC. Grundsätzlich kennt das italienische Recht keine Vorschrift, die unserem § 1357 BGB entspricht, dass Geschäfte zur angemessenen Deckung des Lebensbedarfs der Familie demnach auch mit Wirkung für den anderen Ehegatten vorgenommen werden dürfen. Es bleibt demgemäß jeder Ehegatte „Herr" seines eigenen Vermögens. Allerdings ist bei der Haftung der Ehegatten festzuhalten, dass unter Schulden nach Art. 186 lit. c) CC auch solche Verpflichtungen fallen, welche vom einzelnen Ehegatten für die Familie bzw. im Familieninteresse eingegangen worden sind. Das Gesamtgut der Ehegatten haftet bei Verpflichtungen im Interesse der Familie auch dann, wenn sie ohne die Zustimmung des anderen Ehegatten eingegangen worden sind. Kann der Gläubiger allerdings in einem zweiten Schritt auf die persönlichen Gegenstände eines jeden Ehegatten zugreifen, so werden ihm seine Zugriffsmöglichkeiten erweitert. Somit wird dadurch faktisch dem einen Ehegatten die Möglichkeit eingeräumt, über das Vermögen des anderen Ehegatten zu verfügen, obwohl es sich dabei um Vermögen handelt, welches gerade nicht in das

552 Zum erwähnten Streitstand siehe *Auletta*, Il diritto di famiglia (2008), p. 162 ff.

Gesamtgut fällt. Die Vorschriften Artt. 190, 186 lit. c) CC sind daher in ihren Wirkungen mit der deutschen Vorschrift des § 1357 BGB durchaus vergleichbar. Anders als beim persönlichen Gläubiger steht es den gemeinschaftlichen Gläubigern sogar zu, in Höhe der Hälfte der Forderung auf die persönlichen Güter des anderen Ehegatten zuzugreifen. In Abhängigkeit davon, wie hoch die Forderung des gemeinschaftlichen Gläubigers ist, kann es sogar sein, dass die persönlichen Sachen eines Ehegatten vollständig der Zwangsvollstreckung des Gläubigers ausgesetzt sind.[553][554]

6. *Sondervermögen für familiäre Zwecke: Der fondo patrimoniale*

Unabhängig von der Ausgestaltung des ehelichen Güterrechts wird jedem einzelnen der italienischen Ehegatten über Art. 167 CC die Möglichkeit eingeräumt, einen Familienfond zu bilden, der sogenannte *fondo patrimoniale*.[555] Dabei kann jeder Ehegatte für sich gesehen einen Vermögensfonds begründen, also ein sog. Sondervermögen für familiäre Zwecke. Dieser besteht, sofern er begründet wird, neben dem eigentlichen Güterstand der Ehegatten.[556] Der fondo patrimoniale stellt demnach keinen eigenen Güterstand dar, sondern bildet ein Sondervermögen, welches lediglich zu Gunsten der Familie begründet und verwaltet wird.[557] Ergeben sich Erträge aus den Familienfond bildenden Gegenständen, so sind diese als Früchte dieser Gegenstände lediglich für die Bedürfnisse der Familie aufzuwenden, vgl. Art. 168 Abs. 2 CC.[558] Im Codice Civile werden die Vorschriften über den fondo patrimoniale unmittelbar hinter den allgemeinen Bestimmungen des ehelichen Güterrechts niedergelegt, wodurch sich auch ein

553 *Russo*, Le convenzioni matrimoniali, S. 164; Cian/Oppo/Trabucchi/*Cattaneo*, Separazione dei beni, S. 419, in: *Tretter*, Eheverträge im italienischen Recht, S. 47.

554 Zu diesem ganzen Abschnitt siehe auch *Tretter*, Eheverträge im italienischen Recht, S. 47.

555 Von der Möglichkeit der Errichtung eines fondo patrimoniale wird allerdings im italienischen Recht nur selten Gebrauch gemacht. Siehe dazu die Ausführungen bei *Auletta*, Il diritto di famiglia (2008), p. 123; *Christandl*, in: Eccher/Schurr/Christandl, Handbuch italienisches Zivilrecht, 5/156.

556 *Dopffel*, FamRZ 1978, 575.

557 Ausführlich zum Rechtsinstitut des fondo patrimoniale siehe die Ausführungen bei *Burchia/Depping*, JbItalR 18 (2005), 139 ff.; *Kindler*, Einführung in das italienische Recht, § 12 Rn. 17; *Christandl*, in: Eccher/Schurr/Christandl, Handbuch italienisches Zivilrecht, 5/156.

558 *Burchia/Depping*, JbItalR 18 (2005), 139, 146 f.; *Christandl*, in: Eccher/Schurr/Christandl, Handbuch italienisches Zivilrecht, 5/157.

Rückschluss hinsichtlich ihrer Wichtigkeit für das italienische Recht ziehen lässt. Nicht zuletzt hat der fondo patrimoniale auch traditionelle Wurzeln im italienischen Recht;[559] im deutschen Recht lässt sich nach einer Möglichkeit der Vermögensfondseinräumung nur vergeblich suchen. Herrührend von einmal der Mitgift und andererseits dem Familiengut als antiquierte Formen des familiären Sondervermögens findet sich im neueren italienischen Recht nunmehr der fondo patrimoniale als eine Fusion beider wieder.[560] Soll ein Vermögensfonds im Sinne der Artt. 167 ff. CC errichtet werden, so ist dazu zunächst erforderlich, dass eine Widmung von Vermögenswerten für den Familienbedarf erfolgt. Dies kann durch jeden Ehegatten allein oder gemeinsam in Form einer öffentlichen Urkunde erfolgen. Auch Dritte können für das Ehepaar einen fondo patrimoniale errichten, wenn die Errichtung zu Gunsten des Ehepaares erfolgt. Nach Art. 167 Abs. 1 CC ist es Dritten sogar möglich, die Errichtung auch durch ein Testament zu vollziehen. Wird die Errichtung durch einen Dritten vorgenommen ist zu beachten, dass dazu jedenfalls eine Zustimmung der beiden Ehegatten erforderlich ist.[561]

§ 3 Europäische Güterrechtsverordnung

Mittlerweile weisen ungefähr 16 Millionen der in der Europäischen Union geschlossenen Ehen einen grenzüberschreitenden Bezug auf. Im Jahre 2007 waren es von 2,4 Millionen Eheschließungen noch 300.000 mit Auslandsbezug und von 1.040.000 Ehen, welche im selben Jahre geschieden wurden, wiesen immerhin 140.000 einen grenzüberschreitenden Aspekt auf.[562] Nach einer Vereinheitlichung im europäischen Erbrecht durch die Erbrechtsverordnung blieb daher noch die Vereinheitlichung der Regeln über das Güterrecht auf

---

559 Siehe dazu *Bellomo*, Considerazioni storiche in margine ad un progetto di riforma del diritto di famiglia, in: Studi sulla riforma, 539, 544 ff.

560 *Dopffel*, FamRZ 1978, 575.

561 *Auletta*, in Bonilini/Cattaneo II (2007), S. 403. Es handelt sich dabei immer um ein zweiseitiges oder auch um ein mehrseitiges Rechtsgeschäft; *Christandl*, in: Eccher/Schurr/Christandl, Handbuch italienisches Zivilrecht, 5/158.

562 Diese Zahlen ergeben sich aus einem Bericht der Kommission an das Europäische Parlament, den Rat und den Europäischen Wirtschafts- und Sozialausschuss über die Anwendung der VO (EG) Nr. 2201/2003 des Rates über die Zuständigkeit und die Anerkennung und Vollstreckung von Entscheidungen in Ehesachen und in Verfahren betreffend die elterliche Verantwortung und zur Aufhebung der VO (EG) Nr. 1347/2000, KOM (2014) 225 endgültig, Fn. 19, S. 5.

europäischer Ebene. Vom materiellen Güterrecht werden vermögensrechtliche Beziehungen zwischen den Ehegatten bzw. den (eingetragenen) Lebenspartnern geregelt. Nach zahlreichen Diskussionen, allesamt geleitet vom allgegenwärtigen Bedürfnis nach Rechtssicherheit auch im Bereich des Güterrechts, findet schließlich ab dem 29. Januar 2019 fast dreizehn Jahre nach Annahme des Grünbuches[563] die Güterrechtsverordnung[564] Anwendung. Insgesamt ist daher eine Vereinheitlichung des Kollisionsrecht nun auch im Bereich des Ehegüterrechts erfolgt. Zugleich mit der Güterrechtsverordnung beansprucht die Partnerschaftsverordnung[565] für eingetragene Lebenspartnerschaften ab dem 29. Januar 2019 Geltung. Insbesondere aufgrund der unterschiedlichen Ausgestaltung und vor allem auch Schwerpunktsetzung durch die verschiedenen Rechtsordnungen bietet eine einheitliche Regelung nunmehr eine rechtssichere Vermögensplanung für internationale Ehe- oder Lebenspartner.[566] Dabei ist zu betonen, dass die Güterrechtsverordnung und die Partnerschaftsverordnung im Verfahren der „Verstärkten Zusammenarbeit" erlassen wurden, weswegen sie nicht in allen Mitgliedstaaten gelten.[567] Eine Vereinfachung bei der Vermögensverwaltung war auch eine der Zielrichtungen, welche die Güterrechtsverordnung in ihren Erwägungsgründen 8 und 15 f. manifestiert hat.[568] Da sich beide Verordnungen

563 Das Grünbuch wurde ausweislich des Erwägungsgrundes 6 der EuGüVO bereits am 17. Juli 2006 von der Kommission angenommen.

564 Verordnung (EU) 2016/1103 des Rates zur Durchführung einer Verstärkten Zusammenarbeit im Bereich der Zuständigkeit, des anzuwendenden Rechts und der Anerkennung und Vollstreckung von Entscheidungen in Fragen des ehelichen Güterstands vom 24. Juni 2016 (ABl. 2016 L 183, 1).

565 Verordnung (EU) 2016/1104 des Rates zur Durchführung der Verstärkten Zusammenarbeit im Bereich der Zuständigkeit, des anzuwendenden Rechts und der Anerkennung und Vollstreckung von Entscheidungen in Fragen güterrechtlicher Wirkungen eingetragener Lebenspartnerschaften (ABl. 2016 L 183, 30).

566 Im Zuge des Vorschlages zu den Güterrechtsverordnungen im Jahre 2016 ist die Europäische Kommission noch von 16 Millionen internationalen Paaren ausgegangen, die in der EU leben (vgl. auch Pressemitteilung der EU-Kommission vom 02.03.2016, IP/16/449, in welcher es lautet: „Da immer mehr Bürgerinnen und Bürger in einem anderen Land als ihrem Heimatland leben, steigt auch die Zahl internationaler Paare, die in der Europäischen Union inzwischen 16 Millionen beträgt.").

567 So spricht auch *Dutta* davon, dass die beiden Güterrechtsverordnungen „leider nur im Weg der Verstärkten Zusammenarbeit in das Amtsblatt gelangten", vgl. ZEuP 2020, 897, 899.

568 In den genannten Erwägungsgründen ist unter anderem die Rede davon, dass Schwierigkeiten bei der Vermögensverwaltung der Paare überwunden werden sollen und Rechtssicherheit in Bezug auf das Vermögen von verheirateten Paaren herrschen soll.

inhaltlich nahezu decken[569], wird im Folgenden lediglich auf die Güterrechtsverordnung einzugehen sein.[570]

Die Europäische Kommission hat erst am 16.3.2011 den Vorschlag für eine Verordnung über die Zuständigkeit, das anzuwendende Recht, die Anerkennung und die Vollstreckung von Entscheidungen im Bereich des Ehegüterrechts eingereicht.[571] Der Rat der Europäischen Union hat diese Verordnung am 24.6.2016 verabschiedet.[572] Bei einem Blick auf die Systematik der Güterrechtsverordnung wird die Ähnlichkeit zur Erbrechtsverordnung deutlich.[573] Trotzdem handelt es sich bei der Erbrechtsverordnung und der Güterrechtsverordnung um zwei unterschiedliche Rechtsakte, die einer sachgemäßen Abgrenzung ihrer jeweiligen sachlichen Anwendungsbereiche bedürfen.[574] Die Festlegung der unterschiedlichen Anwendungsbereiche erfolgt im Wege der Qualifikation, welche

---

569 EUGüVO; EUPartVO – Verabschiedung der Europäischen Güterrechtsverordnungen, DNotI-Report 2016, S. 109. Obwohl für das Güterrecht von Ehegatten und eingetragenen Partnerschaften zwei unterschiedliche Verordnungen erlassen worden sind, so sind diese doch annähernd identisch in ihren Inhalten.

570 Unterschiedlichste Reaktionen ergeben sich zur Frage der internationalen Anerkennung von nichtehelichen bzw. nicht eingetragenen Partnerschaften. Es gehen nämlich die unterschiedlichsten Rechtsordnungen durchaus davon aus, dass nichteheliche Partnerschaften sozusagen außerhalb des Rechts geführt werden und daher nur einzelne Teilbereiche der nichtehelichen bzw. nicht eingetragenen Partnerschaften vom Rechtssystem erfasst werden können. Andere Rechtsordnungen sehen in nichtehelichen bzw. nicht eingetragenen Partnerschaften eine Einrichtung an, welche nach den Vorschriften des jeweiligen Familienrechts beurteilt wird und demnach auch ihre entsprechenden Rechtsfolgen zu tragen hat. Besonders im Kollisionsrecht kommt es bei nichtehelichen bzw. nicht eingetragenen Lebensgemeinschaften zu Schwierigkeiten, sollten unterschiedliche Staatsangehörigkeiten vorliegen. Grundsätzlich zu nichtehelichen bzw. nicht eingetragenen Partnerschaften und ihr Auslandsbezug siehe *Grziwotz*, Nichteheliche Lebensgemeinschaft, 12. Teil, Rn. 1 ff.

571 Vorschlag für eine Verordnung des Rates über die Zuständigkeit, das anzuwendende Recht, die Anerkennung und die Vollstreckung von Entscheidungen im Bereich des Ehegüterrechts, KOM (2011) 126/2; Vorschlag für eine Verordnung des Rates über die Zuständigkeit, das anzuwendende Recht, die Anerkennung und die Vollstreckung von Entscheidungen im Bereich des Güterrechts eingetragener Partnerschaften, KOM (2011) 127/2.

572 ABl. EU 2016, L 183/1.

573 *Dutta/Wedemann*, FS Kaissis, 133, 134.

574 *Mankowski*, ZEV 2016, 479, 480.

bei europäischen Verordnungen an verordnungsautonomen Maßstäben zu messen ist.[575]

I. Beweggründe – Unstimmigkeiten mit dem Erbrecht

Am 27.10.2010 bereits veröffentlichte die Europäische Kommission einen Bericht („Bericht über die Unionsbürgerschaft 2010 – Weniger Hindernisse für die Ausübung von Unionsbürgerrechten“[576]). Darin kam sie zu dem Ergebnis, dass es oftmals noch zu den großen Problemen der Unionsbürger im Alltag zählte, wenn die Vermögensverhältnisse bei Paaren mit internationalem Hintergrund weitestgehend ungeklärt sind und sie dazu noch ihre sich aus der Unionsbürgerschaft ergebenden Rechte in einem anderen Mitgliedstaat ausüben möchten. Damit diesen Problemen begegnet werden kann, kündigte die Kommission für 2011 die Annahme eines Legislativvorschlages an, der solchen Paaren mit internationalem Hintergrund die Bestimmung darüber einfacher machen sollte, welches Gericht für sie zuständig sein würde und welches Recht auf die Vermögensrechte der Ehegatten anzuwenden sei.[577]

Die Notwendigkeit einer solchen Verordnung ergab sich insbesondere daraus, dass es nicht zuletzt auch aufgrund der voranschreitenden Mobilität der EU-Bürger in einem europäischen Raum ohne jegliche Binnengrenzen immer mehr dazu kommt, dass Menschen aus verschiedenen EU-Staaten eine Bindung miteinander eingehen und sich vielleicht anschließend auch in einem Staat der EU niederlassen, wo sogar keiner der Partner die jeweilige Staatsangehörigkeit besitzt. Dabei bleibt natürlich auch nicht aus, dass sich die Eheleute im Laufe ihres gemeinschaftlichen Ehelebens Güter anschaffen, möglicherweise auch in verschiedenen Mitgliedstaaten der EU. Im Jahre 2003 hat sich eine Studie von Consortium ASSER-UCL[578] damit auseinandergesetzt, welche Probleme sich bei Paaren mit internationalem Hintergrund bezüglich praktischer und rechtlicher Schwierigkeiten ergeben, sei es bei ihrer Vermögensverwaltung im Alltag oder

575 *Mankowski*, ZEV 2016, 479, 480.

576 KOM (2010) 603.

577 Siehe Begründung zu KOM (2011) 126/2.

578 Vgl. die von Consortium ASSER-UCL im Auftrag der Kommission erstellte Studie u⊠ber die vermögensrechtlichen Verhältnisse bei verheirateten und unverheirateten Paaren („Etude sur les régimes matrimoniaux des couples mariés et sur le patrimoine des couples non mariés dans le droit international privé et le droit interne des États membres de l'Union“), https://www.asser.nl/upload/ipr-webroot/documents/cms_ipr_6_1_Final%20Report%20EU%20Commission%20030703.pdf.

aber auch bei einer Vermögensteilung, wenn die Ehegatten sich trennen oder der Partner verstirbt. Zumeist gehen diese Probleme darauf zurück, dass es doch zu erheblichen Unterschieden zwischen den Vorschriften des materiellen und des Internationalen Rechts kommen kann, die dann im nächsten Schritt natürlich auch für die vermögensrechtlichen Wirkungen maßgeblich sind, die eine Ehe mit sich bringt.[579] Diese „wechselseitige Teilhabe am Vermögen" des jeweils anderen Ehegatten ist für internationale Paare besonders wichtig.[580] Die Güterrechtsverordnung soll damit der wirtschaftlichen Bedeutung des Güterstandes für die Ehegatten gerecht werden und einen einheitlichen Rechtsrahmen dort schaffen, wo unterschiedliche Rechtssysteme in den Mitgliedstaaten der EU zu divergierenden materiellrechtlichen Ergebnissen führen.[581]

1. Die Ziele der Verordnung

Als Ziel der Güterrechtsverordnung lässt sich anführen, dass ein eindeutiger Rechtsrahmen für die Bestimmung des jeweils zuständigen Gerichtes und des anwendbaren Güterrechts geschaffen werden und eine Erleichterung für internationale Paare dahingehend erfolgen sollte, dass die Anerkennung und Vollstreckung von Entscheidungen und von Urkunden im Verkehr zwischen Mitgliedstaaten nunmehr einfacher wird.[582] Internationalen Paaren sollte mit Einführung der Güterrechtsverordnung dazu verholfen werden, die bislang fehlende Harmonisierung herbeizuführen.[583] Darüber hinaus wird den gleichen Anknüpfungspunkten gefolgt wie im Haager Protokoll über das auf Unterhaltspflichten anzuwendende Recht[584] oder der Rom III-

579 Siehe Begründung KOM (2011) 126/2.

580 *Weber*, in: Symposium DNotI, S. 1.

581 NK-BGB/*Magnus*, Art. 1 EuGüVO Rn. 1.

582 Siehe Begründung KOM (2011), 126/2.

583 Die Zahl der internationalen Paare beläuft sich nach Schätzungen der Europäischen Kommission auf immerhin etwa 16 Millionen, vgl. hierzu Pressemitteilung der Europäischen Kommission v. 2.3.2016, IP/16/449, abrufbar unter https://ec.europa.eu/commission/presscorner/detail/de/IP_16_449; Pressemitteilung der Europäischen Kommission vom 16.3.2011, IP/11/320, abrufbar unter https://ec.europa.eu/commission/presscorner/detail/de/IP_11_320 (beide Quellen zuletzt abgerufen am 02.01.2021).

584 Protokoll über das auf Unterhaltspflichten anzuwendende Recht vom 23.11.2007, abrufbar unter https://assets.hcch.net/upload/text39d.pdf (zuletzt aufgerufen am 02.01.2021).

VO[585]. Auch die Güterverordnung unterwirft den Güterstand der beiden Ehegatten primär dem Recht desjenigen Staates, in dem die Beteiligten nach der Eheschließung ihren ersten gemeinsamen gewöhnlichen Aufenthalt nehmen.[586] Demnach erfolgt auch im Güterrecht eine Abkehr vom Staatsangehörigkeitsprinzip zugunsten des gewöhnlichen Aufenthaltes, denn aus den Erwägungsgründen zur Regelanknüpfung an den gemeinsamen gewöhnlichen Aufenthalt ergibt sich: „Wird keine Rechtswahl getroffen, so sollte diese Verordnung im Hinblick auf die Vereinbarkeit von Rechtssicherheit und Vorhersehbarkeit des anzuwendenden Rechts mit den tatsächlichen Lebensumständen des Paares die Einführung harmonisierter Kollisionsnormen vorsehen, die sich auf eine Rangfolge der Anknüpfungspunkte stützen, anhand deren sich das auf das gesamte Vermögen der Ehegatten anzuwendende Recht bestimmen lässt. So sollte der erste gemeinsame gewöhnliche Aufenthalt der Ehegatten kurz nach der Eheschließung erster Anknüpfungspunkt *noch vor der gemeinsamen Staatsangehörigkeit* der Ehegatten zum Zeitpunkt der Eheschließung sein.“[587] Das Recht der Staatsangehörigkeit beider Ehegatten gelangt erst subsidiär zur Anwendung, genauso das Recht des Staates mit der engsten gemeinsamen Verbundenheit der Ehegatten.[588] Durch die Güterrechtsverordnung soll es den Ehegatten einfacher gemacht werden, güterrechtliche Fragestellungen im Vorhinein dadurch umfassender regeln zu können, dass das einschlägige Güterrecht nunmehr planbarer und berechenbarer zu ermitteln sein wird. Dies geht insbesondere aus dem Erwägungsgrund 15 der Güterrechtsverordnung hervor, welcher das Rechtsinstrument der Güterrechtsverordnung aus dem Grund einführen möchte, dass dadurch „ein gewisses Maß an Vorhersehbarkeit in Bezug auf das anzuwendende Recht gegeben ist“[589]. In den darauffolgenden Erwägungsgründen wird anschließend erläutert, was genau zur Erreichung dieses Vereinheitlichungszieles erforderlich ist. Nicht nur, dass einzelne Bereiche nunmehr vollumfänglich zusammengefasst werden (vgl. hierzu Erwägungsgrund 16), vielmehr soll sich der Anwendungsbereich der Verordnung auch auf jegliche zivilrechtlichen Aspekte erstrecken, welche sich mit den ehelichen Güterständen befassen, Vermögensverwaltung der Ehegatten

585 Protokoll über das auf Unterhaltspflichten anzuwendende Recht vom 23.11.2007, abrufbar unter https://assets.hcch.net/upload/text39d.pdf (zuletzt aufgerufen am 02.01.2021).
586 Vgl. Art. 26 Abs. 1 lit. a EuGüVO.
587 Vgl. Erwägungsgrund 49 der EuGüVO.
588 Vgl. Art. 26 Abs. 1 lit. b) und c) EuGüVO.
589 Erwägungsgrund 15 der EuGüVO.

im Alltag und güterrechtliche Auseinandersetzung miteingeschlossen (vgl. Erwägungsgrund 18). Darüber hinaus soll die Verordnung grundsätzlich autonom auszulegen sein, ein Rückgriff auf die nationalen Rechte zur Bestimmung einzelner Begriffe ist daher nicht möglich.[590] Insbesondere für grenzüberschreitende Sachverhalte soll auch auf güterrechtlicher Ebene durch vereinheitliche Kollisionsvorschriften ein internationaler Entscheidungseinklang herbeigeführt werden.[591] Wie die Erbrechtsverordnung auch sieht die Güterrechtsverordnung demnach einen Entscheidungseinklang hinsichtlich der gleichen Fragen (materielles Recht, gerichtlicher Zuständigkeit, Anerkennung und Vollstreckung auf verfahrensrechtlicher Ebene) vor.

2. *Das anwendbare Güterrecht*

a) *Zeitlicher und sachlicher Anwendungsbereich der Verordnung*

Der zeitliche Anwendungsbereich der Verordnung ergibt sich aus der Vorschrift des Art. 70 EuGüVO, welcher das Inkrafttreten der Verordnung näher bestimmt. Im Grundsatz ist die Verordnung wie bereits erwähnt ab dem 29.1.2019 anwendbar, allerdings soll sie sich tatsächlich auch erst den Eheschließungen oder den getätigten Rechtswahlen ab diesem Zeitpunkt widmen. Aus der Vorschrift des Art. 70 der Güterrechtsverordnung ergibt sich weiterhin, dass vereinzelte Vorschriften der Verordnung bereits zu einem früheren Zeitpunkt Geltung beanspruchen. So soll beispielsweise Art. 63 EuGüVO, welcher den Informationszugang der Öffentlichkeit näher regelt, bereits ab dem 29.4.2018 anwendbar sein. Dies ist insofern sinnvoll, als dass sich die Öffentlichkeit dadurch bis zu 9 Monate vor Inkrafttreten der Verordnung mit aktuellen Informationen (so heißt es in Art. 63 EuGüVO unter anderem „die Mitgliedstaaten halten die Informationen stets auf dem neuesten Stand") betreffend die Verordnung versorgen konnte, um sich so vorher ein Bild über die Veränderungen der Rechtslage zu machen. Mit Ausnahme einiger weiterer Schlussbestimmungen (Art. 65, 66 und 67 EuGüVO) waren bis zum Zeitpunkt des 29.1.2019 die Verordnungsvorschriften auf eheliche

---

590 Dies ergibt sich aus den Erwägungsgrund 18 und 59 der Güterrechtsverordnung. Nach Erwägungsgrund 18 soll „für die Zwecke dieser Verordnung [...] der Begriff ‚ehelicher Güterstand' autonom ausgelegt werden und er sollte nicht nur Regelungen umfassen, von denen die Ehegatten nicht abweichen dürfen [...]. " Erwägungsgrund 59 spricht von der autonomen Auslegung des Begriffes „Authentizität" einer öffentlichen Urkunde.

591 Zu den Regelungszielen der Güterrechtsverordnung siehe *Weber*, DNotZ 2016, 659, 661.

Güterstände nicht anzuwenden. In Kraft getreten ist die Güterrechtsverordnung bereits am 28.7.2016, zur Anwendung gelangt sie allerdings erst seit dem 29.01.2019, vgl. Art. 69 Abs. 1 EuGüVO. Die Vorschriften der Güterrechtsverordnung kommen nach Art. 69 Abs. 3 EuGüVO also erst dann zur Geltung, wenn die Ehe am oder nach dem 29.1.2016 geschlossen worden ist oder eine wirksame Rechtswahl erst nach diesem Datum getätigt worden ist. Für alle sog. Altehen, die vorher geschlossen worden sind, gelten die bisher anwendbaren autonomen Kollisionsvorschriften der nationalen Rechtsordnungen. Damit einher geht eine Aufspaltung des zeitlichen Anwendungsbereiches der Güterrechtsverordnung, welche nicht der vorgesehenen Vereinheitlichung und Abstimmung zwischen den Zuständigkeitsvorschriften auf der einen und den kollisionsrechtlichen Vorschriften auf der anderen Seite entspricht.[592]

Hinsichtlich des sachlichen Anwendungsbereiches der Verordnung legt Art. 1 EuGüVO fest, dass die Verordnung auf die ehelichen Güterstände Anwendung findet. Was genau unter den ehelichen Güterständen zu verstehen ist, wird in Art. 3 Abs. 1 lit. a) EuGüVO näher erläutert. Demnach sind eheliche Güterstände „sämtliche vermögensrechtliche Regelungen, die zwischen den Ehegatten und in ihren Beziehungen zu Dritten aufgrund der Ehe oder der Auflösung der Ehe gelten“[593]. Der Begriff des ehelichen Güterstandes wird in Erwägungsgrund 18 der Güterrechtsverordnung insoweit schärfer umrissen, als dass sich der Anwendungsbereich der Verordnung „auf alle zivilrechtlichen Aspekte der ehelichen Güterstände erstrecken“ soll und der Begriff des ehelichen Güterstandes sich nicht lediglich mit vermögensrechtlichen Regelungen befassen soll, welche „einzelstaatliche Rechtsordnungen speziell und ausschließlich für die Ehe vorsehen, sondern auch sämtliche vermögensrechtliche Verhältnisse, die zwischen den Ehegatten und in ihren Beziehungen gegenüber Dritten direkt infolge der Ehe oder der Auflösung des Eheverhältnisses gelten“. Demzufolge sind sämtliche vermögensrechtliche Verhältnisse zwischen den Ehegatten gemeint, welche im Rahmen Schließung der Ehe, dem Bestehen oder dem Auflösen derselben unabdingbare Bedingungen für das in Rede stehende Rechtsverhältnis sind.[594]

---

592 Hierzu kritisch *Weber*, DNotZ 2016, 659, 663; *Dutta*, FamRZ 2016, 1973, 1985; *Coester-Waltjen*, Yb. P.I.L. 2017/2018, 195, 196; NK-BGB/*Magnus*, Art. 1 EuGüVO Rn. 12.

593 Art. 3 EUGüVO.

594 So ähnlich EuGH v. 27.3.1979 – Rs. 143/78, Slg. 1979, 1055, 1066, Rn. 7 – de Cavel I; OGH v. 17.2.2016 – 3 Ob 221/15v, Ziff. 2.3 und 2.4: Die vermögensrechtlichen Beziehungen müssen gerade im Zusammenhang mit der Ehe stehen.

Auch der Art. 27 der Güterrechtsverordnung mit seinem Katalog an Regelbeispielen umreißt noch einmal genauer, welche Bereiche noch von dem auf den ehelichen Güterstand anzuwendenden Recht erfasst werden. Es zeigt sich demnach, dass das Güterstatut einen weiten Anwendungsbereich hat; vom Güterstatut werden demnach alle vermögensrechtlichen Folgen im Zusammenhang mit der Ehe erfasst, sofern sie nicht wiederum einem anderen Statut zuzuordnen sind wie beispielsweise dem Versorgungsausgleichsstatut.[595] Kommt es dabei zu Überschneidungen mit anderen Statuten, hilft ein Blick in den Katalog des Art. 1 der Güterrechtsverordnung um sicherzustellen, welche Angelegenheiten vom Anwendungsbereich der Verordnung ausgenommen sind. Ausgenommen vom Anwendungsbereich sind beispielsweise Fragen, welche sich mit der Gültigkeit oder der Anerkennung der Ehe[596] befassen (vgl. Art. 1 Abs. 2 lit. b)) oder aber auch mit der Rechtsnachfolge nach dem Tod eines Ehegatten (vgl. Art. 1 Abs. 2 lit. d)). Besonders bei den Fragen zur Rechtsnachfolge von Todes wegen zeigt sich ein Zusammenspiel mit der hierfür einschlägigen Erbrechtsverordnung, welche in ihrem Art. 1 Abs. 2 lit. d) wiederum jegliche Fragen des ehelichen Güterrechts von ihrer Anwendung ausnimmt.[597] Von der Güterrechtsverordnung nicht berührt werden hingegen die Zuständigkeiten der Behörden der Mitgliedstaaten für Fragen des ehelichen Güterstandes, vgl. Art. 2 EuGüVO. Die Zuständigkeitshoheit der einzelnen Mitgliedstaaten für ihre eigenen Behörden wird demnach nicht berührt.

Damit umfasst der sachliche Anwendungsbereich des Güterstatutes nach der Güterrechtsverordnung viel mehr als der Anwendungsbereich des Art. 15 EGBGB a. F. Befasst sich das deutsche Kollisionsrecht beispielsweise nicht mit dem Nebengüterrecht[598], wird dieses ebenfalls vom Anwendungsbereich der Verordnung umfasst.

---

595 *Weber*, DNotZ 2016, 659, 666.

596 Wobei diesbezüglich bereits fraglich ist, welche Art der Beziehung genau unter die „Ehe" i. S. d. Art. 1 Abs. 1 der Güterrechtsverordnung subsumiert werden kann. Hierzu siehe *Coester-Waltjen*, Yb. P.I.L. 2017/2018, 195, 198. Denn die Güterrechtsverordnung selbst definiert den Begriff der Ehe nicht, vielmehr soll dieser sich nach dem nationalen Recht der Mitgliedstaaten bestimmen; so Erwägungsgrund 17 der Güterrechtsverordnung.

597 *Weber*, DNotZ 2016, 659, 667.

598 Das Nebengüterrecht sind als Rechtsinstitute zu verstehen, welche neben dem Güterrecht im deutschen Recht einen vermögensrechtlichen Ausgleich zwischen den Ehegatten ermöglichen sollen, vgl. *Falkner*, DNotZ 2013, 586, 588; *Sanders*, FamRZ 2018, 978.

b) Sachliche Anknüpfung

Bereits bevor man sich auch für die Güterrechtsverordnung auf eine einheitliche Anknüpfung verständigte, wurde der gewöhnliche Aufenthalt als Anknüpfungspunkt hauptsächlich mit Blick auf die Erbrechtsverordnung favorisiert.[599] Insbesondere mit Blick auf die Vereinheitlichungsbestrebungen innerhalb der einzelnen europäischen Verordnungen soll nunmehr auch die Ehegüterrechtsverordnung an den gewöhnlichen Aufenthalt anknüpfen. Die Grundregel der objektiven Anknüpfung ist jedoch nicht ganz identisch mit derjenigen der Erbrechtsverordnung. Der feinen Begriffsunterschiede zwischen den beiden Rechtsakten soll sich im Folgenden angenommen werden.

aa) Der Unterschied zur Erbrechtsverordnung: Der erste gemeinsame gewöhnliche Aufenthalt

Die Anknüpfung an den gewöhnlichen Aufenthalt ist mittlerweile, wenn auch nicht unumstritten, etabliert und vertraut.[600] Im Unterschied zur Erbrechtsverordnung ist im Rahmen der Güterrechtsverordnung jedoch entscheidend, dass nicht nur der gewöhnliche Aufenthalt, sondern der *erste gemeinsame* gewöhnliche Aufenthalt maßgeblich ist. Diesbezüglich ist allerdings zu sagen, dass ein gemeinsamer Aufenthalt der Ehegatten auch dann angenommen wird, wenn die Ehegatten innerhalb eines Staates an unterschiedlichen Orten ihre Lebensmittelpunkte innehaben; so bezieht sich Art. 26 Abs. 1 lit. a) EuGüVO nämlich lediglich auf den Staat des gewöhnlichen Aufenthaltes der Ehegatten.[601] Wird eine primär zu beachtende Rechtswahl von den Parteien nach Art. 22 EuGüVO nicht getroffen, so unterliegt der eheliche Güterstand nach Art. 26 Abs. 1 lit. a) EuGüVO dem Recht desjenigen Staates, in dem die Ehegatten *nach* (und nicht zum Zeitpunkt) der Eheschließung ihren ersten gemeinsamen gewöhnlichen Aufenthalt haben.[602] Hierbei fällt auf, dass lediglich im Rahmen des ersten

---

599 So schreibt *Lehmann* in einem Aufsatz, dass sich manche Probleme direkt zu Beginn lösen würden, wenn eine einheitliche Anknüpfung erfolge, siehe hierzu ZEV 2015, 154.

600 *Coester-Waltjen*, in: Symposium DNotI, S. 47, 52 Rn. 20; überhaupt wird im europäischen Internationalen Privat- und Verfahrensrecht zum gewöhnlichen Aufenthalt tendiert, vgl. NK-BGB/*Sieghörtner*, Art. 26 EuGüVO Rn. 1.

601 *Coester-Waltjen*, in: Symposium DNotI, S. 47, 52 Rn. 20; *Heiderhoff*, IPRax 2018, 1, 5; *Weber*, DNotZ 2016, 659, 670 f.

602 MüKo-BGB/*Looschelders*, Art. 26 EuGüVO Rn. 1; Grüneberg/*Thorn*, Art. 26 EuGüVO Rn. 1.

gemeinsamen gewöhnlichen Aufenthaltes nach lit. a) der Zeitpunkt *nach* der Eheschließung die maßgebliche Anknüpfung ist und nicht wie bei den restlichen objektiven Anknüpfungsregelungen des Art. 26 EuGüVO der Zeitpunkt der Eheschließung. Der Gedanke dahinter, wieso es um den Zeitpunkt nach der Eheschließung geht und nicht etwa um den Zeitpunkt derselben, ist derjenige, dass bei Ehegatten, die erst kurz nach ihrer Eheschließung einen ersten gemeinsamen gewöhnlichen Aufenthalt begründen, trotz alledem primär an den ersten gemeinsamen gewöhnlichen Aufenthalt anstatt an die Staatsangehörigkeit angeknüpft werden soll.[603] Denn eine Vielzahl an Ehepaaren finden noch immer erst nach ihrer Eheschließung einen gemeinsamen Lebensmittelpunkt, was dann wiederum zur Bestimmung des maßgeblichen Güterstatuts auf den Zeitpunkt der Eheschließung zurückwirkt.[604] Dies ergibt sich aus Erwägungsgrund 49 Satz 2 der Güterrechtsverordnung. Spätestens kurz nach der Eheschließung muss der gemeinsame gewöhnliche Aufenthalt der Ehegatten daher begründet werden. Durch das Wort „kurz" in den Erwägungsgründen wird deutlich, dass die Güterrechtsverordnung eine zeitliche Grenze für die Anknüpfung an den ersten gemeinsamen gewöhnlichen Aufenthalt vorgesehen hat;[605] eine weitergehende Einschränkung findet sich indes nicht. Diesbezüglich wird teilweise von einer Frist von drei Monaten nach Eheschließung ausgegangen.[606] Andererseits wird von der Begründung eines gemeinsamen gewöhnlichen Aufenthaltes „sofort oder kurz"[607] bzw. auch „unmittelbar"[608] gesprochen. Hingegen wird von manchen Vertretern eine Zeitgrenze vollends abgelehnt und darauf abgestellt, ob bereits bei Eheschließung der konkrete Plan der Ehegatten zur Begründung eines gemeinsamen gewöhnlichen Aufenthaltes bestanden hat.[609] Letztere Ansicht, welche sich gegen eine zeitliche Grenze ausspricht, ist jedoch abzulehnen. Besonders mit Blick auf die Rechtssicherheit für die Ehegatten zur Feststellung des anwendbaren Güterrechts sollte der Zeitraum nach Eheschluss

---

603 Vgl. bereits die Ausführungen bei *Martiny*, IPRax 2011, 437, 450.

604 *Dutta*, FamRZ 2016, 1973, 1982; *Martiny*, IPRax 2011, 437, 450; *Weber*, DNotZ 2016, 659, 671 f.

605 MüKo-BGB/*Looschelders*, Art. 26 EuGüVO Rn. 81; BeckOK-BGB/*Wiedemann*, Art. 26 EuGüVO Rn. 7.

606 *Coester-Waltjen*, in: Symposium DNotI, S. 47, 53 Rn. 22; *Weber*, DNotZ 2016, 659, 672; BeckOK-BGB/*Wiedemann*, Art. 26 EuGüVO Rn. 7.

607 *Kohler/Pintens*, FamRZ 2016, 1509, 1512.

608 Hausmann/Odersky/*Hausmann*, IPR, § 9 Rn. 17.

609 *Dutta*, FamRZ 2016, 1973, 1982 Rn. 58; *Heiderhoff*, IPRax 2018, 1, 5: bestehen konkrete Planungen, sei der gemeinsame Aufenthalt noch sechs bis acht Monate überbrückbar.

zur Begründung des gemeinsamen gewöhnlichen Aufenthaltes nicht allzu lang bemessen sein. In Anbetracht der mit einer Begründung eines neuen gemeinsamen gewöhnlichen Aufenthaltes einhergehenden Faktoren wie Wohnungssuche, Umzug usw. einerseits und der damit in Einklang zu bringenden Rechtssicherheit andererseits ist der Ansicht zuzustimmen, die eine Frist von bis zu drei Monaten als angemessen erachtet.

bb) Die weiteren Anknüpfungsmöglichkeiten des Art. 26 Abs. 1 EuGüVO

Wie in Art. 15, 14 EGBGB a. F. wird das anwendbare Recht auch in der Güterrechtsverordnung nach einer Anknüpfungsleiter bestimmt.[610] Sollte der erste gemeinsame gewöhnliche Aufenthalt nicht zu ermitteln sein, bestimmt sich das anzuwendende Recht in einem zweiten Schritt nach der Staatsangehörigkeit beider Ehegatten zum Zeitpunkt der Eheschließung (vgl. Art. 26 Abs. 1 lit. b)), falls die Ehegatten ein gemeinsames Heimatrecht haben. Wie bei der Erbrechtsverordnung auch ist die Anknüpfung an die Staatsangehörigkeit gern gesehen, ermöglicht sie doch eine einfache und unkomplizierte Feststellung.[611] Sollte keine gemeinsame Staatsangehörigkeit der Ehegatten festzustellen sein, wird andernfalls in einem dritten Schritt für den ehelichen Güterstand schließlich dasjenige Recht maßgeblich sein, mit dem die Ehegatten unter Berücksichtigung aller Umstände zum Zeitpunkt der Eheschließung gemeinsam am engsten verbunden sind (vgl. Art. 26 Abs. 1 lit. c)). In diesem Zusammenhang können Kriterien für eine gemeinsame engste Verbundenheit der Ehegatten die gemeinsame Herkunft, Religion, Sprache oder aber auch ein langer gemeinsamer Aufenthalt kurz vor Eheschließung sein.[612] Ebenfalls mit in die Berücksichtigung finden gemeinsame Zukunftspläne eines Paares, sofern sie bei Eheschließung bereits

---

610 Erwägungsgrund 49 S. 1 spricht von einer „Rangfolge der Anknüpfungspunkte“, wobei der entscheidende Unterschied zu Art. 15 Abs. 1 i. V. m. Art. 14 Abs. 1 EGBGB der ist, dass die Prüfungsreihenfolge umgekehrt erfolgt. Vgl. Hausmann/Odersky/*Hausmann*, IPR, § 9 Rn. 17; *Weber*, DNotZ 2016, 659, 670; *Dutta*, FamRZ 2016, 1973, 1981; *Coester-Waltjen*, in: Symposium DNotI, S. 47, 52 Rn. 18; Grüneberg/*Thorn*, Art. 26 EuGüVO Rn. 1.

611 Auf die Behandlung von Personen mit mehrfacher Staatsangehörigkeit soll hier nicht weiter eingegangen werden. Zu dieser Frage siehe näher die Ausführungen bei *Coester-Waltjen*, in: Symposium DNotI, S. 47, 53 Rn. 25 f.; *Martiny*, ZfPW 2017, 1, 22.

612 *Heiderhoff*, IPRax 2018, 1, 6; NK-BGB/*Sieghörtner*, Art. 26 EuGüVO Rn. 24 mit weiteren Kriterien.

konkret vorliegen.[613] Das Güterstatut ist – einmal festgestellt – im Grundsatz unwandelbar, da nach Erwägungsgrund 46 der Güterrechtsverordnung im Interesse der Rechtsverkehrssicherheit ein Wechsel des anwendbaren Rechts nur dann erfolgt, wenn die Ehegatten ihn aufgrund ausdrücklichen Antrages wünschen. Eine rückwirkende Geltung dieses Wechsels ist hingegen – außer bei entsprechender Vereinbarung – nicht möglich. Dies soll der Gefahr entgegentreten, dass es zu einem unbewussten Güterstatutswechsel kommt, ohne dass die Ehegatten von einem solchen Wechsel unterrichtet würden.[614] Wie im Rahmen anderer EU-Rechtsakte auch ist in der Güterrechtsverordnung umstritten, ob allen EU-Rechtsakten gleichermaßen ein gemeinsamer Aufenthaltsbegriff zugrunde liegt oder ob sich dieser innerhalb der unterschiedlichen Rechtsakte unterscheidet.[615]

cc) Ausweichklausel, Art. 26 Abs. 3 EuGüVO

Eine Durchbrechung des Grundsatzes der Unwandelbarkeit wird jedoch über Art. 26 Abs. 3 EuGüVO vorgenommen, in dem das für Fragen des ehelichen Güterstandes zuständige Gericht ausnahmsweise und dies auch nur auf Antrag eines der beiden Ehegatten entscheiden kann, dass das Recht eines anderen Staates für den ehelichen Güterstand maßgeblich sein soll.[616] Dabei ist allerdings Voraussetzung, dass die Ehegatten ihren letzten gemeinsamen gewöhnlichen Aufenthalt in diesem anderen Staat über einen erheblich längeren Zeitraum als in dem in Abs. 1 lit. a) bezeichneten Staat hatten und beide auch auf das Recht dieses anderen Staates bei der Regelung oder Planung ihrer vermögensrechtlichen Beziehungen vertraut haben (Art. 26 Abs. 3 lit. a) und b)). Durch die Ausweichklausel soll die Unwandelbarkeit des Güterstatuts abgemildert werden.[617] Liegen diese Voraussetzungen vor, gilt das Recht dieses anderen Staates rückwirkend für den Zeitpunkt der Eheschließung, sofern beide Ehegatten dies wünschen. Sollte einer der beiden Ehegatten damit nicht einverstanden sein, gilt für diesen Fall das Recht erst ab dem Zeitpunkt, zu dem der letzte gemeinsame

---

613 MüKo-BGB/*Looschelders*, Art. 26 EuGüVO Rn. 88; BeckOK-BGB/*Wiedemann*, Art. 26 EuGüVO Rn. 17.

614 Vgl. Erwägungsgrund 46 EuGüVO.

615 Hierzu eingehend NK-BGB/*Lugani*, Art. 5 Rom III-VO Rn. 47 ff. m. w. Nachw.

616 MüKo-BGB/*Looschelders*, Art. 26 EuGüVO Rn. 17.

617 *Coester-Waltjen*, in: Symposium DNotI, S. 47, 53 Rn. 28; *Heiderhoff* nennt die Vorschrift „missglückt", vgl. IPRax 2018, 1, 6; MüKo-BGB/*Looschelders*, Art. 26 EuGüVO Rn. 17.

gewöhnliche Aufenthalt dort begründet worden ist. Wann die Dauer erheblich sein soll und was genau darunter zu verstehen ist, dass beide Ehegatten auf das Recht dieses anderen Staates bei ihrer Vermögensplanung vertraut haben, wird in der Vorschrift nicht näher definiert. Auch die Erwägungsgründe vermögen eine Erläuterung nicht zu bieten. Vielmehr gewähren die Rechtsbegriffe „erheblich längere Dauer" und „auf das Recht vertraut haben" einen weitläufigen Interpretationsspielraum bei der Bejahung beider Voraussetzungen.[618] Deutlich werden muss bei den Erklärungen oder Handlungen der Ehegatten in jedem Fall, dass sich die Ehegatten bei der Gestaltung ihrer Vermögensverhältnisse der Anwendbarkeit einer bestimmten Rechtsordnung sicher waren.[619] Zur Bestimmung des erheblich längeren Zeitraumes nach Art. 26 Abs. 3 lit. a) sind der erste und der letzte gewöhnliche Aufenthalt ins Verhältnis[620] zueinander zu setzen: Bei einem Zeitraum von zwei Jahren im Verhältnis zu einem halben Jahr wird man von einem längeren Zeitraum ausgehen können, hingegen ist dies bei einer Dauer von 22 Jahren im Verhältnis zu 20 Jahren wohl nicht anzunehmen.[621] Im Ergebnis ist angesichts des nicht festgeschriebenen Inhalts der Voraussetzungen für die Ausweichklausel allerdings davon auszugehen, dass sich die Ehegatten bei Einigkeit hinsichtlich des anzuwendenden Güterrechts wohl für eine stabilere Rechtswahl entscheiden werden.[622]

Gleichermaßen gilt die Ausweichklausel auch dann nicht, sollten die Ehegatten vor der Begründung ihres letzten gemeinsamen gewöhnlichen Aufenthaltes in diesem anderen Staat bereits eine Vereinbarung über den ehelichen Güterstand geschlossen haben (Art. 26 Abs. 3 UAbs. 4 EuGüVO). Wurde von den Ehegatten demnach vor Verlegung ihres gewöhnlichen Aufenthaltes in einen anderen Staat ein Ehevertrag geschlossen, so gilt Art. 26 Abs. 3 EuGüVO nicht. Grundsätzlich bleibt es demnach bei der Unwandelbarkeit des Güterrechts, wie es das deutsche Kollisionsrecht vorsieht, jedoch mit der Möglichkeit der Durchbrechung derselben.

---

618 NK-BGB/*Sieghörtner*, Art. 26 EuGüVO Rn. 10 f.; *Weber*, DNotZ 2016, 659, 675.

619 *Weber*, DNotZ 2016, 659, 675.

620 Vgl. Grüneberg/*Thorn*, Art. 26 EuGüVO Rn. 5; NK-BGB/*Sieghörtner*, Art. 26 EuGüVO Rn. 10; HK-BGB/*Kemper*, Art. 26 EuGüVO Rn. 18; *Coester-Waltjen*, in: Dutta/Weber, Die Europäischen Güterrechtsverordnungen, 47, 56 Rn. 32

621 Das äußerst anschauliche Beispiel ist *Coester-Waltjen*, in: Symposium DNotI, S. 47, 53 Rn. 32 entnommen.

622 *Coester-Waltjen*, in: Symposium DNotI, S. 47, 53 Rn. 31; *Dutta* spricht davon, dass die Ausweichklausel damit einer konkludenten Rechtswahl der Ehegatten ähnlich sei, FamRZ 2016, 1973, 1982.

c) *Die Rechtswahl in der Güterrechtsverordnung*

Die Übergangsvorschrift des Art. 69 Abs. 3 EuGüVO sieht eine Geltung der Regelungen zur Rechtswahl – Art. 22-24 EuGüVO – erst nach dem 29. Januar 2019 vor. Es sind daher nur Rechtswahlen beachtlich, welche nach diesem Zeitpunkt getroffen worden sind. Die Güterrechtsverordnung erzeugt keinerlei Vorwirkungen. Unerheblich ist dabei, ob die Ehegatten vor dem 29. Januar 2019 geheiratet haben oder danach. Eine Übergangsbestimmung, wie sie Art. 83 EuErbVO[623] für das Internationale Erbrecht vorsieht, findet sich in der Güterrechtsverordnung nicht. Uneinigkeit besteht hingegen hinsichtlich der Frage, ob eine aufschiebend bedingte Rechtswahl zulässig ist. So wird sich einerseits dafür ausgesprochen, da es ausreichend sein müsse, wenn der Umzug im Zeitpunkt der Rechtswahl zuvor fest geplant ist und das nach Art. 24 Abs. 1 EuGüVO für die materielle Wirksamkeit der Rechtswahlvereinbarung maßgebliche Recht eine bedingte Rechtswahl auch zulässt.[624] Für die Zulassung einer aufschiebend bedingten Rechtswahl lässt sich einerseits anführen, dass diese auf der Grundlage des bisherigen deutschen Internationalen Ehegüterrechts weitestgehend Anerkennung gefunden hat.[625] Andererseits wird unter Zugrundelegung des eindeutigen Wortlauts des Art. 69 Abs. 3 EuGüVO von einer Unzulässigkeit einer aufschiebend bedingten Rechtswahl zugunsten einer Anwendung der Güterrechtsverordnung ausgegangen.[626] Darüber hinaus spricht auch der klare Wortlaut des Art. 22 Abs. 1 lit. a) EuGüVO vom gewöhnlichen Aufenthalt *zum Zeitpunkt der Rechtswahl.*[627] Aus Gründen der Rechtssicherheit ist die Zulässigkeit einer aufschiebend bedingten Rechtswahl allerdings nicht zu befürworten. Dabei ist allein die Unsicherheit bezüglich eines fest geplanten Umzuges heranzuziehen. Die erforderliche feste Planung eines Umzuges wird sich im Nachgang

---

623 Art. 83 EuErbVO sieht in Abs. 2 vor, dass eine vor dem Anwendungszeitpunkt der Erbrechtsverordnung getätigte Rechtswahl dann wirksam ist, wenn sie entweder „die Voraussetzungen des Kapitels III erfüllt oder wenn sie nach den zum Zeitpunkt der Rechtswahl geltenden Vorschriften des Internationalen Privatrechts in dem Staat, in dem der Erblasser seinen gewöhnlichen Aufenthalt hatte, oder in einem Staat, dessen Staatsangehörigkeit er besaß, wirksam ist."

624 So *Weber*, DNotZ 2016, 659, 677. Dieser Ansicht schließt sich auch *Sieghörtner* an, NK-BGB, Art. 22 EuGüVO Rn. 14.

625 Vgl. hierzu MüKo-BGB/*Looschelders*, Art. 15 EGBGB Rn. 95; MüKo-BGB/*Looschelders*, Art. 22 EuGüVO Rn. 14.

626 *Döbereiner*, in: Symposium DNotI, S. 63, 65 Rn. 4.

627 HK-BGB/*Kemper* Art. 24 EuGüVO Rn. 9; *Döbereiner*, in: Dutta/Weber, Die Europäischen Güterrechtsverordnungen, 63, 66 f. Rn. 11.

nur schwer nachweisen lassen.[628] Zudem entfaltet die vorgezogene Rechtswahl erst ihre Wirksamkeit, sobald die Voraussetzungen des Art. 22 Abs. 1 EuGüVO vorliegen. Diese Unwägbarkeit bei Ausübung der Rechtswahl, ob sich der Plan in Zukunft auch realisiert, ist mit Blick auf die Rechtssicherheit nicht tragbar.[629] Zudem besteht auch keine Veranlassung dazu, eine aufschiebend bedingte Wahl zuzulassen. Denn so steht es Ehegatten frei, jederzeit eine neue Rechtswahl zu treffen.[630] Es fehlt daher schon an einem Bedarf für die Zulässigkeit einer aufschiebend bedingten Rechtswahl.

aa) Rechtswahl nach Art. 22 EuGüVO

Auch in der Güterrechtsverordnung besteht nach Art. 22 die Möglichkeit, durch eine Rechtswahl als Ausdruck der Parteiautonomie das Ehegüterstatut zu bestimmen. Dadurch soll den Ehegatten oder den künftigen Ehegatten die Chance eingeräumt werden, das anwendbare Güterrecht entsprechend ihren Lebensverhältnissen und vor allem an den aktuellen Daseinsmittelpunkt anzupassen.[631] Aus Art. 22 Abs. 1 ergibt sich daher („*künftige* Ehegatten"), dass Rechtswahlen nach der Güterrechtsverordnung zu unterschiedlichen Zeitpunkten erfolgen können. Sie können vor, bei oder nach der Eheschließung der Ehegatten erfolgen. Ergänzt wird diese Bestimmung des Zeitpunktes der Rechtswahl durch Erwägungsgrund 45 S. 2 der Güterrechtsverordnung.[632] Primär wird sich bei der Anknüpfung an der getätigten Rechtswahl der Ehegatten orientiert.[633] Zum einen kann das Recht des gemeinsamen gewöhnlichen Aufenthaltes der Ehegatten oder zum anderen das der Staatsangehörigkeit des einen Ehegatten im Zeitpunkt der Rechtswahl gewählt werden, vgl. Art. 22 Abs. 1 lit. a) und b). Dabei sah der Vorschlag der Güterrechtsverordnung in Art. 16 diesbezüglich noch vor, dass die Möglichkeit der Rechtswahl durch die Ehegatten genau umrissen werden solle, damit sich nicht für ein Recht entschieden werde, welches der Lebenssituation der Ehegatten nicht annähernd gerecht werde bzw. nur entfernt

---

628 So auch MüKo-BGB/*Looschelders*, Art. 22 EuGüVO Rn. 14.

629 MüKo-BGB/*Looschelders*, Art. 22 EuGüVO Rn. 14.

630 Hierauf abstellend *Nordmeier* in Weller, Europäisches Kollisionsrecht, 2016, D Rn. 407.

631 *Kroll-Ludwigs*, NZFam 2016, 1061, 1063; vgl. auch Erwägungsgrund 45.

632 Dort heißt es: „Diese Wahl kann jederzeit vor der Ehe, zum Zeitpunkt der Eheschließung oder während der Ehe erfolgen."

633 Münch/*Süß*, Familienrecht, § 20, Rn. 140. Dies geht auch unmittelbar aus Art. 26 Abs. 1 hervor, welcher das mangels Rechtswahl anzuwendende Recht regelt.

mit der Lebensplanung korreliere.[634] Trotz alledem solle darauf geachtet werden, den Ehegatten einen weiten Spielraum einzuräumen, wenn es um die Frage der Bestimmung des anwendbaren Ehegüterrechts ginge, bestimmten Freiheiten wurde so demnach eine hohe Wichtigkeit eingeräumt.[635] Den Ehegatten wird so lediglich die Wahl bestimmter Rechtsordnungen gewährt, es handelt sich demnach um eine beschränkte Parteiautonomie.[636] Nicht von Belang ist dabei allerdings, wie die gewählte ausländische Rechtsordnung die Rechtswahl des Güterstatutes rechtlich einordnet, sodass die Rechtswahl nach Art. 22 EuGüVO das miteinzubeziehende Risiko in sich trägt, im Drittstaat nicht anerkannt zu werden.[637] Die Gewährung einer Rechtswahlmöglichkeit ist erfreulich, gewährt sie den Ehegatten so die Einflussnahme in wichtige Fragen der persönlichen Lebensgestaltung. Wird eine Rechtswahl im Laufe der Ehe getätigt, so wirkt diese bei fehlender Bestimmung der Ehegatten nur für die Zukunft, Art. 22 Abs. 2 EuGüVO. Eine wirksame Rechtswahl während der Ehe kann demnach auch mit rückwirkender Wirkung vereinbart werden, wichtig ist in diesem Zusammenhang allerdings nur (dies ergibt sich aus Art. 22 Abs. 3), dass dadurch Ansprüche Dritter nicht beeinträchtigt werden. Genauso wie die Erbrechtsverordnung sah auch der Verordnungsvorschlag mit Art. 15 als auch die Güterrechtsverordnung selbst keine gegenständlich beschränkte Rechtswahl vor, vgl. Art. 21 EuGüVO.[638] Gerade im Vorschlag der Verordnung wird genauer dargelegt, weshalb sich gegen eine Rechtsspaltung entschieden wurde und das gesamte Vermögen der beiden Ehegatten nunmehr ein und demselben Recht unterworfen

---

634 So die Ausführungen zu der Rechtswahlmöglichkeit der Ehegatten in Art. 16 EheGüVO-V.

635 So die Ausführungen zu der Rechtswahlmöglichkeit der Ehegatten in Art. 16 EheGüVO-V.

636 NK-BGB/*Sieghörtner*, Art. 22 Rn. 2 EuGüVO, siehe auch die Ausführungen bei *Nademleinsky*, Internationales Ehe-, Scheidungs- und Güterrecht, Rn. 303 ff. Hier unterscheidet sich die Güterrechtsverordnung von der Partnerschaftsverordnung: Nach Art. 26 Abs. 1 EuPartVO unterliegt der Güterstand eingetragener Partner dem Recht des Staates, nach dem die Partnerschaft begründet wurde. Dabei handelt es sich um ein Anknüpfungsmoment, welches vom Willen der eingetragenen Partner abhängig ist. Demnach können eingetragene Partner zumindest faktisch über ihr Güterstatut disponieren, hierzu siehe auch *Dutta*, ZEuP 2020, 897, 899.

637 NK-BGB/*Sieghörtner*, Art. 22 Rn. 2 EuGüVO; dabei sind als Drittstaaten auch solche anzusehen, die nicht als Mitgliedstaaten der Güterrechtsverordnung gewertet werden.

638 *Döbereiner*, in: Symposium DNotI, S. 63, 64 Rn. 3; Hausmann/Odersky/*Hausmann*, IPR, § 9 Rn. 15; *Mansel*, in: Leible/Unberath, Brauchen wir eine Rom 0-VO?, S. 241, 260; *Weber*, DNotZ 2016, 659, 663.

wird.[639] Zwar gelten für Immobilien noch immer unterschiedliche Voraussetzungen, sodass überlegt worden ist, sie dem Belegenheitsrecht zu unterwerfen und damit im Zweifel eine Spaltung des Rechts hinzunehmen. Letztlich ist sich jedoch im Interesse eines Einklanges gegen eine Rechtsspaltung entschieden worden, um eine nur wenig wünschenswerte Spaltung des Güterstandes und die damit einhergehende Anwendung unterschiedlicher Vermögenswerte zu verhindern.[640] Demnach kann es auch durch eine Rechtswahl der Ehegatten nicht zu einer Rechtsspaltung kommen, es bleibt somit bei einer Vermögenseinheit. Der Belegenheitsort der Immobilien ist demnach für das anzuwendende Recht im Unterschied zum zuvor geltenden Art. 15 Abs. 2 Nr. 3 EGBGB a. F. nun nicht mehr von Belang.[641] Bis zum 29.1.2019 war es den Ehegatten noch möglich, eine gegenständlich beschränkte Rechtswahl durchzuführen.

Gerade in Bezug auf die Rechtswahl gab es allerdings noch einige Punkte, die mit Blick auf die endgültige Verordnung einer Verbesserung bedurften.[642] Ein Vergleich zu Art. 22 Abs. 1 S. 2 EuErbVO zeigt, dass der Vorschlag der Güterrechtsverordnung einen Hinweis auf die Rechtswahlmöglichkeit zugunsten der Staatsangehörigkeit der Ehegatten vermissen ließ.[643] Erfreulicherweise findet sich in der endgültigen Fassung der erlassenen Verordnung die Möglichkeit der Rechtswahl zugunsten der Staatsangehörigkeit in Art. 22 Abs. 1 lit. b) wieder. Gerade als stabiles Anknüpfungskriterium sollte auf die Anwendung des Rechtes der Staatsangehörigkeit nicht verzichtet werden, da sie neben dem gewöhnlichen Aufenthalt noch immer einen dankbaren Anknüpfungspunkt bietet.

bb) Form der Rechtswahl

Die Form der Rechtswahl in der Güterrechtsverordnung richtet sich nach Art. 23 EuGüVO. Nach Abs. 1 der Vorschrift hat eine Vereinbarung nach Art. 22 schriftlich zu erfolgen, ist zu datieren und von beiden Ehegatten zu unterzeichnen (qualifizierte Schriftform).[644] Erwägungsgrund 47 S. 1 sieht bezüglich der Formvorgaben eine Erleichterung für die Ehegatten vor. Die Regeln zur materiellen

---

639 Vgl. Art. 15 EheGüVO-V.

640 Vgl. dazu die Ausführungen zu Art. 15 des EheGüVO-V.

641 Siehe hierzu auch *Döbereiner*, in: Symposium DNotI, S. 63, 64 Rn. 3; Hausmann/Odersky/*Hausmann*, IPR, § 9 Rn. 15.

642 So das Ergebnis vom Arbeitskreis Nr. 6, siehe *Dutta/Weber*, 21. Deutscher Familiengerichtstag.

643 Arbeitskreis Nr. 6, siehe *Dutta/Weber*, 21. Deutscher Familiengerichtstag, S. 2, II 6 a).

644 Art. 23 EuGüVO ist dabei weitestgehend in Anlehnung an Art. 7 Rom-III VO verfasst worden.

Wirksamkeit der Rechtswahl durch die Ehegatten sollen es ihnen erleichtern, eine Entscheidung „in voller Sachkenntnis“ zu treffen.[645] Dabei sollen sich die Ehegatten der „Tragweite ihrer Rechtswahl bewusst“ sein.[646] Diese Erwägungen dienen dem Schutz des schwächeren Ehegatten.[647] Im Interesse der Rechtssicherheit für die Ehegatten ist die Formvorschrift des Art. 23 EuGüVO daher eng auszulegen.[648]

Die von den Ehegatten durchzuführende Rechtswahl muss daher nach Abs. 1 mindestens den drei genannten formellen Vorgaben entsprechen. In Bezug auf die Schriftform ist § 126 BGB nicht heranzuziehen, da wie bei allen Begriffen der Verordnung eine autonome Begriffsbildung zu erfolgen hat.[649] Jedenfalls aber erfordert die Schriftform im Sinne des Art. 23 EuGüVO eine Art der verkörperten Willenserklärung; gleichgültig, ob die Verkörperlichung handschriftlich oder maschinell erfolgt.[650] Ferner ist auf dem Schriftstück das Datum der Errichtung festzuhalten. Sollten beide Ehegatten die Güterstandsvereinbarung allerdings zu unterschiedlichen Zeitpunkten unterzeichnen, so ist nicht das letzte Datum maßgeblich, vielmehr sind beide Errichtungsdaten in dem Dokument anzugeben.[651] Letztlich ist die Vereinbarung der Rechtswahl von beiden Ehegatten zu unterzeichnen, die Unterschrift muss daher den Textabschluss unter dem Schriftstück bilden.[652] Neben diesen drei elementaren Formvorgaben der

645 Erwägungsgrund 18 der Rom III-VO: „Diese Verordnung sieht als wesentlichen Grundsatz vor, dass beide Ehegatten ihre Rechtswahl in voller Sachkenntnis treffen. Jeder Ehegatte sollte sich genau über die rechtlichen und sozialen Folgen der Rechtswahl im Klaren sein. Die Rechte und die Chancengleichheit der beiden Ehegatten dürfen durch die Möglichkeit einer einvernehmlichen Rechtswahl nicht beeinträchtigt werden. Die Richter in den teilnehmenden Mitgliedsstaaten sollten daher wissen, dass es darauf ankommt, dass die Ehegatten ihre Rechtswahlvereinbarung in voller Kenntnis der Rechtsfolgen schließen.“

646 Erwägungsgrund 19 der Rom III-VO.

647 KOM (2010) 105 endg., S. 7.

648 NK-BGB/*Lugani*, Art. 7 Rom III-VO Rn. 4.

649 *Döbereiner*, in: Symposium DNotI, S. 63, 68 Rn. 20; vgl. zu Art. 7 Abs. 1 S. 1 Rom III-VO NK-BGB/*Lugani*, Art. 7 Rom III-VO Rn. 5; Grüneberg/*Thorn*, BGB, Art. 7 Rom III-VO Rn. 2; zum Gebot der autonomen Auslegung siehe *Weber*, DNotZ 2016, 659, 660 f.

650 *Döbereiner*, in: Symposium DNotI, S. 63, 68 Rn. 20; NK-BGB/*Lugani*, Art. 7 Rom III-VO Rn. 5; Grüneberg/*Thorn*, BGB, Art. 7 Rom III-VO Rn. 2.

651 *Döbereiner*, in: Symposium DNotI, S. 63, 69 Rn. 21.

652 *Döbereiner*, in: Symposium DNotI, S. 63, 69 Rn. 21; Erman/*Hohloch*, Art. 7 Rom III-VO Rn. 2 (2017); NK-BGB/*Lugani*, Art. 7 Rom III-VO Rn. 7.

Rechtswahlvereinbarung sind noch die Ausnahmen und Einzelfälle der Abs. 2 bis 4 zu beachten, wonach von den Vorgaben des Abs. 1 abgewichen werden kann. Dabei finden die strengeren Formvorschriften der einzelnen Mitgliedstaaten Anwendung für Vereinbarungen über den ehelichen Güterstand. In der überwiegenden Zahl der Mitgliedstaaten fällt die notarielle Beurkundung der Güterstandsvereinbarung unter die strengere Formvorgabe.[653] Dies ist zwar einerseits zu begrüßen, da die bloße Schriftform, Datierung und Unterzeichnung nach Abs. 1 der Rechtswahl für eine Entscheidungsfindung der Ehegatten in voller Sachkenntnis oft nicht ausreichend ist. Insbesondere über die Folgen der getätigten Rechtswahl wären die Ehegatten besser informiert, wenn es bereits auf unionsrechtlicher Ebene Aufklärungs-, Beratungs- und Belehrungspflichten gäbe.[654] Allerdings wird diese „Aufgabe" über die Ausnahmen und Einzelfälle der Abs. 2 bis 4 auf die Mitgliedstaaten übertragen.[655] Durch die unmittelbare Verweisung auf die Formvorschriften der Mitgliedstaaten für Güterstandsvereinbarungen bedarf es einer der Vorschrift des Art. 46d EGBGB gleichstehenden Regelung nicht.[656] Im Interesse der Ehegatten wäre daher zumindest die notarielle Beurkundung der Güterstandsvereinbarung bereits auf Unionsebene erforderlich.[657]

cc) Konkludente Rechtswahl

Zudem wurde noch auf die Möglichkeit verwiesen, eine Rechtswahl auch konkludent durchzuführen (im Vorschlag wird extra betont, dass die Rechtswahl mindestens ausdrücklich erklärt werden muss).[658] Auf diesen Vorschlag ist jedoch in der endgültigen Fassung nicht mehr eingegangen worden; vielmehr bedarf die Rechtswahlvereinbarung nach Art. 23 Abs. 1 EuGüVO der Schriftform, ist zu datieren und von beiden Ehegatten zu unterzeichnen. Eine Vorschrift

---

653 Ausführlich dazu *Hilbig-Lugani*, DNotZ 2017, 739, 748 f.

654 *Coester-Waltjen/Coester*, in: Liber Amicorum Schurig 2012, S. 33, 45; MüKo-BGB/*Winkler von Mohrenfels*, Art. 7 Rom III-VO Rn. 1. Ähnlich *Kohler*, FS von Hoffmann 2011, S. 208, 214.

655 NK-BGB/*Lugani*, Art. 7 Rom III-VO Rn. 11; MüKo-BGB/*Winkler von Mohrenfels*, Art. 7 Rom III-VO Rn. 1.

656 *Dutta*, FamRZ 2016, 1973, 1981; *Weber*, DNotZ 2016, 659, 679; *Kroll-Ludwigs*, GPR 2016, 231, 236.

657 MüKo-BGB/*Winkler von Mohrenfels*, Art. 7 Rom III-VO Rn. 1.

658 *Döbereiner*, Symposium DNotI, S. 63, 77 Rn. 52; Arbeitskreis Nr. 6, siehe *Dutta/Weber*, 21. Deutscher Familiengerichtstag, S. 2, II 6 c); Münch/*Süß*, Familienrecht, § 20, Rn. 141.

vergleichbar mit Art. 22 Abs. 2 EuErbVO ist in der Güterrechtsverordnung nicht zu finden, allerdings lässt sich im Gegenzug dazu auch keine Einschränkung finden, welche darauf schließen lässt, dass eine konkludente Rechtswahl nun überhaupt nicht möglich ist.[659] Ein Blick in die Erwägungsgründe zeigt, dass sich aus Erwägungsgrund 46 der Güterrechtsverordnung ergeben könnte, dass eine konkludente Rechtswahl in der Güterrechtsverordnung nicht gewünscht ist („.. Wechsel des [...] anzuwendenden Rechts nur nach einem entsprechenden ausdrücklichen Antrag der Parteien möglich...").[660] Eine konkludente Rechtswahl wäre demnach möglicherweise aus Gründen der Rechtssicherheit nicht möglich. Dies könnte insofern auf Zustimmung treffen, als es sich dabei immerhin sowohl in persönlicher als auch in vermögensrechtlicher Hinsicht um gravierende Entscheidungen handelt, welche strengen Anforderungen und einer genau festgelegten Regelung unterliegen sollten. Im Endeffekt würde der Ausschluss einer konkludenten Rechtswahl ja auch keine Einschränkung bedeuten, vielmehr würde eine genaue Regelung der Rechtswahl einzig dem Schutz der Ehegatten vor einer willkürlichen Rechtsanwendung durch eine möglicherweise unabsichtlich konkludent getätigte Rechtswahl dienen.

Allerdings sagt mit Erwägungsgrund 46 die Verordnung genau das, was dort wortwörtlich steht: Der geforderte ausdrückliche Antrag der Parteien ist lediglich darauf zu beziehen, dass eine Änderung des Güterstatuts nur dann in Betracht kommt, sofern sie auf einer Rechtswahl beruht, welche wiederum auf einer Willensbekundung beruht.[661] Dass dadurch die konkludente Rechtswahl ausgeschlossen wird, geht daraus nicht hervor.[662] Vielmehr geht sogar aus Art. 24 Abs. 2 EuGüVO hervor, in dem einem Ehegatten die Möglichkeit eingeräumt wird, der Rechtswahl mangels Zustimmung entgegenzutreten, dass eine konkludente Rechtswahl möglich sein soll. Es ist auch ferner nicht ersichtlich, wieso eine konkludente Rechtswahl gerade in der Güterrechtsverordnung ausgeschlossen sein soll, wo doch dem allgemeinen Vertragsrecht konkludente Vertragsabschlüsse nicht fremd sind.[663].

Dem ist zuzustimmen.[664] Es lässt sich durchaus hinterfragen, wieso sich in anderen Verordnungen eine ausdrückliche Regelung zur konkludenten

---

659 *Weber*, DNotZ 2016, 659, 681.
660 *Weber*, DNotZ 2016, 659, 681.
661 *Weber*, DNotZ 2016, 659, 681 f.
662 *Weber*, DNotZ 2016, 659, 681 f.
663 *Weber*, DNotZ 2016, 659, 681 f.
664 So im Ergebnis auch die Argumentation zu Art. 5 Rom III-VO, welcher genauso wenig eine ausdrückliche Regelung enthält, vgl. hierzu OLG Hamm, Beschluss v.

Rechtswahl findet[665] und in der Güterrechtsverordnung hingegen nicht. Allerdings wird diese Möglichkeit von der Verordnung und ihren Erwägungsgründen auch nicht explizit ausgeschlossen, weshalb sich keine überzeugenden Gründe finden lassen, die konkludente Rechtswahl nicht ebenfalls für die Güterrechtsverordnung zuzulassen. Für die Bejahung einer konkludenten Rechtswahlmöglichkeit ist zudem anzuführen, dass sich im Gegensatz zum Verordnungsvorschlag zur Güterrechtsverordnung in der endgültigen Fassung der Verordnung gerade kein ausdrückliches Verbot findet.[666] Dies spricht stark dafür, dass sich der Verordnungsgesetzgeber ganz bewusst gegen das ausdrückliche Verbot einer konkludenten Rechtswahlvereinbarung entschieden hat, denn sonst hätte er – zumindest vielleicht in abgewandelter Form – Art. 19 Abs. 2 des Verordnungsvorschlages zum Güterrecht in der Verordnung aufgenommen. Ganz im Gegenteil sollte die Geltung der konkludenten Rechtswahl für solche Fälle zugelassen werden, in denen sich das Ehepaar zwar nicht ausdrücklich für das in Rede stehende Güterrecht entschieden hat, jedoch aus den Umständen hervorgeht, dass nur dieses Recht zur Anwendung gelangen kann, etwaige Formerfordernisse eingehalten worden sind und die Rechtsanwendung einzig ihrem Willen entspricht. Verdeutlichen lässt sich dies an folgendem Beispiel[667]: Das Ehepaar A und B hat die deutsche Staatsangehörigkeit. Ihren gewöhnlichen Aufenthalt haben sie jedoch bereits seit längerer Zeit in Schweden. Gemeinsam besuchen sie einen Notar und schließen dort einen Ehevertrag ab. Darin ist geregelt, dass die Zugewinngemeinschaft Geltung beanspruchen soll, dabei wird die Vereinbarung dahingehend abgeändert, dass die Vorschrift des § 1365 BGB nicht gelten soll. Dieses Beispiel verdeutlicht, dass es trotz fehlender ausdrücklichen Rechtswahl deutschen Güterstatutes trotzdem die einzig sinnvolle Lösung sein kann, das deutsche Recht als maßgebliches Recht zu sehen, da die Anwendung deutschen Rechts dem Willen der Eheleute am ehesten gerecht wird.

7.5.2013 – II-3 UF 267/12 = IPRax 2014, 349 = NJOZ 2013, 1524; NK-BGB/*Lugani*, Art. 5 Rom III-VO Rn. 15; **a.A.** *Helms*, IPRax 2014, 334, 335.

665 Wie beispielsweise Art. 3 Abs. 1 S. 2 Alt. 2 Rom I-VO, Art. 14 Abs. 1 S. 2 Alt. 2 Rom II-VO oder auch in der Erbrechtsverordnung mit seinem Art. 22 Abs. 2 EuErbVO, wonach sich die Rechtswahl aus den Bestimmungen einer Verfügung von Todes wegen ergeben kann.

666 Siehe dazu Art. 19 Abs. 2 Hs. 1 EuGüVO-E, KOM (2011) 126 endg., S. 24.

667 Beispiel nach *Weber*, DNotZ 2016, 659, 682.

II. Stellungnahme

Die Güterrechtsverordnung weist auf unionsrechtlicher Ebene einen konsolidierenden Charakter auf.[668] So schlägt sie schließlich die Brücke zwischen dem internationalen Scheidungsrecht[669], dem internationalen Unterhaltsrecht[670] und der Erbrechtsverordnung. Zu begrüßen ist, dass sich auch die Güterrechtsverordnung nach Art. 26 Abs. 1 am gewöhnlichen Aufenthalt als Primäranknüpfung orientiert.[671] Nicht nur, dass dies mit Blick auf eine vereinheitlichte Anknüpfung in der Verordnung von Vorteil ist. Auch wurde im Verordnungsvorschlag betont, dass sich eine primäre Anknüpfung an den gewöhnlichen Aufenthalt der Ehegatten deshalb anbietet, da nur die wenigsten Ehegatten eine ausdrückliche Wahl ihres ehelichen Güterstandes vollziehen werden.[672] Da der erste gemeinsame gewöhnliche Aufenthalt in den meisten Fällen den Lebensumständen und der Lebensplanung der Ehegatten am besten gerecht sein wird, ist es ratsam, ihn als ersten Anknüpfungspunkt festzumachen. Durch das Prinzip der Unwandelbarkeit des Güterstatuts soll dem Verlust von Rechten durch eine automatische Anpassung des Güterstatuts entgegengetreten werden.

Der gewünschte Gleichlauf mit der EuErbVO und der Entscheidungseinklang auf europäischer Ebene werden durch die divergierenden Anknüpfungen allerdings nur begrenzt erreicht. Die Unwandelbarkeit des Güterstatuts zeigt im Zusammenspiel mit dem Erbrecht ihre große Schwachstelle, ist die Kontinuität der Rechtsverhältnisse durch selbige doch zunächst begrüßenswert.[673] Denn der wesentliche Unterschied der Anknüpfungen ist zeitlicher Natur,[674] stellt das Erbstatut einerseits dynamisch auf den gewöhnlichen Aufenthalt des Erblassers im Zeitpunkt seines Versterbens ab, das Güterrecht hingegen auf das maßgebliche Recht im Zeitpunkt der Eheschließung. Kommt es daher zu einem Wechsel des gewöhnlichen Aufenthaltes, so ändert sich lediglich das Erbstatut, das Güterstatut hingegen bleibt gleich.[675] Allein dadurch kann der eigentlich angestrebte Gleichlauf der Verordnungen durch vereinheitlichte Anknüpfung

---

668 *Dutta*, in: Symposium DNotI, S. 183 Rn. 1 f.

669 Brüssel IIa-VO, Rom III-VO.

670 Unterhaltsverordnung, Haager Unterhaltsprotokoll.

671 So sehen dies auch *Dutta/Weber*, 21. Deutscher Familiengerichtstag, S. 3, II 7 b).

672 Vgl. Art. 17 EheGüVO-V.

673 *Dutta/Weber*, 21. Deutscher Familiengerichtstag, Ziff. II 7 lit. a, abrufbar unter dfgt.de/resources/2015_Arbeitskreis_6.pdf; *Martiny*, IPRax 2011, 437, 450.

674 *Dutta*, in: Lipp/Münch, Die Europäische Erbrechtsverordnung, S. 117, 122 ff.

675 *Weber*, DNotZ 2016, 424, 427.

an den gewöhnlichen Aufenthalt (nur eben zu unterschiedlichen Zeitpunkten) nicht mehr gewährleistet werden, wenn nach Eheschließung eine Verlagerung des Lebensmittelpunktes und damit des gewöhnlichen Aufenthaltes der Ehegatten stattfindet.[676] Insbesondere bei Fällen mit Auslandsberührung, welche nach Eheschließung einen grenzüberschreitenden Umzug vollziehen, fallen Erb- und Güterstatut somit auseinander. Unterschiede in der Anknüpfung müssen allerdings nicht nur dadurch auftreten, dass das Güterstatut nunmehr unwandelbar ist. Vielmehr kann sich eine unterschiedliche Anknüpfung auch dadurch ergeben, dass sich der gewöhnliche Aufenthalt im Erbrecht nur auf den Erblasser bezieht, im Güterrecht allerdings der gemeinsame gewöhnliche Aufenthalt der Ehegatten maßgeblich ist. So können sich Abweichungen auch durch die Berufung drittstaatlichen Rechts durch die europäischen Kollisionsnormen auftreten.[677] Durch die unterschiedlichen Zeitpunkte bei der objektiven Bestimmung des gewöhnlichen Aufenthaltes findet dem Grunde nach lediglich eine Verschiebung der Problemfelder statt: Waren in Deutschland zuvor gemischtnationale Ehen von der fehlenden Abstimmung von Erb- und Güterstatut betroffen, werden es über die Erb- und Güterrechtsverordnung künftig solche Ehegatten sein, die nach der Eheschließung ihren gemeinsamen gewöhnlichen Aufenthalt an einen anderen Ort verlegen oder welche keinen gemeinsamen gewöhnlichen Aufenthalt innehaben.

Trotzdem wird durch die Möglichkeit der Rechtswahl den Ehegatten die erfreuliche Gelegenheit gegeben, sich wie im Rahmen der Erbrechtsverordnung auch erst in einem zweiten Schritt für den gewöhnlichen Aufenthalt als maßgebliches Anknüpfungskriterium zu entscheiden. Dadurch ist es den Ehegatten möglich, vorab bereits einen Gleichlauf zwischen dem Erb- und Güterrecht herzustellen, wenn eine erb- und güterrechtliche Wahl zugunsten einer Rechtsordnung getätigt wird. Die Wahl einer einheitlichen Rechtsordnung durch die Ehegatten als Komplettlösung kann von Vorteil sein, da sie weitergehende Anpassungsprobleme durch uneinheitliche Anknüpfung der Verordnungen

---

676 Hierzu sehr ausführlich *Weber*, DNotZ 2016, 424, 427. Angesprochen werden dort noch Divergenzen, die sich daraus ergeben, dass der gewöhnliche Aufenthalt im Güterrecht gemeinsamer Natur sein muss, im Erbrecht hingegen spielt dies keine Rolle. Ferner wird dort auch die Problematik der Rück- und Weiterverweisung angesprochen, welche lediglich in der Güterrechtsverordnung ausgeschlossen ist.

677 *Heinig*, DNotZ 2014, 251, 257.

vermeidet.[678] Die Rechtswahl kann dabei entweder im Zeitpunkt der Eheschließung getroffen werden (Art. 22) oder auch während der Ehe, selbst eine Abänderung der zum Zeitpunkt der Eheschließung getroffenen Rechtswahl ist später noch möglich.[679] Ein wirklicher Gleichlauf zwischen dem Erb- und dem Güterrecht lässt sich allerdings auch durch die gegebene Rechtswahlmöglichkeit der Ehegatten nur eingeschränkt erzielen, da die Erbrechtsverordnung nur in sehr beschränktem Maße Möglichkeiten der Rechtswahl vorsieht, nämlich lediglich über Art. 22, 24 Abs. 2, 25 Abs. 3 EuErbVO.[680] Die Erbrechtsverordnung ist daher deutlich restriktiver bei der Möglichkeit der Rechtswahl als die Güterrechtsverordnung. Daher fußt das Problem des nur beschränkt möglichen Gleichlaufs zwischen den beiden Verordnungen nicht in der Güterrechtsverordnung, sondern in der Erbrechtsverordnung. Um einen wirklichen Gleichlauf zwischen den beiden Verordnungen herzustellen, müssten beide Ehegatten eine gemeinsame Staatsangehörigkeit haben und diese gemeinsame Staatsangehörigkeit auch als Erb- und Güterstatut wählen.[681] Dann wäre eine primäre Anknüpfung an den gewöhnlichen Aufenthalt allerdings nicht notwendig gewesen, wenn eine Überwindung der Anknüpfungsdivergenzen nur über eine derartige Wahl zugunsten der Staatsangehörigkeit erfolgen kann. Zudem wird die Anknüpfung an die Staatsangehörigkeit meist nicht im Interesse der Beteiligten liegen, soll doch die Anknüpfung an den gewöhnlichen Aufenthalt allen eine größere Flexibilität gewähren. Nichtsdestotrotz ist den Ehegatten im Interesse einer Rechtseinheit eine Rechtswahl nahezulegen, um etwaig auftretenden Abweichungen in der Nachlass- und Vermögensplanung zu entgehen.

---

678 *Frank/Döbereiner*, Nachlassfälle, Rn. 51 mit entsprechendem Beispiel; *Heinig*, DNotZ 2014, 251, 257; *Mankowski*, ZEV 2014, 121, 128; NK-BGB/*Looschelders*, Art. 1 EuErbVO Rn. 30; *Paffhausen*, BLJ 2014, S. 10, 12.

679 So Art. 22 Abs. 3 der EuGüVO.

680 Näher hierzu siehe *Bonomi*, Yb. P.I.L. 13 (2011), 217, 230 f.; *Dutta*, in: Lipp/Münch, Die neue Europäische Erbrechtsverordnung, S. 117, 122 ff.; *Mankowski*, ZEV 2014, 121, 127 f.; *Weber*, DNotZ 2016, 424, 426 ff.

681 *Dutta*, in: Lipp/Münch, Die Europäische Erbrechtsverordnung, S. 117, 122 ff.

Teil 4: Das Verhältnis von Erb- und Güterstatut

Besonders das Erbrecht steht in den meisten Fällen in engem Zusammenhang mit anderen Bereichen des Rechts, und dies nicht nur auf materiellrechtlicher, sondern auch auf kollisionsrechtlicher Ebene.[682] So hat der deutsche Gesetzgeber zumindest in Bezug auf das materielle Recht drauf geachtet, eine Abstimmung zwischen dem Erb- und dem Güterrecht herbeizuführen, hingegen das Kollisionsrecht dabei außer Acht gelassen.[683] Sowohl im italienischen als auch im deutschen Recht wird der Güterstand (unter anderem) durch den Tod des einen Ehegatten beendet. So muss nicht nur bei rein deutschen Ehen zuvor geschaut werden, wie der Güterstand der Ehegatten beschaffen war. Besonders bei Beendigung einer bestehenden Ehe zwischen einem deutschen und einem italienischen Staatsangehörigen ist es von maßgeblicher Bedeutung, wie der Güterstand ausgestaltet war, damit für den hinterbliebenen Ehegatten die richtige Erbquote zuzüglich des güterrechtlichen Ausgleiches ermittelt werden kann. Klärungsbedarf bietet die Abwicklung insbesondere dann, wenn ausländisches Recht mit in die Betrachtung fließt. So sieht speziell das deutsche Recht eine Erhöhung der Hinterbliebenenerbquote durch den gesetzlichen Güterstand der Zugewinngemeinschaft in der Form des § 1371 Abs. 1 BGB vor, während das italienische Recht einen solchen pauschalierten Ausgleich nicht vornimmt.[684] Mit dem pauschalierten Zugewinnausgleich über § 1371 Abs. 1 BGB als Regelung im gesetzlichen Güterrecht wird im Zusammenspiel mit der Vorschrift des § 1931 Abs. 3 BGB das eheliche Güterrecht mit dem Erbrecht verbunden.[685] Damit

---

682 MüKo-BGB/*Dutta*, Art. 25 EGBGB Rn. 149 (2015). Besonders gilt dies für den Fall des Zusammenspiels von Erb- und Güterstatut, vgl. *Looschelders*, IPR, Art. 15 EGBGB Rn. 15.

683 *Braga* geht so weit zu sagen, dass der Gesetzgeber „wie üblich" nicht an die Probleme im internationalen Privatrecht gedacht hat, FamRZ 1957, 334, 340; so ebenfalls die Ansicht von *v. Oertzen/Pawlytta*, Internationales Erbrecht, § 33 Rn. 51 (2010).

684 Das italienische Recht sieht eine dem § 1371 Abs. 1 BGB vergleichbare Vorschrift nicht vor, sodass das italienische Güterrecht demnach auf die Erbquote des hinterbliebenen Ehegatten keinen Einfluss nehmen kann. Trotzdem findet beim Tod des einen Ehegatten vor der Teilung des Nachlasses eine Auseinandersetzung des Gesamtgutes der Ehegatten statt, vgl. NK-BGB/*Frank*, ErbR, Länderbericht Italien Rn. 70.

685 Burandt/Rojahn/*Große-Boymann*, Erbrecht, § 1371 BGB Rn. 1 (2019); so auch in Soergel/*Grziwotz*, BGB, § 1371 BGB Rn. 5.

einhergehend ist also augenscheinlich zuvor die Frage zu stellen, ob die Ehegatten auch im gesetzlichen Güterstand der Zugewinngemeinschaft gelebt haben, da ansonsten die Vorschrift überhaupt keine Beachtung finden kann. Bei vereinbarter Gütertrennung würde § 1931 Abs. 4 BGB zur Anwendung gelangen mit der Folge, dass der hinterbliebene Ehegatte neben einem oder neben mehreren Kindern zu gleichen Teilen erbt.[686] Unerheblich ist dabei, ob die Zugewinngemeinschaft, in der die Ehegatten leben, von Gesetzes wegen eingetreten ist oder ob sie durch die Ehegatten in Form eines Ehevertrages festgelegt worden ist.[687] Wie gesagt ist dies bei rein inländischen Erbfällen nicht weiter problematisch; jedes Recht wendet seine eigenen Vorschriften an, einer Berücksichtigung abweichender Vorschriften bedarf es nicht. Kritisch wird es wie angedeutet erst bei Sachverhalten mit Auslandsbezug. Es stellt sich nämlich dann die zentrale Frage, wie zu verfahren ist, wenn zwei unterschiedliche Rechtssysteme im Kollisionsrecht aufeinandertreffen, welche hinsichtlich ihrer erb- und güterrechtlichen Regelungen völlig divergierende Herangehensweisen pflegen. Findet für den hinterbliebenen italienischen Ehegatten eine pauschalierte Erhöhung des Erbteils statt, sobald der deutsche Ehepartner verstirbt – besonders mit Blick darauf, dass dem italienischen Güterrecht ein pauschalierter Zugewinnausgleich fremd ist? Wie verhält es sich beim umgekehrten Fall des Todes des italienischen Ehegatten? Kann die Vorschrift des § 1371 Abs. 1 BGB dann überhaupt zur Anwendung gelangen? Wenn dies zu bejahen ist, in welchen Konstellationen wird eine Erbteilerhöhung überhaupt vorgenommen? Dies hängt wiederum maßgeblich davon ab, wie der pauschalierte Zugewinnausgleich aus dem deutschen Recht international zu qualifizieren ist.[688] Wird der Ausgleich erbrechtlich qualifiziert, kann er nur angewendet werden, wenn deutsches materielles Erbrecht als Erbstatut berufen wird. Wird er hingegen güterrechtlich zu qualifizieren sein, kommt er nur dann zur Anwendung, wenn deutsches Güterrecht berufen ist.[689] Es geht letztlich darum, welchem Statut die Lösung der Verteilungsproblematik

686 Bei § 1931 Abs. 4 BGB handelt es sich hingegen nicht um einen pauschalierten Zugewinnausgleich wie bei § 1371 Abs. 1 BGB, vielmehr handelt es sich „um eine Anpassung der Gesamt-Erbquote unter Einbeziehung der Interessen der Kinder.“, vgl. Soergel/*Schurig*, BGB, Art. 15 EGBGB Rn. 41 mit den weiteren Konsequenzen bei der Anwendung neben ausländischem Erbrecht.

687 Soergel/*Grziwotz*, BGB, § 1371 BGB Rn. 6.

688 Oder wie von *Clausnitzer* zutreffend formuliert: „Ohne Entscheidung der Qualifikationsfrage kann der Jurist nicht zur Prüfung des Tatbestandes der strittigen Norm vordringen.“, *Clausnitzer/Schotten*, MittRhNotK 1987, 15, 16.

689 Staudinger/*Dörner*, BGB, Art. 25 EGBGB Rn. 34 (2007).

durch den Tod eines Ehegatten zugesprochen wird.[690] Die Einordnung zu einem Regime hängt demnach davon ab, welchem Charakter die Vorschrift am ehesten entspricht. All diese Fragen gilt es in den folgenden Ausführungen zu klären.

§ 1 Vor Inkrafttreten der EuErbVO

I. Spannungsfelder und Anwendungsfälle um die Problematik des § 1371 Abs. 1 BGB

Um das Spannungsverhältnis zwischen den beiden Statuten zu verdeutlichen, bietet es sich zunächst an, sich der Qualifikation des § 1371 Abs. 1 BGB zu widmen. Anschließend gilt es, einzelne einschlägige Konstellationen zu durchdenken, um festzustellen, in welchen Zusammenstellungen sich die Probleme des Verhältnisses von Erb- und Güterstatut überhaupt ergeben. Erst dann kann sich in einem dritten Schritt der Abwicklung der Rechtsnachfolge von Todes wegen in Verbindung mit den vermögensrechtlichen Sonderregelungen gewidmet werden, welche aufgrund der Ehe des Erblassers noch zu berücksichtigen sind. Im Zentrum der Betrachtung stehen sollen nur die beiden Konstellationen, in denen zum einen deutsches Erbrecht neben ausländischem Güterrecht berufen ist und zum anderen spiegelbildlich deutsches Güterrecht neben ausländischem Erbrecht zur Berufung gelangt. Nicht betrachtet werden sollen die Fälle, wonach Erb- und Ehegüterstatut dem gleichen entweder inländischen oder aber ausländischen Recht unterstehen.[691] In derartigen Konstellationen stellen sich keine Substitutionsprobleme mit anschließender Anpassungsproblematik, welche zu untersuchen wären.[692]

---

690 MüKo-BGB/*Dutta*, Art. 25 EGBGB Rn. 149 (2015).

691 Zumindest bei berufenem deutschen Erbstatut und deutschem Ehegüterstatut bedarf es keiner Qualifikation des § 1371 Abs. 1 BGB. In solchen Fällen ist § 1371 Abs. 1 BGB unproblematisch anwendbar (siehe dazu BGH, Beschluss v. 12.9.2012 - IV ZB 12/12 = NJW-RR 2013, 201). Dies gilt auch für den Fall, bei dem das deutsche Recht über eine Rückverweisung zur Anwendung gelangt und sich auf beide Vermögensmassen erstreckt, vgl. MüKo-BGB/*Siehr*, Art. 15 EGBGB Rn. 105 mit zahlreichen weiteren Nennungen (2015).

692 So liegt wohl ein Fall für die Anpassung bei Unterwerfung beider Statute unter das ausländische Recht zumindest unproblematisch dann nicht vor, wenn das ausländische materielle Recht eine Schlechterstellung des Hinterbliebenen vorsieht und er ansonsten nach deutschem Recht mehr erhalten hätte, vgl. Staudinger/*Dörner*, BGB, Art. 25 EGBGB Rn. 753 m. w. N. (2007)

1. Qualifikation des § 1371 Abs. 1 BGB aus der Perspektive des deutschen Rechts

Das Internationale Erbrecht ist besonders mit Blick auf bestehende Eheverhältnisse nicht isoliert zu betrachten, denn es steht auch zu einer Reihe weiterer Rechtsmaterien in einem engen Zusammenhang.[693] Gerade aufgrund dieses engen Zusammenspiels sind nicht nur materiellrechtliche, sondern vielmehr auch kollisionsrechtliche Überschneidungs- und Berührungspunkte vorprogrammiert.[694] Auf der sachrechtlichen Ebene besteht eben in nahezu allen Rechtsordnungen ein enger Zusammenhang zwischen den Regelungen des Ehegüterrechts einerseits und des Ehegattenerbrechts andererseits.[695] Dies liegt schon in der Natur der Sache, dass bei Nachlassfällen, bei denen durch den Todesfall auch eine Ehe beendet wird, gleichermaßen güterrechtliche Vorschriften mit in die Abwicklung des Nachlasses einfließen und Beachtung finden müssen.[696] Besonders der pauschalierte Zugewinnausgleich des § 1371 Abs. 1 BGB ist gerade dazu gedacht, das Erb- und das Güterrecht zu verbinden. Dabei kann es schon bei der Bestimmung der Erbquote in einem Fall mit Auslandsberührung zu Problemen kommen, wenn Erb- und Güterstatut nicht kongruent sind. Als Ursache hierfür sind z. B. der Wechsel der Staatsangehörigkeit nach der Eheschließung, die gemischt-nationale Ehe oder die Rechtswahl eines ausländischen Erblassers zu sehen.[697] Im Grundsatz wird dabei gefragt, wie die beiden Statute voneinander zu unterscheiden sind.[698] Besonders zu berücksichtigen sind dabei die güterrechtlichen Kollisionsvorschriften Art. 15 EGBGB a. F. i. V. m. Art. 14 Abs. 1 EGBGB a. F. sowie die erbrechtliche Kollisionsnorm Art. 25 EGBGB a. F.

---

693 Zum Verhältnis des Art. 25 EGBGB a. F. zu anderen nichterbrechtlichen kollisionsrechtlichen Vorschriften siehe die Ausführungen bei MüKo-BGB/*Dutta*, Art. 25 EGBGB Rn. 149 ff. (2015); Staudinger/*Dörner*, Art. 25 EGBGB Rn. 22 ff. (2007). Im Folgenden soll allerdings lediglich auf das Konkurrenzverhältnis zwischen Erb- und Güterstatut eingegangen werden.

694 MüKo-BGB/*Dutta*, Art. 25 EGBGB Rn. 149 m. w. N. (2015).

695 *Jayme*, FS Ferid 1978, S. 221, 223; *Thiele*, FamRZ 1958, 393, 397, in: *Schotten/Schmellenkamp*, IPR in der notariellen Praxis, Rn. 283.

696 Besonders in diesem Bereich ist eine genaue Abgrenzung zum Erbstatut nach Art. 25 EGBGB erforderlich, vgl. *Looschelders*, IPR, Art. 15 EGBGB Rn. 9.

697 Burandt/Rojahn/*Franke*, Erbrecht, Art. 25 EGBGB Rn. 71 (2014).

698 MüKo-BGB/*Dutta*, Art. 25 EGBGB Rn. 149 (2015).

a) *Rückwirkung des Güterrechts*

Im Hinblick auf Art. 15 EGBGB a. F. war für die Suche nach dem anzuwendenden Güterrecht zu beherzigen, dass diese Vorschrift in ihrer zuletzt noch Geltung beanspruchenden Fassung noch gar nicht allzu lange in Kraft war, nämlich genauer erst seit dem 1.9.1986. Nach der Vorschrift des Art. 220 Abs. 3 S. 2 EGBGB war sie für alle seit dem 8.4.1983 geschlossenen Ehen rückwirkend anzuwenden.[699] Für Eheschließungen, welche sogar noch vor dem 1.4.1953 vollzogen worden sind, blieb es zunächst einmal bei der alten Rechtslage, sodass Art. 15 EGBGB a. F. auch in seiner verfassungswidrigen Ausführung zur Anwendung gelangte. Für alle Fälle vor diesem Datum war demnach das Heimatrecht des Ehemannes das maßgebliche Recht für die Bestimmung des anzuwendenden Sachrechts.[700] Nach der neueren Fassung des Art. 15 EGBGB a. F. stand es den Ehegatten jedoch frei, für die güterrechtlichen Wirkungen auch eine Rechtswahl über Art. 15 Abs. 2 EGBGB a. F. durchzuführen, um so dem noch zu beachtenden Heimatrecht des Ehemannes durch die Wahl der Maßgeblichkeit einer anderen Rechtsordnung zu entgehen. Wie bereits oben festgestellt, konnte (und sollte ihrem Zwecke nach) diese Rechtswahl auch während der Ehe noch möglich sein, sodass auch für Anwendungsfälle des Art. 15 EGBGB a. F. noch die Möglichkeit für die Ehegatten bestand, die verfassungswidrige Vorschrift nicht zur Anwendung gelangen zu lassen.

b) *Unterschiedliches Erb- und Güterstatut*

Abgrenzungsprobleme ergaben sich allerdings nicht bei Konstellationen, in denen sowohl das Erb- als auch das Güterstatut auf deutsches Sachrecht verwies. Dabei fand der pauschalierte Zugewinnausgleich ohne weiteres Anwendung.

---

699 Ganz ursprünglich wurde im alten Art. 15 EGBGB festgehalten, dass das eheliche Güterrecht nach den deutschen Gesetzen zu beurteilen war, wenn der Ehemann zur Zeit der Eheschließung ein Deutscher war, vgl. Art. 15 EGBGB a. F. Das Heimatrecht der Frau war demnach nicht von Belang; im Jahre 1983 erklärte dann allerdings das BVerfG Art. 15 Abs. 1 und Abs. 2 HS 1 wegen eines Verstoßes gegen den Gleichbehandlungsgrundsatz aus Art. 3 Abs. 2 GG für verfassungswidrig (BVerfG, Urteil vom 22.2.1983 – 1 BvL 17/81 = DNotZ 1983, 356 = FamRZ 1983, 562 = IPRax 1983, 223). Dass nunmehr in Art. 220 Abs. 3 S. 2 EGBGB der 8.4.1983 das für die Schnittstelle maßgebliche Datum ist, ist kein Zufall; vielmehr handelt es sich dabei um das Verkündungsdatum der einschlägigen Entscheidung des BVerfG. Zur Entstehungsgeschichte der alten Vorschrift des Art. 15 EGBGB siehe umfassend Staudinger/*v. Bar*, BGB, Art. 15 EGBGB a. F. Rn. 3 (1996).

700 Burandt/Rojahn/*Franke*, Erbrecht, Art. 25 EGBGB Rn. 74 (2014).

Problematisch wurde es nur dann, wenn der Sachverhalt eine Betrachtung unterschiedlicher Erb- und Güterstatute erforderte. So wird nämlich die Versorgung des Ehegatten in mancher Rechtsordnung allein durch die erbrechtliche, in manch anderer Rechtsordnung hingegen einzig und allein durch eine güterrechtliche Beteiligung am Nachlass vollzogen.[701] Bei oberflächlicher Betrachtung schienen das Erbkollisionsrecht und das Ehegüterkollisionsrecht auch ohne größere Abgrenzungsschwierigkeiten ihren Anwendungsbereichen zugeordnet werden zu können, wird doch von der Rechtsnachfolge alles in Bezug auf die Vermögenszuweisung nach dem Tode einer Person erfasst und hingegen von den güterrechtlichen Wirkungen der Ehe wiederum all das, was in Bezug auf vermögensrechtliche Fragen bei Verheirateten geregelt werden muss.[702] Ohne „Anwendung" beider Statute wurden demnach augenscheinlich noch keine Probleme sichtbar. Wurden hingegen die jeweiligen Regime dann nach ihren Vorschriften abgewickelt, konnte es zu Abgrenzungsschwierigkeiten kommen, wenn es um die Einordnung der Vorschriften über die Teilhabe des hinterbliebenen Ehegatten ging; das Kernproblem war demnach, ob diese Vorschriften dann erb- oder güterrechtlich zu qualifizieren waren.[703] Beispielsweise[704] konnten dann Unterschiede aufkommen, wenn aufgrund einer gemischt-nationalen Eheschließung das Güterstatut höchstens mit dem Heimatrecht eines der beiden Ehegatten zusammenfallen konnte. Auch für Ehegatten, welche von der Rechtswahl nach Art. 25 Abs. 2 EGBGB a. F. Gebrauch machten, kam es durch die dadurch zwangsläufig hervorgerufene Nachlassspaltung zur Anwendung unterschiedlichen Rechts, was wiederum erneut für Divergenzen auf dem Gebiet des Erb- und Güterstatuts sorgen konnte. Ebenfalls problematisch bei der Abwicklung konnte es für den Fall werden, wenn zwar das Heimatrecht eine Nachlassspaltung vorsieht, diese allerdings nur im Erb- und nicht gleichermaßen im Güterrecht. Dies hatte zur Folge, dass bezüglich der Erbfolge des inländischen Immobiliarvermögens eine Rückverweisung stattfand, welche hingegen nicht für die güterrechtlichen Wirkungen erfolgte.

Wie eingangs erwähnt lag das eigentliche Problem vom Verhältnis zwischen Erb- und Güterstatut letztlich in den unterschiedlichen Anknüpfungspunkten

701 Staudinger/*Dörner*, BGB, Art. 25 EGBGB Rn. 752 (2007).

702 Staudinger/*Dörner*, BGB, Art. 25 EGBGB Rn. 32 (2007); siehe ebenfalls die Ausführungen bei *Looschelders*, IPR, Art. 15 EGBGB Rn. 9 m. w. N.

703 Staudinger/*Dörner*, BGB, Art. 25 EGBGB Rn. 32. Siehe dazu allerdings auch bereits die Einführung zu diesem Kapitel.

704 Zu allen nachstehenden Beispielen siehe die Ausführungen bei *Süß/Süß*, § 4 Rn. 132.

der beiden Materien.[705] Denn wurde das Erbrecht vom Heimatrecht zum Zeitpunkt des Todes des Erblassers abhängig gemacht, so wurde beim Ehegüterrecht zunächst an die gemeinsame Staatsangehörigkeit der Eheleute oder den gemeinsamen gewöhnlichen Aufenthalt derselben angeknüpft, sofern kein Güterrechtsstatut durch Rechtswahl von den Eheleuten bestimmt worden ist.[706] Dass sich dahingehend nicht immer eine Kongruenz aufzeigte, liegt auf der Hand. Und durch diese unterschiedlichen Anknüpfungspunkte kann es eben dazu kommen, dass Erbstatut und Güterstatut auseinanderfallen können.[707] Da ein Auseinanderfallen von Erb- und Güterstatut in zahlreichen Fällen auftreten konnte, stellte sich in so einem Fall stets die Frage, wann ein erb- oder ein güterrechtliches Problem vorliegt, wie sich der Umfang des Nachlasses eines Erblassers darstellt, und darüber hinaus wie der hinterbliebene Ehepartner am hinterlassenen Vermögen teilhaben kann und vor allem nach welchen rechtlichen Grundlagen diese Teilhabe zu erfolgen hat.[708] Dabei stand allerdings nicht eine vom deutschen Sachrecht abgekoppelte Antwort im Vordergrund, sondern umgekehrt wird meist die Einordnung der §§ 1371, 1931 BGB von Belang gewesen sein und dabei die Frage, wann die vorgenannten Normen bei Erbfällen mit Auslandsberührung Anwendung fanden.[709] Wenn die zeitgleiche Anwendung von zwei verschiedenen Erb- und Güterstatuten dazu führte, dass die Ergebnisse aufgrund mangelnder Abstimmung divergierten, so stellte sich danach die Frage der Anpassung der dadurch gefundenen Ergebnisse.[710]

c) § 1371 Abs. 1 BGB bei Geltung ausländischen Erbrechts

Besonders bei der Geltung ausländischen Rechts wird zu untersuchen sein, welchem Verweisungsbereich der § 1371 Abs. 1 BGB zuzuordnen war. Lange war umstritten, wie der pauschalierte Zugewinnausgleich des § 1371 Abs. 1 BGB bei Sachverhalten mit Auslandsberührung im kollisionsrechtlichen Zusammenhang

---

705 MüKo-BGB/*Dutta*, Art. 25 EGBGB Rn. 150 (2015).

706 MüKo-BGB/*Dutta*, Art. 25 EGBGB Rn. 150 (2015).

707 Dies wird in den überwiegenden Fällen, wo sich ein grenzüberschreitender Bezug herstellen lässt, der Fall sein, vgl. MüKo-BGB/*Dutta*, Art. 25 EGBGB Rn. 151 (2015); *Schotten/Schmellenkamp*, IPR in der notariellen Praxis, Rn. 283.

708 MüKo-BGB/*Dutta*, Art. 25 EGBGB Rn. 152 (2015).

709 MüKo-BGB/*Dutta*, Art. 25 EGBGB Rn. 152 mit zahlreichen weiteren Nennungen (2015); siehe dazu auch Staudinger/*Dörner*, BGB, Art. 25 EGBGB Rn. 34 ff. (2007).

710 BeckOK-BGB/*Lorenz*, Art. 25 EGBGB Rn. 59; MüKo-BGB/*Dutta*, Art. 25 EGBGB Rn. 152 (2015). Genauer und ausführlicher zur Anpassung im Internationalen Privatrecht siehe *Looschelders*, Anpassung, S. 1 ff.

zu qualifizieren ist. Gegenüber standen sich im Wesentlichen drei Ansichten, die zur der Einordnung vertreten worden sind: Zum einen wurde die Vorschrift rein erbrechtlich, zum anderen rein güterrechtlich und letztlich sowohl erb- als auch güterrechtlich qualifiziert.[711] Würde die Vorschrift erbrechtlich qualifiziert, so käme sie nur bei der Einschlägigkeit deutschen Erbrechts über das Erbstatut zur Anwendung. Bei güterrechtlicher Qualifikation würde der Ausgleich nur dann zur Anwendung gelangen, wenn deutsches Güterstatut einschlägig ist. Bei einer Qualifikation des § 1371 Abs. 1 BGB als sowohl erb- als auch güterrechtlich würde der pauschalierte Zugewinnausgleich dann zur Anwendung gelangen, wenn sowohl das Erb- als auch als Güterrechtsstatut der gleichen Rechtsordnung unterfallen. Mittlerweile hat sich der BGH für eine rein güterrechtliche Qualifikation ausgesprochen.[712] Im Folgenden sollen jedoch nichtsdestotrotz die einzelnen Ansichten dargelegt werden und sich mit den Hinter- und Beweggründen auseinandergesetzt werden, um abschließend die höchstrichterliche Entscheidung zu der Qualifikationsfrage des § 1371 Abs. 1 BGB besser nachvollziehen zu können und ihr entweder zuzustimmen oder ablehnend entgegenzutreten. Auch die Konsequenzen und Folgefragen, welche sich aus der Qualifikation des § 1371 Abs. 1 BGB als güterrechtlich ergeben haben, sollen im Zuge der weiteren Ausführungen dargelegt und – soweit möglich – gelöst werden. Einer fundierten Auseinandersetzung bedarf es insbesondere deshalb, da in einem letzten Schritt dieser Arbeit eine umfassende rechtliche Auseinandersetzung mit der Mahnkopf-Entscheidung des EuGH vom 01. März 2018 erfolgen soll. In dieser Entscheidung hat die zweite Kammer des EuGH den pauschalierten Zugewinnausgleich des § 1371 Abs. 1 BGB entgegen der im deutschen Recht vorherrschenden Ansicht[713] schließlich als erbrechtlich eingeordnet.[714] Er fällt demzufolge unter den Anwendungsbereich der Erbrechtsverordnung – worauf im letzten Abschnitt näher eingegangen werden soll.[715]

---

711 Die einzelnen dazu vertretenen Ansichten werden im Folgenden genauer dargelegt.

712 Hierzu siehe die entsprechende Entscheidung des BGH vom 13.05.2015 – IV ZB 30/14 = MDR 2015, 838-840.

713 BGH, Beschluss v. 13.05.2015 – IV ZB 30/14 = MDR 2015, 838-840

714 EuGH, 01.03.2018, Rs. C 558/16 (*Mahnkopf*), ECLI:EU:C:2018:138 Rn. 44.

715 Vgl. Teil 4 § 3 II Nr. 1.

aa) Die Grundidee des pauschalierten Zugewinnausgleichs von § 1371 Abs. 1 BGB

Bevor der pauschalierte Zugewinnausgleich nach § 1371 Abs. 1 BGB und die Anwendbarkeit desselben auf internationalprivatrechtlicher Ebene bewertet werden soll, sind vorab die Grundideen und die rechtliche Ausgestaltung dieser Ideen darzulegen, die sich im deutschen Zugewinnausgleich wiederfinden. Der Zugewinnausgleich bildet gewissermaßen den Abschluss einer Zugewinngemeinschaft, die im deutschen Güterrecht über § 1363 Abs. 1 BGB als gesetzlicher Güterstand als Ausgangslage vorgesehen ist. Wirft man dabei einen Blick auf § 1363 Abs. 2 BGB, so wird wie erwähnt schnell deutlich, dass der Begriff der Zugewinngemeinschaft eher missverständlich ist, da es sich ja gerade nicht um eine Gütergemeinschaft handelt[716], sondern es bei einer Vermögenstrennung der Ehegatten während der Ehe bleibt. Die Vorschrift wurde vom Gesetzgeber deshalb so ausgewählt, damit dem hinterbliebenen Ehegatten möglichst einfach eine Beteiligung am ehelichen Zugewinn gewährt werden kann.[717] Dabei ist der Güterstand der Zugewinngemeinschaft eher an das Leitbild der „Hausfrauenehe“ angelehnt[718], demnach an ein Modell der Ehe, in der der eine Ehepartner den Lebensunterhalt erwirtschaftet, während der andere Partner ihn dabei unterstützt. Der Zugewinnausgleich soll demnach dafür sorgen, dass der nichterwerbstätige Ehegatte oder derjenige, der zumindest nicht in gleichem Umfang einer Erwerbstätigkeit nachgeht, trotzdem an dem erwirtschafteten Vermögen teilhaben kann.[719] Er zielt demnach auf einen finanziellen Ausgleich des bei Beendigung des Güterstandes vorhandenen Gewinns ab, welcher im Laufe der Ehe erzielt worden ist.[720]

Kommt ausländisches Güterstatut zur Anwendung, so ist dies aber gerade nicht der Fall. Griff demnach die Konstellation des deutschen Erbstatuts und des ausländischen Güterstatuts, so war die Frage nach der „richtigen“ Qualifikation der Vorschrift des § 1371 Abs. 1 BGB auch nicht relevant für die Entscheidung.[721]

---

716 Staudinger/*Thiele*, § 1363 BGB Rn. 1 f.; *Siede*, in: Bamberger/Roth/Hau/Poseck, § 1363 Rn. 8.

717 Soergel/*Grziwotz*, BGB, § 1371 BGB Rn. 2 m. w. N.

718 *Siede*, in: Bamberger/Roth/Hau/Poseck, § 1363 BGB Rn. 8; MüKo-BGB/*Koch*, vor §§ 1363-1390 BGB Rn. 10 (2019).

719 *Siede*, in: Bamberger/Roth/Hau/Poseck, § 1363 Rn. 8; MüKo-BGB/*Koch*, vor §§ 1363-1390 BGB Rn. 10 (2019); Soergel/*Grziwotz*, BGB, § 1371 BGB Rn. 2.

720 MüKo-BGB/*Koch*, vor §§ 1363-1390 BGB Rn. 24 (2019).

721 MüKo-BGB/*Siehr*, Art. 15 EGBGB Rn. 106 (2015); so auch *Clausnitzer*, IPRax 1987, 102.

Jedenfalls wäre in diesem Fall der § 1371 Abs. 1 BGB nicht anwendbar gewesen, da keine Zugewinngemeinschaft im Sinne des deutschen Rechts bestand, weshalb § 1371 Abs. 1 BGB über Art. 25 EGBGB a. F. auch für sich gesehen niemals alleine berufen werden konnte.[722] Die Frage stellte sich demnach nur dann, wenn Erb- und Ehegüterstatut dergestalt auseinanderfielen, dass das ausländische Recht das Erbstatut bildete und das deutsche Recht das Güterstatut stellte. Im Wesentlichen gibt es die folgenden verschiedenen Qualifikationsmöglichkeiten des § 1371 Abs. 1 BGB, die in Betracht zu ziehen sind.

bb) Güterrechtliche Qualifikation des § 1371 Abs. 1 BGB

Im Folgenden soll dargelegt werden, wieso sich die überwiegenden Teile der Literatur und auch die mehrheitlichen Teile der Rechtsprechung für eine güterrechtliche Einordnung des § 1371 Abs. 1 BGB ausgesprochen haben. Nach den einzelnen Argumenten zugunsten einer güterrechtlichen Qualifikation soll sich im Anschluss daran den Konsequenzen dieser Einordnung grundsätzlich und insbesondere im Verhältnis zum italienischen Recht als maßgebliches ausländisches Erbrecht gewidmet werden.

(1) Argumente

Zunächst lässt sich § 1371 Abs. 1 BGB güterrechtlich qualifizieren, sodass allein die Geltung des deutschen Güterrechts maßgeblich ist. Dabei wird von den Vertretern dieser Variante[723] zum einen angeführt, dass es sich bei dem erbrechtlichen Viertel lediglich um eine Folge einer Zugewinngemeinschaft handele und eben nicht um eine allgemeine Folge der Ehe an sich. Darüber hinaus sei die Vorschrift auch ihrer Stellung im Gesetz nach dem Güterrecht zuzuschreiben

---

722 So auch OLG Karlsruhe, Beschluss v. 29.06.1989 – 11 W 86/89 = NJW 1990, 1420.

723 OLG München, Beschluss v. 16.04.2012 – 31 Wx 45/12, ZEV 2012, 591; OLG Stuttgart, Beschluss v. 8.3.2005 – 8 W 96/04 = NJW 2005, 2164; OLG Karlsruhe, Beschluss v. 29.06.1989 – 11 W 86/89 = NJW 1990, 1420, 1421; BayObLG, Beschluss v. 10.4.1975 – BReg. 1 Z 56/74 = FamRZ 1975, 416; LG Mosbach, Beschluss v. 18.03.1997 – 2 T 177/96 = ZEV 1998, 489 f.; LG Wuppertal, Beschluss v. 2.9.1987 – 8 T 20/87 = MittRhNotK 1988, 46, 47; LG Bonn, Beschluss v. 19.12.1984 – 5 T 195/84 = MittRhNotK 1985, 106, 107; BGH, Beschluss v. 21.6.1963 – V ZB 3/63 = FamRZ 1963, 512; *Clausnitzer*, MittRhNotK 1987, 15, 17; *Schurig*, IPRax 1990, 389, 391; Staudinger/*Mankowski*, BGB, Art. 15 EGBGB Rnrn. 346 ff. (2011); Grüneberg/*Thorn*, BGB, Art. 15 EGBGB Rn. 26 (2019); Soergel/*Schurig*, BGB, Art. 15 EGBGB Rn. 32 (1996); *Looschelders*, IPR, Art. 15 EGBGB Rnrn. 10 ff.; *ders.*, IPRax 2009, 505, 509; *v. Hoffmann/Thorn*, IPR, § 9 Rn. 54 f.; *Kropholler*, IPR, § 45 IV, S. 353, jeweils m. w. Nachw.; *Ney*, S. 161.

und nicht dem Erbrecht, wobei sich auch die Vertreter einer güterrechtlichen Qualifikation eingestehen müssen, dass die bloße Stellung im Gesetz nicht das zwangsläufig stärkste Argument für eine Qualifikation in die eine oder andere Richtung biete.[724] Denn so stelle die systematische Einordnung einer Vorschrift lediglich ein Indiz dar, mithilfe dessen eine kollisionsrechtliche Einordnung vorgenommen werden kann.[725] Und obendrein werde über § 1371 Abs. 1 BGB nach dem ausdrücklichen Gesetzeswortlaut durch das pauschalierte erbrechtliche Viertel der Zugewinnausgleich realisiert.[726] Dies zeige nach der Ansicht der Vertreter der güterrechtlichen Qualifikation bereits, dass es bei der Vorschrift letztlich nicht darum gehe, generell die erbrechtliche Position von Ehegatten besser zu stellen.[727] Vielmehr gehe es bei dem pauschalierten Zugewinnausgleich darum, dass vor der eigentlichen Vermögensauseinandersetzung derjenige Teil des Nachlasses einer Loslösung bedarf, welcher dem hinterbliebenen Ehepartner zu Teil werden solle; es soll demnach tatsächlich lediglich um die Realisierung des Zugewinnausgleichs gehen.[728] Anlässlich des Todes eines Ehegatten finde eine güterrechtliche Auseinandersetzung statt und stelle demnach sozusagen eine Vorstufe zu der letztlich erbrechtlichen Verteilung des Nachlasses dar.[729] Diese Ausgleichsfunktion als „Kerngehalt" des § 1371 Abs. 1 BGB soll nach den Vertretern der güterrechtlichen Qualifikation ein weiteres Beispiel

---

724 Staudinger/*Mankowski*, BGB, Art. 15 EGBGB Rn. 346 m. w. N. (2011).

725 Staudinger/*Looschelders*, Einl. IPR, Rn. 1104; *ders.*, Anpassung im IPR, S. 314.

726 MüKo-BGB/*Koch*, § 1371 BGB Rn. 1 (2019); in: *Looschelders*, IPR, Art. 15 EGBGB Rn. 10.

727 *Looschelders*, IPR, Art. 15 EGBGB Rn. 10 m. w. N.

728 Der Zweck der Vorschrift wurde in dem jüngsten Beschluss des BGH zu der Frage der Qualifikation zutreffend festgehalten: „Zweck der Vorschrift ist es, den Güterstand als Sonderordnung des Vermögens der Eheleute während und aufgrund ihrer Ehe abzuwickeln, nicht aber den Längstlebenden kraft seiner nahen Verbundenheit mit dem Verstorbenen an dessen Vermögen zu beteiligen.", vgl. BGH, Beschluss v. 13.05.2015 – IV ZB 30/14 Rn. 25 m. w. N. = MDR 2015, 838; Soergel/*Schurig*, BGB, Art. 15 EGBGB Rn. 32 m. w. N. (1996) spricht auch von den dem Güterrecht zuzuordnenden materiellen Rechtssätzen, welche „allein oder überwiegend zum Ziel haben, das Vermögen von Mann und Frau während und aufgrund der Ehe einer Sonderordnung zu unterstellen, einschließlich der Rechtssätze, die nach Auflösung der Ehe die Abwicklung der vorher bestehenden Sonderordnung regeln."; Staudinger/*Mankowski*, BGB, Art. 15 EGBGB Rn. 347 m. w. N.: mit der Vorschrift wird demnach auf eine Beteiligung des hinterbliebenen Ehegatten abgezielt an demjenigen Vermögen, welches sich im Laufe des gemeinsamen Ehelebens im Güterstand der Zugewinngemeinschaft angesammelt hat.

729 Flick/Piltz/*Wachter*, Der internationale Erbfall, Rn. 174.

dafür sein, dass der pauschalierte Zugewinnausgleich auf internationaler Ebene güterrechtlich zu qualifizieren sei.[730] Obwohl sich daher die Vorschrift erbrechtlicher Instrumente bediene, um seinen Zweck zu erfüllen, sei und bliebe Letzterer eben doch lediglich güterrechtlich.[731]

Auch das OLG Schleswig[732] nimmt in seinem Beschluss eine güterrechtliche Qualifikation an. Nach Ansicht des Gerichtes sprächen dafür auch besonders der Sinn und Zweck der Vorschrift, den im Laufe der Ehe erzielten Zugewinn auszugleichen sowie die systematische Stellung der Norm im Gesetz. Auch stehe dem Auslegungsergebnis nicht entgegen, dass der Ausgleich durch eine bloß pauschale Erhöhung des gesetzlichen Erbteils erfolge, denn dabei handele es sich lediglich um eine rechtstechnische Frage.[733] In einer vorangegangenen Entscheidung vom 12.9.2012 hatte der BGH zur Frage einer Qualifikation des § 1371 Abs. 1 BGB zwar ausdrücklich noch keine Stellung bezogen, da in dem Fall die Ehefrau, die durch die Nichtanwendung des § 1371 Abs. 1 BGB beschwert war, keine Rechtsbeschwerde eingelegt hatte.[734] Im Rahmen dieser Entscheidung war allerdings bereits eine Tendenz des Senats zur güterrechtlichen Qualifikation des § 1371 Abs. 1 BGB durch höchstrichterliche Rechtsprechung festzustellen gewesen,[735] welche sich letztlich mit einem Beschluss des BGH im Falle griechischen Erbstatutes bestätigt hat.[736]

---

730 Staudinger/*Mankowski*, BGB, Art. 15 EGBGB Rn. 347 m. w. N.

731 Staudinger/*Mankowski*, BGB, Art. 15 EGBGB Rn. 347 m. w. N.

732 OLG Schleswig, Beschluss v. 19.8.2013 – 3 Wx 60/13 = NJW 2014, 88, in: *Heinig*, DNotZ 2014, 251.

733 Vgl. bereits LG Mosbach, Beschluss vom 18.03.1997 – 2 T 177/96 = ZEV 1998, 489; *Derstadt*, IPRax 2001, 84, 88; *Schulte-Bunert*, FuR 2006, 543, 548; *Looschelders*, IPRax 2009, 505, 509; *Sachs*, ErbR 2009, 106; in: *Heinig*, DNotZ 2014, 25.

734 BGH, Beschluss v. 12.9.2012 – IV ZB 12/12 = FamRZ 2012, 1871 = ZErb 2012, 334 = Rpfleger 2013, 30 = ZNotP 2012, 476 = NJW-RR 2013, 201 = WM 2013, 895 = Mitt-BayNot 2013, 258. In diesem Fall richtete sich das Erbstatut hinsichtlich des beweglichen Vermögens des Erblassers nach türkischem und hinsichtlich des unbeweglichen Vermögens nach deutschem Recht. Der 4. Zivilsenat des BGH führte aus, dass die Beschwerdeführer durch die angegriffene Entscheidung nicht beschwert würden, weswegen sich die Frage einer Qualifikation des pauschalierten Zugewinnausgleichs nach § 1371 Abs. 1 BGB bei der Anwendung ausländischen Erbstatuts nicht stelle (Rn. 8).

735 So sprach der BGH in seiner Entscheidung davon, dass „die Vorinstanzen deutsches Ehegüterrecht und damit auch § 1371 BGB angewendet haben", vgl. BGH, Beschluss v. 12.9.2012 – IV ZB 12/12 Rn. 10 = NJW-RR 2013, 201.

736 BGH, Beschluss v. 13.05.2015 – IV ZB 30/14 = MDR 2015, 838 unter Aufgabe seiner bisherigen Rechtsprechung, vgl. dazu Beschluss v. 3.8.1987 – 3 Wx 207/87 =

(2) *Konsequenzen der güterrechtlichen Qualifikation – Subsumtion des „gesetzlichen Erbteils" nach § 1371 Abs. 1 BGB*

Die Konsequenz der güterrechtlichen Qualifikation des § 1371 Abs. 1 BGB wäre die Folgende: Bei der Geltung ausländischen Erbrechts käme die Vorschrift in jedem Fall zur Anwendung, da lediglich das deutsche Güterstatut maßgeblich wäre. Nicht erforderlich wäre daher, dass das deutsche Recht das Erbstatut stellt.[737] Gelangt § 1371 Abs. 1 BGB zur Anwendung, so wird das fremde Ehegattenerbrecht um das pauschalierte (güterrechtliche) Viertel unserer Rechtsordnung erhöht. Wenn die Regelung des ausländischen Erbrechts nach deren lex fori eine güterrechtliche Beteiligung vorsieht und wird diese auch erbrechtlich qualifiziert (damit bei ausländischem Erbstatut diese Regelung überhaupt zur Anwendung gelangen kann), ist ferner in einem weiteren Schritt zu klären, ob sich der „gesetzliche Erbteil" als Tatbestandsmerkmal des § 1371 Abs. 1 BGB durch die ausländische Beteiligung ersetzen lässt.[738] Es muss sich also gefragt werden, ob das Tatbestandsmerkmal „gesetzlicher Erbteil" unserer nach hiesiger Ansicht güterrechtlich einzuordnenden Vorschrift des § 1371 Abs. 1 BGB mit der nach ausländischem Recht erbrechtlich zu qualifizierenden Vorschrift zu substituieren ist, indem auch das ausländische Recht darunter gefasst werden kann. Erforderlich ist eine gewisse Gleichwertigkeit des fremden und des deutschen Ehegattenerbrechts.[739] Für § 1371 Abs. 1 BGB und seine Anwendung bedeutet dies, dass das ausländische Erbrecht dem hinterbliebenen Ehegatten eine erbrechtliche Beteiligung am Nachlass des Verstorbenen gewähren muss.[740]

MittRhNotK 1988, 68; offengelassen in einem Beschluss v. 19.12.2008 – 3 Wx 51/08 = NJW-RR 2009, 732.

737 *Looschelders*, IPR, Art. 15 EGBGB Rn. 11.

738 So auch BGH, Beschluss v. 13.05.2015 – IV ZB 30/14 = MDR 2015, 838. Auch das OLG Düsseldorf hat sich in seinem Beschluss die Frage der Substitution bei güterrechtlicher Qualifikation des § 1371 Abs. 1 BGB gestellt, vgl. OLG Düsseldorf, Beschluss v. 10.03.2015 – 3 Wx 196/14, Rn. 27 ff. = NZFam 2015, 576; *Looschelders*, IPR, Art. 15 EGBGB Rn. 12 m. w. N.; *Engbers*, Deutsch-italienische Erbfälle, S. 41.

739 BGH, Beschluss v. 13.05.2015 – IV ZB 30/14, Rn. 33 = MDR 2015, 838; MüKo-BGB/*Dutta*, Art. 25 EGBGB Rn. 157 m. w. N. (2015); so auch *Clausnitzer*, MittRhNotK 1987, 15, 17. Für die Bejahung einer Gleichwertigkeit ist es nach *Looschelders* nicht erforderlich, dass das ausländische Erbstatut zwingend einen unserem Rechtssystem vergleichbaren güterrechtlichen Ausgleich vorsieht; vielmehr richte sich die Rechtfertigung des § 1371 Abs. 1 BGB eh nach deutschem materiellen Recht. Siehe dazu *Looschelders*, IPR, Art. 15 EGBGB Rn. 13 m. w. N.

740 BGH, Beschluss v. 13.05.2015 – IV ZB 30/14 = MDR 2015, 838.

Ist eine derartige Gleichwertigkeit zu bejahen, kann der in § 1371 Abs. 1 BGB vorgesehene gesetzliche Erbteil nach § 1931 Abs. 1 BGB dadurch „ausgetauscht“ werden, sodass ausländisches Recht zur Anwendung gelangt.[741] Dabei kommt es nicht zwangsläufig darauf an, dass der Anteil am Nachlass im Sinne des ausländischen Rechts keine güterrechtlichen Elemente aufweist, da auch der deutsche pauschalierte Zugewinnausgleich unbestrittenermaßen sowohl erb- als auch güterrechtliche Elemente enthält.[742] Gerade diese Tatsache macht eine Zuweisung zum einen oder zum anderen Statut so schwierig zu beantworten. Maßgeblich wäre nur, dass die ausländische Beteiligung im Endeffekt auch als erbrechtlich qualifiziert wird, damit eine Substitution überhaupt stattfinden kann.[743] Ist dies der Fall und kommt es über eine Ersetzung zur Anwendung ausländischen Erbrechts, kann der „gesetzliche Erbteil“ nach § 1371 Abs. 1 BGB demnach auch ausländischen Rechts sein. So kommt der § 1371 Abs. 1 BGB auch bei Geltung ausländischen Erbrechts zur Anwendung. Dies hätte dann zur weiteren Folge, dass eine Erhöhung des Erbteils des hinterbliebenen Ehepartners um das pauschale Viertel erfolgen würde. In Ergänzung der Grundregel des § 1931 BGB erbt der Ehegatte neben etwaigen Abkömmlingen des Erblassers die Hälfte, und wenn nur Verwandte der 2. Ordnung und Großeltern vorhanden sein sollten, jedenfalls ¾ des gesamten Nachlasses des Verstorbenen.[744]

Im Zusammenspiel mit italienischem materiellen Erbrecht als ausländischem Erbstatut ergäbe sich bei güterrechtlicher Qualifikation des pauschalierten Viertels folgende Quote bei Versterben des italienischen Ehegatten: Nach Art. 581 CC besteht für Verwandte und für Ehegatten neben mehreren Kindern des Erblassers ein gesetzliches Erbrecht, welches dem hinterbliebenen Ehegatten neben einem Kind einen Teil i. H. v. ½ des Nachlasses zuspricht (Art. 581 1. Alt. CC) und neben mehreren Kindern i. H. v. 1/3 des Nachlasses (Art. 581 Alt. 2 CC). Bei der Anwendung des deutschen pauschalierten Zugewinnausgleichs durch die güterrechtliche Qualifikation käme neben dem gesetzlichen Erbteil noch das pauschalierte Viertel des Nachlasses zu dem Nachlass hinzu. Die Höhe der Erbquote, welche dem hinterbliebenen Ehegatten nach italienischem Recht zugesprochen wird, hängt demzufolge allein von der vorhandenen Anzahl der vorhandenen Kinder des Erblassers ab.[745] Anders als das deutsche Recht sieht

741 *Looschelders*, FS von Hoffmann, S. 266, 273 m. w. N.

742 BGH, Beschluss v. 13.05.2015 - IV ZB 30/14 = MDR 2015, 838.

743 Zur Subsumtion, den einzelnen Ansichten dazu und zur Frage, ob überhaupt substituiert werden kann, siehe sogleich unter § 2 I.

744 Jauernig/*Budzikiewicz*, BGB, § 1371 BGB Rn. 5.

745 So auch festgestellt in OLG Düsseldorf, Beschluss v. 10.3.2015 – 3 Wx 196/14 Rn. 30.

das italienische Recht im Rahmen der Erbfolge des hinterbliebenen Ehegatten keinen güterrechtlichen Ausgleich vor, mehr noch sind die güterrechtlichen Konsequenzen, welche bei Beendigung der Ehe zu beachten wären, völlig losgelöst vom gesetzlichen Erbrecht Italiens zu betrachten.[746] Art. 581 CC ist im Ergebnis daher erbrechtlich zu qualifizieren, da dem hinterbliebenen Ehegatten unabhängig vom bestehenden Güterstand ein gesetzliches Erbrecht in Höhe einer bestimmten Quote gewährt wird (eben lediglich abhängig von der Anzahl der den Erblasser beerbenden Kinder).[747] Aus diesem Grund ist es – bei der Anwendung italienischen materiellen Erbrechts – möglich, das Tatbestandsmerkmal des „gesetzlichen Erbteils" i. S. d. § 1371 Abs. 1 BGB mit der Erbberechtigung des hinterbliebenen Ehegatten nach italienischem Recht gleichzusetzen und daher zur Anwendung gelangen zu lassen. Für den hinterbliebenen deutschen Ehegatten bedeutet dies, dass er auch dann vom deutschen pauschalierten Zugewinnausgleich profitiert, wenn italienisches Recht das Erbstatut bildet und sich die Erbfolge somit vollständig nach italienischem Recht richtet.

cc) Erbrechtliche Qualifikation des § 1371 Abs. 1 BGB

Im Gegensatz zur güterrechtlichen Qualifikation wird noch vertreten, den § 1371 Abs. 1 BGB rein erbrechtlich zu qualifizieren. Streng genommen käme der § 1371 Abs. 1 BGB dann nur zur Anwendung, wenn auch das Erbstatut dem deutschen Recht unterstellt werden kann. Welche Argumente die Vertreter dieser Einordnung vorbringen und welche Konsequenzen eine erbrechtliche Einordnung für die Berechnung des Nachlasses hat, soll im Folgenden dargelegt werden.

(1) Argumente

Die Vertreter der erbrechtlichen Qualifikation[748] führen zur Begründung an, dass eine Erhöhung des gesamten Erbteils erfolgt und nicht lediglich neben einem erbrechtlichen Anfall ein güterrechtlicher Anfall gegeben sei. Ferner sei der pauschalierte Zugewinnausgleich vom Nachlass abhängig, da das erhöhte Viertel eben nur für den Fall gewährt werden solle, bei dem der hinterbliebene Ehepartner letztlich auch Erbe geworden ist. Eine so enge Kopplung des

746 *Engbers*, Deutsch-italienische Erbfälle, S. 36 und 41 m. w. N.

747 So im Ergebnis auch nach der Ansicht von *Engbers*, Deutsch-italienische Erbfälle, S. 37.

748 Siehe zu den einzelnen Argumenten die Ausführungen bei *Firsching*, Deutsch-amerikanische Erbfälle, S. 63; *Knur*, DNotZ 1957, 451, 455; *D. Reinicke*, NJW 1957, 889, 892; *Raape*, IPR, S. 336 f.; *Schwoerer*, Justiz 1957, 325.

pauschalierten Viertels an den Nachlass könne nur für eine erbrechtliche Einordnung sprechen. Die Vertreter der erbrechtlichen Einordnung argumentieren darüber hinaus, dass man im Rahmen des § 1371 Abs. 1 BGB insofern nicht mehr von einem tatsächlichen „Zugewinn" sprechen könne, da das pauschalierte Viertel nämlich auch von demjenigen Ehepartner eingefordert werden könne, welcher im Laufe der Ehejahre einen größeren Zugewinn erzielt habe und ihn an sich damit selbst eine Ausgleichspflicht gegenüber dem anderen Ehegatten treffen müsse. Und zuletzt setze sich der Nachlass, nach dem das erhöhte Viertel überhaupt zu berechnen sei, im Ergebnis anders zusammen als die Masse, aus der sich der pauschalierte Zugewinnausgleich ergebe. In enger Verknüpfung zu dem zuvor genannten Argument, dass § 1371 Abs. 1 BGB eine Erbschaft voraussetze, steht das Argument, dass diese Erbenstellung sofern gewünscht auch durch eine Verfügung im Testament ausgeschlossen werden könne.[749] Darüber hinaus wird im Wesentlichen gegen die güterrechtliche Einordnung hervorgebracht, dass durch die güterrechtliche Qualifizierung des § 1371 Abs. 1 BGB in das ausländische Erbrecht eingegriffen werde und eine Veränderung der nach ausländischem Erbrecht festzustellenden Erbquoten zum Nachteil der gesetzlichen Erben mit sich bringe – durch diese verfälschte Anwendung der Vorschrift werde in die Verbindlichkeit des Erbstatuts eingegriffen.[750]

(2) Konsequenzen der erbrechtlichen Qualifikation

Würde man § 1371 Abs. 1 BGB rein erbrechtlich qualifizieren, so würde es bei ausländischem Erbstatut zu folgenden Ergebnissen kommen: Dadurch, dass § 1371 Abs. 1 BGB dann nur zur Anwendung gelangt, wenn auch deutsches Erbstatut einschlägig ist, kann eine pauschalierte Erhöhung bei der Maßgeblichkeit ausländischen Erbstatutes nicht in Betracht gezogen werden.[751] Der „gesetzliche Erbteil" des § 1371 Abs. 1 BGB kann demnach gar nicht der Frage einer Substitution mit ausländischem Erbrecht unterworfen werden, da er nach einer erbrechtlichen Einordnung des § 1371 Abs. 1 BGB gar nicht in Augenschein zu nehmen ist. Gewissermaßen macht es sich die Einordnung in das Erbrecht

749 *Firsching*, Deutsch-amerikanische Erbfälle, S. 63; *Ferid/Firsching*, Internationales Erbrecht, Bd. II, Deutschland, Rn. 80.

750 OLG Köln, Beschluss v. 5.8.2011 – I-2 Wx 115/11 = ZEV 2012, 205 f.; OLG Frankfurt a. M., Beschluss v. 20.10.2009 – 20 W 80/07 = FamRZ 2010, 767; OLG Stuttgart, Beschuss v. 8.3.2005 – 8 W 96/04 = ZEV 2005, 443 f. = NJW-RR 2005, 740.

751 Es führt sozusagen „kein kollisionsrechtlicher Weg zu § 1371 Abs. 1 BGB.", vgl. Staudinger/*Mankowski*, Art. 15 EGBGB Rn. 345 m. w. N.

daher „leicht", indem sie den Ausgleich bei ausländischem Erbstatut gar nicht zur Anwendung gelangen lässt und sich somit den Folgefragen der Substitution und einer anschließenden Anpassung nicht stellen muss.

dd) Doppelqualifikation des § 1371 Abs. 1 BGB

(1) Argumente

Schließlich wird noch eine dritte Ansicht vertreten, die den § 1371 Abs. 1 BGB sowohl güterrechtlich als auch erbrechtlich qualifiziert. Die Verfechter dieser sogenannten Doppelqualifikation[752] führen an, dass die Vorschrift des § 1371 Abs. 1 BGB sowohl erbrechtliche und güterrechtliche Elemente aufweist und diese so eng miteinander verwoben seien, dass der § 1371 Abs. 1 BGB nur dann zur Anwendung gelangen soll, wenn sowohl Erb- und Güterrecht den Normen des BGB unterfallen.[753] Dieser Ansicht nach würde es ansonsten zur einer verfälschten Anwendung ausländischen Erbrechts kommen und zudem würde in die Verbindlichkeit des Erbstatuts eingegriffen werden, würde man nicht den § 1371 Abs. 1 BGB auch über das deutsche Erbrecht zur Anwendung gelangen lassen.[754] Diese Ansicht argumentiert demnach, dass sich eine eindeutige Zuweisung zu entweder dem Erb- oder dem Güterstatut aufgrund deren starker Verbundenheit eben nicht vornehmen lasse und möchte den pauschalierten Zugewinnausgleich daher beiden Statuten unterwerfen.[755] Kommt ausländisches Erbstatut zur Anwendung, so müsse der Zugewinnausgleich eben nach

752 OLG Frankfurt a. M., Beschluss v. 20.10.2009 - 20 W 80/07 = ZEV 2010, 253; OLG Stuttgart, Beschluss v. 8.3.2005 - 8 W 96/04 = FamRZ 2005, 1711; OLG Düsseldorf, Beschluss v. 3.8.1987 - 3 Wx 207/87 = MittRhNotK 1988, 69; *Braga*, FamRZ 1957, 334, 341; *Schröder*, Die Anpassung, S. 91 f.; *Coester*, JA 1979, 351, 353; *Vékás*, IPRax 1985, 24; Clausnitzer/*Schotten*, MittRhNotK 1987, 15, 19; *Schotten/Johnen*, DtZ 1991, 257, 259.

753 OLG Köln, Beschluss v. 5.8.2011 - I-2 Wx 115/11 = ZEV 2012, 205; *Schotten/Schmellenkamp*, IPR in der notariellen Praxis, Rn. 287.

754 OLG Köln, Beschluss v. 5.8.2011 - I-2 Wx 115/11 = ZEV 2012, 205 f.; OLG Stuttgart, Beschluss v. 8.3.2005 - 8 W 96/04 = ZEV 2005, 443 f.; Burandt/Rojahn/*Franke*, Erbrecht, Art. 25 EGBGB Rn. 79 (2014).

755 So argumentiert letztlich auch *Schotten*, welcher sich ebenfalls für eine Doppelqualifikation ausspricht. Er tut dies mit dem Argument, dass „die Argumente für und gegen eine güterrechtliche oder erbrechtliche Einordnung" im Endeffekt so überzeugend seien, dass es sich geradezu aufdrängen müsse, den § 1371 Abs. 1 BGB sowohl dem Erb- als auch dem Güterstatut zu unterwerfen. Umfassend zu seinen diesbezüglichen Ausführungen siehe Clausnitzer/*Schotten*, MittRhNotK 1987, 15, 19 f.

§ 1371 Abs. 2 BGB vorgenommen werden und im Ergebnis konkret berechnet werden.[756]

(2) Konsequenzen der Doppelqualifikation des § 1371 Abs. 1 BGB

Würde § 1371 Abs. 1 BGB sowohl erb- als auch güterrechtlich qualifiziert, hätte dies wie bei einer Qualifikation erbrechtlicher Natur zur Folge, dass bei ausländischem Erbrecht die pauschalierte Erhöhung nicht zum Zuge kommt. Damit erfolgt keine Erhöhung des gesetzlichen Erbteils des hinterbliebenen Ehegatten. Auch bei dieser Einordnung kommt es im Endeffekt also nicht auf die weiterführende Frage der Substitution und der Anpassung an, da es bereits im ersten Schritt nicht zu einer Anwendung der Ausgleichsvorschrift kommt.

ee) Bewertung und Zwischenergebnis

Im Ergebnis sind die Argumente und vor allem die damit einhergehenden Konsequenzen der zu § 1371 Abs. 1 BGB vertretenen Qualifikationsmöglichkeiten zu hinterfragen und gegebenenfalls zu widerlegen. Dabei ist zu beachten, dass sich die einzelnen Qualifikationsmöglichkeiten des pauschalierten Zugewinnausgleichs gegenseitig ausschließen.

(1) Güterrechtliche Qualifikation

Für eine güterrechtliche Qualifikation sprechen die überwiegenden Argumente. Zum einen spricht die systematische Stellung der Vorschrift bereits für eine Einordnung in das Güterrecht.[757] Allein von der Positionierung der Norm ist – zumindest mit Indizwirkung – zu schließen, dass sich der deutsche Gesetzgeber Gedanken hinsichtlich der Aussagekraft seiner Einordnung gemacht haben wird, indem er die Vorschrift über den pauschalierten Zugewinnausgleich unter den Abschnitt des ehelichen Güterrechts fasste. So spricht demzufolge die Gesetzessystematik bereits für eine Einordnung der Vorschrift als güterrechtlich. Zudem spricht auch der ausdrückliche Wortlaut der Norm von einem „Ausgleich des Zugewinns“, was wiederum güterrechtlich einzuordnen wäre. Als maßgebliches Argument ist allerdings der Wesensgehalt bzw. der Zweck der Vorschrift anzuführen. Sie ist (nach vorangegangenen Ausführungen) nämlich besonders zu dem Zwecke eingeführt worden, genau denjenigen Teil des Vermögens im Vorhinein

---

756 Flick/Piltz/*Wachter*, Der internationale Erbfall, Rn. 173.

757 So findet sich die Vorschrift unter dem Titel zum „Ehelichen Güterrecht“ und Untertitel „Gesetzliches Güterrecht“ im BGB wieder, *Derstadt*, IPRax 2001, 84, 88.

abzuschöpfen, der dem hinterbliebenen Ehegatten auch zusteht.[758] Der Gesetzgeber hat demnach keine Stärkung des Erbrechts bezweckt, sondern die bloße Regelung des gesetzlichen Güterstandes und demnach güterrechtliche Fragen.[759] Diese Erhöhung des gesetzlichen Erbteils nach § 1931 Abs. 1 BGB durch § 1371 Abs. 1 BGB sieht das Gesetz als die Verwirklichung des Zugewinnausgleichs der Ehegatten. Dabei ist der Widerspruch, der sich daraus ergeben mag, dass nach § 1371 Abs. 1 HS. 2 BGB ein im Einzelfalle erzielter Zugewinn für S. 1 unerheblich sei, bewusst in Kauf genommen worden. Vielmehr wurde er nicht nur in Kauf genommen, sondern es wurde sich ganz bewusst für eine Pauschalierung der Erbteilserhöhung entschieden, da besonders bei Gesetzesanwendung Einzelfragen auftauchen, welche einer klaren gesetzlichen Handhabung bedürfen.[760] Der Gesetzgeber hat sich daher für eine praktische Lösung bei Zweifelsfragen im Nachlassrecht entschieden.[761] Auch wenn es so sein sollte, dass der überlebende Ehegatte den möglicherweise größeren Zugewinn über die Jahre hinweg erwirtschaftet hat, so bleibt es dabei, dass es sich um eine güterstandsbezogene Verstärkung des Erbrechts handelt. Und wenn gerade das Güterrecht die Aufteilung der Güter unter den Ehegatten vorsieht, erscheint es nur logisch und vor allem konsequent, den Kerngehalt des pauschalierten Zugewinnausgleichs auch als güterrechtlich einzustufen. Auch wenn sich der pauschalierte Zugewinnausgleich erbrechtlicher Mittel bedienen sollte, stellt sich der Ausgleich im Ergebnis trotzdem als güterrechtlich dar.[762]

Für eine güterrechtliche Qualifikation und gegen eine erbrechtliche Qualifikation spricht zudem der Umstand, dass der pauschalierte Zugewinnausgleich nach § 1371 Abs. 1 BGB nur für den Fall zur Anwendung gelangen kann, bei dem die Ehegatten zuvor die Ehe im gesetzlichen Güterstand der Zugewinngemeinschaft verbracht haben. Der pauschalierte Zugewinnausgleich ist daher eher eine Folge des einschlägigen Güterstandes der Zugewinngemeinschaft, in dem die Ehegatten gelebt haben, und nicht der Ehe an sich. Was sich daher

---

758 LG Mosbach, Beschluss v. 18.3.1997 – 2 T 177/96 = ZEV 1998, 489; Staudinger/*Gamillscheg*, BGB, Art. 15 EGBGB a. F. Rn. 335; *Burghaus*, Vereinheitlichung, S. 124; in: *Mankowski*, ZEV 2014, S. 121, 122.

759 Grüneberg/*Siede*, BGB, § 1371 BGB Rn. 1.

760 Staudinger/*Thiele*, BGB, vor § 1371 BGB Rn. 14.

761 Staudinger/*Thiele*, BGB, vor § 1371 BGB Rn. 14.

762 *Derstadt*, IPRax 2001, 84, 88: „Die Form, in der der Ausgleich durchgeführt wird, hat demgegenüber nur untergeordnete Bedeutung...“; *Ludwig*, DNotZ 2005, 586, 588; *Jeremias/Schäper*, IPRax 2005, 521, 524; Staudinger/*Mankowski*, BGB, Art. 15 EGBGB Rn. 347.

zunächst als simples Argument für eine güterrechtliche Einordnung anhören mag, ist im Ergebnis durchaus ausschlaggebend in Bezug auf die Ausrichtung bzw. den Wesensgehalt der Norm: Eine Vorschrift, welche das deutsche Güterrecht als ihre Grundlage bezeichnen kann, ist meines Erachtens nach auch vom Wesen her güterrechtlich einzuordnen.[763] Darauf, *wie* genau dieses Ziel eines güterrechtlichen Ausgleichs in einem weiteren Schritt angestrebt werden soll, kann nicht das wesentliche Augenmerk liegen.[764] Dass die Norm demnach auch erbrechtliche Elemente enthält, spricht nicht automatisch gegen eine rein güterrechtliche Einordnung. Bei der zunächst durchzuführenden Einordnung kommt es auf den Vollzug der Vorschrift noch nicht an. Ebenfalls für eine güterrechtliche Qualifikation des § 1371 Abs. 1 BGB spricht der Umstand, dass die Vorschrift im Rahmen einer güterrechtlichen Einordnung in der Praxis somit einer deutlich einfacheren Handhabung unterworfen sein wird. Im Zweifel wird eine pauschalierte Erhöhung des Ehegattenerbteils, wie er von § 1371 Abs. 1 BGB vorgesehen ist, einfacher durchzuführen sein als eine gesonderte Errechnung des Zugewinnausgleichs nach den Vorschriften der §§ 1371 ff. BGB.

(2) Erbrechtliche Qualifikation

Das Argument, dass es bei einer güterrechtlichen Qualifikation zu einer verfälschten Anwendung des ausländischen Erbrechts kommt, greift so nicht. Denn so wird das ausländische Erbrecht ja gerade nicht verfälscht, sondern pauschal um ein Viertel erhöht. Die Umsetzung erfolgt nicht dadurch, dass in das ausländische Erbrecht eingegriffen würde, sondern der Zugewinnausgleich erfolgt daneben mit der Erhöhung der Erbquote, die nach ausländischem Recht festzustellen ist.[765] Damit wäre man wieder bei dem berechtigten Argument zugunsten einer güterrechtlichen Qualifikation, dass das pauschalierte Viertel den Ausgleich zwar mit erbrechtlichen Mitteln, aber mit güterrechtlicher Zwecksetzung vollzieht.

Das Problem der erbrechtlichen Qualifikation des § 1371 Abs. 1 BGB besteht daher darin, dass sie der Anwendbarkeit des deutschen Güterrechts nicht genü-

---

763 Ebenso OLG Stuttgart, Beschluss v. 8.3.2005 – 8 W 96/04 = NJW 2005, 2164; *Jeremias/Schäper*, IPRax 2005, 521, 524 f. zusätzlich unter Erwähnung der Möglichkeit, das Sondervermögen durch Ehevertrag zu regeln.

764 So auch Staudinger/*Mankowski*, BGB, Art. 15 EGBGB Rn. 353; LG Mosbach, Beschluss v. 18.3.1997 – 2 T 177/96 = ZEV 1998, 489; in: *Derstadt*, IPRax 2001, 84, 88.

765 Grüneberg/*Siede*, BGB, § 1371 BGB Rn. 1; OLG Frankfurt, Beschluss v. 12.11.2013 – 21 W 17/13 = NZFam 2014, 816 (mit Anmerkung *Hoppenz*).

gend Aufmerksamkeit zollt und nur einseitig die Interessen derjenigen Erben bzw. Erbquoten zum Nachteil des überlebenden Ehegatten schützt, die nach ausländischem Recht zu ermitteln sind. Nach deutschem Recht ist dem überlebenden Ehegatten ein pauschalierter Zugewinnausgleich nach § 1371 Abs. 1 BGB zu gewähren. Auch beschäftigt sich die erbrechtliche Qualifikation nicht ausreichend mit der Frage, wie derjenige Zugewinnausgleich durchzuführen wäre, der dem überlebenden Ehegatten nach deutschem Güterrecht zusteht. Den überlebenden Ehegatten lediglich auf die Möglichkeit einer Geltendmachung eines Zugewinnausgleichs nach §§ 1373 ff. BGB zu verweisen, erscheint mit Blick auf den Sinn und Zweck der Vorschrift unangemessen, da dieser unter Umständen darüber weniger bekommen könnte, als er über einen pauschalierten Zugewinnausgleich erhalten würde, der ihm auch nach deutschem Recht zustünde. Hinzu kommt noch, dass der überlebende Ehegatte gegebenenfalls gerichtlich feststellen lassen muss, wie hoch denn jetzt sein genauer Zugewinnausgleichsanspruch ausfällt. Allerdings sollte beim Tode des anderen Ehegatten gerade diese Situation durch die Anwendung des § 1371 Abs. 1 BGB vermieden werden.[766]

Im Rahmen der erbrechtlichen Qualifikation wurde von *Firsching*[767] vertreten, dass die von § 1371 Abs. 1 BGB vorausgesetzte Erbenstellung auch durch eine testamentarische Verfügung ausgeschlossen werden könne. Dies würde für eine erbrechtliche Qualifikation des § 1371 Abs. 1 BGB sprechen, da ein Ausschluss der Vorschrift eben über ein erbrechtliches Instrument erfolge. Dem kann jedoch entgegengehalten werden, dass die Anwendung des § 1371 Abs. 1 BGB auch ausgeschlossen werden kann, wenn die Ehegatten in einem Ehevertrag jeglichen Zugewinn ausschließen.[768] Es bedarf daher nicht lediglich eines erbrechtlichen Instruments, um den pauschalierten Zugewinnausgleich nicht zur Anwendung gelangen zu lassen.[769] Vielmehr bietet das Güterrecht ebenfalls einen Ausschlussmodus.[770] Die Möglichkeit, die Anwendung des § 1371 Abs. 1 BGB über eine testamentarische Verfügung auszuschließen,[771] ist nicht allein

---

766 OLG Frankfurt, Beschluss v. 12.11.2013 - 21 W 17/13 = NZFam 2014, 816 (mit Anmerkung *Hoppenz*).

767 *Firsching*, Deutsch-amerikanische Erbfälle, S. 63.

768 Siehe dazu Soergel/*Grziwotz*, BGB, § 1371 BGB Rn. 7.

769 Staudinger/*Mankowski*, BGB, Art. 15 EGBGB Rn. 355.

770 Staudinger/*Mankowski*, BGB, Art. 15 EGBGB Rn. 355.

771 Bei dem Begriff des Ausschlusses ist darüber hinaus auch noch Vorsicht geboten. Streng genommen handelt es sich dabei nämlich nicht um einen Auschluss des pauschalierten Zugewinnausgleichs, vielmehr erfolgt der Zugewinnausgleich dann nur nicht über § 1371 Abs. 1 BGB, sondern über die Vorschriften der §§ 1373 ff. BGB. Die

dem Erbrecht vorbehalten und spricht daher nicht überzeugend genug für eine erbrechtliche Qualifikation der Vorschrift.

(3) Doppelqualifikation

Letztlich kann auch den Vertretern der Doppelqualifikation der Vorschrift nicht zugestimmt werden. Im Endeffekt ist diese Ansicht nämlich nicht stringent, denn sie weicht der eigentlichen Entscheidung einer Qualifikation nur aus.[772] Natürlich lässt sich nicht verhindern, dass es bei Problemfällen meist zwei sich gegenüberstehende Ansätze gibt, die einer Norm mindestens zwei verschiedene Richtungen an die Hand geben wollen. Besonders in Fällen mit Auslandsbezug ist eine Entscheidung in die eine oder andere Richtung nicht leicht zu fällen und schon gar nicht eindeutig.[773] Trotzdem kann dadurch nicht der eigentlichen Aufgabe der Qualifikation „entflohen" werden, indem man einfach beide Ansätze kumuliert und gleichermaßen zur Anwendung gelangen lassen möchte.[774] Gegen die Doppelqualifikation lässt sich zudem anführen, dass der Anwendungsbereich des § 1371 Abs. 1 BGB so besonders auf internationaler Ebene übermäßig beschränkt würde. Denn dem Ehegatten, der im gesetzlichen Güterstand lebt, wird eine Erhöhung des gesetzlichen Erbteils selbst dann versagt, wenn der konkrete Fall gar keine Anpassungsprobleme bereithält. Damit wird dieser Ehegatte grundlos gegenüber denjenigen Ehegatten benachteiligt,

---

Folgen, also der Ausgleich des Vermögens der Ehegatten, können daher erbrechtlich überhaupt nicht ausgeschlossen werden. Siehe dazu Staudinger/*Mankowski*, BGB, Art. 15 EGBGB Rn. 355 m. w. N.

772 Staudinger/*Mankowski*, BGB, Art. 15 EGBGB Rn. 359; *Grundmann*, Qualifikation gegen die Sachnorm, S. 42.

773 So ebenfalls *Burghaus*, Vereinheitlichung, S. 123. Sie spricht richtigerweise davon, dass eine Doppelqualifikation eben dazu führe, dass nicht nur die Vorzüge beider Ansichten vereint würden, sondern eben auch Unstimmigkeiten und Schwächen beider (insbesondere der erbrechtlichen) Ansichten. Im Grunde kann daher der Einordnung des § 1371 Abs. 1 BGB als sowohl erb- als auch güterrechtlich all das entgegengehalten werden, was auch gegen eine erbrechtliche Qualifikation der Vorschrift spricht. So auch Staudinger/*Mankowski*, BGB, Art. 15 EGBGB Rn. 361.

774 So ebenfalls *Burghaus*, Vereinheitlichung, S. 123. Sie spricht richtigerweise davon, dass eine Doppelqualifikation eben dazu führe, dass nicht nur die Vorzüge beider Ansichten vereint würden, sondern eben auch Unstimmigkeiten und Schwächen beider (insbesondere der erbrechtlichen) Ansichten. Im Grunde kann daher der Einordnung des § 1371 Abs. 1 BGB als sowohl erb- als auch güterrechtlich all das entgegengehalten werden, was auch gegen eine erbrechtliche Qualifikation der Vorschrift spricht. So auch Staudinger/*Mankowski*, BGB, Art. 15 EGBGB Rn. 361.

deren Rechtsstellung sich ausschließlich nach deutschem Recht richtet.[775] Damit einhergehend wird durch die Zahl der Konstellationen mit Normenmangel die Wahrscheinlichkeit, dass es im Einzelfall zu unbilligen Ergebnissen kommen kann, deutlich erhöht werden, was letztlich auch einen Anpassungsbedarf mit sich bringt.[776] Insbesondere unter dem Aspekt, dass eine andere Qualifikation der Vorschrift möglich und viel besser geeignet ist, welche dazu noch geringeren Anpassungsbedarf hat als eine Doppelqualifikation, ist eine Doppelqualifikation des § 1371 Abs. 1 BGB nicht die vorzugswürdige Ansicht.

Auch der Einwand, dass § 1371 Abs. 1 BGB dem güterrechtlichen Zweck der Verwirklichung des Zugewinnausgleichs allerdings auf erbrechtlicher Art entsprochen wird, kann nicht als ein Argument für die Doppelqualifikation angesehen werden. Letztlich kommt es nicht darauf an, wie der Zugewinnausgleich im Ergebnis verwirklicht wird, sondern es muss vielmehr darauf geschaut werden, welchen Zweck der Zugewinnausgleich verfolgt.[777] Damit, dass dem güterrechtlichen Zweck der Verwirklichung des Zugewinnausgleichs auf erbrechtliche Art entsprochen wird, kann daher an sich keine Doppelqualifikation begründet werden.[778] Da das Erbstatut auch keine Entscheidung über Art und Umfang eines güterrechtlichen Ausgleichs trifft, ist es auch nicht von Belang, ob das ausländische Erbstatut eine Vorschrift vorsieht, die dem § 1371 Abs. 1 BGB vergleichbar ist.[779] Zwar bestimmt das Erbstatut den gesetzlichen Erbteil, auf der anderen Seite ist aber das Güterstatut dafür richtungsweisend, ob eine Erhöhung des Erbteils aus güterrechtlichen Gründen stattfindet.[780]

2. *Deutsches Erbstatut und italienisches Güterstatut*

Unter Zugrundelegung der vorangegangenen Ausführungen soll nunmehr beleuchtet werden, wie sich das Verhältnis von Erb- und Güterstatut in den

---

775 Kritisch unter diesem Aspekt *Looschelders*, Anpassung, S. 315; *ders.* IPRax 2009, 505, 509.

776 Staudinger/*Mankowski*, BGB, Art. 15 EGBGB Rn. 360; OLG Schleswig, Beschluss v. 19.8.2013 – 3 Wx 60/13 = ZEV 2014, 93 = NJW 2014, 88.

777 *Looschelders*, Anpassung, S. 315 m. w. N.

778 Staudinger/*Dörner*, BGB, Art. 25 EGBGB Rn. 38; anders OLG Stuttgart, Beschluss v. 8.3.2005 – 8 W 96/04 = ZEV 2005, 443, 444; jurisPK-BGB/*Ludwig*, Art. 15 EGBGB Rn. 72 (2015).

779 So Staudinger/*Dörner*, BGB, Art. 25 EGBGB Rn. 38; anders OLG Stuttgart, Beschluss v. 8.3.2005 – 8 W 96/04 = NJW-RR 2005, 740 = Rpfleger 2005, 362 = DNotZ 2005, 632 = FamRZ 2005, 1711 = ZEV 2005, 443, 444.

780 *Looschelders*, FS von Hoffmann, S. 266, 273.

verschiedenen Konstellationen auswirkt. Ausgangslage der Konstellation deutsches Erbstatut und italienisches Güterstatut soll ein Paar sein, bei dem einer von beiden italienischer Staatsangehörigkeit ist. Stirbt[781] der deutsche Staatsangehörige, nachdem er sein Leben lang mit dem anderen italienischen Ehegatten im gesetzlichen Güterstand der Gütergemeinschaft nach italienischem Recht gelebt hat, ist die Frage, wie sich nach vorangegangenen Ausführungen der Erbteil des hinterbliebenen italienischen Ehegatten darstellte. Hatte der Erblasser kein Testament verfasst, an welchem man sich zunächst hätte orientieren müssen, so griffen die gesetzlichen Regelungen ein. Richtete sich das Erbstatut wie in diesem Fall nach deutschem Recht und das Güterstatut nach italienischem Recht, so stellte sich auch hier die Frage, ob trotz italienischen Güterstatuts die pauschalierte Erhöhung nach § 1371 Abs. 1 BGB durchzuführen war. Das italienische Kollisionsrecht statuierte in Art. 30 IPRG a. F., dass all das unter das Güterrecht fällt, was die Verwaltung und Innehabung des ehelichen Vermögens während der Ehe und nach Auflösung der Ehe betrifft. Ausgenommen davon ist jedoch das Erbrecht des hinterbliebenen Ehegatten.[782] All jene Vorschriften des materiellen italienischen Rechts, welche eine angemessene Beteiligung des Ehegatten am Nachlass der Verstorbenen regeln, werden hingegen dem Erbstatut zugeordnet.[783] Geht man auch hier mit der herrschenden Ansicht und sieht in der pauschalierten Erhöhung eine solche güterrechtlicher Natur, ist der deutsche Zugewinnausgleich unbeachtlich. Denn auch bei italienischem Güterstatut bezweckt der § 1371 Abs. 1 BGB einen erleichterten Ausgleich bei bestehender Zugewinngemeinschaft nach deutschem Recht, was wiederum dem Güterrecht zuzuordnen ist.[784] Bei der Geltung italienischen Güterrechts kommt daher eine pauschalierte Erhöhung über den § 1371 Abs. 1 BGB nicht in Betracht, sodass es beim erbrechtlichen Viertel nach § 1931 Abs. 1 BGB bleibt. Maßgeblich ist dann lediglich ein güterrechtlicher Ausgleich nach italienischem Recht, welcher im Wege der Auseinandersetzung der Errungenschaftsgemeinschaft vorzunehmen ist. Wie hoch dieser güterrechtliche Ausgleich im Einzelfall ausfällt, hängt maßgeblich davon ab, was sich im Vermögen der Ehegatten befunden hat. Allerdings ist gerade im italienischen Recht das Güterrecht bei der Ermittlung der Erbquote des hinterbliebenen Ehegatten nicht zu beachten. Eine Vorschrift, die dem

---

781 Wohlgemerkt vor dem 17.08.2015, sodass die Erbrechtsverordnung noch keine Geltung beansprucht.

782 *Kruis*, italienisches Erbrecht, S. 119.

783 *Ballarino*, DIP, S. 417 f.

784 *Reiß*, ZErb 2005, 306, 311.

§ 1931 Abs. 3 BGB vergleichbar wäre, findet sich im italienischen Recht nicht. Das italienische Güterrecht hat daher keinerlei Einfluss auf die Erbquote des hinterbliebenen Ehegatten.[785] Der güterrechtliche Ausgleich nach italienischem Recht ist auch nicht mit dem erbrechtlichen Viertel zusammenzuziehen. Vielmehr wird die Auflösung der Errungenschaftsgemeinschaft vor der sich daran anschließenden Nachlassauseinandersetzung vorgenommen, sodass die Errechnung des güterrechtlichen Ausgleichs der Bestimmung der Erbquote nach deutschem Recht vorgelagert ist.

3. Deutsches Güterstatut und italienisches Erbstatut

In dieser Konstellation stellte sich im Grunde die umstrittene Frage: Kann eine pauschalierte Erhöhung des Zugewinns auch dann verwirklicht werden, wenn ausländisches Erbstatut zur Anwendung gelangt? Findet eine Erhöhung des gesetzlichen Erbteils des hinterbliebenen Ehegatten also auch dann statt, wenn der italienische Ehegatte verstirbt und die Ehegatten zuvor im gesetzlichen Güterstand der Zugewinngemeinschaft gelebt haben?

Bei deutsch-italienischen Ehen ist demnach zu fragen, wie und ob sich der deutsche Güterstand auf die italienische Erbfolge auswirkt. Stirbt der italienische Ehegatte und lebte das Ehepaar in Deutschland, so besteht für den hinterbliebenen Ehegatten die Möglichkeit, bei einem deutschen Nachlassgericht gem. § 352c FamFG (ehemals § 2369 BGB a. F.) zu beantragen, dass ihm ein Erbschein hinsichtlich des Vermögens des verstorbenen Ehegatten erteilt wird, welches sich in Deutschland befindet. Ohne Rechtswahl gelangt das deutsche Gericht zu dem Ergebnis, dass für den verstorbenen italienischen Staatsangehörigen aufgrund des maßgeblichen Erbstatuts italienisches Recht zur Anwendung kam. Dies führte allerdings dazu, dass lediglich italienisches Recht Beachtung finden durfte. Daher stellte sich in einem zweiten Schritt die Frage, wie mit dem pauschalierten Zugewinnausgleich nach § 1371 Abs. 1 BGB zu verfahren war. Fand eine güterrechtliche Erhöhung der Erbquote überhaupt statt, wenn ausländisches Erbrecht zur Anwendung gelangte? Das materielle italienische Recht kennt nämlich wie bereits dargelegt keinen pauschalierten güterrechtlichen Ausgleich beim Tode eines Ehegatten, wie es sich das deutsche Recht mit § 1371 Abs. 1 BGB vorbehält.[786] Daher bedarf es beim Tode des italienischen Ehegatten auch keiner Ermittlung des einschlägigen Güterstandes, da der italienische Güterstand

785 *Reiß*, Internationales Erbrecht Italien, Rn. 374.
786 So auch *Frank*, JbItalR 25 (2012), 17, 27.

zur Bestimmung der Erbquoten des hinterbliebenen Ehegatten sowieso keine Berücksichtigung finden darf. Wenn dieser allerdings keine Berücksichtigung finden darf, stellt sich die berechtigte Frage, ob dann überhaupt ein Ausgleich durch die Anwendung deutschen Rechts vorgenommen werden kann. Diese Frage hängt neben der essentiellen Frage der Qualifikation des § 1371 Abs. 1 BGB im Wesentlichen davon ab, ob der italienische Erbteil selbst eine echte Erbquote ist und keinen güterrechtlichen Ausgleich wie das deutsche Recht für den hinterbliebenen Ehegatten vorsieht. Fraglich ist demnach, ob das italienische Ehegattenerbrecht mit den Merkmalen der deutschen Vorschrift des § 1931 Abs. 1 BGB zu vergleichen ist.[787] Dies ist eine Frage der Substitution, welche nach Sinn und Zweck des § 1371 Abs. 1 BGB grundsätzlich denkbar ist.[788] In einem zweiten Schritt stellt sich möglicherweise noch die Frage der Anpassung, welcher sich im nächsten Abschnitt dieser Arbeit gewidmet werden soll.[789]

II. Lösungsansätze

Wieso sich heutige Rechtsordnungen überhaupt mit dem Problem der Anpassung auseinandersetzen müssen, kann am besten mit den Worten des BGH beschrieben werden, welcher sich bereits in einem älteren Urteil mit einem Sachverhalt mit internationalem Bezug beschäftigen musste:[790] „*Eine 'Zersplitterung des Privatrechts durch das Internationale Privatrecht' (Schwind) ist für das geltende Internationale Privatrecht geradezu kennzeichnend (s. Schwind, RabelsZ 23 (1958), 449, 451). Es pflegt einen Lebenssachverhalt, der mit mehreren Rechten in Verbindung steht, in mehrere Teile aufzulösen, von denen jeder einzelne nur einem einzigen Recht zugeordnet wird (Goldschmidt, Festschrift für Wolff, S. 204, 208). So erinnert es in seiner Anwendung auf die verschiedenen Seiten eines Lebenssachverhalts nach einem anschaulichen Bild von Wengler zuweilen an ein Automobil, das aus Teilen verschiedener Fabrikate zusammengesetzt ist (s. Wengler, Revue critique de Droit international privé, 43 (1954), 661, 682 f.).*“

Jeweils innerhalb der deutschen und der italienischen Rechtsordnung werden die materiellrechtlichen Vorschriften derart aufeinander abgestimmt sein, dass sich zumindest auf innerstaatlicher Ebene die Frage einer Anpassung meist nicht

787 BGH, Beschluss v. 13.5.2015 – IV ZB 30/14 = NJW 2015, 2185 Rn. 33.

788 *Looschelders*, IPRax 2016, 349, 351.

789 Vgl. Teil 4 § 1 II Nr. 2.

790 BGH, Urteil v. 15.01.1986 – IVb ZR 75/84 = FamRZ 1986, 345, 346 f. = NJW-RR 1986, 1005, 1006 = IPRax 1986, 382, 383.

stellen wird.[791] Daher wird besonders auf kollisionsrechtlicher Ebene das Augenmerk auf das Institut der Anpassung zu richten sein.[792] Denn durch die Erfassung lediglich einzelner Teilbereiche durch kollisionsrechtliche Vorschriften gelangen immer nur Teilgebiete der nationalen Rechte zur Anwendung, was letztlich zu einer zerstückelten Rechtsanwendung nationaler Vorschriften und der Sachzusammenhänge führt.[793] Besonders im Kollisionsrecht als erste Anlaufstelle bei Sachverhalten mit Auslandsbezug zeigt sich also schnell, dass eine Vereinheitlichung in vielen Bereichen noch nicht erfolgt ist. Bei der Anknüpfung an unterschiedliche Voraussetzungen wird auf einzelne Bereiche oder Rechtsnormen verwiesen, welche sich nicht kongruent anwenden lassen.[794] Zum einen können sie sich bei der Rechtsanwendung widersprechen (Normenhäufung) oder aber sie lassen gewisse Bereiche vollkommen „ungeregelt" und bilden so eine Lücke (Normenmangel).[795] Darauf, wie bei Fällen der Normenhäufung oder des Normenmangels zu verfahren ist, soll sogleich eingegangen werden.

In diesem Zusammenhang rückt das Mittel der Anpassung oder auch Angleichung[796] in den Fokus des Rechtsanwenders, welches derartig entstandenen Diskrepanzen entgegentreten und einen interessengerechten Ausgleich bei der Ergebnisfindung schaffen soll.[797] Treten demnach bei nebeneinander oder bei nacheinander anwendbaren Rechtsordnungen Widersprüche auf, stellt die

---

791 Vgl. *Canaris*, Feststellung von Lücken, S. 66; *Looschelders*, Anpassung, S. 7; *Schotten/Schmellenkamp*, IPR in der notariellen Praxis, Rn. 50.

792 *Schotten/Schmellenkamp*, IPR in der notariellen Praxis, Rn. 50.

793 *Schotten/Schmellenkamp*, IPR in der notariellen Praxis, Rn. 50.

794 Grüneberg/*Thorn*, BGB, Einl. vor Art. 3 EGBGB Rn. 32; Erman/*Hohloch*, BGB, Einl. Art. 3 EGBGB Rn. 57 (2017); MüKo-BGB/*Dutta*, Art. 25 EGBGB Rn. 163 (2015); *Schotten/Schmellenkamp*, IPR in der notariellen Praxis, Rn. 50.

795 Grüneberg/*Thorn*, BGB, Einl. vor Art. 3 EGBGB Rn. 32; Erman/*Hohloch*, BGB, Einl. Art. 3 EGBGB Rn. 57 (2017); MüKo-BGB/*Dutta*, Art. 25 EGBGB Rn. 163 (2015); *Schotten/Schmellenkamp*, IPR in der notariellen Praxis, Rn. 50.

796 Zu der Frage, ob es sich bei den Begrifflichkeiten der Anpassung und der Angleichung terminologisch um die gleiche Problemstellung handelt siehe *Looschelders*, Anpassung, S. 3 m. w. N. Den Vorzug verdient nach den dortigen Ausführungen wohl der Begriff der Anpassung, denn so beinhalte die Angleichung laut *Neuhaus*, dass dabei eine Rechtsordnung einer anderen ähnlich gemacht würde, was ja gerade nicht der idealen Problemlösung entspräche. Trotzdem wird nunmehr im deutschsprachigen Schrifttum nicht mehr zwischen der Anpassung und der Angleichung unterschieden, vielmehr werden beide Begriffe mittlerweile synonym verwendet.

797 BGH, Beschluss v. 13.5.2015 – IV ZB 30/14 = NJW 2015, 2185 Rn. 34.

Anpassung das methodische Mittel zur Problemlösung dar.[798] Erforderlich sind dafür auch tatsächliche Widersprüche; nicht ausreichend ist es hingegen, dass durch die kumulierte Anwendung zweier unterschiedlicher Rechtsordnungen zu einem Ergebnis gelangt wird, welches möglicherweise keinem der berufenen materiellen Rechtsordnungen entspricht.[799] Da sich die allerwenigsten Anpassungsfälle gleichsetzen lassen werden, bedarf jeder Sachverhalt einer Einzelfallbetrachtung. Im Rahmen der Anpassung können daher keine allgemeinen „Spielregeln" aufgestellt werden, da sonst jedem Einzelfall in seinen verschiedenen Nuancen nicht mehr gerecht werden kann. Dies gilt letztlich insbesondere deshalb, da es keine gesetzlichen Regelungen zur Anpassung gibt[800], nach denen sich der Rechtsanwender hätte richten können. Im Folgenden gilt es daher zu untersuchen, welche genaueren Konsequenzen sich aus der güterrechtlichen Qualifikation des pauschalierten Zugewinnausgleichs nach § 1371 Abs. 1 BGB ergeben. Wie bereits oben erwähnt, muss bei einer Anwendung des § 1371 Abs. 1 BGB mit ausländischem Erbrecht in Augenschein genommen werden, ob die nach ausländischem Recht geltende Erbquote des hinterbliebenen Ehegatten nach den §§ 1931 Abs. 3, 1371 Abs. 1 BGB um das pauschalierte Viertel zu erhöhen ist. Weiterhin ist die sich daran anschließende Frage zu klären, ob gegebenenfalls noch eine Anpassung im Rahmen des so gefundenen Ergebnisses durchzuführen ist. Dabei ist eine Anpassung konkret auf die Konstellation des deutschen Güterrechts und des italienischen Erbrechts hin zu untersuchen und im Ergebnis darzulegen.

1. *Die Substitution des § 1371 Abs. 1 BGB bei Anwendung ausländischen Erbrechts*

Bei Versterben eines italienischen Erblassers, welcher durch die Ehe mit einem deutschen Ehepartner im Güterstand der Zugewinngemeinschaft nach deutschem Recht lebte, stellt sich im Rahmen der gesetzlichen Erbfolge die Frage nach der Anwendung des pauschalierten Zugewinnausgleichs nach §§ 1931 Abs. 3, 1371 Abs. 1 BGB. Besonders bei der Normenhäufung kommt daher der Frage des pauschalierten Viertels nach der Vorschrift des § 1371 Abs. 1 BGB eine

798 *Looschelders*, Anpassung im IPR, S. 6.

799 *Engbers*, Deutsch-italienische Erbfälle, S. 42.

800 Vorschläge für eine einheitliche Anknüpfung von Erb- und Güterstatut sind im IPRNG leider nicht umgesetzt worden, vgl. Begründung IPRG-E, BT-Drucks. 10/504, S. 74.

gesonderte Bedeutung zu. Dies ist davon abhängig, ob das Viertel nach § 1371 Abs. 1 BGB erbrechtlich oder güterrechtlich qualifiziert wird.

Bei güterrechtlicher Qualifikation des § 1371 Abs. 1 BGB zeichnet sich folgendes Bild: Sieht das ausländische Erbstatut keinen pauschalierten Ausgleich vor, ist in einem nächsten Schritt zu fragen, wie sich das Zusammenspiel der unterschiedlichen Rechtsordnungen im Ergebnis ausgestaltet. Zunächst einmal wird eine interessengerechte Lösung des Übervorteilungsproblems in der Weise zu suchen sein, dass der nach der ausländischen Rechtsordnung gefundene Erbteil im Sinne des § 1371 Abs. 1 BGB substituiert wird.[801] Im Anschluss daran wird dann gegebenenfalls mit Hilfe der Anpassung bei der Ergebnisfindung sichergestellt, dass dem hinterbliebenen Ehegatten letztlich höchstens nur das gewährt wird, was ihm auch bei Anwendung der einzelnen Rechtsordnungen maximal gewährt werden würde.[802] Wie bereits erwähnt ist eine Substitution bei § 1371 Abs. 1 BGB und damit eine Erhöhung des gesetzlichen Erbteils nach § 1931 Abs. 1 BGB grundsätzlich möglich. Erforderlich hierfür ist, dass der gesetzliche Erbteil des italienischen Erbrechts keinen güterrechtlichen Ausgleich vorsieht.[803] Da im italienischen Recht der Erbteil des hinterbliebenen Ehegatten losgelöst von der vorgelagerten güterrechtlichen Auseinandersetzung festgelegt

---

801 Bei der Substitution ist wie gesagt allerdings zu beachten, dass diese nur unter der Voraussetzung erfolgen kann, dass das ausländische Erbrecht *nicht* vorsieht, den Ausgleich im Güterrecht auch tatsächlich abschließend festzuhalten. Vgl. hierzu OLG Schleswig, Beschluss v. 19.8.2013 – 3 Wx 60/13 = NJW 2014, 88, 90; LG Mosbach, Beschluss v. 18.3.1997 – 2 T 177/96 = ZEV 1998, 489 = IPRspr. 1997 Nr. 119; vgl. auch OLG Hamm, Beschluss v. 29.4.1992 – 15 W 114/91 = IPRax 1994, 49, 33 m. Aufsatz *Dörner* = IPRspr. 1992 Nr. 159; ferner Bamberger/Roth/*Lorenz*, Art. 25 EGBGB Rn. 57 (2012); *Looschelders*, FS von Hoffmann, S. 266, 273 f.; Staudinger/*Dörner*, BGB, Art. 25 EGBGB Rn. 36 (2007), jeweils m. w. N. zum Streitstand; anders OLG Stuttgart, Beschluss v. 8.3.2005 – 8 W 96/04 = NJW 2005, 2164 = ZEV 2005, 443 m. krit. Anm. *Dörner* = IPRax 2005, 549, 521 m. krit. Aufsatz *Jeremias/Schäper* = IPRspr. 2005 Nr. 79; OLG Köln, Beschluss v. 5.8.2011 – I-2 Wx 115/11 = ZEV 2012, 205 m. Anm. *Lange* = IPRspr. 2011 Nr. 144, das dies als „verfälschte Anwendung des ausländischen Erbrechts" ablehnt.

802 OLG Schleswig, Beschluss v. 19.8.2013 – 3 Wx 60/13 = NJW 2014, 88, 90; ebenso LG Mosbach v. 18.3.1997 – 2 T 177/96 = ZEV 1998, 489, 490 = JuS 1999, 296; *Kropholler*, IPR § 34 IV, S. 239; *Looschelders*, FS von Hoffmann, S. 266, 273 f.; Staudinger/*Dörner*, BGB, Art. 25 EGBGB Rn. 754.

803 OLG Schleswig, Beschluss v. 19.8.2013 – 3 Wx 60/13 = NJW 2014, 88, 90; *Dörner*, IPRax 1994, 33, 34; *Engbers*, Deutsch-italienische Erbfälle, S. 41; MüKo-BGB/*Siehr*, Art. 15 EGBGB Rn. 107 (2015); *Looschelders*, IPR, Art. 15 EGBGB Rn. 13.

wird, kann der gesetzliche Erbteil im italienischen Recht bereits keinen güterrechtlichen Ausgleich mit bewirken. Vielmehr findet wie erwähnt eine getrennte Betrachtung des erb- und güterrechtlichen Ausgleichs statt. Eine Substitution ist daher im Falle des Zusammentreffens deutschen Güterrechts und italienischen Erbrechts möglich, sodass sich der gesetzliche Erbteil bei Zusammentreffen des deutschen Güterrechts mit ausländischem Erbrecht erhöht. Bei einer nach hiesiger Ansicht nicht zu vertretenden erbrechtlichen Qualifikation des § 1371 Abs. 1 BGB wird der gesetzliche Erbteil des hinterbliebenen Ehegatten nur dann um ein Viertel erhöht, wenn neben dem deutschen Ehegüterrecht auch das deutsche Erbrecht Anwendung findet.

2. *Die Anpassung*

Nach der Substitution stellt sich in einem weiteren Schritt die Frage, ob das so gefundene Ergebnis noch einer Anpassung unterzogen werden muss. Dabei soll im Folgenden neben den allgemeinen Ausführungen zur Anpassung dargelegt werden, wie genau die Anpassung bei deutschem Güter- und italienischem Erbstatut erfolgt.

a) Allgemein

Trotz der Anwendbarkeit des pauschalierten Zugewinnausgleichs bei ausländischem Erbstatut kann es notwendig werden, das durch die Anwendung ausländischen Ehegattenerbrechts zustande gekommene Ergebnis einer nachträglichen Korrektur zu unterziehen. So kann es insbesondere in Zusammenspiel von § 1371 Abs. 1 BGB und Art. 581 ff. CC dazu kommen, dass der hinterbliebene Ehegatte mehr erhält, als ihm jedes der beiden Rechte für sich betrachtet zubilligen würde.[804] Es kann also zu Quoten kommen, die im Ergebnis als unbillig zu betrachten sind und einer Anpassung bedürfen. Gerade das italienische Recht bietet ein anschauliches Beispiel für eine möglicherweise nachträglich vorzunehmende Anpassung. Man muss sich daher fragen, inwieweit der deutsche gesetzliche Erbteil durch die Ersetzung durch das ausländische Recht tatsächlich gestört wird. Denkgesetzlich ist es zwar nicht unbedingt erforderlich, bei einer entstandenen Normenhäufung das so gefundene Ergebnis nachträglich noch einer Korrektur zu unterziehen, trotzdem ergibt sich durch die Anwendung

---

804 Ausführlich zu dieser Konstellation der Normenhäufung mit Abgrenzungen zu weiteren Normenwidersprüchen siehe *Kropholler*, IPR, § 34 III, S. 236 f. Zu den genauen Erbquoten sogleich.

beider Rechtssysteme eine Quote, welche im Widerspruch zu beiden materiellrechtlichen Wertungen steht.[805] Als Konstellationen für Normenwidersprüche wird eine Unterscheidung zwischen logischen und versteckten Widersprüchen getroffen.[806] Während es sich bei logischen Widersprüchen um solche handelt, deren Ergebnisse bereits denklogisch nicht ohne Abänderung bestehen bleiben können[807], handelt es sich bei versteckten bzw. teleologischen Widersprüchen um solche, welche auf den ersten Blick keiner weiteren Korrektur bedürfen, da sie nicht auf die gleichen Logikwidersprüche wie die offenen Widersprüche stoßen.[808] Trotzdem gilt es, solche teleologischen Widersprüche aufzulösen, da eine Betrachtung unter Wertungsgesichtspunkten dieses ungleiche Ergebnis nicht stehenlassen kann. Beispielsweise kann es kein gerechtes Ergebnis genannt werden, wenn bei der (zufälligen) Zusammenkunft von Erb- und Güterstatut die hinterbliebenen Kinder weniger erhalten, und das auch nur, weil das Erb- und Güterstatut nicht aufeinander abgestimmt sind.[809] Auch für den umgekehrten Fall (die hinterbliebenen Kinder erhalten mehr) müsse nach *v. Hein*[810] eine Anpassung durchgeführt werden. In beiden Fällen käme es daher im Ergebnis zu einer Ungleichbehandlung, für welche es keinen überzeugenden Grund gebe, sodass man insofern von einer „ungewollten Diskriminierung" der Hinterbliebenen sprechen könne.[811] Daher bedürfen möglicherweise auch solche Fälle, die eine Ungleichbehandlung nicht zu rechtfertigen vermögen, einer Ergebniskorrektur. Treffen Erb- und Güterrechtsstatut zusammen, führt dies meist insofern

---

805 So soll in diesem Zusammenhang die Anpassung Ungerechtigkeiten ausgleichen, welche sich durch die beiderseitige Anknüpfung ergeben; sie sei demnach dem Grunde nach „nichts anderes als eine Gesetzeskorrektur aus Gerechtigkeitsgründen.", vgl. *Schotten*, in: Clausnitzer/Schotten, MittRhNotK 1987, 15, 20 m. w. N.

806 *Benicke*, FS Schapp 2010, S. 61, 63 ff.; *Kegel/Schurig*, IPR, § 8 II; *Kropholler*, FS Ferid 1978, S. 279, 280; MüKo-BGB/*v. Hein*, Einl. IPR, Rn. 245 (2018).

807 Wenn das gefundene Ergebnis einen „Seinswiderspruch" darstellt, wenn also beispielsweise beide gesetzlichen Vermutungen zu dem Resultat gelangen, dass eine Person zu zwei verschiedenen Zeitpunkten verstorben sein soll. Das dies augenscheinlich nicht der Realität entsprechen kann, spricht man in solchen Fällen von einem „offenen" Widerspruch, den es aufzulösen gilt. Vgl. dazu MüKo-BGB/*v. Hein,* Einl. IPR Rn. 245 (2018).

808 MüKo-BGB/*v. Hein*, Einl. IPR Rn. 246 (2018).

809 MüKo-BGB/*v. Hein*, Einl. IPR Rn. 246 (2018); so auch *Kegel/Schurig,* IPR, § 8 II 2.

810 MüKo-BGB/*v. Hein*, Einl. IPR Rn. 246 (2018).

811 MüKo-BGB/*v. Hein*, Einl. IPR, Rn. 246 (2018); mit der „ungewollten Diskriminierung" beschäftigt sich *Dannemann* in seiner Habilitationsschrift, welche den gleichen Namen trägt.

zu Anpassungsschwierigkeiten, als dass beide Statute verschiedene Anknüpfungspunkte und Anwendungsbereiche haben.[812] Zwangsläufig kommt es dabei zu Anpassungsproblemen, sollten zwei divergente Rechtsordnungen durch das deutsche Kollisionsrecht zusammengebracht werden.[813] Ein an sich kohärentes Gebilde wird daher in seiner Struktur zerrissen und verliert an dem Zusammenhang, den der Gesetzgeber für die Rechtsordnung vorgesehen hat.

Dabei gibt es unterschiedliche Gruppen eines Normenwiderspruchs zu beachten.[814] Wird über das Güterrechtsstatut erbrechtliche Vorsorge für den hinterbliebenen Ehegatten getroffen und über das Erbstatut eine güterrechtliche Vorsorge, würde der überlebende Ehegatte allerdings – rein formal betrachtet – leer dastehen.[815] Bezeichnet wird diese Fallgestaltung als einen Normenmangel[816], den es im Wege der Anpassung zu vermeiden gilt. Hingegen besteht auf der anderen Seite die Gefahr, dass dem hinterbliebenen Ehegatten mehr zuteil wird, als ihm nach jeder einzelnen Rechtsordnung insgesamt zustünde.

---

812 MüKo-BGB/*Dutta*, Art. 25 EGBGB Rn. 163 (2015).

813 Hierzu siehe etwa Staudinger/*Dörner*, BGB, Art. 25 EGBGB Rn. 752 ff.; *Looschelders*, Anpassung, S. 296 ff.; *ders.*, FS von Hoffmann, S. 266, 272 ff.; *Müller-Freienfels*, in: Lauterbach, Vorschläge und Gutachten, S. 42 ff.

814 *Looschelders*, Anpassung, S. 8 m. w. N.

815 MüKo-BGB/*Dutta*, Art. 25 EGBGB Rn. 163 (2015).

816 Den wohl bekanntesten Fall des Normenmangels bildet der sog. Schwedenfall von *Neubecker* (Ehe- und Erbvertrag, S. 281 f.): Das Problem des Falles zeigt sich dergestalt, dass beim Tod des Ehemannes die rechtliche Stellung der hinterbliebenen Ehefrau zum einen dem deutschen Güterrecht und zum anderen dem schwedischen Erbrecht unterliegt, Artt. 15, 25 EGBGB a. F. Problematisch war, dass das deutsche Recht bis 1953 keinen güterrechtlichen Ausgleich des hinterbliebenen Ehegatten vorsah (dieser wurde erst durch das GleichberG vom 18.7.57 eingeführt, in Kraft seit 1.7.1958), jedoch einen gesetzlichen Erbteil nach § 1931 Abs. 1 BGB i. H. v. einem Viertel des gesamten Nachlasses. Das schwedische Erbrecht wiederum sah für hinterbliebene Ehegatten allerdings keinen gesetzlichen Erbteil vor (Vgl. *Clausnitzer*, Die güter- und erbrechtliche Stellung, S. 5 m. w. N.); dafür hingegen einen güterrechtlichen Ausgleich (Kap. 6 §§ 1 und 2 schwed. EheG von 1920, abgedruckt bei *Vogel*, Schwedisches Erbrecht, S. 26). Dasjenige Recht, welches kollisionsrechtlich zur Anwendung berufen war, gewährte der Witwe demnach überhaupt keine Ansprüche, weder güterrechtlicher noch erbrechtlicher Natur. Käme umgekehrt allerdings deutsches Erbrecht und schwedisches Güterrecht zur Anwendung, würde die Witwe hingegen mehr erhalten, als ihr nach den jeweiligen Rechtsordnungen gesondert zustehen würde. Ferner zum Normenmangel siehe *Benicke*, FS Schapp 2010, S. 61, 66; *Dannemann*, Ungewollte Diskriminierung, S. 220 ff.; *Kropholler*, FS Ferid 1978, S. 279, 280; *Looschelders*, Anpassung, S. 296 ff.

Kommen sowohl das Güterrechtsstatut als auch das Erbstatut auf ihrem eigenen Gebiet und damit auf demjenigen Gebiet zur Anwendung, welches für die Versorgung des hinterbliebenen Ehegatten Sorge tragen möchte, so kommt es zu einer Normenhäufung. Auch die Normenhäufung[817] ist über die Anpassung zu vermeiden bzw. auszugleichen. Es zeigt sich also, dass gerade das Erbstatut und das Güterrechtsstatut das Paradebeispiel der Anpassungsproblematik ist.[818]

Darauf, dass es besonders im Zusammenspiel des deutschen und italienischen Rechts zu spannenden Unterschieden kommt, soll sogleich eingegangen werden. Um so entstandene Disharmonien wieder in Einklang zu bringen, gibt es vereinzelte Lösungsansätze, welche eine Lösung entweder über das Kollisionsrecht zu erreichen versuchen oder aber über das berufene Sachrecht selbst.[819] Durch die Vielzahl von Fallgestaltungen und Konstellationen, welche sich nicht nur in deutsch-italienischen Erbfällen sowohl für das Erb- als auch für das Güterrecht ergeben können, erscheint es nicht ratsam, starre Anpassungsregeln für Erbfälle mit Auslandsbezug aufzustellen.[820] Vielmehr bedarf es bei jeder einzelnen Fallbearbeitung einer Einzelfallbetrachtung, um den Facettenreichtum der Erbfälle unterschiedlicher Rechtsordnungen möglichst genau zu erfassen und auftretenden Disharmonien entgegenzutreten. Gerade dem zuständigen Richter sollte die Möglichkeit bleiben, bei einem Zusammenwirken unterschiedlicher Rechtsordnungen auf die einzelnen Fallkonstellationen eingehen zu können, ohne sich an generell gehaltenen Regelungen orientieren zu müssen, die den Einzelfallgestaltungen auch nicht immer gerecht werden können.

b) Die einzelnen Anpassungsmethoden

Bevor man zu dem Problem der Anpassung gelangt, ist in einem ersten Schritt zu untersuchen, ob sich gewisse Widersprüche nicht zu Beginn durch die

817 Welche gewissermaßen als Spiegelbild zum Normenmangel gesehen wird; im umgekehrten Schwedenfall beispielsweise wird von einer Normenhäufung zu sprechen sein, sollte die Witwe bei der Anwendung beider Rechtsordnungen übervorteilt werden. Demnach gehört auch der Fall der übermäßigen Begünstigung des hinterbliebenen Ehegatten in die Kategorie der Normenhäufung.

818 Zum vorgenannten Abschnitt siehe MüKo-BGB/*Dutta*, Art. 25 EGBGB Rn. 163 f. (2015).

819 MüKo-BGB/*Dutta*, Art. 25 EGBGB Rn. 164 (2015). Zu den unterschiedlichen Lösungsmöglichkeiten der kollisionsrechtlichen oder der sachrechtlichen Anpassung sogleich die weiteren Ausführungen.

820 MüKo-BGB/*Dutta*, Art. 25 EGBGB Rn. 164 (2015); so auch *Engbers*, Deutsch-italienische Erbfälle, S. 43 m. w. N.

einschlägige Bestimmung und auch der Anwendung von Sachnormen sogar vermeiden lassen.[821] Dabei ist weiter zwischen der Bestimmung und Anwendung von regulären Kollisionsnormen und gegebenenfalls ihren Abwandlungen zu unterscheiden, sollten sie denn im Einzelfall auch erforderlich sein.[822] Ausgangspunkt ist demnach zunächst die sachgemäße Bestimmung des regulär anzuwendenden Rechts und erst nach der Prüfung und Feststellung der anzuwendenden Normen kann in einem zweiten Schritt an die Beseitigung von Normenwidersprüchen gedacht werden.[823] Kommt man trotz des Grundsatzes der materiellrechtlichen Harmonie im kollisionsrechtlichen Verweisungssystem dazu, dass sich keine einheitliche Anknüpfung für eine Anwendung derselben Rechtsordnung finden lässt und auch eine sachgemäße Anwendung von inländischen Kollisionsnormen keine Problembehebung bietet, kann eine Anpassung vorgenommen werden.[824]

Dabei fragt sich, wie die Korrektur vorzunehmen ist. Dem inländischen Kollisionsrecht stehen hierfür zwei Möglichkeiten zur Verfügung: Zum einen kann eine Korrektur auf kollisionsrechtlicher Ebene durchgeführt werden oder auf sachrechtlicher Ebene. Eine Anpassung auf kollisionsrechtlicher Ebene wird dadurch erreicht, dass eine einheitliche Anknüpfung erfolgt.[825] Internationalprivatrechtlich besteht also die Möglichkeit, die zwischen zwei Kollisionsvorschriften bestehenden Grenzen zu modifizieren.[826] Bei einer sachrechtlichen Anpassung soll es bei unbefriedigenden Zwischenergebnissen zu einer Auslegung des anwendbaren Rechts kommen, um entstandene Differenzen auszugleichen.[827] Dabei wäre die angenehmste und am wenigsten arbeitsreiche Möglichkeit wahrscheinlich, kollisionsrechtliche Differenzen und auch Ungerechtigkeiten einfach hinzunehmen und sie mit der Mannigfaltigkeit der unterschiedlichen Rechtsordnungen zu begründen.[828] Da dies aber den materiellen Gerechtigkeitsvorstellungen, welche sich in den einzelnen Rechtsordnungen im

---

821 *Looschelders*, Anpassung, S. 134.

822 *Looschelders*, Anpassung, S. 134.

823 *Looschelders*, Anpassung, S. 134.

824 *Wengler*, RabelsZ 8 (1934), 204 ff.; *ders.*, ZÖffR XXIII (1943/44), 473 ff.; *ders.*, FS M. Wolff, S. 337, 363; *ders.*, IPR I S. 70 ff, 216, in: *Looschelders*, Anpassung, S. 134 f.

825 *Engbers*, Deutsch-italienische Erbfälle, S. 43 m. w. N.; *Kegel/Schurig*, IPR, § 8 III 1; *Schotten/Schmellenkamp*, IPR in der notariellen Praxis, Rn. 50.

826 *Kegel/Schurig*, IPR, § 8 III 1.

827 *Kegel/Schurig*, IPR, § 8 III 1; *Looschelders*, Anpassung, S. 164.

828 So lautet zumindest der Vorschlag von *Zitelmann*, IPR II, S. 951; *Schotten/Schmellenkamp*, IPR in der notariellen Praxis, Rn. 50.

Gesetz niedergeschlagen haben, widerspricht, ist in derartigen Fällen grundsätzlich eine Anpassung oder Angleichung anzustreben, um solche Ungerechtigkeiten auszugleichen.[829] Denn so hat es sich gerade das Internationale Privatrecht zur Hauptaufgabe gemacht, alle Rechtsordnungen der Mitgliedstaaten als gleichwertig anzuerkennen und gerade nicht einer Rechtsordnung mit ihren eigenen Gerechtigkeitsvorstellungen den Vorrang vor anderen Rechtsordnungen zu gewähren.[830] Daher bietet es sich an, Differenzen im Wege der Anpassung entgegenzutreten. Um sich hierbei der oben aufgeworfenen Frage der Anpassung auf kollisionsrechtlicher oder sachrechtlicher Ebene zu widmen ist zunächst einmal festzuhalten, dass es an einer allgemeinen gesetzlichen Regelung zur Anpassung gänzlich fehlt, denn sowohl das deutsche als auch das europäische Internationale Privatrecht sehen keine entsprechenden Regelungen vor.[831]

Ob die Anpassung auf kollisionsrechtlicher oder auf materiellrechtlicher Ebene durchzuführen ist, wird noch immer uneinheitlich beantwortet, wobei sich eine zumindest leichte Tendenz doch feststellen lässt.[832] Unabhängig davon

829 *Schotten/Schmellenkamp*, IPR in der notariellen Praxis, Rn. 50 m. w. N. So auch in *Kegel/Schurig*, IPR, § 8 III 1 m. zahlreichen w. N.: „Den Normenwiderspruch einfach bestehen zu lassen, scheidet von vornherein aus bei *logischen* Widersprüchen („so *kann* es nicht sein"); denn sonst würde das Recht seine Ordnungsaufgabe verfehlen. Auch in Fällen des *teleologischen* Widerspruchs („so *soll* es nicht sein") wird man den beiderseitigen Normenwiderspruch kaum je bestehen lassen können; denn man darf nicht durch Anwendung von *Teilen* verschiedener Rechtsordnungen kraft des eigenen IPR zu Ergebnissen kommen, die von dem abweichen, was die angewandten Rechtsordnungen (jede für sich) *übereinstimmend* wollen.".

830 *Schotten/Schmellenkamp*, IPR in der notariellen Praxis, Rn. 50.

831 MüKo-BGB/*v. Hein*, Einl. IPR Rn. 251 m. w. N. (2018). So beinhaltet lediglich das finnische Erbgesetz mit Kap. 26 § 13 eine Regelung zur Lösung des Konflikts zwischen Erb- und Güterrechtsstatut und damit eine gesetzliche Regelung der Anpassungsproblematik.

832 Zugunsten einer **kollisionsrechtlichen Anpassung** sprechen sich aus: Erman/*Hohloch*, BGB, Einl. Art. 3 EGBGB Rn. 57 (2017); *Kegel/Schurig*, IPR, § 8 III; *Kropholler*, IPR, § 34 IV, S: 237 f.; *ders.*, FS Ferid 1978, S. 279, 285; *Lüderitz*, IPR, Rn. 198; *Schlosshauer-Selbach*, IPR, Rn. 175. Hingegen wird überwiegend eine **sachrechtliche Anpassung** favorisiert: Staudinger/*Gamillscheg*, BGB, Art. 15 EGBGB a. F. Rn. 364; Staudinger/*Sturm/Sturm*, Einl. IPR Rn. 223 (2012); Staudinger/*Mankowski*, Art. 15 EGBGB Rnrn. 376 ff. (2003); Staudinger/*Dörner*, BGB, Art. 25 EGBGB Rn. 717 (2000); MüKo-BGB/*Sonnenberger*, Einl. IPR Rn. 605 (2010); *v. Bar/Mankowski*, IPR I, § 7 Rnrn. 249 ff.; *Raape/Sturm*, IPR I, § 14 II 2 a); Flick/Piltz/*Wachter*, Der Internationale Erbfall, Rn. 109; *Schotten*, in Clausnitzer/Schotten, MittRhNotK 1987, 15, 20.

allerdings, wie man eine Angleichung oder Anpassung zu qualifizieren vermag, geht mit ihr eine autonome Rechtsschöpfung einher, was nicht zuletzt dazu führt, dass die Anpassung im Internationalen Privatrecht das wohl problematischste Terrain darstellt.[833] Auch der BGH hat sich zu der Frage der Anpassung nur vage geäußert und sich bislang nicht festgelegt. Seiner Ansicht nach ist bei Normenwidersprüchen eine Angleichung in der Weise durchzuführen, „indem entweder die betreffende Kollisionsnorm, soweit nach der gesetzlichen oder staatsvertraglichen Vorgabe möglich, modifiziert oder für das offenbar werdende Koordinierungsproblem eine neue Kollisionsregel entwickelt oder dem auftretenden Koordinierungsbedürfnis in der Auslegung des anwendbaren Rechts Rechnung getragen wird“[834]. Es zeigt sich also, dass sich auch der BGH nicht eindeutig für eine kollisionsrechtliche oder eine materiellrechtliche Anpassung ausspricht, da er sich beide Optionen der Anpassung offenhält.

Letztlich vermögen starre Regelungen, nach denen eine Anpassung jeweils durchzuführen wäre, aufgrund der mannigfaltigen denkbaren Konstellationen nicht zu überzeugen.[835] In jedem Fall bedarf es stets einer Einzelfallbetrachtung. Vielmehr spricht zum einen für eine kollisionsrechtliche Anpassung, dass sich eine Korrektur auf eine überschaubare Anzahl von Normen beschränkt und dadurch somit ein gewisses Maß an Rechtssicherheit gewährt werden kann.[836] Allerdings spricht auf der anderen Seite für eine materiellrechtliche Anpassung der Umstand, dass dadurch im Einzelfall flexibler und vor allem auch gerechter entschieden werden kann, wie die Lösung im Endeffekt auszusehen hat.[837] Darüber hinaus ist davon auszugehen, dass sich der Gesetzgeber in vollem Bewusstsein der Abgrenzungsprobleme zwischen dem Erb- und Güterstatut nicht für eine einheitliche Anknüpfung entschieden hat.[838] Im Ergebnis wird wohl – auch

---

833 *Ferid*, IPR, § 4 Rnrn. 4-69; *Schlosshauer-Selbach*, IPR, Rn. 170. Unabhängig von der Einordnung der Anpassung ist man sich allerdings einig, dass eine Anpassung als Form der Gesetzeskorrektur allein aus Gründen der Gerechtigkeit zu erfolgen hat, vgl. dazu *Schotten*, in: Clausnitzer/Schotten, MittRhNotK 1987, 15, 20.

834 BGH, Urteil v. 15.01.1986 – IVb ZR 75/84 = FamRZ 1986, 345, 347 = NJW-RR 1986, 1005, 1006.

835 Staudinger/*Dörner*, BGB, Art. 25 EGBGB Rn. 749.

836 Staudinger/*Dörner*, BGB, Art. 25 EGBGB Rn. 749.

837 Staudinger/*Dörner*, BGB, Art. 25 EGBGB Rn. 749.

838 So zumindest Clausnitzer/*Schotten*, MittRhNotK 1987, 15, 20 m. w. N. Wobei man vielleicht auch davon ausgehen kann, dass der Gesetzgeber gar nicht so weit gedacht hat, sich bereits im Vorfeld um materiellrechtliche Folgeprobleme bei der Anwendung unterschiedlicher Kollisionsrechte zu kümmern.

aus praktischen Gründen – einer materiellrechtlichen Anpassung zuzustimmen sein, da sich die Praxis mit der Anwendung eigenen materiellen Rechts wohl leichter tun wird als mit der Anwendung kollisionsrechtlicher Vorschriften und ihrer Anpassung auf kollisionsrechtlicher Ebene.[839] So sollte bei einer Normenhäufung, wie es beim Zusammentreffen von italienischem Erbrecht und deutschem Güterrecht eben der Fall ist, letztlich auf materiellrechtlicher Ebene nach der Ergebnisfindung gekürzt werden.[840]

c) Anpassung bei deutschem Güter- und italienischem Erbstatut

aa) Erbquoten

Bejaht man schließlich grundsätzlich die Notwendigkeit einer Anpassung im Einzelfall, ist weiter zu fragen, inwieweit die aufgetauchten rechtlichen Widersprüche dadurch zu lösen sind.[841] Dabei sind zunächst die Erbquoten zu skizzieren, die sich bei der Anwendung deutschen Güterrechts und italienischen Erbrechts ergeben.

Hinterlässt der Ehegatte ein Kind, so wäre nach der Anwendung deutschen Güterrechts und italienischen Erbrechts folgende Quote zu berechnen: Nach Art. 581 1. Alt. CC als Vorschrift des italienischen Hinterbliebenenerbrechts würde dem Ehegatten ½ des Nachlasses zustehen, zusätzlich würde über § 1371 Abs. 1 BGB das pauschalierte Viertel hinzukommen, da eine Gleichwertigkeit der Normen zu bejahen ist und die Vorschrift des italienischen Rechts als erbrechtlich und nicht als güterrechtlich zu qualifizieren ist. Es ergäbe sich daher eine Quote von ¾ des Nachlasses zugunsten des hinterbliebenen Ehegatten. Dies ist insofern mehr, als ihm bei alleiniger Anwendung deutschen Rechts zustünde, da über das deutsche Nachlassrecht neben Abkömmlingen erster Ordnung nur ½ des Nachlasses an den hinterbliebenen Ehegatten gehen (§ 1931 Abs. 1 BGB i. V. m. §§ 1931 Abs. 3, 1371 Abs. 1 BGB). So stellt sich die Nachlassquote beim Zusammentreffen von deutschem Güterrecht und italienischem Erbrecht dar,

---

839 Staudinger/*Dörner*, BGB, Art. 25 EGBGB Rn. 749.

840 So jedenfalls *Looschelders*, IPR, Art. 15 EGBGB Rn. 17 m. w. N.

841 Clausnitzer/*Schotten*, MittRhNotK 1987, 15, 20. *Engbers* geht hingegen davon aus, dass beim Zusammentreffen von deutschem Güterrecht und italienischem Erbrecht eine Anpassung des Ergebnisses nicht durchzuführen ist, da seines Erachtens nach eine Anpassung nur dann eingesetzt werden kann, „wenn das Ergebnis aus Sicht zumindest einer der beteiligten Rechtsordnungen als manifest ungerecht und daher nicht mehr hinnehmbar erscheint", vgl. Deutsch-italienische Erbfälle, S. 44 m. w. N. So auch Staudinger/*Dörner*, BGB, Art. 25 EGBGB Rn. 747.

wenn der Erblasser lediglich ein Kind hinterlässt. Wenn der Erblasser nach seinem Tode hingegen mehr als ein Kind hinterlassen sollte, so gestaltet sich die Erbnachfolge wie folgt: Nach Art. 581 2. Alt. CC und dem zuzüglichen pauschalierten Viertel von § 1371 Abs. 1 BGB ergäbe sich für den hinterbliebenen Ehegatten eine Quote von insgesamt 7/12 des Nachlasses (1/3 würde ihm über das italienische Recht zuteil werden, das zusätzliche Viertel würde dann über das deutsche Recht gewährt, was insgesamt in einer Quote i. H. v. 7/12 resultiert). Gerade im Falle einer solchen Normenhäufung wäre unter anderem nach der Ansicht des OLG Düsseldorf der Widerspruch dadurch zu lösen, dass der hinterbliebene Ehegatte höchstens das erhält, was ihm bei der Anwendung des für ihn günstigeren Rechts zustehen würde.[842]

bb) Wertung

Fraglich ist also, ob diese Ergebnisse im Wege der Anpassung einer nachträglichen Korrektur zu unterziehen sind. Der Ansicht des OLG Düsseldorf ist insoweit zuzustimmen, als die kumulierte Anwendung zweier Rechtsordnungen im Ergebnis nicht dazu führen darf, dass dadurch den gemeinsamen Wertungen der berufenen Rechtsordnungen widersprochen wird.[843] Die Anpassung selbst ist mit Blick auf die Rechtssicherheit nur in Ausnahmefällen anzuwenden.[844] Von einem Anpassungsbedarf ist zudem nicht bereits dann auszugehen, wenn Vorschriften unterschiedlicher Herkunft insgesamt zu einem Ergebnis gelangen, welches sich nach einheitlicher Betrachtung einer der beiden beteiligten Rechtsordnungen so nicht ergeben hätte.[845] Das so gefundene Ergebnis muss jedenfalls aber aus der Sicht einer der berufenen Rechtsordnungen untragbar sein.[846] Bei der Klärung der Frage, ob überhaupt ein Anpassungsbedarf besteht, ist zudem

---

842 OLG Düsseldorf, Beschluss v. 10.03.2015 – I-3 Wx 196/14 = FamRZ 2015, 1237 = NZFam 2015, 576; OLG Schleswig, Beschluss v. 19.8.2013 – 3 Wx 60/13 = NJW 2014, 88; LG Mosbach v. 18.3.1997 – 2 T 177/96 = ZEV 1998, 489; Staudinger/*Mankowski*, BGB, Art. 15 EGBGB Rn. 379; Erman/*Hohloch*, BGB, Art. 15 EGBGB Rn. 37 m. w. N. (2017); Grüneberg/*Thorn*, BGB, Art. 15 EGBGB Rn. 26 m. w. N. (2019).

843 Vgl. *v. Bar/Mankowski*, IPR I, § 7 Rn. 256; *Kegel/Schurig*, IPR, § 8 II 2; *Mankowski*, FamRZ 2015, 1180, 1183 f.

844 Staudinger/*Dörner*, BGB, Art. 25 EGBGB Rn. 747 (2007).

845 Staudinger/*Dörner*, BGB, Art. 25 EGBGB Rn. 747 (2007).

846 Staudinger/*Dörner*, BGB, Art. 25 EGBGB Rn. 747 (2007).

das italienische Güterrecht mit in die Betrachtung einzubeziehen.[847] Bei einer Gesamtbetrachtung kommt es gerade nicht darauf an, dass das in diesem Fall italienische Güterrecht gar nicht zu Anwendung berufen ist, da so lediglich die Erforderlichkeit der nachträglichen Anpassung geklärt werden soll.[848] Meines Erachtens nach bedarf es allerdings im Zusammenspiel deutschen Güterrechts und italienischen Erbrechts keiner nachträglichen Anpassung des Ergebnisses. Dies entspricht nachfolgenden Erwägungen: Nach der Beendigung des gesetzlichen Güterstandes der Errungenschaftsgemeinschaft durch den Tod eines der beiden Ehegatten wird dem anderen Ehegatten zunächst auf güterrechtlichem Wege vorab „seine" Hälfte des Gesamtgutes zuteil, Art. 194 CC. Dabei besteht das Gesamtgut aus demjenigen Vermögen, welches von den Ehegatten im Laufe der Ehe für sich gesehen oder auch gemeinschaftlich erwirtschaftet worden ist. Hingegen fallen das voreheliche Vermögen, bestimmte unentgeltliche Erwerbe und die dem persönlichen Gebrauch dienenden Gegenstände nicht in das Gesamtgut, sondern in das Sondervermögen eines jeden Ehegatten. Die übrige Hälfte des Gesamtgutes gelangt dann in den Nachlass und stellt mit dem Sondergut des verstorbenen Ehegatten die Berechnungsgrundlage für die Erbquoten dar.[849] Wie genau sich der Ausgleichsanspruch des hinterbliebenen Ehegatten darstellt, ist wiederum davon abhängig, wie sich das Verhältnis vom Gesamtgut zum Sondervermögen der Ehegatten ausgestaltet. Im Einzelfall kann es daher zu Konstellationen kommen, in denen der Anspruch aus der Errungenschaftsgemeinschaft nicht an die errechnete Quote herankommt, die dem hinterbliebenen Ehegatten bei der Anwendung des pauschalierten Zugewinnausgleichs über § 1371 Abs. 1 BGB zugesprochen worden wäre. Meist wird es allerdings dazu kommen, dass das Sondergut in seinem Wert vom Gesamtgut überstiegen wird. Daraus folgt, dass der so errechnete Gesamtanteil des hinterbliebenen Ehegatten in der überwiegenden Zahl der Fälle sogar über die Hälfte betragen kann.[850] Es lässt sich daher nicht von Beginn an klären, ob die Erbquote von entweder der Hälfte oder 7/12 für den hinterbliebenen Ehegatten im Widerspruch zu beiden Rechtsordnungen steht, da sich das Ergebnis vorab gar nicht ermitteln lässt. Da

---

847 *Dutta*, FamRZ 2015, 1238, 1239 f.; zur Erforderlichkeit der Gesamtbetrachtung beider Rechtsordnungen vgl. auch die Ausführungen bei *Mankowski*, FamRZ 2015, 1183, 1184.

848 So auch *Looschelders*, IPRax 2016, 349, 352.

849 *Frank*, JbItalR 25 (2012), 17, 27.

850 *Dutta*, FamRZ 2015, 1238, 1239 f.; ebenfalls gegen eine Kürzung spricht sich aus *Reiß*, ZErb 2005, 306, 310.

in den meisten Fällen allerdings von einem ausreichenden Ausgleich über die Auflösung der Errungenschaftsgemeinschaft für den Hinterbliebenen auszugehen sein wird, ist der Bedarf einer nachträglichen Anpassung der gefundenen Erbquoten abzulehnen. Zumindest aber ist kein Widerspruch zu erkennen, welcher nach einer der beiden Rechtsordnungen nicht mehr hinzunehmen wäre. Das so gefundene Ergebnis wäre jedenfalls nicht untragbar, sodass ein Anpassungsbedarf nicht besteht.

d) Deutsches Erbstatut und italienisches Güterstatut

Treffen deutsches Erbstatut und italienisches Güterstatut zusammen, findet nach der vorzugswürdigen güterrechtlichen Qualifikation des § 1371 Abs. 1 BGB eine Anwendung des § 1371 Abs. 1 BGB nicht statt. Die Frage der Substitution und Anpassung des insgesamt gefundenen Ergebnisses stellt sich in diesem Fall daher nicht. Wie bereits erwähnt kommt dem hinterbliebenen Ehegatten ein Ausgleich über die Errungenschaftsgemeinschaft nach italienischem Güterrecht zu. Sowohl die Berechnung des güterrechtlichen Ausgleichsanspruchs als auch das daran anschließende erbrechtliche Viertel des § 1931 Abs. 1 BGB sind allerdings getrennt voneinander zu behandeln.

III. Fazit

Abschließend lässt sich festhalten, dass der pauschalierte Zugewinnausgleich des § 1371 Abs. 1 BGB auf der Grundlage des früheren deutschen internatiolen Güter- und Erbrechts mit der überwiegenden Ansicht als güterrechtlich zu qualifizieren war. Anders ist eine Qualifikation mit dem Kern der Vorschrift nicht zu rechtfertigen, sodass andere angeführte Qualifikationsmöglichkeiten aus oben genannten Gründen abzulehnen sind. Den pauschalierten Zugewinnausgleich güterrechtlich zu qualifizieren, wird nicht nur dem Wesensgehalt, sondern auch der Zielrichtung der Vorschrift am ehesten gerecht. Denn so hat § 1371 Abs. 1 BGB zum Ziel, einen zu Lebzeiten bestandenen Güterstand der Zugewinngemeinschaft der Ehegatten nach dem Tode einem sachgerechten Ausgleich zuzuführen. Daher scheiden eine erbrechtliche Qualifikation oder eine Doppelqualifikation aus. Problematisch wird die Qualifikationsfrage dann lediglich für den Fall des ausländischen Erbstatutes, da die Vorschrift ansonsten bei ausländischem Güterrecht aufgrund seiner güterrechtlichen Zuordnung gar nicht zur Anwendung gelangt. Maßgeblich ist daher lediglich die Konstellation, wo deutsches Güterrecht neben italienisches Erbrecht tritt, da sich in allen anderen Fällen die Frage nach der Anwendung des § 1371 Abs. 1 BGB überhaupt nicht stellt. Kommt deutsches Erbrecht neben deutschem Güterrecht zur Anwendung, spielt die Frage der Einordnung überhaupt keine Rolle, da sie in jedem Fall zur Anwendung gelangen würde. Für den Fall, dass italienisches Güterrecht und deutsches Erbrecht zusammentreffen, erübrigt sich die Frage der Anwendung insofern, als mangels maßgeblichen deutschen Güterrechts die güterrechtlich qualifizierte Vorschrift keine Beachtung findet. Zur Frage, ob der „gesetzliche Erbteil" im Sinne des § 1371 Abs. 1 BGB durch ausländisches Erbrecht ersetzt werden kann ist wiederum erforderlich, dass dem ausländischen Erbrecht kein güterrechtlicher Ausgleich zukommt, sondern diese auch erbrechtlich zu qualifizieren ist. Beinhaltet sie – wie die deutsche Ausgleichsvorschrift auch – noch güterrechtliche Elemente, ist dies nicht weiter schädlich. Trotzdem kann auch in diesem Fall eine erbrechtliche Qualifikation einer Vorschrift bejaht werden. Gerade das italienische Recht sieht mit seinen Vorschriften zum Ehegattenerbrecht keinen güterrechtlichen Ausgleich vor, da dem hinterbliebenen Ehegatten ein gesetzliches Erbrecht zugesprochen wird, ohne es wie das deutsche Recht im Rahmen des § 1371 Abs. 1 BGB von einem bestimmten Güterrecht abhängig zu machen. Die Vorschrift des Art. 581 CC ist daher lediglich erbrechtlich zu qualifizieren und so lässt sich der „gesetzliche Erbteil" nach § 1371 Abs. 1 BGB ohne Weiteres durch italienisches Erbrecht ersetzen. Eine Substitution des deutschen Rechts mit der italienischen Vorschrift zum Hinterbliebenenerbrecht lässt sich daher uneingeschränkt durchführen. Diese Substitutionsfrage ist allerdings nur noch für Altfälle maßgeblich, welche weiter nach Art. 25 EGBGB a. F. abzuwickeln sind. Hingegen besteht im Ergebnis kein Anpassungsbedarf, da die höhere Nachlassbeteiligung des Ehegatten nach dem italienischen Erbrecht nicht zu einem untragbaren Ergebnis führt, welches im Rahmen einer Anpassung korrigiert werden müsste.

§ 2 Die Rechtslage nach Inkrafttreten der EuErbVO bis zur Entscheidung in der Rechtssache Mahnkopf

Dass die Zivilrechtsordnungen der einzelnen Länder der Europäischen Union nicht auf Dauer allein maßgeblich sein konnten, war nur eine Frage der Zeit. Besonders die Ausweitung des Unionsrechts lässt erahnen, dass das Privatrecht in Europa einem umfassenden Wandel unterliegt. Denn wurde mit der Zeit mithilfe von Verträgen über die Europäische Gemeinschaft (jetzt die Europäische Union), mithilfe der Rechtssetzung derselben und der Rechtsprechung ihres Gerichtshofes das supranationale Recht immer mehr und immer weiter ausgebreitet, desto ersichtlicher wurde die Abschwächung der einzelnen nationalen Rechtsordnungen. Bei einem Blick auf die Hauptgebiete der einzelnen

Rechtsordnungen ist es nun nicht mehr alleinige Sache der nationalen Gesetzgebung und Rechtsprechung, ihr Recht fortzuentwickeln. Vielmehr ist das geltende Recht mittlerweile eine Zusammensetzung aus nationalem und supranationalem Recht.[851] Dieses Nebeneinander von unterschiedlichen Privatrechten setzt sowohl aus methodischer als auch aus systematischer Sicht ein Umdenken voraus.[852] Vielmehr noch, als wenn bloß unser BGB durch ein supranationales europäisches Zivilgesetzbuch ausgetauscht worden wäre.[853] Für die Juristen der einzelnen Länder der Europäischen Union bedeutet dies, dass sie nunmehr nicht nur das nationale Recht, sondern auch die supranationale Rechtsordnung zu beachten haben. Was die gleichzeitige Beachtung nicht gerade erleichtert ist der Umstand, dass beide Rechtsordnungen zwar miteinander verbunden sind, eine Abstimmung aufeinander allerdings nicht immer gegeben ist. Diese Entwicklung war zunehmend im Privatrecht zu erkennen.[854]

I. EU-Rechtsverordnungen

In der Europäischen Union ist früh eingesehen worden, dass eine zusammenhängende Regelung die wechselseitige Anerkennung und Vollstreckung deutlich vereinfachen würde.[855] Bereits *Savigny* sah im Jahre 1849 die Notwendigkeit einer verstärkten Transportfähigkeit von Rechten und dem Herbeiführen von internationalem Entscheidungseinklang durch die Zunahme von internationalem Rechtsverkehr als gegeben an: „Der Verkehr der Völker mußte erst den ungeheuren Schwung erhalten haben, den wir in neueren Zeiten wahrnehmen, damit das Bedürftniß solche Grundsätze zur Anerkennung und Ausbildung bringen konnte"[856]. Neben der Vereinheitlichung des Kollisionsrechtes durch die Rom I-Verordnung[857] und die Rom II-Verordnung[858] wird nunmehr mit der

851 *Schulze,* in: Cian, 100 Jahre BGB, S. 1309, 1310 f.

852 *Schulze,* in: Cian, 100 Jahre BGB, S. 1309, 1324.

853 *Schulze,* in: Cian, 100 Jahre BGB, S. 1309, 1324.

854 *Schulze,* in: Cian, 100 Jahre BGB, S. 1309, 1310 f.

855 Zur geschichtlichen Entwicklung z. B. *Schack*, Internationales Zivilverfahrensrecht, § 3, in: *Müller-Lukoschek,* Die neue EuErbVO, § 1 Rn. 26 (2015).

856 *v. Savigny*, System des Römischen Rechts, S. 29.

857 Verordnung (EG) Nr. 593/2008 des Europäischen Parlaments und des Rates vom 17.06.2008 über das auf vertragliche Schuldverhältnisse anzuwendende Recht, ABl. EU 2008 Nr. L 177/6.

858 Verordnung (EG) Nr. 874/2007 des Europäischen Parlaments und des Rates vom 11.07.2007 über das auf außervertragliche Schuldverhältnisse anzuwendende Recht, ABl. EU 2008 Nr. L 177/6.

Rom III-VO[859] das anwendbare Recht in Scheidungssachen kollisionsrechtlich geregelt, in Unterhaltssachen wird das anwendbare Recht durch die Europäische Unterhaltsverordnung (EuUntVO)[860] in Verbindung mit dem Haager Unterhaltsprotokoll (HUntProt)[861] geregelt. Im Bereich des Erb- und Güterrechts ist nunmehr die Europäische Erbrechtsverordnung (EuErbVO)[862] für Erbfälle ab dem 17.08.2015 in Kraft sowie die Europäische Güterrechtsverordnung seit dem 29.01.2019 (EuGüVO)[863]. Letztere wurde zeitgleich mit einer Verordnung zum Güterrecht eingetragener Partnerschaften erlassen (EuPartVO).[864] Die Aktivitäten des europäischen Gesetzgebers auf dem Gebiet des Kollisionsrechts zeigen, dass eine Vereinheitlichung des Kollisionsrecht – insbesondere mit Blick auf die immer stärker zunehmenden weltweiten Vernetzungen – immer dringlicher geworden ist und eine Weiterentwicklung des europäischen Rechts mit den Entwicklungen der Welt nunmehr unumgänglich ist. Und insbesondere das Kollisionsrecht kann durch die Abstimmung einzelner konkurrierender Rechtsordnungen diesen Entwicklungen standhalten, indem es bei einem international ausgerichteten Sachverhalt eine Rechtsordnung durch Berufung zur Anwendung gelangen lässt.[865]

---

859 Verordnung (EG) Nr. 1259/2010 des Rates vom 20.12.2010 zur Durchführung einer Verstärkten Zusammenarbeit im Bereich des auf die Ehescheidung und Trennung ohne Auflösung des Ehebandes anzuwendenden Rechts, ABl. EU 2010 Nr. L 323/10.

860 Verordnung (EG) Nr. 4/2009 des Rates vom 18.12.2008 über die Zuständigkeit, das anzuwendende Recht, die Anerkennung und Vollstreckung von Entscheidungen und die Zusammenarbeit in Unterhaltssachen, ABl. EU 2009, Nr. L 7/1.

861 Protokoll über das auf Unterhaltspflichten anzuwendende Recht vom 23.11.2007, ABl. EU 2009 Nr. L 331/19.

862 Verordnung (EU) Nr. 650/2012 des Europäischen Parlaments und des Rates vom 04.07.2012 über die Zuständigkeit, das anzuwendende Recht, die Anerkennung und Vollstreckung von Entscheidungen und die Annahme und Vollstreckung öffentlicher Urkunden in Erbsachen sowie zur Einführung eines Europäischen Nachlasszeugnisses, ABl. EU 2012 Nr. L 201/107.

863 Verordnung (EU) 2016/1103 des Rates vom 24.06.2016 zur Durchführung einer Verstärkten Zusammenarbeit im Bereich der Zuständigkeit, des anzuwendenden Rechts und der Anerkennung und Vollstreckung von Entscheidungen in Fragen des ehelichen Güterstands, ABl. EU 2016 Nr. L 183/1.

864 Verordnung (EU) 2016/1104 des Rates vom 24.06.2016 zur Durchführung der Verstärkten Zusammenarbeit im Bereich der Zuständigkeit, des anzuwendenden Rechts und der Anerkennung und Vollstreckung von Entscheidungen in Fragen güterrechtlicher Wirkungen eingetragener Partnerschaften, ABl. EU 2016 Nr. L 183/30.

865 Hierzu siehe *Behrens*, FS Basedow MPI, S. 381, 388: „Die Pluralität der Rechtsordnungen, mit denen eine internationale Transaktion konfrontiert ist, läßt sich daher im

1. *Erwägungen zu einer Vereinheitlichung des Internationalen Erbrechts*

In den zahlreichen Verordnungen, die auch als Maßnahmen zu einer Verbesserung der justiziellen Zusammenarbeit in Zivilsachen erlassen wurden, wurde das Erbrecht meist ausdrücklich ausgeklammert.[866] Zurückzuführen ist dies unter anderem darauf, dass das Erbverfahrens- und kollisionsrecht in den europäischen Mitgliedstaaten extrem divergiert und eine Harmonisierung bisher nicht erfolgte.[867] Dabei bedurfte es insbesondere auf dem Gebiet des Erbrechts einer europaweiten Vereinheitlichung, denn gerade das Erbrecht im Zusammenspiel mit dem Güterrecht weist in den unterschiedlichen Mitgliedstaaten stark divergierende Lösungsansätze auf. Und kommt es zu Fällen mit Auslandsbezug, so geben die nationalen Vorschriften der jeweiligen Mitgliedstaaten der Europäischen Union vor, welches materielle Erbrecht in dem Fall zur Anwendung gelangt.[868] Vor allem wird über die nationalen Vorschriften vorgegeben, welches Gericht für eine Abwicklung der aufkommenden Erbfälle zuständig ist;[869] auch wenn die maßgeblichen Vorschriften der einzelnen Mitgliedstaaten dabei noch immer divergierten.[870] Deshalb setzt sich die europäische Erbrechtsverordnung zum Ziel, die Hindernisse für den freien Verkehr von Personen zu beseitigen, die

---

Prinzip ohne Gerechtigkeitsverlust reduzieren, indem das Kollisionsrecht jeweils eine einzige Rechtsordnung zur Anwendung beruft und damit alle anderen Rechtsordnungen von der Anwendung ausschließt. Auf diese Weise wird die jeweils anwendbare nationale Privatrechtsordnung gewissermaßen universalisiert."

866 Vgl. z. B. Art. 1 Abs. 2 lit. a Brüssel I-VO, Verordnung (EG) Nr. 44/2001 des Rates vom 22.12.2000 (EUGVVO), ABl. 2001 L 12 S. 1; Art. 1 Abs. 2 lit. b ROM II-VO, Verordnung (EG) 864/2007 des Europäischen Parlaments und des Rates vom 11.7.2007, ABl. 2007 L 199 S. 40.

867 Vgl. hierzu *Dörner*, FS Holzhauer, S. 474, 475; *Dutta*, RabelsZ 73 (2009), 547, 552; MüKo-BGB/*Dutta*, Vorbem. Art. 1 EuErbVO Rn. 1 (2018); *Geimer*, in: Hager, Erbrechtsverordnung, S. 9 ff.; *Haas*, in: Perspektiven, S. 43, 50; *Lein*, Yb. PIL 11 (2009) 107, 110; *Rechberger/Schur*, in: Kollisionsrecht in der EU, S. 185, 188; in: *Vienenkötter*, Begriff des gewöhnlichen Aufenthalts, S. 263.

868 *Scheuba*, in: Schauer/Scheuba, Europäische Erbrechtsverordnung, S. 1.

869 *Scheuba*, in: Schauer/Scheuba, Europäische Erbrechtsverordnung, S. 1.

870 In Deutschland beispielsweise wurde an die Staatsangehörigkeit angeknüpft (Art. 25 EGBGB a. F.), Dänemark und die Niederlande stellen auf den letzten gewöhnlichen Aufenthalt des Erblassers ab, Frankreich beispielsweise unterscheidet sogar noch zwischen beweglichem und unbeweglichem Vermögen, vgl. dazu: NK-BGB/*Looschelders*, vor Art. 1 EuErbVO Rn. 2.

unter anderem darin gesehen werden, dass es bei der Durchsetzung von Rechten durchaus zu Problemen kommen kann, sobald wir es mit grenzüberschreitenden Erbfällen zu tun bekommen.[871] Dabei geht es letztlich um zivilrechtliche Aspekte, die die Rechtsnachfolge von Todes wegen betreffen; unabhängig davon, ob es sich um gesetzliche oder um gewillkürte Erbfolgen handelt.[872] Der nur schwer durchzuführenden Planbarkeit soll die Erbrechtsverordnung entgegentreten. Die Erbrechtsverordnung sieht daher vor, durch die verfahrens- und kollisionsrechtlichen Bestimmungen die Abwicklung im Einzelfall deutlich zu vereinfachen,[873] worauf später im Einzelnen noch eingegangen werden soll.

2. Notwendigkeit, Vorteile und Nachteile einer Vereinheitlichung

Die augenscheinlichen Vorteile einer Vereinheitlichung des Internationalen Erbrechts liegen auf der Hand: So würde fortan europaweit nur noch ein einziges Recht zur Anwendung gelangen, was an Vereinfachung kaum zu überbieten ist; und dies losgelöst von der Frage, wo in Europa der Erbfall auftritt.[874] Auf dem Weg zum Aufbau eines gemeinsamen Rechtsraumes in Europa ist eine gemeinsame Verordnung nicht hinwegzudenken, die sich mit grenzüberschreitenden Abwicklungen von Nachlassangelegenheiten innerhalb der EU befasst.[875] Besonders auch mit Blick auf die zu Beginn der Arbeit erwähnte grenzüberschreitende Mobilität der Bürger der Europäischen Union ist eine Vereinheitlichung des Internationalen Erbrechts zwingend erforderlich und sehr zu begrüßen.

Andererseits dürfen im Zuge einer Vereinheitlichung auch nicht die Eigenarten eines jeden Rechtssystems außer Acht gelassen werden. Als Beispiele seien allein die Qualifikation der Vorschrift des § 1371 Abs. 1 BGB und das deutsche Güterrecht angeführt.[876] Bislang war es jedenfalls so, dass jedes Rechtssystem unterschiedliche Anknüpfungspunkte vorsah und besonders viele Staaten für sich die Anknüpfung an die Staatsangehörigkeit gewählt hatten. Mit der in der Erbrechtsverordnung nun vorgesehenen gemeinschaftlichen bzw. vereinheitlichten Anknüpfung an den gewöhnlichen Aufenthalt bedeutet dies für viele Mitgliedstaaten der Europäischen Union eine grundlegende Veränderung.

---

871 NK-BGB/*Looschelders*, vor Art. 1 EuErbVO Rn. 4.

872 *Fischer-Czermak*, in: Schauer/Scheuba, EuErbVO, S. 23.

873 *Kanzleiter*, in: FS Zimmermann, 2010, 165, 169; *Köhler*, in: Gierl/Köhler/Kroiß/Wilsch, IntErbR, § 1 Rn. 1.

874 *Kanzleiter*, in: FS Zimmermann, 2010, 165, 170.

875 *Köhler*, in: Gierl/Köhler/Kroiß/Wilsch, IntErbR, § 1 Rn. 1.

876 *Kanzleiter*, in: FS Zimmermann, 2010, 165, 170.

Möchte man allerdings das Internationale Erbrecht einer Vereinheitlichung unterziehen, so wird man um eine einheitliche Anknüpfung für das Erbrecht nicht herumkommen.

Die Erbrechtsverordnung zielt im Wesentlichen darauf ab, die Nachlassplanung und anschließend auch die Abwicklung des Nachlasses im europäischen Raum einfacher zu gestalten.[877] Gerade mit Blick auf die steigende Bewegungsfreiheit der europäischen Bürger soll die Erbrechtsverodnung dafür sorgen, dass deren Bedürfnis, eine Rechts- und Planungssicherheit zu erfahren, auch befriedigt wird.[878] Und sie erreicht ihr Ziel dadurch, dass sie eine einheitliche Normierung sowohl der Zuständigkeit als auch des anwendbaren Rechts schafft und somit eine wechselseitige Akzeptanz von behördlichen Akten bewirkt.[879] Damit lässt sich festhalten, dass die Erbrechtsverordnung ein richtiger Schritt in Richtung einer Vereinheitlichung des internationalen Zivilverfahrens- und Privatrechts ist. Und trotz der Vereinheitlichung auf europäischer Ebene wird mit der Erbrechtsverordnung weiterhin auch das Modell der Vielfalt der jeweiligen Privatrechte in den Mitgliedstaaten eingehalten und die Einheitlichkeit der Entscheidungen verwirklicht.[880]

II. Die Neuerungen durch die Europäische Erbrechtsverordnung

Neben der UnterhaltsVO[881] und der Rom III-VO[882] ist die Erbrechtsverordnung[883] Teil der sog. „dritten Generation" der Rechtsakte im europäischen Recht, die sich zum Ziel gesetzt haben, eine Einheitlichkeit in Fragen des Prozess- und

877 Burandt/Rojahn/*Burandt/Schmuck*, Erbrecht, vor EuErbVO Rn. 6 (2019).

878 Burandt/Rojahn/*Burandt/Schmuck*, Erbrecht, vor EuErbVO Rn. 6 (2019).

879 Burandt/Rojahn/*Burandt/Schmuck*, Erbrecht, vor EuErbVO Rn. 6 (2019).

880 Burandt/Rojahn/*Burandt/Schmuck*, Erbrecht, vor EuErbVO Rn. 6 (2019).

881 Verordnung (EG) Nr. 4/2009 des Rates v. 18.12.2008 über die Zuständigkeit, das anzuwendende Recht, die Anerkennung und Vollstreckung von Entscheidungen und die Zusammenarbeit in Unterhaltssachen, ABl. 2009 Nr. L 7, 1.

882 Verordnung (EU) Nr. 1259/2010 des Rates v. 20.12.2010 zur Durchführung einer Verstärkten Zusammenarbeit im Bereich des auf die Ehescheidung und Trennung ohne Auflösung des Ehebandes anzuwendenden Rechts, ABl. 2010 Nr. L 343, 10.

883 Verordnung (EU) Nr. 650/2012 des Europäischen Parlaments und des Rates v. 4.7.2012 über die Zuständigkeit, das anzuwendende Recht, die Anerkennung und Vollstreckung von Entscheidungen und die Annahme und Vollstreckung öffentlicher Urkunden in Erbsachen sowie zur Einführung eines Europäischen Nachlasszeugnisses, ABl. 2007 Nr. L 201, 107.

Kollisionsrechts herbeizuführen.[884] Eine Harmonisierung der nationalen Erbrechte soll durch Einführung der Erbrechtsverordnung hingegen nicht erfolgen; vielmehr bleibt es für die Mitgliedstaaten, die unter den Anwendungsbereich der Erbrechtsverordnung fallen, weiterhin bei der Anwendung und Ausgestaltung des eigenen materiellen Erbrechts.[885] Mithilfe der Verordnung sollen lediglich die Kollisionsrechte der einzelnen Mitgliedstaaten in Einklang gebracht werden, nicht jedoch das materielle Recht.[886] Die autonomen Kollisionsrechte der einzelnen Mitgliedstaaten, die der Erbrechtsverordnung entgegenstehen und in den Anwendungsbereich derselben fallen, werden nunmehr vollständig verdrängt.[887]

1. Veränderungen im deutschen Recht

Im Folgenden soll zunächst dargelegt werden, welche Änderungen sich sowohl im deutschen materiellen Recht als auch im Internationalen Erbrecht durch die Erbrechtsverordnung ergeben. Vieles wird sich dabei auch auf das italienische Recht übertragen lassen, sodass die darauffolgenden Ausführungen zu Änderungen im italienischen Internationalen Erbrecht weitaus geringeren Umfangs sein dürften. Zunächst soll eine kurze Darstellung über die Entstehungsgeschichte der Erbrechtsverordnung erfolgen.

a) Geschichtliche Entwicklung

Möchte man die Probleme der Harmonisierung besser verstehen, so spielt im Rahmen dessen die Entstehungsgeschichte der Erbrechtsverordnung eine große Rolle für den Zugang zu der Problematik. Da es sich bei dieser Verordnung um eine solche Verordnung europäischen Charakters handelt, wird man nationale Vorstellungen nicht anwenden können.[888] Andererseits ist die Integrationsoffenheit der nationalen Rechtsordnungen wiederum nicht schrankenlos gewährleistet, was sich auch daran zeigt, dass zahlreiche Stellen der Erbrechtsverordnung darauf verweisen und dies auch besonders in den Erwägungsgründen der Verordnung deutlich wird.[889]

---

884 *Hess*, in: Dutta/Herrler, Tagungsband DNotI, Die EuErbVO, S. 131 Rn. 1; diese Regelungstechnik wird von *Dörner* als „loi uniforme" bezeichnet, vgl. *Dörner*, ZEV 2010, 221.

885 *Schauer*, JEV 2012, 78, 79.

886 *Schauer*, JEV 2012, 78, 79.

887 *Köhler*, in: Gierl/Köhler/Kroiß/Wilsch, IntErbR, § 2 Rn. 2; *Mansel/Thorn/Wagner*, IPRax 2013, 1.

888 *Herrler*, in: Dutta/Herrler, Tagungsband DNotI, Die EuErbVO, S. 3 (Einführung), Rn. 8.

889 *Herrler*, in: Dutta/Herrler, Tagungsband DNotI, Die EuErbVO, S. 3 (Einführung), Rn. 8.

In der Praxis kommt der Verordnung eine beträchtliche Bedeutung zu, denn in der EU kommt es jährlich zu ca. 450.000 internationalen Erbfällen mit einem Volumen von etwa 123 Milliarden Euro an Vermögen.[890] Dabei hatten die nationalen Richter nach bisheriger Rechtslage in der EU oft ein ausländisches Recht bei der Abwicklung von Erbfällen anzuwenden, welches ihnen meist nicht vertraut war; dabei sei dahingestellt, ob es sich um das Recht eines EU-Mitgliedstaates handelte oder um dasjenige Recht eines Drittstaates. Dabei werden zwangsläufig auch die Rechtsverfolgungskosten in die Höhe getrieben, denn wenn das Gericht eigene Kenntnisse des fremden Rechts in der Sache nicht vorweisen kann, so muss es im Zweifel ein Sachverständigengutachten in Auftrag geben. Und darüber hinaus führen naturgemäß solche fehlenden Rechtskenntnisse oft auch dazu, dass es bei der Qualität der Rechtsfindung zu Einbußen kommen kann.[891] Bisher führte diese Komplexität der Materie und die damit einhergehende schwere Erkennbarkeit der von Staat zu Staat unterschiedlichen Kollisionsnormen und Zuständigkeitsregeln zu Rechtsunsicherheit und verkomplizierte die Nachlassabwicklung durch die Erben, aber auch die Nachlassplanung des Erblassers selbst. Im Kern möchte die neue Erbrechtsverordnung also dafür sorgen, dass diese Problematik eine Vereinfachung erfährt und die erforderlichen Verfahren verkürzt werden.[892]

Bereits seit ungefähr zehn Jahren hat man innerhalb der Europäischen Kommission das Projekt der Vereinheitlichung des Erb- und Erbverfahrensrechts innerhalb der EU diskutiert. Allerdings drehten sich die Erörterungen dabei weniger um die Einführung eines gemeinsamen Erbrechtes für die EU, sondern eher darum, ein einheitliches IPR einzuführen und somit auch ein einheitliches Anknüpfungssystem für das jeweils maßgebliche Erbrecht und ein geschlossenes System im Verfahrensrecht einzuführen.[893] So sind die ersten Gedankengänge zur Initiative der Europäischen Kommission auf eine Studie des deutschen Notarinstituts zurückzuführen,[894] wobei bereits in der Studie der Vorschlag erarbeitet wird, den gewöhnlichen Aufenthalt des Erblassers als maßgeblichen Anknüpfungspunkt für das Zuständigkeits- und Kollisionsrecht zu wählen.[895]

---

890 Summary of the impact assessment v. 14.10.2009 SEC (2009) 411 final; in: Burandt/Rojahn/*Burandt/Schmuck*, Erbrecht, vor EuErbVO Rn. 5 (2019).

891 *Müller-Lukoschek*, Die neue EuErbVO, § 2 Rn. 7 (2013).

892 *Dörner*, ZEV 2012, 505.

893 *Müller-Lukoschek*, Die neue EuErbVO, § 2 Rn. 9 (2013).

894 *DNotI*, Les Successions, in: *Müller-Lukoschek*, Die neue EuErbVO, § 2 Rn. 10 (2013).

895 *DNotI*, Les Successions, S. 183 f.

Diese vorgelegte Studie führte zuerst zur Erstellung eines sogenannten „Grünbuches“, wobei auch dem Vorschlag der vorangegangenen Studie an die Anknüpfung an den gewöhnlichen Aufenthalt des Erblassers entsprochen wurde.[896] Dies wurde allerdings nicht mit allzu großem Enthusiasmus aufgenommen.[897] Im Anschluss an das erstellte Grünbuch folgte ein Diskussionsentwurf,[898] dem sich weiterhin dann im Jahr 2009 ein Verordnungsentwurf anschloss[899] und zu guter Letzt dann die Erbrechtsverordnung, die auch mancherorts als „ROM-IV-VO“ bezeichnet wird. Sowohl der Verordnungsentwurf als auch die endgültige Version der Erbrechtsverordnung knüpfen an das anwendbare Recht des gewöhnlichen Aufenthaltes an. Dabei ist sie als das ehrgeizigste Projekt jener Bestrebungen zu sehen, die sich eine Vereinheitlichung des Kollisionsrechtes und des Internationalen Verfahrensrechts zum Ziel gesetzt haben und hat schließlich mit Geltung ab dem 16.8.2015 auch seinen Abschluss finden können.[900]

Jene EU Verordnungen, die bisher neben der Erbrechtsverordnung in Kraft getreten sind, sehen entweder bloß eine Regelung des Verfahrensrechts vor oder regeln ausschließlich dasjenige Recht, welches auf den Sachverhalt anwendbar ist, mit anderen Worten demnach das Kollisionsrecht. Dagegen fasst die neue Erbrechtsverordnung beide Bereiche in einen zusammen, regelt sie doch sowohl die Zuständigkeiten als auch das anzuwendende Recht und darüber hinaus noch die Einführung eines Nachlasszeugnisses auf europäischer Ebene. Damit wurde mit der Erbrechtsverordnung ein Regelwerk eingeführt, welches neben einer Rechtsvereinheitlichung der bisher noch sehr unterschiedlichen Kollisionsrechte für Nachlasssachen in der EU darüber hinaus noch einheitliche Zuständigkeiten hervorbringt. Dies führt dazu, dass die Nachlassspaltung für die in der EU lebenden Personen vereinfacht wird, dazu werden allerdings auch die Rechte der Familienangehörigen, der Erben und der Nachlassgläubiger in Zukunft besser geschützt.[901]

---

896 Grünbuch Erb- und Testamentsrecht vom 1.3.2005, KOM (2005) 65 endg.; vgl. dazu z. B. *Bauer*, IPRax 2006, 202 f; *Kohler/Pintens*, FamRZ 2009, 1529; *Dörner*, ZEV 2005, 137; in: *Müller-Lukoschek*, Die neue EuErbVO, § 2 Rn. 10 (2013).

897 *Dörner*, ZEV 2005, 137, 138.

898 Vgl. dazu *Dutta*, RabelsZ 73 (2009), 547, 550, in: *Müller-Lukoschek*, Die neue EuErbVO, § 2 Rn. 10 (2013).

899 Vom 14.10.2009; KOM (2009) 154 endg; vgl. dazu *Buschbaum/Kohler*, GPR 3/2010, 106 ff; in: *Müller-Lukoschek*, Die neue EuErbVO, § 2 Rn. 10 (2013).

900 *Dörner*, ZEV 2012, 505; in: *Müller-Lukoschek*, Die neue EuErbVO, § 2 Rn. 10 (2013).

901 *Müller-Lukoschek*, Die neue EuErbVO, § 2 Rn. 11 (2013).

Zwar ist die Verordnung bereits am 16.8.2012 in Kraft getreten (vgl. Art. 84 Abs. 1 EuErbVO), allerdings findet sie nach Art. 84 UAbs. 2 EuErbVO erst für jene Erbfälle Anwendung, die ab dem 17.8.2015 aufgetreten sind. Unter der Geltung der Erbrechtsverordnung tun sich auf der einen Seite neue Möglichkeiten in der Gestaltung der Erbfolge auf (wie beispielsweise durch die Möglichkeiten einer Rechtswahl), andererseits entfaltet so manch alte Strategie nunmehr keinerlei Wirkungen (wie dies beim Ausnutzen der Nachlassspaltung des Fall ist). Letztgenanntes ist demnach erneut ins Gleichgewicht zu bringen.[902] Dass die Erbrechtsverordnung ihre Wirksamkeit entfaltet, dazu bedarf es keinen nationalen Umsetzungsaktes, denn nach Art. 288 UAbs. 2 AEUV findet die Verordnung in allen Mitgliedstaaten unmittelbar Anwendung. Mit der Geltung der Erbrechtsverordnung haben die jeweils maßgeblichen nationalen Kollisionsvorschriften fast gar keinen Anwendungsbereich mehr,[903] denn die Verordnung beinhaltet ein umfassendes Regelungswerk für Erbfälle mit Grenzüberschreitungen und hat das mitgliedsstaatliche Kollisionsrecht ab Mitte 2015 überwiegend verdrängt.[904]

Durch den europäischen Charakter der neuen Vorschriften kommt es dazu, dass dieser Einfluss auch Konsequenzen für die Auslegung dieser Regeln haben wird. Dabei ist zu beachten, dass die Erbrechtsverordnung autonom ausgelegt werden muss.[905] Dies bedeutet, dass eine Auslegung nicht in der Gestalt erfolgen darf, dass ein Rückgriff auf die nationalen Rechte vorgenommen wird.[906] Die Auslegung der Verordnung hat zum einen unter der Berücksichtigung des Wortlautes der maßgeblichen Norm zu erfolgen, aber auch ihrer Entstehungsgeschichte, der Ziele der Norm und der Systematik des in Rede stehenden Rechtsaktes[907] nebst der allgemeinen Rechtsgrundsätze, die aus der Vielfalt der nationalen Rechtsordnungen herrühren.[908] Diese einheitliche europäische

---

902 *Müller-Lukoschek*, Die neue EuErbVO, s. Vorwort (2013).

903 Burandt/Rojahn/*Burandt/Schmuck*, Erbrecht, vor EuErbVO Rn. 2 (2019).

904 *Dutta*, FamRZ 2013, 4.

905 Zum Erfordernis einer autonomen Auslegung für alle auf Art. 61 lit. c, Art. 65 EG (nunmehr Art. 81 AEUV) basierenden Rechtsakte bereits *EuGH*, 8.11.2005, Rs. C.443/03 (*Leffler*), Slg. 2005, I-9611, Rz. 45; *Köhler*, in: Gierl/Köhler/Kroiß/Wilsch, IntErbR, § 1 Rn. 6; Gebauer/Wiedmann/*Gebauer*, Zivilrecht, Kapitel 4 Rn. 8.

906 Vgl. etwa *EuGH*, 14.10.1976, Rs. 29/76 (*Eurocontrol*), Slg. 1976, 1541, Rz. 3; in: *Dutta*, FamRZ 2013, 4.

907 Vgl. etwa *EuGH*, 3.5.2007, Rs. C-386/05 (*Color Drack*), Slg. 2007, I-3699, Rz. 17 f.

908 Vgl. etwa *EuGH*, 14.10.1976, Rs. 29/76 (*Eurocontrol*), Slg. 1976, 1541, Rz. 3; in: *Dutta*, FamRZ 2013, 4.

Begriffsbildung ist insofern notwendig, dass für alle Mitgliedstaaten der Europäischen Union eine einheitliche Auslegung der Erbrechtsverordnung erfolgen kann.[909] Allerdings bedeutet eine einheitliche Auslegungsmethode nicht zwangsläufig, dass auch in der Praxis ein einheitliches europäisches Recht zur Anwendung gelangt.[910] Darüber, dass eine einheitliche Auslegung nach diesen genannten Grundsätzen auch wirklich erfolgt, wacht der EuGH als judikative Instanz; diesem dürfen nämlich auch seit dem Vertrag von Lissabon derartige Auslegungsfragen von den Gerichten vorgelegt werden, wie sich aus der Vorschrift des Art. 267 UAbs. 2 AEUV ergibt.[911]

b) Sachlicher Anwendungsbereich der Verordnung – Europäische Qualifikation

Art. 1 Abs. 1 der Erbrechtsverordnung regelt den Anwendungsbereich derselben. Danach findet sie Anwendung auf die „Rechtsnachfolge von Todes wegen", allerdings beschäftigt sie sich ausdrücklich nicht mit „Fragen des ehelichen Güterrechts" (Art. 1 Abs. 2 lit. d) EuErbVO). Schon im nationalen IPR der jeweiligen Mitgliedsstaaten ist die Abgrenzung dieser beiden Bereiche nicht ohne Weiteres durchzuführen und ist auch dort mit einer ganzen Fülle von Zweifeln bestückt.[912] Und diese Problematik hat die neue Erbrechtsverordnung gleich mit übernommen, sodass diese Schwierigkeiten weiterhin bestehen bleiben und zu klärende Fragen offengehalten werden.[913] Besonders das Verhältnis zwischen Erb- und Güterstatut bleibt auch auf europäischer Ebene mit der Verordnung problematisch, da wie in den nationalen Kollisionsrechten auch die Qualifikationsprobleme daraus resultieren, dass bei Todeseintritt eines Ehepartners auch der jeweilige Güterstand der Ehegatten endet und eine Abwicklung dessen erfolgen muss und die Vorschriften über die Beteiligung des hinterbliebenen Partners an dem Vermögen des zuvor verstorbenen Partners erb- oder auch güterrechtlicher Natur sein können.[914]

Bei einer ersten Betrachtung könnte sich der Gedanke aufdrängen, dass eine derartige Qualifikation in Bezug auf die „Rechtsnachfolge von Todes wegen"

909 NK-Nachfolgerecht/*Köhler*, Einführung EuErbVO, Rn. 6.
910 *Köhler*, in: Gierl/Köhler/Kroiß/Wilsch, IntErbR, § 1 Rn. 8.
911 So auch *Dutta*, FamRZ 2013, 4; *Köhler*, in: Gierl/Köhler/Kroiß/Wilsch, IntErbR, § 1 Rn. 8.
912 *Dörner*, in: Dutta/Herrler, Tagungsband DNotI, Die EuErbVO, S. 74 Rn. 2.
913 *Dörner*, in: Dutta/Herrler, Tagungsband DNotI, Die EuErbVO, S. 74 Rn. 2.
914 *Dörner*, in: Dutta/Herrler, Tagungsband DNotI, Die EuErbVO, S. 74 Rn. 2.

basierend auf dem europäischen Begriffsverständnis vielleicht auch nach den nationalen Qualifikationsregeln zu erfolgen hat.[915] Da allerdings der europäische Gesetzgeber mit der „Rechtsnachfolge von Todes wegen“ als autonomer Bestimmung zugleich auch eine Trennung zu denjenigen Nachbarbegriffen vorgesehen hat, die in Art. 1 Abs. 2 EuErbVO genannt werden (dazu nachfolgend ein wenig ausführlicher), geht damit aufgrund des Anwendungsvorrangs des europäischen Kollisionsrechts eine mittelbare und jedenfalls teilweise auch die Reichweite der nationalen IPR-Vorschriften betreffende Europäisierung einher.[916] So kommt es daher seit dem Geltungsbereich der Verordnung am 17.8.2015 zu Grenzverschiebungen zwischen den beiden Systembereichen, die sich bis zu diesem Zeitpunkt noch nach nationalen Regeln bestimmt haben.[917]

aa) Die autonome Qualifikation der „Rechtsnachfolge von Todes wegen“

Insgesamt wurden die erbrechtlichen Kollisionsnormen in der Erbrechtsverordnung als loi uniforme ausgestaltet, um eine Berufung mitgliedstaatlichen und nicht-mitgliedstaatlichen Rechts gleichermaßen zu ermöglichen. Sollte demzufolge noch immer nationales Recht bestehen, welches in den Anwendungsbereich der Erbrechtsverordnung fällt, würde diesem entgegenstehenden nationalen Recht der Anwendungsbereich entzogen.[918]

Zwar steckt Art. 1 EuErbVO den sachlichen Anwendungsbereich klar fest, allerdings darf dabei auch Art. 3 der EuErbVO nicht außer Acht gelassen werden. In Art. 1 Abs. 1 EuErbVO ist der Anwendungsbereich der „Rechtsnachfolge von Todes wegen“ festgelegt, und Art. 3 EuErbVO übernimmt in einem weiteren Schritt die Definition der einzelnen Begrifflichkeiten der Erbrechtsverordnung. Demnach versteht die Erbrechtsverordnung unter der „Rechtsnachfolge von Todes wegen“ über den Art. 3 Abs. 1 lit. a) EuErbVO jede Form des Übergangs von Vermögenswerten, Rechten und Pflichten von Todes wegen, unabhängig davon, ob dieser Übergang im Rahmen der gesetzlichen oder der gewillkürten Erbfolge erfolgt. Damit stimmt der Anwendungsbereich des Erbstatuts nach der kollisionsrechtlichen Regelung der Erbrechtsverordnung weitgehend überein mit der Reichweite desjenigen Erbstatuts, welches das deutsche Kollisionsrecht bis zur Anwendung der Erbrechtsverordnung vorgesehen hat, denn auch

---

915 So z. B. Bonomi/Wautelet/*Bonomi*, Le droit européen des successions, Art. 1 EuErbVO Rn. 26, 28.

916 Vgl. bereits die Ausführungen bei *Dörner*, ZEV 2012, 505, 507.

917 *Dörner*, in: Dutta/Herrler, Tagungsband DNotI, Die EuErbVO, S. 74 Rn. 3.

918 *Köhler*, in: Gierl/Köhler/Kroiß/Wilsch, IntErbR, § 4 Rn. 1.

das Erbstatut nach Art. 25 EGBGB a. F. umfasste ebenso grundsätzlich alle Fragen materiell-erbrechtlicher Art, die den Vermögensübergang anlässlich eines Todesfalles betreffen.[919]

Wie bereits erwähnt, erfolgt die Inhaltsbestimmung des Art. 1 der Erbrechtsverordnung autonom auf der Grundlage des europäischen Begriffsverständnisses. Wenn es von Art. 1 Abs. 2 der Verordnung ausgenommene Bereiche gibt, die trotzdem bereits von anderen europäischen Verordnungen abgedeckt werden (wie beispielsweise etwa die „Unterhaltspflichten" der lit. e), die bereits durch Art. 1 Abs. 1 der EuUnthVO[920] erfasst werden), so dient dies lediglich dem Zweck, den Anwendungsbereich der jeweiligen europäischen Rechtsinstrumente in Verhältnis zu setzen und sie voneinander abzugrenzen.[921] Unterliegen diejenigen Bereiche, die über Art. 1 Abs. 1 EuErbVO ausgegrenzt werden, noch den nationalen Kollisionsnormen, so hat der europäische Gesetzgeber mit der „Rechtsnachfolge von Todes wegen" als eigenständige Bestimmung zugleich auch eine Trennlinie zu den Begriffen in Abs. 2 geschaffen und damit auch bereits den eigentlichen Inhalt dieser Begriffe europäisiert.[922] Dadurch, dass in Art. 3 Nr. 1 EGBGB der Anwendungsvorrang des Unionsrechts niedergelegt ist, wirkt sich dies auch mittelbar auf die einzelnen Anknüpfungsgegenstände und damit auch auf den Anwendungsbereich der nationalen IPR-Vorschriften aus.[923] Daher kann es sein, dass mit Inkrafttreten der Erbrechtsverordnung der Anwendungsbereich der maßgeblichen nationalen gesellschafts-, sachen- oder güterrechtlichen Anknüpfungsregeln erweitert oder eingeschränkt worden ist.[924]

Nunmehr wird sich demnach in jenen Mitgliedstaaten, die der Erbrechtsverordnung unterliegen, die Rechtsnachfolge von Todes wegen nach den Vorschriften der Art. 21, 22 EuErbVO richten. Im Einzelnen werden diese Bestimmungen

---

919 BeckOK-BGB/*Lorenz*, Art. 25 EGBGB Rn. 24; MüKo-BGB/*Dutta*, Art. 25 EGBGB Rn. 188 (2015); Staudinger/*Dörner*, BGB, Art. 25 EGBGB Rn. 18; Grüneberg/*Thorn*, BGB, Art. 25 EGBGB Rn. 10 (2015); in: *Müller-Lukoschek*, Die neue EuErbVO, § 2 Rn. 37 (2013).

920 VO (EG) Nr. 4/2009 des Rates v. 18.12.2008 über die Zuständigkeit, das anwendbare Recht, die Anerkennung und Vollstreckung von Entscheidungen und die Zusammenarbeit in Unterhaltssachen, ABl EU 2009, Nr. L 7, S. 1.

921 *Dörner*, ZEV 2012, 505, 507.

922 *Dörner*, ZEV 2012, 505, 507.

923 *Dörner*, ZEV 2012, 505, 507.

924 *Dörner*, ZEV 2012, 505, 507.

noch durch Art. 23 EuErbVO erweitert, welcher die Reichweite des durch Art. 21, 22 EuErbVO anzuwendenden Rechts näher festlegt.[925]

c) Das Europäische Nachlasszeugnis

Zunächst soll eine kurze Darstellung einer der Neuerungen durch Inkrafttreten der Erbrechtsverordnung erfolgen. Besonders an der neuen Verordnung ist unter anderem, dass sie mit Art. 62 ff. EuErbVO nunmehr ein Europäisches Nachlasszeugnis einführt. Gemäß Art. 62 Abs. 2 EuErbVO ist es für die Antragsteller nicht verpflichtend, das Europäische Nachlasszeugnis überhaupt zu verwenden.[926] Vielmehr handelt es sich dabei um ein für den Erblasser optionales Erbrecht; es steht den Personen, die berechtigt sind, das Zeugnis zu beantragen demnach frei, ob sie es nicht vorzugsweise bei ihren jeweiligen nationalen Erbnachweisen belassen möchten. Das Europäische Nachlasszeugnis tritt demnach neben die bisher und auch weiterhin geltenden Erbrechtsnachweise der Mitgliedstaaten. Besonders bei Erbfällen mit Grenzüberschreitung soll die Einführung und Nutzung des Europäischen Nachlasszeugnisses zum einen für Rechtssicherheit sorgen und zum anderen bei der Geltendmachung und Durchsetzung der Ansprüche und Befugnisse die Beteiligten entlasten.[927]

Entscheidet sich die für eine Antragstellung berechtigte Person für die Anwendung eines solchen Europäischen Nachlasszeugnisses, so ist dies nach Art. 63 Abs. 1 EuErbVO unter anderem zur Verwendung durch Erben und Vermächtnisnehmer mit unmittelbarer Berechtigung am Nachlass bestimmt, die sich in einem anderen Mitgliedstaat auf ihre Rechtsstellung berufen oder ihre Rechte als Erben oder Vermächtnisnehmer ausüben müssen. Im Wesentlichen soll das Europäische Nachlasszeugnis aber drei Funktionen wahrnehmen: Zum einen soll es dem Erben die Möglichkeit einräumen, sich gegenüber etwaigen Nachlassschuldnern oder gegenüber Behörden ausweisen zu können. Zweitens

---

925 *Köhler*, in: Gierl/Köhler/Kroiß/Wilsch, IntErbR, § 4 Rn. 7.

926 So ganz deutlich die Ausführungen in Erwägungsgrund 69 der EuErbVO: „Die Verwendung des Zeugnisses sollte nicht verpflichtend sein. Das bedeutet, dass die Personen, die berechtigt sind, das Zeugnis zu beantragen, nicht dazu verpflichtet sein sollten, dies zu tun, sondern dass es ihnen freistehen sollte, die anderen nach dieser Verordnung zur Verfügung stehenden Instrumente (Entscheidung, öffentliche Urkunde und gerichtlicher Vergleich) zu verwenden. Eine Behörde oder Person, der ein in einem anderen Mitgliedstaat ausgestelltes Zeugnis vorgelegt wird, sollte jedoch nicht verlangen können, dass statt des Zeugnisses eine Entscheidung, eine öffentliche Urkunde oder ein gerichtlicher Vergleich vorgelegt wird."

927 *Omlor*, GPR 2014, 216.

wird in Art. 69 Abs. 2 EuErbVO die widerlegliche Vermutung festgehalten, dass das Europäische Nachlasszeugnis richtigen und vollständigen Inhaltes ist. Und letztlich wird über Art. 69 Abs. 3 EuErbVO auch der gutgläubige Dritte geschützt, der auf Grundlage der Angaben im Europäischen Nachlasszeugnis etwas an eine Person leistet oder er Vermögenswerte derselben entgegennimmt. Ausgeschlossen von diesem Gutglaubensschutz wird dabei positive Kenntnis und grobe Fahrlässigkeit.

Mit Blick auf das autonome deutsche Recht wird deutlich, dass der Erbschein nach deutschem Recht genau diese Funktionen wahrnimmt. Im Allgemeinen werden die drei Funktionen des deutschen Erbscheins einmal als Legitimationsfunktion (z. B. § 35 Abs. 1 GBO), ferner als Beweisfunktion (§ 2365 BGB) und letztlich als Gutglaubensfunktion (§§ 2366 f. BGB) benannt.[928] Die Funktionen sind somit fast deckungsgleich, aber eben nicht identisch.[929] Und da bislang der Erbschein im autonomen deutschen Recht vollends ausgereicht hat, wird zu fragen sein, was genau die Vorteile eines Europäischen Nachlasszeugnisses sind. Denn letztlich wird es doch jedem Antragsteller selbst überlassen bleiben, ob er von einem nationalen Erbnachweis abrücken möchte oder ob er dazu übergeht, das Europäische Nachlasszeugnis für sich zu verwenden. Jedenfalls ist es nach der Vorstellung des europäischen Gesetzgebers nicht verpflichtend, das Europäische Nachlasszeugnis zu verwenden; vgl. Art. 62 Abs. 2 EuErbVO.

---

928 Zum Zweck des Erbscheins und den einzelnen Funktionen des Erbscheins siehe die Ausführungen bei *Muscheler*, ErbR, Rn. 3274, 3330 ff.

929 Der Vorschrift des § 2365 BGB liegt die besondere Beweiskraft zu Grunde, dass er eine Vermutung der Richtigkeit des Erbscheins zugunsten, aber auch zu Lasten des Erbscheinserben aufstellt. Es handelt sich dabei um eine Beweislastumkehr, da die Richtigkeitsvermutung des Erbscheines so lange aufrecht erhalten bleibt, wie nicht das Gegenteil bewiesen werden kann, vgl. MüKo-BGB/*Grziwotz*, § 2365 BGB Rn. 1 (2020); § 2366 BGB hingegen regelt den öffentlichen Glauben des Erbscheins, indem er es im Interesse der Sicherheit des Rechtsverkehrs und zum Schutz eines redlichen Dritten ermöglicht, einen gutgläubigen Erwerb vom nichtberechtigten „Erbscheinsscheinerben" zu vollziehen. Hierbei geht der Gesetzgeber von der „Fiktion" (so nach herrschender Ansicht, vgl. *Wiegand*, JuS 1975, 283, 284 f.; Staudinger/*Herzog*, § 2366 BGB Rn. 2 (2016); **a. A.** etwa *Endemann*, BürgerlR III, § 142 Fn. 2: unwiderlegliche Vermutung) aus, dass die Rechtslage so eingetreten ist, wie sie sich aus dem Erbschein auch ergibt, vgl. MüKo-BGB/*Grziwotz*, § 2366 BGB Rn. 1 m. w. N. (2020).

aa) Die Annahme nationaler Erbnachweise über Art. 59 EuErbVO

Wird in einem Mitgliedstaat der EU eine öffentliche Urkunde errichtet, so sieht die Erbrechtsverordnung über Art. 59 EuErbVO vor, dass diese in einem anderen Mitgliedstaat die gleiche formelle Rechtskraft aufweist wie in demjenigen Staat, von dem die Urkunde ursprünglich ausgestellt worden ist oder die damit am ehesten vergleichbare Wirkung erzielt. Im Rahmen der Erbrechtsverordnung ist laut Art. 3 Abs. 1 lit. i) EuErbVO der Begriff der öffentlichen Urkunde dahingehend zu verstehen, dass es sich um ein Schriftstück in Erbsachen handelt, „dessen Beweiskraft sich auf die Unterschrift und den Inhalt der öffentlichen Urkunde bezieht“[930]. Art. 59 der EuErbVO spricht dabei von einer „Annahme öffentlicher Urkunden“ und nicht von einer Anerkennung, wie es teils noch im Rahmen des Gesetzgebungsverfahrens vorgesehen war. Der Begriff der Anerkennung hatte im Laufe des Gesetzgebungsverfahrens nämlich für eine derart starke Kritik gesorgt, dass der Gesetzgeber letztlich davon abgerückt ist.[931] Die Kritik des Schrifttums ging nämlich berechtigterweise dahingehend, dass sich eine Anerkennung auf Gerichtsentscheidungen beziehe und diesbezüglich bereits die Entscheidungsanerkennung nach Artt. 39 ff. EuErbVO zur Verfügung stünde.[932] Nach dieser Sichtweise ist in Bezug auf die öffentlichen Urkunden der Begriff der Annahme passender. Somit stellt sich allerdings in einem nächsten Schritt die Frage, ob es nunmehr mithilfe des Art. 59 EuErbVO einfacher werden wird, nationale Erbnachweise in anderen Mitgliedstaaten zu verwenden. Dabei wird der Sinn der Vorschrift herausgearbeitet werden müssen: Soll diese letztlich dazu führen, dass ein italienischer atto di notorietà und ein deutscher Erbschein[933] in allen Mitgliedstaaten der EU die gleichen Wirkungen entfalten können wie in demjenigen Staat, in dem er ausgestellt worden ist?[934] Diesbezüglich hilft Art. 59 Abs. 1 S. 1 EuErbVO weiter, und zwar durch den Passus der „am

---

930 Art. 3 Abs. 1 lit. i EuErbVO.

931 Siehe hierzu auch Bergquist/Damascelli/*Damascelli*, EuErbVO, Art. 59 Rn. 5; *Butterstein*, in: Deixler-Hübner/Schauer, Art. 59 EuErbVO Rn. 3.

932 Zur Kritik z. B. *Rechberger*, ÖJZ 2012, 14, 18 f.; *Buschbaum/Kohler*, GPR 4/2010, 162, 164 ff.; *Kohler/Buschbaum*, IPRax 2010, 313, 315 f.; *Mansel/Thorn/Wagner*, IPRax 2011, 1, 4; *Wagner*, DNotZ 2010, 506, 517; *Süß*, ZErb 2009, 342, 347.

933 Nach verbreiteter Auffassung beruht der deutsche Erbschein auf einer Entscheidung i. S. d. Art. 3 Abs. 1 lit. g EuErbVO. Die Anwendung richtet sich daher nach Art. 39 ff. EuErbVO (str.). Näher hierzu siehe EuGH, Urteil v. 21.6.2018 – C-20/17 (*Oberle*) = NJW 2018, 2309; EuGH, Urteil v. 23.5.2019 – C-658/17 (*WB*) = ZEV 2019, 647; BeckOGK/*Schmidt*, Art. 59 EuErbVO Rn. 12, 12.1.

934 *Kleinschmidt*, RabelsZ 77 (2013), 723, 737.

ehesten vergleichbaren Wirkung". Dies wird von der überwiegenden Ansicht so aufgefasst, dass darüber der Erbschein oder der atto di notorietà eine Wirkung im Zielmitgliedstaat entfaltet, welche dem Recht seines Ausstellungsstaates möglichst nahekommt.[935] Besitzt die Urkunde daher jene formelle Beweiskraft, die das ausländische Verfahrensrecht für sie vorsieht, werden ausländische Erbscheine in allen Mitgliedstaaten der EU, welche der Erbrechtsverordnung unterliegen, die gleichen Wirkungen entfalten wie im Heimatstaat auch.

bb) Wertung

Mit Blick auf die Funktionen, welche das Nachlasszeugnis für sich in Anspruch nimmt, wird es im Rahmen der Erbrechtsverordnung einfacher werden, nationale Erbnachweise auch im Ausland einzusetzen. Die Ausstellung nationaler Erbnachweise wird durch die Geltung der Erbrechtsverordnung jedenfalls nicht torpediert.[936] Sollten sich Divergenzen im Verfahrensrecht zwischen dem Recht des Ausstellungsstaates und dem Recht des Zielmitgliedstaates ergeben, so wird sich daraus diejenige formelle Beweiskraft ergeben, die die Urkunde nach ihrem eigenen Verfahrensrecht vorsieht. Kommt demnach dem deutschen Erbschein nach § 2365 BGB die Vermutung zu Gute, dass von der Richtigkeit der Angaben im Erbschein so lange ausgegangen werden kann, wie nichts Gegenteiliges bewiesen worden ist, dann muss dies so auch in anderen Mitgliedstaaten gelten. Dem deutschen Erbschein ist eben die „am ehesten vergleichbare Wirkung" zuzusprechen. Dieser Zweck der Vereinfachung ergibt sich auch aus den Erwägungsgründen zu den öffentlichen Urkunden in der Erbrechtsverordnung[937] und trägt dadurch ebenfalls zum übergeordneten Ziel der Vereinheitlichung durch die Erbrechtsverordnung bei.

d) Das anzuwendende Recht in der Erbrechtsverordnung

Insbesondere die Vorschriften des dritten Kapitels der Erbrechtsverordnung haben bei einigen Mitgliedstaaten der EU für kollisionsrechtliche Veränderungen gesorgt. Für Deutschland interessant sind wohl die nunmehr nicht weiterverfolgte Anknüpfung an das Heimatrecht des Erblassers, die Möglichkeit einer

---

935 *Butterstein*, in: Deixler-Hübner/Schauer, Art. 59 EuErbVO Rn. 17 m. w. N.

936 NK-BGB/*Makowsky*, Art. 4 EuErbVO Rn. 15 m. w. N., zudem ergibt sich dies aus Art. 62 Abs. 3 EuErbVO i. V. m. Erwägungsgrund 67: „Das Zeugnis sollte entsprechend dem Subsidiaritätsprinzip nicht die innerstaatlichen Schriftstücke ersetzen, die gegebenenfalls in den Mitgliedstaaten für ähnliche Zwecke verwendet werden.".

937 Erwägungsgrund 61.

äußerst weitreichenden Rechtswahl und die nahezu vollumfängliche Durchsetzung der Nachlasseinheit sein.[938]

aa) Das Erb- und Güterrecht unter der Geltung der Erbrechtsverordnung

Speziell die Nachlassregelung soll durch die Einführung der Erbrechtsverordnung europaweit vereinfacht werden. Damit auch ein „möglichst weitgehender Gleichlauf {...} des erbrechtlichen Kollisionsrechts“[939] bewerkstelligt werden kann, sieht der neue Art. 25 EGBGB die Anwendung des nationalen Kollisionsrechtes nur dann vor, soweit die Rechtsnachfolge von Todes wegen nicht in den Anwendungsbereich der Erbrechtsverordnung fällt. Da allerdings der Anwendungsbereich der Erbrechtsverordnung in Fragen der erbrechtlichen Qualifikation bereits sehr weit gefasst ist, ist fraglich, ob es somit für Art. 25 EGBGB überhaupt noch einen Anwendungsbereich gibt. Trotz der wohl relativ geringen Fallkonstellationen, die dem nationalen Kollisionsrecht damit noch verbleiben werden ist es durchaus positiv zu werten, dass eine derartige Auffangvorschrift an dieser Stelle mit in das deutsche Kollisionsrecht aufgenommen worden ist.[940] Somit lassen sich eventuell auftretende Lücken schließen, die sich ansonsten bei einer einseitigen Anwendung lediglich über die Erbrechtsverordnung ergeben würden.

Wenn es um Fragen des Güterrechts geht bzw. um Fragen der güterrechtlichen Beziehungen in Lebenspartnerschaften im Allgemeinen, so werden diese über Art. 1 Abs. 2 lit. d) mithilfe der Erbrechtsverordnung nicht beantwortet, da sie von ihrem Anwendungsbereich ausgenommen sind.[941] Darunter sind auch solche Regelungen zu verstehen, die sowohl vermögensrechtliche Fragen im Verhältnis der Ehegatten oder auch der Lebenspartner untereinander betreffen als auch derartige Fragen regeln, die sich im Verhältnis zu Dritten ergeben.[942] Dabei wird diese deutliche Ausnahme der güterrechtlichen Fragen mithilfe des Erwägungsgrundes 12 ein wenig aufgefangen. Darin stößt man nämlich auf die zugegebenermaßen etwas unverständliche Formulierung, dass die Behörden,

---

938 *Buschbaum/Kohler*, GPR 3/2010, 106, 111.

939 BT Drucks. 18/4201 S. 66, zu Nr. 4 (Art. 25 und 26 EGBGB).

940 *Köhler*, in: Gierl/Köhler/Kroiß/Wilsch, IntErbR, § 2 Rn. 15.

941 *Köhler*, in: Gierl/Köhler/Kroiß/Wilsch, IntErbR, § 2 Rn. 6.

942 Diese Fragen werden nämlich von der Verordnung (EU) 2016/1103 des Rates vom 24. Juni 2016 zur Durchführung einer Verstärkten Zusammenarbeit im Bereich der Zuständigkeit, des anzuwendenden Rechts und der Anerkennung und Vollstreckung von Entscheidungen in Fragen des ehelichen Güterstands erfasst.

die mit der Erbsache befasst sind, „je nach den Umständen des Einzelfalls die Beendigung des ehelichen […] Güterstands des Erblassers bei der Bestimmung des Nachlasses und der jeweiligen Anteile der Berechtigten berücksichtigen“[943] sollen. Möglicherweise möchte der europäische Gesetzgeber mit dieser Aussage dem allgemein anerkannten Grundsatz Rechnung tragen, der besagt, dass nur solche Vermögenswerte in eine erbrechtliche Nachlassverteilung gelangen können, die gerade nicht zuvor dem hinterbliebenen Ehe- oder Lebenspartner über eine güterrechtliche Teilhabe am Nachlass des verstorbenen Ehegatten oder Lebenspartner zuteilgeworden sind.[944] Denkbar ist allerdings auch die Auslegung, dass eine Bestimmung der Erbteile im spezifischen Fall davon abhängig sein kann, ob (und wie) eine güterrechtliche Vorfrage beantwortet wird.[945] Allerdings wird es dadurch natürlich weiterhin zu Schwierigkeiten im Bereich des Erb- und Güterstatuts kommen, wenn die Erbrechtsverordnung zu den güterrechtlichen Fragen schweigt.[946] Besonders ist dabei ein Blick auf den § 1371 Abs. 1 BGB zu werfen mit der Frage, wie diese Vorschrift im Rahmen der Erbrechtsverordnung gewertet wird.[947]

(1) Erbrechtliches Viertel in der Grauzone zwischen EuErbVO und EuGüVO

Bislang blieb bei der Erbrechtsverordnung auf der einen Seite und bei der Güterrechtsverordnung auf der anderen Seite eine endgültige Vereinheitlichung des Erb- und Güterstatutes aus.[948] Jedenfalls bei einer ersten Betrachtung der beiden Verordnungen wurden die Spannungen und Diskrepanzen zwischen dem Erb- und dem Güterstatut nicht beseitigt.[949] Gerade der Charakter des § 1371

943 Vgl. Erwägungsgrund 12.

944 *Dörner*, ZEV 2012, 505, 507.

945 *Dörner*, ZEV 2012, 505, 507.

946 Vgl. *Buschbaum/Kohler*, GPR 3/2010, 106, 107 f.; *Dörner* ZEV 2010, 221, 223; vgl. Art. 1 Abs. 2 lit. d) EuErbVO.

947 Zur Problemstellung BGH, Beschluss v. 12.9.2012 – IV ZB 12/12 = NJW-RR 2013, 201 = ZEV 2012, 590; *Buschbaum/Kohler*, GPR 4/2010, 161, 168; *Dörner*, ZEV 2010, 221, 228; *Looschelders*, FS von Hoffmann, S. 266, 281.

948 *Kowalczyk*, GPR 4/2012, 212; *Marino*, Riv.dir.int. 2012, 1114, 1116 f.

949 *Buschbaum/Kohler*, GPR 3/2010, 106, 108; *Martiny*, IPRax 2011, 437, 445; *Döbereiner*, MittBayNot 2013, 358, 359. Zur damit einhergehenden Frage, ob einer der beiden Verordnungen ein Anwendungs- oder auch Auslegungsvorrang einzuräumen ist, siehe ausführlich *Dörner*, ZEV 2019, 309, 310 f. Ein Anwendungsvorrang einer der beiden Verordnungen soll dabei in keinem Fall festzustellen sein, wobei für die Begriffsauslegung der „ehelichen Güterstände“ i. S. d. Art. 1 UAbs. 1 und Art. 3 Abs. 1 lit. a)

Abs. 1 BGB als nur schwierig eindeutig zum Erb- oder Güterrecht zuzuordnende Vorschrift machte eine Qualifikation auf europäischer Ebene nicht leicht. Die Erbrechtsverordnung und die Güterrechtsverordnung sind leider nicht ganz aufeinander abgestimmt worden, was sich besonders daran zeigt, dass sie gewissermaßen nur ihren eigenen abgesteckten Bereich regeln und auf Umstände, die sich nicht im eigenen Regelungsgegenstand befinden, nur negativ über Ausgrenzungen dieser Umstände eingehen.[950] Bezüglich einer Qualifikation des § 1371 Abs. 1 BGB finden sich in der Erbrechtsverordnung selbst soweit keinerlei Angaben.[951] Ob der pauschalierte Zugewinnausgleich nach § 1371 Abs. 1 BGB im Rahmen einer erbrechtlichen Qualifikation der Erbrechtsverordnung unterliegt oder über eine güterrechtliche Qualifikation die Güterrechtsverordnung zur Anwendung gelangen wird, hängt von der Qualifikation auf europäischer Ebene ab. Auf die Entwicklung der einzelnen Qualifikationsmöglichkeiten im europäischen Kontext soll im Folgenden eingegangen werden.

(2) Einordnung des § 1371 Abs. 1 BGB in europäischem Kontext

Zuletzt hatte sich der BGH[952] zu Recht für eine güterrechtliche Qualifikation des § 1371 Abs. 1 BGB ausgesprochen. Allerdings ist das im dortigen Beschluss in Augenschein genommene deutsche IPR seit dem 17.8.2015 nun nicht mehr allein maßgeblich, wenn es um die Beantwortung der Frage nach der Qualifikation geht. Denn so wird diese Frage nun in einem ganz neuen Rahmen zu prüfen sein, nämlich zunächst einmal für die seit dem 17.8.2015 Geltung beanspruchende Erbrechtsverordnung, aber auch im Hinblick auf die Güterrechtsverordnung.[953] Es wird also „der Tisch, auf dem der Qualifikationsstreit ausgespielt wird, ausgetauscht“[954]. Die Vorschrift des Art. 1 Abs. 2 lit. d) EuErbVO ist bei der Frage, wie genau güterrechtliche Aspekte denn jetzt auszugrenzen sind, wie erwähnt nicht sehr hilfreich. Wie bereits dargelegt, ist bei der Bestimmung des Anwendungsbereiches der jeweiligen Verordnung die Reichweite des jeweils anderen Anwendungsbereiches als Abgrenzung über negative Kriterien maßgeblich. Auch sieht

---

EuGüVO die weite Begriffsinterpretation der vom EuGH getroffenen Entscheidung in Sachen *de Cavel I* (EuGH v. 27.03.1979 – 143/78, Slg. 1979 I-1055, BeckRS 2004, 71654 Rn. 7) maßgeblich sein soll.

950 *Dörner*, ZEV 2019, 309, 310; *Kanzleiter*, in: FS Zimmermann, 165, 170.

951 *Odersky*, Notar 2013, 3; *Döbereiner*, MittBayNot 2013, 358, 359.

952 BGH, Beschluss v. 13.5.2015 – IV ZB 30/14 = Rpfleger 2015, S. 646.

953 *Mankowski*, ZEV 2014, S. 121.

954 *Mankowski*, ZEV 2014, S. 121, 125.

die Erbrechtsverordnung keinen eigenen Begriff zum Güterrecht vor, von welchem durch die Güterrechtsverordnung abgewichen werden könnte. Das Güterrecht wird an verschiedenen Stellen neben der Erbrechtsverordnung auch in so manch anderen Verordnungen ausgegrenzt, wie beispielsweise bei Art. 1 Abs. 2 lit. c) Var. 1, 2 ROM I-VO; Art. 1 Abs. 2 lit. b) Var. 1, 2 ROM II-VO; Art. 1 Abs. 2 lit. a) Var. 5, 6 Brüssel Ia-VO; Art. 1 Abs. 2 lit. a) Var. 5 EuGVVO. Gleichwohl gibt es allerdings noch keine europäische Qualifikationsvorschrift, die sich dem erbrechtlichen Viertel des § 1371 Abs. 1 BGB auch wirklich explizit annimmt.[955] Auch wird mit Art. 23 Abs. 2 lit. b) der Erbrechtsverordnung keine abschließende Klarheit geschaffen, obwohl dieser davon spricht, Nachlassansprüche und dingliche Rechte des hinterbliebenen Gatten dem Eherecht zuzuweisen; vielmehr wird dadurch eine sonst herzuleitende Qualifikation nichtgüterrechtlicher Art vorausgesetzt.[956] Einerseits werden von der Verordnung daher Fragen des ehelichen Güterrechts ausgeschlossen, auf der anderen Seite sollen gerade genannte Nachlassansprüche des Ehegatten allerdings vom Erbstatut umfasst werden. Erforderlich war demnach eine Klärung der Qualifikation durch den EuGH. Die verschiedenen Qualifikationsmöglichkeiten des pauschalierten Viertels sollen nunmehr zumindest in Teilen im europäischen Kontext noch einmal dargelegt werden.

(a) Güterrechtliche Qualifikation

Auch eine europäisch-autonome Interpretation des Begriffes des Ehegüterrechts wird sich primär nach der eigentlichen Funktion des durch die Erhöhung der Erbquote pauschalen Ausgleichs richten und die Qualifikation des § 1371 Abs. 1 BGB davon abhängig machen, worauf diese erhöhte Nachlassteilhabe zurückzuführen ist. Denn beruht diese allein auf einer Nähebeziehung zum Erblasser, so beruht sie auf Erbrecht. Möchte diese Nachlassteilhabe allerdings gerade sicherstellen, dass eine Beteiligung des hinterbliebenen Ehegatten an dem Erwerb, der im Laufe der Ehe erzielt worden ist, nicht ausbleibt – natürlich im Hinblick darauf, dass die Ehepartner womöglich ohnehin „aus einem Topf“ gewirtschaftet haben und die jeweiligen Partner ihre Vermögenszuwächse typischerweise auch nur mithilfe des anderen Ehepartners erzielen konnten, so beruht diese auf dem Ehegüterrecht. Dabei ist nicht von der Hand zu weisen, dass bereits die Beschränkung auf einen bestimmten Güterstand darauf hindeutet, dass die Zugewinnbeteiligung in Form der pauschalierten Erbquotenerhöhung auch auf

---

955 *Buschbaum/Kohler*, GPR 3/2010, 106, 108; *Kowalczyk*, ZfRV 2013, 126, 128.
956 *Dutta*, FamRZ 2013, 452.

europäischer Ebene zwingend als eine güterrechtliche Vorschrift zu verstehen ist.[957]

So sprechen unter der Einführung und der Geltung der Erbrechtsverordnung demnach ebenfalls viele Gesichtspunkte dafür, dass der Zugewinnausgleich von Todes wegen auch güterrechtlich zu qualifizieren ist.[958] Denn so hat beispielsweise der Europäische Gerichtshof - zwar in einem anderen Zusammenhang - bei der Qualifikation von familienvermögensrechtlichen Instituten immer eher auf den Zweck dieser Institute abgestellt als auf deren Gestalt,[959] sodass es sich fast schon aufdrängt, dass auch bei einem pauschalierten Zugewinnausgleich wohl eher seine güterrechtliche Funktion zu betonen sei und weniger die erbrechtliche Form des Zugewinnausgleichs in den Vordergrund rücken soll.[960] Macht man in Übereinstimmung mit dem EuGH die Qualifikation einer Rechtsfrage davon abhängig, wie der Zweck der betreffenden Regelung ausgestaltet ist, so bleibt es beim Ergebnis der güterrechtlichen Qualifikation des § 1371 Abs. 1 BGB auch im Geltungsbereich der Erbrechtsverordnung.[961] Denn letztlich ist der *Zweck* des § 1371 Abs. 1 BGB darin zu sehen, dass dem hinterbliebenen Ehegatten eine Art Kompensation für den Umstand zu gewähren ist, dass er während der Zeit, als die Zugewinngemeinschaft bestand, ebenfalls den Zugewinn des anderen Gatten erhöht hat; auch wenn dieser Ausgleich letztlich nur pauschalierter Natur ist. Im Endeffekt geht es demnach um einen Ausgleich, der für die Mitarbeit und Unterstützung geleistet wird, wie sie während der Ehe erfolgte und nicht bloß um eine Verteilung des Nachlasses lediglich aufgrund einer vermuteten Nähebeziehung.

Allerdings wird es dem in- wie ausländischen Rechtsanwender nicht erspart bleiben, auch bei einer erbrechtlichen Qualifikation des § 1371 Abs. 1 BGB im Rahmen einer Vorfragenprüfung das Ehegüterstatut zu ermitteln - denn

---

957 *Dörner*, ZEV 2012, 505, 507.

958 *Dörner*, ZEV 2010, 221, 223; *ders.*, ZEV 2012, 505, 507 f; *Schurig*, in: FS Spellenberg, 2010, 343, 352; *Odersky*, notar 2013, 3 f.; *Döbereiner*, MittBayNot 2013, 358, 359; hierzu ausführlich *Mankowski*, ZEV 2014, 121, 125 ff.; wohl auch Grüneberg/*Thorn*, BGB, Art. 1 EuErbVO Rn. 8; ebenfalls in diese Richtung tendierend *Dutta*, FamRZ 2013, 4, 9.

959 EuGH, 6.3.1980, Rs. 120/1979 (*de Cavel II)*, Slg. 1980, 731, Rz. 3, und - vor allem - EuGH, 27.2.1997, Rs. C-220/95 (*van den Boogaard*), Slg. 1997, I-1147, Rz. 22 ff.

960 *Dutta*, FamRZ 2013, 4, 9.

961 *Dörner*, ZEV 2010, 221, 223; *Dutta*, FamRZ 2013, 1, 9; **a. A.**: *Süß*, ZEuP 2013, 725, 742 f.; *Kleinschmidt*, RabelsZ 77 (2013), 723, 758.

die Vorschrift kommt nur dann zur Anwendung, wenn die Ehegatten auch im Güterstand der Zugewinngemeinschaft gelebt haben.[962]

(b) Bisherige Argumentation

Die bisher hervorgebrachten Argumente für eine güterrechtliche Qualifikation, die auf der Ebene des deutschen IPR angebracht wurden[963], sind auch unter europäischem IPR weiterzuführen. Denn zum einen vermag die Einführung der Erbrechtsverordnung nichts an dem Umstand zu ändern, dass die Vorschrift des § 1371 Abs. 1 BGB immer einen güterrechtlichen Zweck verfolgen wird, da er spezifisch auf einen Güterstand bezogen ist und einen pauschalierten Zugewinnausgleich im Todesfall vorsieht.[964] Durch die Erbrechtsverordnung findet also eine Verschiebung der Grenzen zwischen dem güterrechtlichen Kerngehalt des § 1371 Abs. 1 BGB und dem erbrechtlichen Instrument nicht statt. Entscheidend bleibt weiterhin, was die Vorschrift im Kern ausmacht und nicht etwa, welcher Instrumente sich die Norm zur Ausführung letztlich bedient. Und zum anderen werden die anderweitig gegebenen Möglichkeiten einer Berechnung des Zugewinnausgleichs aus § 1371 Abs. 2-4 BGB gleichbleibend fortbestehen bleiben, was weiterhin ein Beleg dafür ist, dass das erbrechtliche Gewand letztlich nur für einen güterrechtlichen Zweck nach § 1371 Abs. 1 BGB genutzt wird.[965]

bb) Rechtswahl als Gestaltungsmöglichkeit

Als ein geeignetes Instrument zugunsten einer einfachen und stabilen Lösung wäre wohl die Rechtswahl eine denkbare Möglichkeit. Ergebnis einer wirksamen Rechtswahl soll im Idealfall sein, dass Erb- und Güterstatut demselben Recht zur Entscheidung unterliegen. Die Aufgabe, diese Parallelität herzustellen, gebührt letztlich der Rechtsgestaltung.[966] Denn unterliegen Erb- und Güterstatut demselben Recht, so zeigen sich zumindest keine Unterschiede in den Ergebnissen, da sich letztlich die Qualifikation nicht unterscheidet.[967] Macht der Erblasser von einer Rechtswahl Gebrauch, so ist anschließend auch kein renvoi mehr für das dann gewählte Statut möglich; denn aus deutscher Sicht stellt eine Rechtswahl

---

962 *Dörner*, ZEV 2012, 505, 507.

963 Vergleiche die Ausführungen in Teil 3 § 1 I e) aa).

964 *Schurig*, in: FS Spellenberg, 343, 352.

965 *Mankowksi*, ZEV 2014, 121, 127.

966 *Döbereiner*, MittBayNot 2011, 463, 464; *ders.*, MittBayNot 2013, 358, 359 f.; *Kunz*, GPR 4/2012, 253, 254.

967 *Mankowski*, ZEV 2014, 121, 128.

immer eine Sachnormverweisung dar, und diese erfolgt entweder nach deutschem Kollisionsrecht über Art. 4 Abs. 2 EGBGB, nach europäischem Erbrecht nach Art. 34 Abs. 1 Var. 1 der EuErbVO oder nach europäischem Güterrecht der Güterrechtsverordnung nach dessen Art. 32.[968] Somit kann bei einer güterrechtlichen Rechtswahl dasjenige Sachrecht gewählt werden, welches das Erbstatut stellt, und bei einer erbrechtlichen Rechtswahl wird als Gegenstück dazu dann das Sachrecht auserwählt, dass das Güterstatut stellt.[969]

(1) Erbrechtliche Rechtswahl aus Sicht des deutschen Kollisionsrechtes und der EuErbVO

Bei einer erbrechtlichen Rechtswahl über das deutsche Kollisionsrecht bestand, wie an anderer Stelle bereits ausgeführt, ausschließlich die Möglichkeit, über die Vorschrift des Art. 25 Abs. 2 EGBGB a. F. für im Inland belegenes Grundvermögen das deutsche Recht zu wählen. Allerdings eröffnet diese Rechtswahlmöglichkeit nicht sehr viele Chancen für eine Koordination und vor allem aber auch aufgrund ihrer gegenständlichen Beschränkung nicht die Möglichkeit, das Erb- und Güterstatut umfassend in Einklang zu bringen.[970] Gerade im Hinblick auf eine Vereinheitlichung der Rechtsanwendung wird eine Rechtswahl nach Art. 25 Abs. 2 EGBGB a. F. daher nicht weiter hilfreich sein. Wurde allerdings noch vor Geltung der Erbrechtsverordnung eine Rechtswahl nach Art. 25 Abs. 2 EGBGB a. F. wirksam getroffen, so bleibt sie auch nach dem 16.08.2015 unter der Voraussetzung beachtlich, dass der Erblasser deutscher Staatsangehöriger war oder seinen gewöhnlichen Aufenthalt in Deutschland hatte.[971] War der Erblasser zum Zeitpunkt seiner Rechtswahl demnach entweder deutscher Staatsangehöriger oder war sein gewöhnlicher Aufenthalt in Deutschland festzumachen, so kann dies selbst bei einer durch die Verordnung vorgesehen Nachlasseinheit (Art. 23 Abs. 1 EuErbVO) zu einer Nachlassspaltung führen.[972] Dies ergibt sich aus Art. 83 Abs. 2 EuErbVO, wonach Rechtswahlen vor dem 17.08.2015 weiterhin beachtlich bleiben, sofern sie wirksam vorgenommen worden sind.[973]

Die Unbeständigkeit des gewöhnlichen Aufenthaltes als Anknüpfung birgt die Gefahr, dass der Erblasser nach Erstellung seiner Verfügung von Todes wegen

---

968 *Mankowski*, ZEV 2014, 121, 128.
969 *Mankowski*, ZEV 2014, 121, 128.
970 *Mankowski/Osthaus*, DNotZ 1997, 10, 12 f.
971 *Leitzen*, ZEV 2013, 128, 131.
972 *Leitzen*, ZEV 2013, 128, 131.
973 *Leitzen*, ZEV 2013, 128, 131.

den gewöhnlichen Aufenthalt in ein anderes Mitgliedsland der EU verlegt. Damit würde sich zwar nicht das Errichtungsstatut ändern, jedoch bewirkt der Erblasser durch den Aufenthaltswechsel zugleich einen Wechsel des Erbstatutes.[974] Zudem wird neben einer Anknüpfungsänderung zugunsten des gewöhnlichen Aufenthaltes für den Erblasser nunmehr die Möglichkeit bestehen, über die Vorschrift des Art. 22 Abs. 1 EuErbVO eine Rechtswahl zu treffen. Anders als es bisher in verschiedenen mitgliedsstaatlichen Kollisionsrechten üblich war, wird nun keine Unterscheidung mehr zwischen unbeweglichem und beweglichem Vermögen des Erblassers getroffen. Damit kommt es bei nunmehr getroffenen Rechtswahlen nicht mehr zu einem Auseinanderfallen von beweglichem und unbeweglichem Vermögen, was vorher darüber möglich war, dass ein Ausländer in Deutschland eine gegenständlich beschränkte Rechtswahl über Art. 25 Abs. 2 EGBGB a. F. getroffen hat.[975] Dabei ist die Erbrechtsverordnung in ihren Rechtswahlmöglichkeiten deutlich flexibler und großzügiger, als es eine Rechtswahl im deutschen Erbrecht bislang vorgesehen hat. Über die Vorschrift des Art. 22 Abs. 1 UAbs. 1 EuErbVO ist es dem Erblasser nämlich erlaubt, für die Rechtsnachfolge von Todes wegen das Recht des Staates zu wählen, dem der Erblasser im Zeitpunkt der Rechtswahl oder im zukünftigen Zeitpunkt des Todes angehörte.[976] Die auszuübende Rechtswahl ist allerdings begrenzt auf das Recht jenes Staates, dem der Erblasser zum Zeitpunkt seines Todes angehörte, welches zuvor über Art. 25 Abs. 1 EGBGB a. F. aufgrund des Staatsangehörigkeitsprinzip zwingend Anwendung gefunden hat. Der Sinn hinter dieser Rechtswahl nach Art. 22 Abs. 1 EuErbVO besteht unter anderem darin, denjenigen Staaten eine Kompensationsmöglichkeit einzuräumen, die zuvor das Staatsangehörigkeitsprinzip vorgesehen haben und nunmehr durch die Erbrechtsverordnung die Anknüpfung am gewöhnlichen Aufenthalt festmachen müssen.[977] Der Hintergrund dessen,

---

974 *Heinig*, RNotZ 2014, 197, 202.

975 *Dutta*, FamRZ 2013, 4, 9; *Reiß*, Internationales Erbrecht Italien, Rn. 21.

976 Erwägungsgrund 38 in Verbindung mit Erwägungsgrund 37 der EuErbVO; *Köhler*, in: Gierl/Köhler/Kroiß/Wilsch, IntErbR, § 4 Rn. 25; Hausmann/Odersky/*Odersky*, IPR, § 15 Rn. 105.

977 Wobei sich auch zahlreiche Stimmen aufgrund der eindeutigen Definition des Begriffes der Staatsangehörigkeit und seiner Stabilität als Anknüpfungspunkt gegen den gewöhnlichen Aufenthalt des Erblassers als primären Anknüpfungspunkt in der Erbrechtsverordnung ausgesprochen haben. Vielmehr sollte eine Alternativlösung zum gewöhnlichen Aufenthalt dergestalt aussehen, dass die EuErbVO eine Regelanknüpfung an das Staatsangehörigkeitsprinzip vorsieht mit der Möglichkeit einer Rechtswahl zugunsten des gewöhnlichen Aufenthalts. vgl. hierzu *Kern/Glücker*, RabelsZ 78 (2014), 294, 303; *Sonnentag*, EWS 2012, 457, 468 f.; *Leipold*, JZ 2010, 802, 809; ebenso

die Wahlmöglichkeit für den Erblasser darauf zu beschränken, dass der Erblasser nur das Recht seiner Staatsangehörigkeit wählen kann, ist die Verhinderung des sog. *„forum shopping"* zu einer Vermeidung des Pflichtteils.[978] Denn würde man dem Erblasser die Möglichkeit einräumen, ein anderes als das Recht seines Staates zu wählen, so würde dies zur Folge haben, dass er mithilfe der Rechtswahl einer anderen Rechtsordnung die geschützten Interessen der Pflichtteilsberechtigen und der Gläubiger unterlaufen könnte.[979] Daher hat das deutsche Kollisionsrecht über Art. 25 Abs. 2 EGBGB a. F. auch nur eine sehr restriktive Möglichkeit der Rechtswahl vorgesehen, um eben solchen Umgehungsmöglichkeiten entgegenzutreten. Manche Rechtsordnungen haben dem Erblasser vor Anwendung der Erbrechtsverordnung sogar überhaupt keine Möglichkeit einer Rechtswahl für das anwendbare Recht eingeräumt.[980] Insgesamt wurde in der Literatur die nunmehr bestehende Möglichkeit einer Rechtswahl überwiegend positiv aufgenommen.[981]

Mit Sicherheit wird diese Rechtswahlmöglichkeit in der Erbrechtsverordnung da herrühren, dass dem Erblasser Testierfreiheit eingeräumt wird.[982] Für die Anknüpfung an den *zukünftigen* Zeitpunkt des Todes ist entscheidend, dass der Erblasser die maßgebliche Staatangehörigkeit zu einem späteren Zeitpunkt erworben hat und sie darüber hinaus bis zum Zeitpunkt seines Todes auch beibehalten hat.[983] Allerdings erlaubt auch das europäische Erbrecht keine vollumfängliche direkte Wahl desjenigen Rechtes, unter dem das Güterstatut steht. Der Gedanke, auf diese gezielte Wahl zu verzichten, war allerdings derjenige,

---

zugunsten der Staatsangehörigkeit als primären Anknüpfungspunkt die Ausführungen des DAV, Stellungnahme Nr. 3/2010, S. 3, abrufbar unter https://www.google.com/url?sa=t&rct=j&q=&esrc=s&source=web&cd=2&ved=2ahUKEwjVrNGdrf3kAhVHJFAKHfUpCocQFjABegQIABAB&url=https://anwaltverein.de/de/newsroom/id-2010-03?file=files/anwaltverein.de/downloads/newsroom/stellungnahmen/2010/SN310.pdf&usg=AOvVaw0YMi (zuletzt abgerufen am 02.01.2021); *Wilke*, RIW 2012, 601, 606; vgl. auch *Cach/Weber*, ZfRV 2013, 263, 266 f.

978 Burandt/Rojahn/*Burandt/Schmuck*, Erbrecht, vor EuErbVO Rn. 12 (2019).

979 Dies soll durch Erwägungsgrund 38 sichergestellt werden; *Schauer*, in: Deixler-Hübner/Schauer, Art. 22 EuErbVO Rn. 2.

980 So z. B. in Frankreich, wo eine Rechtswahl ausgeschlossen war (siehe dazu Süß/*Döbereiner*, Erbrecht in Europa, Frankreich, Rn. 2).

981 Vgl. auch die Ausführungen bei *Hess/Jayme/Pfeiffer*, Stellungnahme zum Vorschlag für eine Europäische Erbrechtsverordnung, S. 25.

982 *Mansel*, in: Leible/Unberath, Brauchen wir eine Rom 0-VO?, S. 241, 259.

983 *Köhler*, in: Gierl/Köhler/Kroiß/Wilsch, IntErbR, § 4 Rn. 25.

dass es dabei unter anderem als Widerspruch zu den Zielsetzungen der Erbrechtsverordnung angesehen wurde, wenn man sich aufgrund der flexibleren Möglichkeiten der Rechtswahl im Internationalen Güterrecht und der Fülle der Wahlmöglichkeiten, die dem Erbstatut eröffnet worden wären, an dem Ehegüterstatut orientiert hätte.[984] Daher ist auch auf europäischer Ebene eine Rechtswahl weiterhin nur beschränkt möglich.[985]

Sofern der Erblasser allerdings im Zeitpunkt der Rechtswahl nicht nur eine, sondern mehrere Staatsangehörigkeiten hat, ist zu fragen, wie sich die Rechtswahl in diesem Fall gestaltet. Aufschluss gibt Art. 22 Abs. 1 S. 2 EuErbVO, wonach der Mehrstaater die Rechtsordnung jedes dieser Staaten wählen kann.[986] Nimmt der Erblasser eine solche Rechtswahl vor, so ist in Übereinstimmung mit der Rechtslage vor dem 17.08.2015 das Heimatrecht des Erblassers das maßgebliche

---

984 Vorschlag für eine Verordnung des Europäischen Parlaments und des Rates über die Zuständigkeit, das anwendbare Recht, die Anerkennung und die Vollstreckung von Entscheidungen und öffentlichen Urkunden in Erbsachen sowie zur Einführung eines Europäischen Nachlasszeugnisses, KOM (2009) 154 endg. S. 7, Art. 17, worin es wörtlich heißt: „Die Wahl des Ehegu⊠terrechts des Erblassers als Erbstatut wird in der Verordnung ausgeschlossen, da dies aufgrund der flexibleren Handhabung der Rechtswahl im Ehegu⊠terrecht eine Vielzahl von Mo⊠glichkeiten fu⊠r die Wahl des anzuwendenden Erbrechts ero⊠ffnet ha⊠tte. Dies ha⊠tte jedoch der Zielsetzung der Verordnung widersprochen."

985 Ziel einer Einschränkung der Rechtswahlmöglichkeiten für den Erblasser war es, die Interessen der Angehörigen des Erblassers zu schützen. Bei einer unbegrenzten Rechtswahlmöglichkeit für den Erblasser hätte es dazu kommen können, dass der Erblasser eine Rechtsordnung für seinen Nachlass wählt, welche bei Anwendung die Abkömmlinge, Eltern und/oder den hinterbliebenen Ehegatten leer ausgehen lässt. Um zu verhindern, dass die Parteiautonomie nicht zulasten der Hinterblieben ausgeübt wird, hat sich der europäische Gesetzgeber dazu entschieden, mit Art. 22 Abs. 1 EuErbVO lediglich eine Rechtswahlmöglichkeit zugunsten des Heimatrechts des Erblassers zu gewähren. Dabei soll gewährleistet werden, dass lediglich eine Erbrechtsordnung zur Anwendung gelangt, zu welcher der Erblasser auch eine engere Verbindung ausweist als zu dem Erbrecht seines gewöhnlichen Aufenthaltes. Dabei ist höchst fraglich, ob dieses Ziel durch Einführung der Rechtswahl zugunsten des Heimatrechts auch erreicht worden ist. Hierzu siehe sehr ausführlich *Kroll-Ludwigs*, Parteiautonomie, S. 502-505. Im Endeffekt kommt die genannte Autorin zu dem Ergebnis, dass ein effektiver Schutz Dritter nicht gewahrt werden könne, indem man eine Beschränkung der Rechtswahlmöglichkeit auf diejenigen Rechtsordnungen vornimmt, wo eine engere Bindung vorhanden sei. Zu einem anderen Ergebnis kommt *Nietner*, Internationaler Entscheidungseinklang, S. 58 f.

986 *Reiß*, Internationales Erbrecht Italien, Rn. 19.

Recht, jedoch gilt diese Rechtswahl nunmehr für den vollumfänglichen Nachlass des Erblassers. Es muss nicht notwendigerweise ein bestehender Vorrang einer „effektiven" Staatsangehörigkeit geprüft werden, noch muss der Erblasser zum gewählten Recht eine irgendwie geartete Nähebeziehung aufweisen, wie dies bei Art. 22 Abs. 1 S. 1 EuErbVO der Fall ist.[987]

Wird eine Rechtswahl nicht getroffen bzw. von der Möglichkeit keinen Gebrauch gemacht, so greift für alle Erbfälle eines deutschen Staatsangehörigen auch das deutsche Recht. Trifft ein Erblasser eine Rechtswahl nach der Erbrechtsverordnung, dessen nationales Recht jedoch keine Rechtswahl in Erbangelegenheiten vorsieht, so greift der Erwägungsgrund 40. Dieser sieht nämlich vor, dass eine Rechtswahl nach dieser Verordnung auch demjenigen Erblasser zugänglich sein soll, dessen gewähltes Recht eine Rechtswahl in Erbsachen nicht vorsieht.[988] Danach sollte sich die materielle Wirksamkeit der Rechtshandlung nach dem gewählten Recht richten. Es ist demnach zu fragen, ob sich die Person, die eine Rechtswahl tätigt, über Ausmaß und Inhalt der Rechtshandlung bewusst ist und diese vor allen Dingen auch in all ihren Konsequenzen verstanden hat. Erst wenn diese Frage zu bejahen ist, so ist auch bei Fehlen einer Rechtswahlmöglichkeit des gewählten Rechts des Erblassers eine wirksame Rechtswahl zu bejahen.

Das Gebrauchmachen der eingeräumten Möglichkeit einer Rechtswahl kann für den Erblasser verschiedenste Beweggründe haben. Zum einen könnte er den Zweck verfolgen, seine Rechtsnachfolge von Todes wegen einer Rechtsordnung zu unterwerfen, die seinen Gegebenheiten besser Rechnung trägt.[989] Dies lässt sich allerdings auch nur dann umsetzen, wenn das wählbare Recht der Staatsangehörigkeit für den Erblasser tatsächlich vorteilhafter ist.[990] Ein anderer erstrebter Zweck, der mittels einer Rechtswahl erreicht werden kann, wäre in diesem Zusammenhang viel vorzugswürdiger. Dem Erblasser wird es dadurch wesentlich einfacher gelingen, einem drohenden Statutenwechsel zu vermeiden. Würde von einer Rechtswahl kein Gebrauch gemacht, so würde es bei einem Statutenwechsel bedingt durch den Wechsel des gewöhnlichen Aufenthaltes zu der Anwendung eines anderen materiellen Erbrechts kommen.[991] Frei nach dem

987 Hausmann/Odersky/*Odersky*, IPR, § 15 Rn. 110; *Nordmeier*, GPR 2013, 148, 149.

988 Vgl. Erwägungsgrund 40.

989 *Schauer*, in: Deixler-Hübner/Schauer, Art. 22 EuErbVO Rn. 3.

990 *Schauer*, in: Deixler-Hübner/Schauer, Art. 22 EuErbVO Rn. 3.

991 Bonomi/Wautelet/*Bonomi*, Le droit européen des successions, Art. 22 EuErbVO Rn. 9; *Fischer-Czermak*, in: Schauer/Scheuba, Europäische Erbrechtsverordnung, S. 47; *Heinig*, RNotZ 2014, 197, 202; *Leitzen*, ZEV 2013, 128, 131; *Volmer*, Rpfleger 2013, 421,

Motto „Rechtswahl schafft Rechtssicherheit“[992] birgt eine Rechtswahl eine Vorhersehbarkeit und Transparenz für den Erblasser, welcher bereits zu Lebzeiten Einfluss auf die Stabilisierung seiner Nachlassplanung nehmen kann.[993] Der Vorteil einer Rechtswahl nach Art. 22 Abs. 1 EuErbVO ist darüber hinaus der Umstand, dass eine anschließende Verlegung des gewöhnlichen Aufenthaltes des Erblassers nicht mehr zu berücksichtigen sein wird. Soll es demzufolge für den Erblasser in näherer Zeit zu einem Wechsel des gewöhnlichen Aufenthaltes kommen und möchte dieser das dortige Recht nicht auf seine Nachlassabwicklung zur Anwendung gelangen lassen, so wäre eine Rechtswahl empfehlenswert, um einem nachträglichen Statutenwechsel kein Gewicht einzuräumen. Neben einer rechtsgeschäftlichen Rechtswahl steht es dem Erblasser darüber hinaus auch frei, durch eine Verlegung seines gewöhnlichen Aufenthaltes eine andere Rechtsordnung für seine Rechtsnachfolge von Todes wegen zur Anwendbarkeit gelangen zu lassen.[994] Zwar sind solche Fälle der so genannten faktischen Rechtswahl eher seltener Natur, da Verlagerungen des gewöhnlichen Aufenthaltes in ein anderes Land nur aufgrund der Anwendung des dortigen Rechts wohl weniger häufig durchgeführt werden, allerdings wäre die faktische Rechtswahl durchaus eine in Betracht zu ziehende Möglichkeit, sollte ein Wohnsitzwechsel eh in Frage stehen.[995] Das Recht des derzeitigen gewöhnlichen Aufenthaltes des Erblassers direkt zu wählen wird von der Erbrechtsverordnung hingegen nicht gestattet, vgl. Erwägungsgrund 38 S. 2.[996]

(2) Güterrechtliche Rechtswahl

Nach deutschem IPR konnten die Ehegatten wie zuvor bereits dargelegt über Art. 15 Abs. 2 EGBGB a. F. das Recht der Staatsangehörigkeit wählen (Nr. 1), das

---

423; *Cach/Weber*, ZfRV 2013, 263; *Schaub*, in: Hereditare, 91, 115; *Wilke*, RIW 2012, 601, 605.

992 *Dörner/Hertel/Lagarde/Riering*, IPRax 2005, 1, 5.

993 *Dörner/Hertel/Lagarde/Riering*, IPRax 2005, 1, 5.

994 Siehe hierzu kritisch *Scheuba*, ecolex 2014, 210, 213 ff.; vgl. auch *Wilke*, RIW 2012, 601, 606; *Schauer*, in: Deixler-Hübner/Schauer, Art. 22 EuErbVO Rn. 4.

995 *Schauer*, in: Deixler-Hübner/Schauer, Art. 22 EuErbVO Rn. 4.

996 Grüneberg/*Thorn*, BGB, Art. 22 EuErbVO Rn. 3; Prütting/Wegen/Weinreich/*Martiny*, Art. 22 EuErbVO Rn. 7; Bonomi/Wautelet/*Bonomi*, Le droit européen des successions, Art. 22 EuErbVO Rn. 19, 32 f.; *Müller-Lukoschek*, Die neue EuErbVO, § 2 Rn. 158, § 4 Rn. 19, 35 (2015); *Simon/Buschbaum*, NJW 2012, 2393, 2395; *Lehmann*, DStR 2012, 2085, 2088; *Odersky*, notar 2013, 3, 5, 7, 9; *Herzog*, ErbR 2013, 2, 6; *Nordmeier*, ZErb 2013, 112, 116; *ders.*, GPR 2013, 148, 149.

Recht des gewöhnlichen Aufenthaltes von einem der beiden Ehegatten (Nr. 2) und zuletzt noch für ihr vorhandenes Immobiliarvermögen das jeweilige Belegenheitsrecht (Nr. 3).[997] Für die Rechtswahl im Rahmen der Güterrechtsverordnung ist über Art. 22 Abs. 1 der Güterrechtsverordnung zum einen über lit. a) das Recht des gewöhnlichen Aufenthaltes beider Ehegatten wählbar oder dasjenige Recht des Staates, in dem nur einer von beiden Partnern zum Zeitpunkt der Rechtswahl seinen gewöhnlichen Aufenthalt hat und darüber hinaus noch das Recht des Staates, dem einer von beiden im Zeitpunkt der Rechtswahl angehört, lit. b). Hingegen hat der Vorschlag der Güterrechtsverordnung zuvor noch unterschieden zwischen einer Rechtswahl, die am Anfang einer Ehe ausgeübt werden kann und einer im Nachhinein möglichen Rechtswahl. Dem Vorschlag wurde nicht gefolgt, denn so sieht die Güterrechtsverordnung in Art. 22 Abs. 1 keine unterschiedlichen Voraussetzungen für Ehegatten oder künftige Ehegatten vor.[998] Dadurch, dass sich sowohl über das deutsche Ehegüterrecht als auch über das internationale Ehegüterrecht die Möglichkeit ergibt, als maßgebliches Recht das Aufenthaltsrecht eines der beiden Ehegatten zu wählen, ist die Chance zu einer Vereinheitlichung mit dem Erbstatut natürlich größer.[999] Die Rechtswahl im Güterrecht stellt auf den Zeitpunkt der Ausübung der Rechtswahl an und sieht demzufolge einen vom Erbstatut zeitlich abweichenden Anknüpfungspunkt vor.[1000]

e) Kollisionsrechtliche Änderungen durch die EuErbVO

Im Folgenden soll untersucht werden, welche kollisionsrechtlichen Änderungen sich für das deutsche Recht durch die Anwendung der Erbrechtsverordnung ergeben. Unterschieden werden soll dabei zwischen Änderungen für das Erbstatut und Änderungen in Bezug auf das Güterstatut. Dabei wird insbesondere auf die wohl wichtigste Änderung eingegangen: Die Abkehr vom Staatsangehörigkeitsprinzip hin zur Anknüpfung an den gewöhnlichen Aufenthalt des Erblassers. Gerade der Begriff des gewöhnlichen Aufenthaltes bietet zahlreiche Anknüpfungspunkte, sich gedanklich mit den Änderungen auseinanderzusetzen. Dem

997 *Mankowski*, ZEV 2014, 121, 128.

998 So spricht auch der Erwägungsgrund 45 von der Rechtswahl, welche zur Erleichterung der Vermögensverwaltung jederzeit vor der Ehe, zum Zeitpunkt der Eheschließung oder während der Ehe vorgenommen werden kann.

999 *Mankowski*, ZEV 2014, 121, 128.

1000 *Mankowski*, ZEV 2014, 121, 128.

Begriff des gewöhnlichen Aufenthaltes soll sich im darauffolgenden Kapitel gewidmet werden.

aa) Änderungen für das Erbstatut

(1) Anknüpfungen

Zunächst einmal stellt sich die Frage, was die Erbrechtsverordnung für das Erbstatut an Änderungen mit sich gebracht hat. So knüpften die Vorschriften der Artt. 25 und 26 EGBGB a. F. stets an die Staatsangehörigkeit des Erblassers an; dabei fragt sich in einem nächsten Schritt, wie die jeweiligen Vorschriften der Erbrechtsverordnung eine Anknüpfung vornehmen wollen. Denn die Erbrechtsverordnung sieht nach ihrem Art. 21 Abs. 1 im Unterschied zu den maßgebenden Vorschriften des EGBGB zum Erbrecht zunächst einmal vor, dass das Recht des Staates zur Anwendung gelangen soll, in dem der Erblasser zuletzt noch seinen gewöhnlichen Aufenthalt hatte. Allerdings gilt dies nicht für den Fall, wenn er nach Art. 21 Abs. 2 EuErbVO ausnahmsweise eine engere Bindung zu einem anderweitigen Staat hatte.[1001] Die Erbrechtsverordnung in der Fassung des Kommissionsvorschlags vom 14.10.2009 sah in ihrem Art. 16 bei der Anknüpfung noch vor, dass dabei der Grundsatz der Nachlasseinheit auch gewahrt wird.[1002] Ebenfalls als eine Neuerung anzusehen ist der Umstand, dass anders als in einigen Mitgliedstaaten der Europäischen Union die Erbrechtsverordnung nunmehr keine Sonderanknüpfung für unbewegliches Vermögen vorsieht. Der Grundsatz der Nachlasseinheit wird daher im Rahmen der Erbrechtsverordnung wesentlich strenger durchgesetzt. Demzufolge wird es unter der Geltung der Erbrechtsverordnung zu einer Verringerung von Anpassungsfällen führen, da es künftig auch mangels Möglichkeit einer Durchbrechung der Nachlasseinheit (wie beispielsweise Art. 3a Abs. 2 EGBGB und Art. 25 Abs. 2 EGBGB a. F.) zu weniger Anpassungsproblemen kommen wird.[1003]

(2) Mitgliedsstaaten i. S. d. EuErbVO

Wie bereits erwähnt, sind die EU-Mitgliedstaaten Dänemark, das Vereinigte Königreich (jedenfalls bis zum endgültigen Austritt aus der EU) und Irland der Erbrechtsverordnung nicht beigetreten.[1004] In diesen Ländern entfaltet sie somit

---

1001 *Reiß*, Internationales Erbrecht Italien, Rn. 17.

1002 Vgl. *Dörner*, ZEV 2010, 221, 222.

1003 siehe hierzu *Looschelders*, FS von Hoffmann, S. 266, 281; *Dörner*, ZEV 2010, 221, 222; *Buschbaum/Kohler*, GPR 3/2010, 106, 107 f.

1004 Das Vereinigte Königreich und Irland hätten noch die Möglichkeit eines nachträglichen „opt-ins". Eine solche Erklärung ist seitens der genannten Mitgliedstaaten

keine Wirkung. Fraglich ist daher in Bezug auf diese Länder, wie sie im Rahmen der Erbrechtsverordnung zu behandeln sind.[1005] Zum einen besteht die Möglichkeit, sie auch als Mitgliedstaaten zu behandeln oder aber sie zum anderen als Drittstaaten im Sinne der Erbrechtsverordnung zu klassifizieren.[1006] Die Klärung dieser Frage wird wohl für mehrere Punkte des europäischen Erbrechts interessant werden und gerade in Bezug auf die in Art. 34 EuErbVO geregelte Rück- und Weiterverweisung auch von nicht gerade unbedeutender praktischer Relevanz sein.[1007] Würde man beispielsweise dazu kommen, die drei genannten Länder als Mitgliedstaaten im Sinne der Erbrechtsverordnung zu behandeln, so würde dies aus der Perspektive eines deutschen Gerichtes dazu führen, dass die Verweisung nach den Vorschriften des Art. 21 Abs. 1 oder Art. 22 EuErbVO zwingend als eine Sachnormverweisung auf dänisches, britisches oder irisches Erbrecht gesehen werden muss.[1008] Kommt man allerdings dazu, diese Länder nicht als Mitgliedstaaten zu behandeln, sondern lediglich als Drittstaaten i. S. d. Erbrechtsverordnung, würde damit mindestens im von Art. 34 EuErbVO vorgegebenen Rahmen die Gelegenheit bestehen, dass das Kollisionsrecht dieser Länder zu beachten wäre.[1009]

Denkt man nun in erster Linie daran, zur Klärung dieser Frage einen Blick in die Erbrechtsverordnung zu werfen, so wird man erneut keine sonderlich zufriedenstellenden Hinweise finden. Lediglich in den Erwägungsgründen 82[1010] und 83 der Erbrechtsverordnung ist die Rede davon, dass die Mitgliedstaaten sich nicht an der Annahme der Verordnung beteiligen und durch diese weder gebunden noch verpflichtet sind, diese auch anzuwenden. Was man allerdings genau

---

allerdings noch nicht erfolgt und dürfte auch eher unwahrscheinlich sein. Vgl. hierzu auch *Lechner*, Analyse zur EuErbVO, S. 9 und 11, der die Erklärung eines opt-ins für durchaus wünschenswert hält.

1005 *Pawlytta/Pfeiffer*, in: Münchener AnwaltsHandbuch ErbR, § 33, Rn. 13.

1006 *Pawlytta/Pfeiffer*, in: Münchener AnwaltsHandbuch ErbR, § 33, Rn. 13.

1007 *Pawlytta/Pfeiffer*, in: Münchener AnwaltsHandbuch ErbR, § 33, Rn. 52. Dies gilt insbesondere deshalb, da die Rück- und Weiterverweisung ausweislich der Ausführungen in Erwägungsgrund 57 der EuErbVO nicht für den Fall gelten sollte, in denen der Erblasser eine Rechtswahl zugunsten des Rechts eines Drittstaates getroffen hat.

1008 *Pawlytta/Pfeiffer*, in: Münchener AnwaltsHandbuch ErbR, § 33, Rn. 52.

1009 *Pawlytta/Pfeiffer*, in: Münchener AnwaltsHandbuch ErbR, § 33, Rn. 52.

1010 Dort heißt es sogar wörtlich: „... beteiligen sich diese Mitgliedstaaten nicht an der Annahme dieser Verordnung und sind weder durch diese gebunden noch zu ihrer Anwendung verpflichtet." Die Erbrechtsverordnung benennt das Vereinigte Königreich und Irland also sogar ausdrücklich als Mitgliedstaaten.

unter einem Mitgliedstaat im Sinne der Verordnung zu verstehen hat, wird so nicht klar; denn anders als manch andere EU-Verordnungen[1011] und sogar im Gegensatz zum Art. 1 Abs. 2 des Vorschlags der Erbrechtsverordnung ist in der endgültigen Version der Erbrechtsverordnung kein Anhaltspunkt mehr in diesem Zusammenhang ersichtlich. Da auch gegenüber anderen Verordnungen zum Kollisionsrecht keine Klarstellung dergestalt erfolgte, dass es sich bei Mitgliedstaaten nur um solche Staaten handelt, die die Erbrechtsverordnung auch selbst anwenden und auch der Wortlaut der Erwägungsgründe und der Erbrechtsverordnung selbst nicht dagegen spricht, könnte man argumentieren, dass die Staaten Dänemark, Großbritannien und Irland auch als Mitgliedstaaten im Sinne der Verordnung zu behandeln sind.[1012] Mit dieser Sichtweise würde man dazu gelangen, dass die Verweisungen auf diese Staaten bzw. auf ihr Recht auch als Sachnormverweisungen zu behandeln sind.

Auf der anderen Seite lässt sich allerdings dagegen anführen, dass es nicht der Systematik der Erbrechtsverordnung entspräche, würde man die zuvor erwähnten Länder auch als Mitgliedstaaten der Erbrechtsverordnung und nicht als bloße Drittstaaten sehen. Denn besonders aus den Regeln über die Zuständigkeit, die Anerkennung und die Vollstreckung und das Europäische Nachlasszeugnis lässt sich die Erkenntnis herleiten, dass es sich um Mitgliedstaaten im Sinne der Verordnung auch nur dann handeln kann, sofern sie die Erbrechtsverordnung selbst überhaupt auch zur Anwendung gelangen lassen.[1013] Diese Ansicht könnte letztlich dazu führen, dass bei einer Verweisung über Art. 21 Abs. 1 EuErbVO auf das maßgebliche Recht am Ort des gewöhnlichen Aufenthaltes beispielsweise für England von einer Gesamtverweisung auszugehen ist, die dann im nächsten Schritt zu dem Ergebnis führt, dass britisches Recht inklusive seinem Kollisionsrecht Anwendung findet und demnach auch die dort

---

1011 Etwa in Art. 1 Abs. 2 EuUnthVO; Art. 1 Abs. 4 ROM I-VO; Art. 1 Abs. 4 ROM II-VO.

1012 Siehe zu dieser Sichtweise Bergquist/Damascelli/*Frimston*, Art. 3 EuErbVO Rn. 44 ff. Für diese Ansicht würde auch der Wortlaut von Erwägungsgrund 82 der Erbrechtsverordnung sprechen.

1013 So *Richters*, ZEV 2012, 576, 577, der anderenfalls von einer Ausdehnung auf diese Staaten in „primärrechtswidriger Weise" spricht; Dutta/Weber/*Weber*, IntErbR, Einl. EuErbVO Rn. 29; *Pawlytta/Pfeiffer*, in: Münchener AnwaltsHandbuch ErbR, § 33, Rn. 13; MüKo-BGB/*Dutta*, Vor Art. 1 EuErbVO Rn. 30; jurisPK-BGB/*Eichel*, Art. 1 EuErbVO Rn. 21; NK-Nachfolgerecht/*Köhler*, Einführung EuErbVO Rn. 2.

vorgesehene kollisionsrechtliche Nachlassspaltung zwischen unbeweglichem und beweglichem Vermögen zwingend mit einbezieht.[1014]

Letztgenannter Ansicht ist zuzustimmen. Die Staaten Dänemark, das Vereinigte Königreich und Irland als Drittstaaten im Sinne der Erbrechtsverordnung anzusehen, ist nur konsequent. Insbesondere mit Blick auf die Vereinheitlichungsbestrebungen in Sachen Zuständigkeit und der dazugehörigen Anerkennungs- und Vollstreckungsregeln wäre es widersinnig, sie als Mitgliedstaaten im Sinne der Erbrechtsverordnung anzusehen, obwohl sie mangels „opt in" an dieser gar nicht teilnehmen. Dadurch würden in diesen Ländern gefällte Gerichtsentscheidungen in den verbleibenden Mitgliedstaaten anzuerkennen sein, allerdings ohne eine Gegenseitigkeit.[1015] Dies kann nicht der Systematik der Erbrechtsverordnung entsprechen. Die Einordnung als Drittstaaten ist für die genannten Staaten auch ohne weitere Nachteile, da die Erbrechtsverordnung nach ihrem Art. 20 auch in solchen Fällen anwendbar ist, die Berührungen zu Drittstaaten aufweisen. Räumlich findet die Erbrechtsverordnung daher auch in solchen Fällen Anwendung.

bb) Art. 30 EuErbVO

Im Gegensatz zum in den Artt. 21, 22 EuErbVO vorgesehenem Prinzip der Nachlasseinheit bietet die Vorschrift des Art. 30 EuErbVO noch eine gesonderte Anknüpfung. Dabei sollen besondere Regelungen im Recht eines Staates auf die Rechtsnachfolge von Todes wegen Anwendung finden, in dem sich bestimmte unbewegliche Sachen, Unternehmen oder andere besondere Arten von Vermögenswerten befinden, die die Rechtsnachfolge von Todes wegen in Bezug auf jene Vermögenswerte aus wirtschaftlichen, familiären oder sozialen Erwägungen beschränken oder berühren. Somit ist es jedenfalls ausreichend, dass Art. 30 EuErbVO irgendwie Auswirkungen auf die Rechtsnachfolge von Todes wegen hat.[1016] Die Vorschrift ist allerdings als Generalklausel ausgestaltet und bedarf daher näherer Ausführung bzw. Konkretisierung.

1014 Vgl. hierzu der Aufsatz von *Richters*, ZEV 2012, 576, 578, welcher sich eingehend mit den Anwendungsproblemen der EuErbVO im deutsch-britischen Rechtsverkehr befasst.

1015 Siehe hierzu Dutta/Weber/*Weber*, IntErbR, Einl. EuErbVO Rn. 29; *Richters*, ZEV 2012, 576, 577.

1016 Vgl. auch NK-BGB/*Looschelders*, Art. 30 EuErbVO Rn. 13.

(1) Der enge Anwendungsbereich der Vorschrift

Unter geregelten Voraussetzungen lässt sich auch in der Erbrechtsverordnung eine Durchbrechung des Gesamtstatuts durch Einzelstatut durchführen, wenn bestimmte Gegenstände des Nachlasses ihrer lex rei sitae und damit einem vom Erbstatut unterschiedlichen Recht unterliegen, Art. 30 EuErbVO.[1017] Wie bereits erwähnt, entspricht eine dadurch erzeugte Nachlassspaltung allerdings nicht der Idee der Erbrechtsverordnung, welche dem Grunde nach dem Prinzip der Nachlasseinheit folgen möchte. Um damit eines der wesentlichen Grundgedanken der Erbrechtsverordnung weiterhin aufrechtzuerhalten, ist eine Durchbrechung des Gesamtstatuts auch nur in scharf gezogenen Grenzen möglich.[1018] Meist sollen durch diese Sonderregelungen bei bestimmten Vermögenswerten öffentliche Interessen gewahrt werden.[1019] Bei Art. 30 EuErbVO liest sich auch die Intention des Gesetzgebers deutlich heraus, dass es sich bei der Vorschrift lediglich um eine Ausnahme vom Grundsatz der Nachlasseinheit handeln soll („besondere Regelungen“[1020] sowie „bestimmte“). So sieht Erwägungsgrund 54 S. 4 der Erbrechtsverordnung vor, dass es gerade nicht ausreiche, wenn nur eine kollisionsrechtliche Nachlassspaltung zu bejahen sei.[1021] Kollisionsnormen, welche eine

---

1017 Bergquist/Damascelli/*Lagarde*, EuErbVO, Art. 30 Rn. 1; Burgstaller/Neumayr/*Traar*, EuErbVO, Art. 30 Rn. 3; *Schwartze*, in: Deixler-Hübner/Schauer, Art. 30 EuErbVO Rn. 3 m. w. N.

1018 So sieht Erwägungsgrund 54 S. 3 EuErbVO zu der Möglichkeit der Durchbrechung des Gesamtstatuts folgendes vor: „Diese Ausnahme von der Anwendung des auf die Rechtsnachfolge von Todes wegen anzuwendenden Rechts ist jedoch eng auszulegen, damit sie der allgemeinen Zielsetzung dieser Verordnung nicht zuwiderläuft.“ Dem ist insofern im Grundsatz zuzustimmen, als ansonsten das Grundprinzip der Nachlasseinheit nicht ohne Abstriche gewahrt werden könnte.

1019 *Schwartze*, in: Deixler-Hübner/Schauer, Art. 30 EuErbVO Rn. 2.

1020 Welche besonderen Regelungen gemeint sind bzw. welche Vorschriften darunter genau zu verstehen sind, siehe die weitgehenden – durchaus nicht einheitlich beantworteten – Ausführungen bei *Schwartze*, in: Deixler-Hübner/Schauer, Art. 30 EuErbVO Rn. 9 ff. m. w. N. und siehe auch *Köhler*, in: Gierl/Köhler/Kroiß/Wilsch, IntErbR, § 4 Rn. 108 m. w. N.

1021 KOM (2009) 154, 7; Burandt/Rojahn/*Burandt/Schmuck*, Art. 30 EuErbVO Rn. 1; *Buschbaum/Kohler*, GPR 2010, 162, 163; *Döbereiner*, MittBayNot 2013, 358, 364; *Dutta* FamRZ 2013, 4, 11; *Everts*, NotBZ 2014, 441, 447; Schauer/Scheuba/*Fischer-Czermak*, Europäische Erbrechtsverordnung, 2012, 43, 48 f.; *Heinig*, RNotZ 2014, 197, 207; *Hertel*, in: Dutta/Herrler, Die Europäische Erbrechtsverordnung, 2014, 85 Rn. 61; *Lehmann*, ZErb 2013, 25, 30; *ders.*, DStR 2012, 2085, 2088; *Müller-Lukoschek*, Die neue EU-Erbrechtsverordnung, § 2 Rn. 126 (2015); *Remde*, RNotZ 2012, 65, 77; *Richters*, ZEV 2012, 576 578; *Schaub*, Hereditare 2013, 91, 121; Dutta/Weber/*J. P.*

Nachlassspaltung zur Folge haben, fallen demzufolge gerade nicht unter die Vorschrift des Art. 30 EuErbVO, ebenso wenig Vorschriften zum Pflichtteil.[1022] Die Vorschrift erinnert ihrem Wortlaut nach an Art. 3a EGBGB a. F., der Anwendungsbereich der europäischen Vorschrift ist allerdings in seinem Wirkungskreis wesentlicher enger als der des Art. 3a Abs. 2 EGBGB a. F. Wichtig ist nach Art. 30 EuErbVO, dass es sich um besondere Regelungen im Recht eines Staates handeln muss, welche „die Rechtsnachfolge von Todes wegen in Bezug auf jene Vermögenswerte aus wirtschaftlichen, familiären oder sozialen Erwägungen beschränken oder berühren".

(2) Bewertung

Der enger gefasste Anwendungsbereich des Art. 30 EuErbVO ist dem Grunde nach zu begrüßen.[1023] Besonders mit Blick auf die Erwägungsgründe (hier insbesondere Erwägungsgrund 37 in Zusammenspiel mit Erwägungsgrund 54 der Erbrechtsverordnung) ist es durchaus verständlich, wieso sich der Verordnungsgeber für eine enge Auslegung der Vorschrift entschieden hat. Dem Erwägungsgrund 54 der Erbrechtsverordnung ist zu entnehmen, dass Art. 30 EuErbVO mit Blick auf die allgemeine Zielsetzung der Erbrechtsverordnung eng auszulegen ist. Erwägungsgrund 37 spricht davon, dass „die Vorteile des Binnenmarkts ohne Einbußen bei der Rechtssicherheit" genutzt werden können sollen, sowie dass der gesamte Nachlass einem bestimmten Recht unterliegen soll, um Rechtssicherheit zu gewähren und eine Nachlassspaltung zu vermeiden. Sieht demnach der Verordnungsgeber in seinen Erwägungsgründen vor, dass eine Nachlassspaltung möglichst vermieden werden soll, ist die Motivation zugunsten einer engeren Auslegung nachzuvollziehen. Allerdings kann die bloße Vermeidung von Nachlassspaltungen nicht der einzige Beweggrund des Verordnungsgebers sein, denn so sieht die Verordnung teils in anderen Vorschriften ebenfalls die Möglichkeit einer Nachlassspaltung vor. So kann über die Vorschrift des Art. 29 EuErbVO für bestimmte Situationen ein Nachlassverwalter bestellt werden,

---

Schmidt, Art. 30 Rn. 4; *Schurig*, FS Spellenberg, 2010, 343, 350; *Simon/Buschbaum*, NJW 2012, 2393, 2396; Grüneberg/*Thorn*, BGB, Art. 30 EuErbVO Rn. 2; *Wilke*, RIW 2012, 601, 608.

1022 Burgstaller/Neumayr/*Traar*, EuErbVO, Art. 30 Rn. 2 m. w. N.; MüKo-BGB/*Dutta*, Art. 30 EuErbVO Rn. 4; Burandt/Rojahn/*Burandt/Schmuck*, Art. 30 EuErbVO Rn. 1; BeckOGK/*J. Schmidt*, Art. 30 EuErbVO Rn. 10

1023 Wohl ebenfalls zustimmend siehe *Buschbaum/Kohler*, GPR 3/2010, 106, 111, *Wagner*, DNotZ 2010, 506, 517; siehe ebenfalls *Lehmann*, Verordnung, S. 104 f.

wodurch es unter Umständen auch zu einer Nachlassspaltung kommen kann. Auch im Rahmen der Anpassung dinglicher Rechte nach Art. 31 EuErbVO kann es zu einer Durchbrechung der Nachlasseinheit kommen, wenn das einschlägige Erbstatut nicht zeitgleich auch das Sachenrechtsstatut ist, welches i. d. R. die lex rei sitae der in Rede stehenden Belegenheiten sein wird.[1024] Grundsätzlich ist daher eine enge Auslegung zu begrüßen, jedoch sollte bei einer Beurteilung nach Art. 30 EuErbVO in Frage stehenden Konstellationen der Möglichkeit offen gegenübergestanden werden, dass Wertungen wie die Durchsetzbarkeit der Entscheidungen im Belegenheitsstaat oder die besondere Sachnähe desselben berücksichtigt werden müssen.[1025]

cc) Das Verhältnis von Erbvertrag und gemeinschaftlichem Testament

Vielfach bzw. in den meisten Fällen kommt es dazu, dass sich Ehegatten gegenseitig als Erben einsetzen. Wie das gemeinschaftliche Ehegattentestament nach §§ 2270, 2271 BGB aber im Rahmen der neuen Erbrechtsverordnung behandelt werden soll, ist noch nicht abschließend geklärt.[1026] Letztlich dreht sich die maßgebliche Frage darum, ob das deutsche gemeinschaftliche Testament auch als ein Erbvertrag im Sinne der Regelungen der Erbrechtsverordnung anzusehen ist.[1027] Denn so entfalten die gemeinschaftlichen Testamente des deutschen Erbrechts eine mit den Erbverträgen vergleichbare Bindungswirkung nach den §§ 2270, 2271 BGB.[1028] Im Wesentlichen stehen sich dabei zwei Ansätze gegenüber, welche je nach Einordnung für die praktische Rechtsanwendung zu gravierenden Unterschieden führen[1029]: Diskutiert wird, ob gemeinschaftliche Testamente mit wechselbezüglichen Verfügungen i. S. d. § 2270 BGB als eine Verfügung von Todes wegen unter die Vorschrift des Art. 24 EuErbVO[1030] und demnach

1024 So Burgstaller/Neumayr/*Traar*, EuErbVO, Art. 31 Rn. 5 m. w. N.

1025 Von der Argumentation ähnlich siehe *Nietner*, Internationaler Entscheidungseinklang, S. 306 ff. m. w. N.

1026 Siehe zum Streitstand auch *Pawlytta/Pfeiffer*, in: Münchener AnwaltsHandbuch ErbR, § 33 Rn. 39 mit zahlreichen w. N.

1027 Siehe hierzu die ausführlichen Auseinandersetzungen bei *Leipold*, ZEV 2014, 139, 139 f.

1028 *Pawlytta/Pfeiffer*, in: Münchener AnwaltsHandbuch ErbR, § 33 Rn. 39.

1029 NK-BGB/*Looschelders*, Art. 3 EuErbVO Rn. 12 m. w. N.

1030 Unter diese Vorschrift fallen alle Verfügungen von Todes wegen, welche nicht als Erbverträge eingeordnet werden können. Dafür sprechen sich aus: Prütting/Wegen/Weinreich/*Martiny*, Art. 24 EuErbVO Rn. 2; *Müller-Lukoschek*, Die neue EuErbVO, § 2 Rn. 197 ff., § 4 Rn. 40 (2015); *Fischer-Czermak*, in: Schauer/Scheuba, Europäische Erbrechtsverordnung, S. 43, 50 f.; *Süß*, in: Mayer/Süß/Tanck/Bittler/Wälzholz,

unter ein Testament zu subsumieren sind oder ob es sich bei gemeinschaftlichen Testamenten i. S. d. deutschen Erbrechts um Erbverträge i. S. d. Verordnung handelt, welche dann maßgeblich nach Art. 25 EuErbVO[1031] zu beurteilen wären.[1032] Denn so richtet sich bei Erbverträgen von Ehegatten das Errichtungsstatut nach der Vorschrift des Art. 25 EuErbVO. Bei der Darstellung der maßgeblichen Abgrenzungsprobleme darf nicht aus den Augen gelassen werden, dass eine Definition des Erbvertrages nach Art. 3 Abs. 1 lit. b) EuErbVO einer europäisch-autonomen Definition unterworfen ist.[1033] Der Erbvertrag der Erbrechtsverordnung ist begrifflich weiter zu verstehen als der deutsche Erbvertrag nach den §§ 2274 ff. BGB und bedarf daher besonderer eigener Auslegung.[1034] Die Vorschrift des Art. 3 Abs. 1 lit. b) EuErbVO beschreibt den Erbvertrag als eine „Vereinbarung, einschließlich einer Vereinbarung aufgrund gegenseitiger Testamente, die mit oder ohne Gegenleistung Rechte am künftigen Nachlass oder künftigen Nachlässen einer oder mehrerer an dieser Vereinbarung beteiligter Personen begründet, ändert oder entzieht".

Bei objektiver Betrachtung der Vorschriften der Erbrechtsverordnung wird die Problematik zunächst einmal nicht deutlich.[1035] Schließlich finden sich in Art. 3 Abs. 1 lit. b) und c) zum einen die Definition des Erbvertrages wieder und zum anderen die des gemeinschaftlichen Testaments.[1036] Da die Erbrechtsverordnung dahingehend eine Unterscheidung vornimmt und die Begrifflichkeiten getrennt voneinander regelt, drängt sich auf den ersten Blick der Gedanke auf, dass vom Wortlaut her ein gemeinschaftliches Testament gerade nicht als ein

---

Pflichtteilsrecht, § 18 Rn. 235; *Schwab*, in: Keim/Lehmann, Beck'sches Formularbuch Erbrecht, K.VIII.5.Anm.3., S. 1192; *Kroll-Ludwigs*, Parteiautonomie, S. 144; *Simon/Buschbaum*, NJW 2012, 2393, 2396; *Wilke*, RIW 2012, 601, 606; *Schaal*, BWNotZ 2013, 29, 30; *Rudolf*, NZ 2013, 225, 235; *Burandt*, FuR 2013, 377, 385; *Nordmeier*, ZEV 2012, 513, 514.

1031 Hierfür sprechen sich aus Grüneberg/*Thorn*, BGB, Art. 25 EuErbVO Rn. 3; Zöller/*Geimer*, ZPO, Art. 3 EuErbVO Rn. 1; Bonomi/Wautelet/*Bonomi*, Le droit européen des successions, Art. 3 Rn. 13 ff., Art. 24 Rn. 5, Art. 25 Rn. 8; *Bonomi/Öztürk*, in: Dutta/Herrler, Tagungsband DNotI, Die EuErbVO, S. 60 Rn. 63 ff.; *Keim*, in: A. Roth, Wahl ausländischen Rechts, S. 67, 79; *Lechner*, NJW 2013, 26 f.; *Lehmann*, ZErb 2013, 25, 26 ff.; *Herzog*, ErbR 2013, 2, 8 f.; *Döbereiner*, MittBayNot 2013, 437, 438.

1032 *Heinig*, RNotZ 2014, 197, 201.

1033 NK-BGB/*Looschelders*, Art. 3 EuErbVO Rn. 8.

1034 NK-BGB/*Looschelders*, Art. 3 EuErbVO Rn. 13; *Döbereiner*, MittBayNot 2013, 437.

1035 *Leipold*, ZEV 2014, 139, 140.

1036 *Leipold*, ZEV 2014, 139, 140.

Erbvertrag i. S. v. Art. 25 EuErbVO angesehen werden kann; ansonsten bedürfe es ja keiner weiteren begrifflichen Unterscheidung.[1037] Darüber hinaus ist es naheliegend, aufgrund der Überschrift des Art. 24 EuErbVO („Verfügungen von Todes wegen außer Erbverträgen") und des Wortlautes der Artt. 24, 25 EuErbVO das gemeinschaftliche Testament auch ebenda zu verorten.[1038] Daher wird auch von zahlreichen Autoren unter Hinweis auf den Wortlaut dieser Begriffsbestimmungen vertreten, dass die Bestimmungen des Art. 25 EuErbVO nicht auf das gemeinschaftliche Testament angewendet werden können.[1039]

Allerdings sind die Begriffsbestimmungen des Art. 3 Abs. 1 EuErbVO differenzierter zu lesen.[1040] Bei genauerer Betrachtung wird deutlich, dass die Begrifflichkeiten in Art. 3 Abs. 1 lit. b) und c) aus unterschiedlichen Anknüpfungspunkten resultieren. Für die Definition des lit. b) hat es der Europäische Gesetzgeber unter Hinzuziehung des HaagerErbÜ in Anlehnung an dessen Art. 8 auf materielle Aspekte ankommen lassen.[1041] Der Art. 8 des HaagerErbÜ ist in der deutschen Fassung wie folgt zu verstehen: „Im Sinne dieses Kapitels ist ein Erbvertrag eine Vereinbarung, die schriftlich getroffen wird oder sich aus gegenseitigen Testamenten ergibt und die mit oder ohne Gegenleistung Rechte auf den Nachlass einer oder mehrerer an dieser Vereinbarung beteiligter Personen begründet, ändert oder entzieht."[1042] So ist auch in Art. 3 Abs. 1 lit. b) EuErbVO die Rede davon, dass unter einer „Vereinbarung" im Sinne der Vorschrift eine „Vereinbarung aufgrund gegenseitiger Testamente" zu verstehen ist.[1043] Dementsprechend wurde die Definition dahingehend verstanden, dass der Erbvertrag *und* das gemeinschaftliche Testament nach deutschem Recht unter lit. b) fallen.[1044] Wenn durch eine derartige Vereinbarung Rechte am zukünftigen Erbe

---

1037 *Leipold*, ZEV 2014, 139, 140 f.

1038 *Heinig*, RNotZ 2014, 197, 201; NK-BGB/*Looschelders*, Art. 24 EuErbVO Rn. 5.

1039 Diese Auslegung erscheint zunächst schlüssig und nachvollziehbar. Siehe hierzu *Nordmeier*, ZEV 2012, 513, 514; *ders.*, ZEV 2013, 117, 120; *Schaal*, BWNotZ 2013, 29, 30; *Simon/Buschbaum*, NJW 2012, 2393, 2396; in: *Leipold*, ZEV 2014, 139, 140 f.

1040 *Leipold*, ZEV 2014, 139, 140 f.

1041 NK-BGB/*Looschelders*, Art. 3 EuErbVO Rn. 13; zu den Definitionen siehe ebenfalls *Leipold*, ZEV 2014, 139, 141 f; *Nordmeier*, ZEV 2013, 117, 120.

1042 Deutscher Text in IPRax 2000, 53, 55, auch wiedergegeben bei *Brandi*, Haager Abkommen, S. 31.

1043 *Leipold*, ZEV 2014, 139, 140 f.

1044 *Brandi*, Haager Abkommen, S. 31; *Nordmeier*, ZEV 2013, 117, 120.

von einer oder mehreren beteiligten Personen begründet werden, liegt im Sinne der Erbrechtsverordnung nämlich auch ein Erbvertrag vor. Nach dieser zweiten Ansicht[1045] sind auch deutsche gemeinschaftliche Testamente dann unter die Begriffsbestimmung des Erbvertrags in lit. b) zu subsumieren, wenn sie denn eine Bindungswirkung aufweisen bzw. wechselbezügliche Verfügungen innehaben.[1046] Mithilfe eines Erst-Recht-Schlusses soll dies auch für jene Fälle gelten, in denen die Verfügungen in nur einem Dokument niedergeschrieben werden.[1047] Dem kann auch nicht entgegengehalten werden, dass in Abs. 1 lit. b) von gegenseitigen Testamenten die Rede ist und danach auch eine Mehrzahl von Testamentsurkunden gemeint sein soll.[1048] Vielmehr soll mit dem Passus „einschließlich einer Vereinbarung aufgrund gegenseitiger Testamente" zum Ausdruck gebracht werden, dass die notwendige Vereinbarung zur Annahme eines Erbvertrages auch gegenseitigen Einzeltestamenten entspringen kann.[1049] Auch, wenn lit. c) des Art. 3 Abs. 1 EuErbVO von einem gemeinschaftlichen Testament spricht, darf man daher nicht Gefahr laufen, den Begriff der Verordnung mit dem Begriff des gemeinschaftlichen Testamentes gleichzusetzen, wie er im deutschen Recht Verwendung findet.[1050] Wenn das gemeinschaftliche Testament keine Bindungswirkungen entfaltet, weil sie beispielsweise im Vorhinein ausgeschlossen worden ist, so ist die Vorschrift des Art. 24 EuErbVO maßgeblich.[1051] Da gemeinschaftliche Testamente ohne wechselbezügliche Verfügung keine Vereinbarungen i. S. d. Art. 3 Abs. 1 lit. b) EuErbVO darstellen, gelangt Art. 25 EuErbVO für diesen Fall nicht zur Anwendung.[1052] Es lässt sich demnach sagen, dass auch im Hinblick auf den Sinn und Zweck der Vorschrift des Art. 25 EuErbVO und der ausdrücklich festgehaltenen Bindungswirkung in der Vorschrift das deutsche gemeinschaftliche Testament durchaus unter die Norm

---

1045 *Lechner*, NJW 2013, 26; *Dutta*, FamRZ 2013, 4, 9 f.; *Döbereiner*, MittBayNot 2013, 437, 438; *Nordmeier*, ZEV 2012, 513, 514; *ders.*, ZEV 2013, 117, 120.

1046 *Heinig*, RNotZ 2014, 197, 201.

1047 Dazu siehe Bonomi/Wautelet/*Bonomi*, Le droit européen des successions, Art. 3 Rn. 15; *Keim*, in: A. Roth, Wahl ausländischen Rechts, S. 67, 79; *Lechner*, NJW 2013, 26 f.; *Lehmann*, ZErb 2013, 25, 26 ff.; *Döbereiner*, MittBayNot 2013, 437, 438; *Leipold*, ZEV 2014, 139, 141.

1048 So hingegen allerdings *Nordmeier*, ZEV 2012, 513, 514 f.; *ders.*, ZEV 2013, 117, 120.

1049 NK-BGB/*Looschelders*, Art. 3 EuErbVO Rn. 15.

1050 *Leipold*, ZEV 2014, 139, 140 f.

1051 *Lechner*, NJW 2013, 26 f; in: Burandt/Rojahn/*Burandt/Schmuck*, Erbrecht, Art. 3 EuErbVO Rn. 3 (2019).

1052 Zur Zulässigkeit BeckOK-BGB/*Litzenburger*, § 2265 BGB Rn. 8.

der Erbrechtsverordnung zu fassen ist.[1053] Maßgeblich für eine Beurteilung nach Art. 25 EuErbVO ist allerdings die Bindungswirkung bzw. die wechselbezügliche Verfügung des Dokumentes.

Hingegen wird zur Definition des gemeinschaftlichen Testamentes nach Art. 3 Abs. 1 lit. c) auf Art. 4 des Haager Testamentsübereinkommens abgestellt, welcher besagt, dass das Übereinkommen auch dann zur Anwendung gelangen soll, wenn zwei oder mehrere Personen ihre letztwillige Verfügung in ein und derselben Urkunde errichtet haben.[1054] So wurde unter diese Definition auch das gemeinschaftliche Testament im Sinne des deutschen Rechts subsumiert, sofern es in der gleichen Urkunde errichtet worden ist.[1055] Insoweit zeigen sich Differenzen zum deutschen Recht, denn nach deutschem Recht muss das gemeinschaftliche Testament nicht zwingend in einer Urkunde errichtet worden sein, § 2265 BGB. Solange ein Errichtungszusammenhang in Form eines deutlichen gemeinsamen Entschlusses erkennbar ist, kommt es auf die besondere Form des Testamentes nicht an.[1056] Allerdings zeigt dieser Blick auf die Herkunft beider Definitionen, dass eine Abstimmung durch die Erbrechtsverordnung nicht erfolgt ist und daher eine klare Abgrenzung beider Begrifflichkeiten nicht zu bewerkstelligen ist.[1057] Auch sind die Vorschriften nicht nebeneinander anzuwenden, da sie beide das gemeinschaftliche Testament nach deutschem Recht miteinbeziehen.[1058] Dadurch, dass zur Begriffsbildung auf zwei unterschiedliche Rechtstexte zurückgegriffen worden ist, blieb eine Abstimmung der Definitionen im Rahmen der Erbrechtsverordnung aus.

Beim Erbvertrag nach Art. 25 EuErbVO ist für die Bestimmung des Erbstatutes maßgeblicher Zeitpunkt derjenige des Vertragsschlusses. Wenn allerdings mehr als nur eine Person eine Verfügung getroffen hat, ist ein solcher Erbvertrag nur dann zulässig, wenn er nach dem hypothetischen Erbstatut aller Verfügenden zulässig ist, vgl. Art. 25 Abs. 2 UAbs. 1 EuErbVO.[1059] Nach UAbs. 2

1053 *Pawlytta/Pfeiffer*, in: Münchener AnwaltsHandbuch ErbR, § 33 Rn. 39.

1054 *Leipold*, ZEV 2014, 139, 143.

1055 MüKo-BGB/*Dutta*, Art. 26 EGBGB Rn. 100 (2015).

1056 Vgl. hierzu Urteil v. 12.3.1953 – IV ZR 131/52 = NJW 1953, 698; Burandt/Rojahn/*Braun*, Erbrecht, § 2265 Rn. 12 f.; MüKo-BGB/*Musielak*, § 2265 BGB Rn. 7 (2020); *Olzen/Looschelders*, Erbrecht, Rn. 431, 436 ff.

1057 NK-BGB/*Looschelders*, Art. 3 EuErbVO Rn. 13; so auch Grüneberg/*Thorn*, BGB, Art. 25 EuErbVO Rn. 3; NK-Nachfolgerecht/*Köhler*, Art. 3 EuErbVO Rn. 7; *Leipold*, ZEV 2014, 139, 142; **a. A.** hierzu siehe *Nordmeier*, ZEV 2013, 117, 120; *ders.*, ZEV 2012, 513, 514 f.

1058 *Leipold*, ZEV 2014, 139, 143.

1059 Vgl. *Nordmeier*, ZErb 2013, 112, 113; *Geimer*, in: Hager, Erbrechtsverordnung, 9, 32.

unterliegen die materielle Wirksamkeit und Bindungswirkungen eines nach UAbs. 1 zulässigen Erbvertrages einer Beurteilung dahingehend, als dasjenige Errichtungsstatut für den Erbvertrag maßgeblich ist, zu dem er die engste Verbindung aufweist. Zwar nennt die Verordnung in diesem Zusammenhang keinen expliziten Zeitpunkt in Bezug auf die engste Verbindung, jedoch dürfte dies der Zeitpunkt der Errichtung der Verfügung von Todes wegen sein.[1060] Da es allerdings oft nicht gelingen wird, das Errichtungsstatut der engsten Bindung präzise zu bestimmen, besteht für die Erblasser darüber hinaus noch die Möglichkeit, über Art. 25 Abs. 3 EuErbVO dasjenige Recht des Staates zu wählen, dem einer der beiden testierenden Ehegatten angehört. Um dieser Ungewissheit der engsten Bindung in Bezug auf die materielle Wirksamkeit zu entgehen, besteht für die Parteien diese Rechtswahlmöglichkeit. Mithilfe dieser Rechtswahl können die Parteien im Vorhinein eine gewisse Vorhersehbarkeit ihrer Nachlassplanung festlegen und bewegen sich zumindest im Hinblick auf den Erbvertrag auf sicherem Terrain.[1061] Allerdings verbleibt die letzte Entscheidung zur kollisionsrechtlichen Behandlung dieser Problematik einer Klärung durch den EuGH; bis dahin wird auch besonders in der beratenden Praxis sorgsam mit dem gemeinschaftlichen Testament umgegangen werden müssen. Denkbar wäre sogar, anstelle eines gemeinschaftlichen Testamentes eher noch zum Abschluss eines Erbvertrages zu raten, damit die Auslegungsproblematik zumindest im Einzelfall nicht aufkommt.[1062]

f) Die Qualifikation des § 1371 Abs. 1 BGB unter der Erbrechtsverordnung

Nach dem Beschluss des BGH vom 13.05.2015 zur rein güterrechtlichen Qualifikation des § 1371 Abs. 1 BGB war zunächst noch offen, wie eine Qualifikation der Vorschrift zum Zugewinnausgleich auf europäischer Ebene erfolgen sollte. Zur Beantwortung der Frage nach der Qualifikation im Rahmen der Erbrechtsverordnung konnte der Beschluss des BGH allerdings nur bedingt herangezogen werden, da sich dort mit der alten Rechtslage im deutschen Kollisionsrecht

1060 Nach Geimer dürfte sich dies klar aus der Systematik des Errichtungsstatuts ergeben, da ansonsten der Rechtsunsicherheit Tür und Tor geöffnet würden, vgl. *Geimer*, in: Hager, Erbrechtsverordnung, 9, 33, Fn. 101.

1061 Dazu auch *Lange*, ZErb 2012, 160, 164, in: *Geimer*, in: Hager, Erbrechtsverordnung, 9, 33. Zu den Vorzügen einer Rechtswahl äußert sich positiv ebenfalls *Heinig*, RNotZ 2014, 197, 203.

1062 *Leipold*, ZEV 2014, 139, 144.

befasst wird, namentlich mit den Vorschriften der Artt. 15 und 25 EGBGB a. F.[1063] Und genauso wie eine Entscheidung in Bezug auf die Auslegung etwaiger Vorschriften der Erbrechtsverordnung verbindlich nur vom EuGH getroffen werden kann,[1064] so kann auch die Qualifikation des § 1371 Abs. 1 BGB abschließend nur vom EuGH beantwortet werden. Auch unter der Geltung der Erbrechtsverordnung hat sich ein überwiegender Teil des deutschen Schrifttums dafür ausgesprochen, den pauschalierten Zugewinnausgleich nach § 1371 Abs. 1 BGB weiterhin güterrechtlich zu qualifizieren.[1065] Eine Fortsetzung der güterrechtlichen Qualifikation des pauschalierten Zugewinnausgleichs im Rahmen der Erbrechtsverordnung wäre durchaus zu begrüßen gewesen, bleiben die maßgeblichen Erwägungen für eine solche Qualifikation doch auch unter der Erbrechtsverordnung identisch.[1066] Zum Inhalt der diesbezüglich wegweisenden Entscheidung des EuGH in Sachen Mahnkopf und den sich daraus ergebenden

---

1063 Zu einer autonomen Qualifikation nach europäischen Maßstäben siehe *Heinze*, FS Kropholler 2008, S. 105, 108 f.; *Hellner*, in: Dutta/Herrler, Tagungsband DNotI, Die EuErbVO, S. 107 Rn. 5 f.; *Looschelders*, FS Coester-Waltjen, 2015, 531, 533; NK-BGB/*Looschelders*, Art. 1 EuErbVO Rn. 30; *Lüttringhaus*, RabelsZ 77 (2013), 31, 33; MüKo-BGB/*v. Hein*, Einl. IPR Rn. 127 (2018); MüKo-BGB/*Dutta*, vor Art. 20 EuErbVO Rn. 49 (2018).

1064 Vgl. MüKo-BGB/*Dutta*, vor Art. 1 EuErbVO Rn. 25 ff. (2018); NK-Nachfolgerecht/*Köhler*, vor Art. 1 EuErbVO Rn. 8; allgemein zum Auslegungsmonopol des EuGH *Gsell*, AcP 214 (2014), 99, 114 ff.

1065 *Döbereiner*, MittBayNot 2013, 358, 359; *Dörner*, IPRax 2014, 323, 326; *ders.*, ZEV 2012, 505, 507; *ders.*, ZEV 2010, 221, 223; Erman/*Hohloch*, Art. 1 EuErbVO Rn. 6 (2017); *Dorsel/Schall*, GPR 2015, 36, 44; *Dutta*, FamRZ 2013, 4, 9; *ders.*, IPRax 2015, 32, 33; Dutta/Weber/*J.P. Schmidt*; IntErbR, Art. 1 EuErbVO Rn. 41 ff.; *Lorenz*, NJW 2015, 2157, 2160; *Köhler*, in: Gierl/Köhler/Kroiß/Wilsch, InterbR, § 4 Rn. 58; NK-Nachfolgerecht/*Köhler*, Art. 1 EuErbVO Rn. 11; *Looschelders*, FS Coester-Waltjen, 2015, 531, 533; NK-BGB/*Looschelders*, Art. 1 EuErbVO Rn. 31; *Mankowski*, ZEV 2014, 121, 127; *ders.*, FamRZ 2015, 1183, 1184; *Mankowski*, in: Deixler-Hübner/Schauer, Art. 1 EuErbVO Rn. 57; NK-BGB/*Nordmeier*, Art. 68 EuErbVO Rn. 20; *Simon/Buschbaum*, NJW 2012, 2393 f.; Grüneberg/*Thorn*, BGB, Art. 1 EuErbVO Rn. 8; *Walther*, GPR 6/2014, 325, 327 f.; *Weber*, DNotZ 2016, 424, 430, 434.

1066 In diesem Sinne auch *Dörner*, ZEV 2012, 505, 507; *Dörner*, in: Dutta/Herrler, Tagungsband DNotI, Die EuErbVO, S. 73, 77; *Mankowski*, ZEV 2014, 121, 127; Burandt/Rojahn/*Burandt/Schmuck*, Erbrecht, Art. 1 EuErbVO Rn. 5 (2019); *Looschelders*, FS Coester-Waltjen, 2015, 531, 534; in der Tendenz auch *Dutta*, FamRZ 2013, 4, 9; Grüneberg/*Thorn*, BGB, Art. 1 EuErbVO Rn. 8; *Kunz*, GPR 4/2012, 253, 253 f.; NK-Nachfolgerecht/*Köhler*, Art. 1 EuErbVO Rn. 11; *Lorenz*, NJW 2015, 2157, 2158 ff.

Konsequenzen in Bezug auf die Qualifikationsfrage des pauschalierten Zugewinnausgleichs erfolgt ein eigenes Kapitel.[1067]

2. *Veränderungen im italienischen Recht*

Die wohl größte Neuerung im italienischen materiellen Recht ist wohl die, dass seit dem 17.8.2015 auch Erbverträge und gemeinschaftliche Testamente zulässig sind und vor allem auch materielle Wirksamkeit entfalten, sofern sie denn dem Recht entsprechen, welches am gewöhnlichen Aufenthalt der Vertragsschließenden bzw. Testierenden im Zeitpunkt der Testamentserrichtung vorherrscht, Art. 24 Abs. 1, 25 Abs. 1 i. V. m. Art. 21 Abs. 1 EuErbVO.[1068] Wirft man dabei noch einen Blick auf Art. 83 Abs. 3 der EuErbVO, so sagt diese Übergangsvorschrift sogar, dass dies auch für solche Erbverträge und Testamente gilt, die von einem italienischen Erblasser in Deutschland geschlossen bzw. errichtet worden sind, bevor die Erbrechtsverordnung überhaupt in Kraft getreten ist.[1069] Auch aus italienischer Sicht richtet sich die Rechtsnachfolge von Todes wegen nunmehr nach dem Recht des letzten gewöhnlichen Aufenthalts des Erblassers, sodass sich diesbezüglich hinsichtlich der für das deutsche Recht aufgeworfenen Fragestellungen keine Abweichungen mehr ergeben. Wie das deutsche Recht auch, knüpfte das italienische Internationale Erbrecht vor Inkrafttreten der Erbrechtsverordnung an die Staatsangehörigkeit des Erblassers an und nicht an den gewöhnlichen Aufenthalt. Demnach werden sich hinsichtlich der Frage nach der Vereinfachung durch die vereinheitlichte europäische Anknüpfung über den gewöhnlichen Aufenthalt die gleichen Probleme aufwerfen lassen wie auch im deutschen Internationalen Erbrecht.

1067 Vgl. hierzu die Ausführungen unter Teil 4, § 3 I Nr. 1, II.

1068 So ist auch *Hausmann* der Ansicht, dass mit Blick auf Verfügungen von Todes wegen, welche im deutsch-italienischen Rechtsverkehr existieren oder noch erstellt werden, die Auswirkungen der EuErbVO durchaus zu begrüßen seien; dies gelte besonders aus dem Grunde, dass Testamente hinsichtlich ihrer Formgültigkeit nunmehr einheitlichen Regelungen unterworfen seien. Vgl. hierzu seine Ausführungen in JbItalR 2014, 21, 43.

1069 Ferid/Firsching/*Hausmann*/*Trabucchi,* Internationales Erbrecht, Bd. III, Italien, Rn. 87.

III. Europäisches Verfahrensrecht – Die Internationale Zuständigkeit

Wie bereits im Jahre 1958 von *Matthies* gerügt[1070], ist lediglich die Vereinheitlichung der Internationalen Zuständigkeiten ein vernünftiger Ansatz, um gängigen Problemen im Internationalen Erbrecht entgegenzutreten.[1071] Denn so sorgten bislang nicht nur die einzelnen divergierenden Vorschriften der Mitgliedstaaten für Probleme, sondern auch aufgrund der nicht vorhandenen Übereinstimmung der Zuständigkeitsverteilung der einzelnen Staaten untereinander traten immer wieder Schwierigkeiten auf.[1072] Besonders für die reibungslose Funktionsfähigkeit der Gerichte ist eine Vereinheitlichung in Verfahrensangelegenheiten ein wichtiger Schritt. Es wird demnach zu untersuchen sein, was die Europäische Erbrechtsverordnung im Verfahrensrecht für Änderungen und auch Erleichterungen bringt.

1. Allgemeines

Regelungsbereich der internationalen Zuständigkeit ist die Verteilung der Rechtsprechungsaufgaben zwischen den einzelnen Staaten.[1073] Hierbei eine Vereinheitlichung zu erzielen, kann nicht zuletzt aufgrund der in den Mitgliedstaaten variierenden Anknüpfungsmomente für die internationale Zuständigkeit nur von Vorteil sein.[1074] Nicht nur, dass sich aufgrund der uneinheitlichen Anknüpfung in den verschiedenen Mitgliedstaaten Unterschiede hinsichtlich solcher Anknüpfungsmomente wie der letzte Wohnsitz des Erblassers im Zeitpunkt seines Todes, die Staatsangehörigkeit oder die Belegenheit des sowohl beweglichen als auch unbeweglichen Nachlasses ergeben.[1075] Auch in Bezug auf Angelegenheiten der streitigen oder freiwilligen Gerichtsbarkeit kommen manche Mitgliedstaaten zu voneinander abweichenden Vorschriften hinsichtlich der internationalen Zuständigkeit.[1076]

Die internationale Zuständigkeit in Erbsachen ist in den Art. 4 bis 19 des zweiten Kapitels der Erbrechtsverordnung geregelt. Diese Vorschriften beanspruchen

---

1070 *Matthies*, RabelsZ 23 (1958), 392.

1071 *D. Lehmann*, Reform, Rn. 12.

1072 *D. Lehmann*, Reform, Rn. 12.

1073 *Schütze*, Deutsches IZPR, S. 32; MüKo-ZPO/*Patzina*, § 12 ZPO Rn. 57.

1074 *D. Lehmann*, Reform, Rn. 350; *Lagarde*, in: Europa, in Gottwald, Perspektiven, 1, 10 ff.

1075 *Haas*, in: Kollisionsrecht in der EU, S. 127, 132 f.

1076 *Haas*, in: Kollisionsrecht in der EU, S. 127, 133.

sowohl für Angelegenheiten der streitigen als auch für Angelegenheiten der freiwilligen Gerichtsbarkeit ihre Geltung.[1077] Seit der Geltung der Erbrechtsverordnung verdrängen die Art. 4 ff. EuErbVO die Vorschriften der nationalen Zuständigkeiten kraft Anwendungsvorranges. Hingegen richtet sich die örtliche, sachliche und funktionelle Zuständigkeit weiterhin nach den Vorschriften des nationalen Rechts und werden von der Erbrechtsverordnung nicht berührt.[1078] Ziel der Vorschriften zur internationalen Zuständigkeit soll der Gleichlauf von internationaler Zuständigkeit und dem anwendbaren Recht sein.[1079] Sollte der Erblasser zu Lebzeiten seinen gewöhnlichen Aufenthalt nicht in einem Staat gehabt haben, welcher als Mitgliedstaat der Erbrechtsverordnung einzuordnen ist, so sieht die Verordnung für derartige Fälle subsidiäre Zuständigkeitsvorschriften[1080] vor; dies bedeutet wiederum, dass ein Rückgriff auf Vorschriften des autonomen Rechts, welche die Zuständigkeiten regeln, nicht vorzunehmen ist.[1081]

2. *Die Vorteile der Zuständigkeitskonzentration*

Nicht zuletzt aus Aspekten der Verfahrensautonomie hat ein Gleichlauf von internationaler Zuständigkeit und anwendbarem Recht den immensen Vorteil,

---

1077 Siehe hierzu die Begründung zu Art. 4 EuErbVO, Dok. KOM (2009) 154 endg., S. 5 f.; *Buschbaum/Kohler*, GPR 3/2010, 106, 111; *Süß*, ZErb 2009, 342, 346.

1078 Vgl. MüKo-BGB/*Dutta*, Art. 2 EuErbVO Rn. 1; NK-Nachfolgerecht/*Köhler*, Art. 2 EuErbVO Rn. 1; *Rudolf*, NZ 2013, 225, 228.

1079 So sieht Erwägungsgrund 27 der Erbrechtsverordnung eine Harmonisierung der internationalen Zuständigkeit und dem anwendbaren Recht vor: „Die Vorschriften dieser Verordnung sind so angelegt, dass sichergestellt wird, dass die mit der Erbsache befasste Behörde in den meisten Situationen ihr eigenes Recht anwendet."; siehe auch *Grau*, in: Zimmermann, Erbrechtliche Nebengesetze, Anh. zu Art. 25, 26 EGBGB (EuErbVO) Rn. 21.

1080 Dies ergibt sich nicht zuletzt daraus, dass die Erbrechtsverordnung in ihrem Art. 20 eine universelle Anwendung dergestalt vorsieht, dass das nach dieser Verordnung bezeichnete Recht auch dann zur Anwendung gelangen soll, wenn es sich dabei nicht um das Recht eines (anderen) Mitgliedstaates handelt. Auf die einzelnen Vorschriften der subsidiären Zuständigkeit soll sogleich eingegangen werden, vgl. die Ausführungen unter Teil 4, § 2 III Nr. 2.

1081 Vgl. hierzu auch Erwägungsgrund 30 der Erbrechtsverordnung, welcher ausführt, dass es hinsichtlich der Zuständigkeit der Gerichte in Nachlasssachen allen Mitgliedstaaten möglich sein soll, sich an einheitlichen Grundlagen zu orientieren. Hierzu sollen die Gründe für die Ausübung der subsidiären Zuständigkeiten von der Verordnung abschließend und in einer zwingenden Reihenfolge festgelegt werden.

dass das jeweils zuständige Gericht auch sein eigenes Recht anwenden kann. So wird dem zuständigen Gericht das eigene Recht nicht nur weitaus geläufiger sein, darüber hinaus werden so kostspielige Gutachten über das fremde Recht vermieden, was neben einem finanziellen Faktor auch in zeitlicher Hinsicht zu einer raschen Entscheidung in Nachlasssachen führen kann.[1082] Besonders der internationale Entscheidungseinklang wird durch die Zuständigkeitskonzentration gefördert.[1083] Diese Gleichlaufbestrebungen von forum und ius sind auf europäischer Ebene allerdings keine Neuheit; so haben sich bereits Art. 15 der EuUVO sowie Art. 4 Abs. 1 EuInsO mit einer Anknüpfung an den gewöhnlichen Aufenthalt einer Gleichschaltung angenommen.[1084] Der Ausdruck des Gleichlaufes ergibt sich aus der Grundregel des Art. 4 EuErbVO, welcher wie Art. 21 Abs. 1 EuErbVO gleichermaßen an den gewöhnlichen Aufenthalt anknüpft.[1085] Ferner ist es dem Erblasser nicht möglich, zwischen unterschiedlichen Gerichtsständen eine Auswahl zu treffen.[1086]

Allerdings kann der Erblasser neben der Regelzuständigkeit des Art. 4 EuErbVO für seine Rechtsnachfolge von Todes wegen das Recht desjenigen Staates wählen, dem er entweder im Zeitpunkt der Rechtswahl oder im Todeszeitpunkt angehört hat, vgl. Art. 22 Abs. 1 EuErbVO. Für eine Bestimmung der internationalen Zuständigkeit ist daher zunächst auf eine etwaig getätigte Rechtswahl zu achten. Wichtig ist hierbei, ob der Erblasser eine Rechtswahl getroffen hat, die bezüglich seiner Rechtsnachfolge von Todes wegen das Recht eines Mitgliedstaates oder das eines Drittstaates zur Anwendung gelangen lässt.[1087] Sofern der Erblasser eine Rechtswahl zugunsten eines anderen mitgliedstaatlichen Rechtes getroffen hat, das auf die Rechtsnachfolge von Todes wegen anwendbar ist, so können die Parteien aufgrund einer ausschließlichen Zuständigkeitsvereinbarung nach Art. 5 EuErbVO die Zuständigkeiten nach Art. 4 und Art. 10 EuErbVO ausschließen; selbige sind dann nicht mehr anwendbar.[1088] Nach Art. 6 lit. b) EuErbVO erfolgt durch das nach Art. 4 oder Art. 10 angerufene Gericht dann eine Unzuständigkeitserklärung.

1082 *Burandt/Rojahn*, EuErbVO, S. 32 ff.

1083 *Haas*, in: Kollisionsrecht in der EU, S. 127, 134 m. w. N.

1084 *Deixler-Hübner*, in: Deixler-Hübner/Schauer, vor Art. 4 EuErbVO Rn. 1.

1085 Bergquist/Damascelli/*Odersky*, EuErbVO, Art. 4 Rn. 4.

1086 Bonomi/Wautelet/*Bonomi*, Le droit européen des successions, Introduction Rn. 36; MüKo-BGB/*Dutta*, Art. 4 EuErbVO Rn. 5 (2018); Leible/Terhechte/*Dutta*, Europäischer Rechtsschutz, § 18 Rn. 23.

1087 *Köhler*, in: Gierl/Köhler/Kroiß/Wilsch, IntErbR, § 3 Rn. 4.

1088 *Simotta*, in: FS Gottwald, 597, 598.

Wurde keine entsprechende Rechtswahl getroffen, die es zu berücksichtigen gilt, so ergibt sich die internationale Zuständigkeit der Gerichte allein primär aus Art. 4, Art. 10 oder Art. 11 der EuErbVO. Hierbei wird wiederum danach unterschieden, wo der Erblasser seinen letzten gewöhnlichen Aufenthalt innehatte. Lag der letzte gewöhnliche Aufenthalt in einem Mitgliedstaat der Erbrechtsverordnung, ergibt sich die allgemeine Zuständigkeit für Entscheidungen in Erbsachen nach der allgemeinen Vorschrift des Art. 4 EuErbVO. Kann der letzte gewöhnliche Aufenthalt des Erblassers allerdings nicht in einem Mitgliedstaat, sondern nur in einem Drittstaat ausgemacht werden, so richtet sich die internationale Zuständigkeit der Gerichte ausschließlich nach der subsidiären Zuständigkeit des Art. 10 EuErbVO[1089] oder nach der Notzuständigkeit des Art. 11 EuErbVO.[1090] Hingegen kommt die Zuständigkeitsvorschrift des Art. 7 EuErbVO dann zur Anwendung, wenn der Erblasser eine wirksame Rechtswahl zugunsten eines mitgliedstaatlichen Rechts getroffen hat. Diese Bestimmung sieht vor, dass in diesem Fall auch das Recht des gewählten Staates für eine Beurteilung maßgeblich ist. Zu beachten sind dabei allerdings Art. 7 lit. b) und c) EuErbVO, die zum einen für die Anwendbarkeit des Art. 7 EuErbVO eine Gerichtsstandsvereinbarung der Verfahrensparteien oder zum anderen eine ausdrückliche Zuständigkeitsanerkennung voraussetzen.[1091]

Wie bereits zuvor angeschnitten, ist für die Erbrechtsverordnung die enge Verknüpfung von internationaler Zuständigkeit und dem anwendbaren Recht bezeichnend. Durch diese enge Verbindung soll im Idealfall ein Gleichlauf von forum und ius erreicht werden; mit anderen Worten ausgedrückt soll das Gericht, welches international zuständig ist, sein eigenes Recht anwenden können und auch möglichst die Abwicklung des gesamten Nachlasses betreuen und auch vornehmen, unabhängig davon, wo sich dieser gerade befindet.[1092] Dieser

---

1089 Erforderlich ist in jeden Fall, dass sich Nachlassvermögen in einem Mitgliedstaat befindet. Nach Art. 10 Abs. 1 lit. a) sind die Gerichte eines Staates dann für den gesamten Nachlass zuständig, wenn der Erblasser zum Zeitpunkt seines Todes die Staatsangehörigkeit des in Rede stehenden Mitgliedstaates hatte. Lit. b) sieht – subsidiär zu lit. a) – vor, dass die Gerichte des Mitgliedstaates dann für den gesamten Nachlass Zuständigkeit beanspruchen, wenn der Erblasser dort seinen vorhergehenden gewöhnlichen Aufenthalt hatte und dieser zum Zeitpunkt der Anrufung des Gerichts weniger als fünf Jahre zurückliegt.

1090 *Köhler*, in: Gierl/Köhler/Kroiß/Wilsch, IntErbR, § 3 Rn. 5.

1091 *Köhler*, in: Gierl/Köhler/Kroiß/Wilsch, IntErbR, § 3 Rn. 6.

1092 *Bajons*, in: Schauer/Scheuba, Europäische Erbrechtsverordnung, S. 29, 30 f.; *Hess*, in: Dutta/Herrler, Tagungsband DNotI, Die EuErbVO, S. 131, 132 Rn. 1; Bergquist/Damascelli/*Lagarde*, EuErbVO, Art. 21 Rn. 3.

enge Zusammenhang der Gerichtsstandsregelung mit der Kollisionsrechtsregelung erlaubt es, dass durch diesen Gleichlauf eine Sachrechtsermittlung deutlich einfacher ausfallen wird.[1093] Erreicht wird dieser Gleichlauf allerdings nur unter zwei Voraussetzungen: Zum einen muss der Erblasser seinen letzten gewöhnlichen Aufenthalt in einem der Mitgliedsstaaten der Europäischen Union gehabt haben (die zwangsläufig auch in den Anwendungsbereich der Verordnung fallen müssen), da der Unionsgesetzgeber diesen als den nunmehr maßgeblichen Anknüpfungspunkt vorsieht. Zum anderen muss auch das vollständige Vermögen des Erblassers innerhalb der EU belegen sein; der Belegenheitsort des Vermögens des Erblassers muss demnach zwangsläufig die Europäische Union sein.[1094]

Nach Art. 4 der Erbrechtsverordnung sind für die Entscheidungen in Erbsachen für den gesamten Nachlass die Gerichte[1095] desjenigen Mitgliedstaates international zuständig, in dessen Hoheitsgebiet der Erblasser im Zeitpunkt seines Todes seinen gewöhnlichen Aufenthalt hatte. Nach Art. 21 Abs. 1 EuErbVO wendet dieser Mitgliedstaat, sofern denn nichts Anderes vorgesehen ist, das Recht des Staates an, in dem der Erblasser seinen letzten gewöhnlichen Aufenthalt hatte; demnach wird insoweit also das eigene Recht zur Anwendung gelangen.[1096] Anders ausgedrückt ist die lex fori anzuwenden, denn es wird dasjenige Recht des Staates zur Anwendung kommen, in dem sich auch der (maßgebliche) Gerichtsstand wiederfindet. Allerdings kann eine einheitliche Abwicklung des gesamten Nachlasses nur dann gewährleistet werden, wenn sich das Vermögen des Erblassers lediglich im europäischen Justizraum befindet.[1097] Als plastisches Beispiel für eine einheitliche Abwicklung könnte in diesem Zusammenhang

---

1093 *Hess*, in: Dutta/Herrler, Tagungsband DNotI, Die EuErbVO, S. 131, 132 Rn. 1; zur Sinnhaftigkeit des Gleichlaufs im Internationalen Erbrecht siehe grundlegend *Heldrich*, Internationale Zuständigkeit und anwendbares Recht.

1094 *Bajons*, in: Schauer/Scheuba, Europäische Erbrechtsverordnung, S. 29, 30 f.

1095 Als „Gericht" im Sinne der Erbrechtsverordnung wird hierzu in Art. 3 Abs. 2 EuErbVO ausgeführt, dass darunter „jedes Gericht und alle sonstigen Behörden" sowie – verkürzt dargestellt – gleichermaßen die „Angehörigen von Rechtsberufen mit Zuständigkeit in Erbsachen, die gerichtliche Funktionen ausüben [...] oder unter der Aufsicht eines Gerichts handeln" zu verstehen sind. Erwägungsgrund 20 ist in Ergänzung hierzu zu lesen, der konstatiert, dass zum Zwecke der Verordnung der Begriff des Gerichts bewusst offen gehalten sein soll, sodass eben auch Notare unter den Gerichtsbegriff der Verordnung fallen.

1096 *Bajons*, in: Schauer/Scheuba, Europäische Erbrechtsverordnung, S. 29, 31.

1097 *Bajons*, in: Schauer/Scheuba, Europäische Erbrechtsverordnung, S. 29, 31.

das Europäische Nachlasszeugnis angeführt werden. Dieses Nachlasszeugnis soll ermöglichen, dass auch über solches Vermögen eine Verfügung getroffen werden kann, welches sich nicht innerhalb des international zuständigen Mitgliedstaates befindet; allerdings ist Voraussetzung, dass es sich dabei um einen anderen Mitgliedstaat der EU handelt, denn nur so kann es auch Geltung kraft des Unionsrechtes beanspruchen.[1098]

§ 3 Die Rechtslage nach der Entscheidung in der Rechtssache Mahnkopf

Die kollisionsrechtliche Qualifikation der Vorschrift des pauschalierten Zugewinnausgleichs nach § 1371 Abs. 1 BGB war nach zahlreichen Diskussionen in Literatur und Rechtsprechung an sich zugunsten einer güterrechtlichen Qualifikation entschieden. Der BGH[1099] qualifizierte, zusammen mit der herrschenden Ansicht zu diesem Streit in der Literatur[1100], den pauschalierten Zugewinnausgleich als rein güterrechtlich. Auch unter der Geltung der Erbrechtsverordnung hat sich die überwiegende deutsche Literatur für eine Beibehaltung der güterrechtlichen Qualifikation auch auf europäischer Ebene ausgesprochen.[1101] So hat der EuGH in der Vorabentscheidung in der Rechtssache „Mahnkopf“[1102]

1098 *Bajons*, in: Schauer/Scheuba, Europäische Erbrechtsverordnung, S. 29, 31.

1099 BGH, Beschluss v. 13.5.2015 – IV ZB 30/14 = NJW 2015, 2185 Rn. 24.

1100 Vgl. hierzu die obigen Ausführungen unter Teil 4, § 1 I Nr. 1 c) bb) und die abschließende Stellungnahme unter Teil 3, § 1 I Nr. 1 c) ee).

1101 Vgl. hierzu die obigen Ausführungen unter Teil 4, § 2 I Nr. 10. *Döbereiner*, MittBayNot 2013, 358, 359; *Dörner*, ZEV 2010, 221, 223; *ders.*, ZEV 2012, 505, 507 f.; *ders.*, in: Dutta/Herrler, Tagungsband DNotI, Die EuErbVO, S. 73, 77; *ders.*, IPRax 2017, 81, 84; *Dutta*, FamRZ 2013, 4, 9; MüKo-BGB/*Dutta*, Art. 1 EuErbVO Rn. 22 (2018); *Heinze*, FS Kropholler 2008, 105, 107 ff.; NK-Nachfolgerecht/*Köhler*, Art. 1 EuErbVO Rn. 11, Art. 23 Rn. 18 ff.; NK-BGB/*Looschelders*, Art. 1 EuErbVO Rn. 32; *ders.*, in: FS Coester-Waltjen, 2015, 531, 534; *Lorenz*, NJW 2015, 2157, 2160; *Mankowski*, ZEV 2014, 121, 125 ff.; *ders.*, FamRZ 2015, 1183, 1184; *ders.*, ZEV 2016, 479, 482 f.; *Martiny*, IPRax 2011, 437, 445; *Odersky*, notar 2013, 3 f.; *Rauscher*, FS Geimer 2017, 529, 535 f.; Dutta/Weber/*J.P. Schmidt*; IntErbR, Art. 1 EuErbVO Rn. 43; *Schurig*, in: FS Spellenberg, 2010, 343, 352; *Sonnenberger*, FS Kropholler 2008, S. 227, 240; Grüneberg/*Thorn*, BGB, Art. 1 EuErbVO Rn. 8; *Weber*, DNotZ 2016, 424, 431 ff.; *ders.*, DNotZ 2016, 659, 666; **a. A.** *Everts*, NotBZ 2014, 441, 448 f.; Dutta/Weber/*Fornasier*, IntErbR, Art. 63 EuErbVO Rn. 30 ff.; *Kleinschmidt*, RabelsZ 77 (2013), 723, 757 f.

1102 EuGH, 01.03.2018, Rs. C 558/16 (*Mahnkopf*), ECLI:EU:C:2018:138.

allerdings entschieden, dass die Vorschrift des § 1371 Abs. 1 BGB in den Anwendungsbereich der Erbrechtsverordnung fällt und demnach entgegen der bisherig vorherrschenden Ansicht erbrechtlich zu qualifizieren ist. Für die Praxis jedenfalls ist die Streitfrage der Qualifikation des § 1371 Abs. 1 BGB damit entschieden. So lässt sich die güterrechtliche Qualifikation des §1371 Abs. 1 BGB nicht mehr zum Ausgangspunkt der Argumentation machen. In diesem Kapitel soll sich zunächst kritisch mit dem Urteil und seiner Begründung auseinandergesetzt werden. Im Anschluss daran sollen die sich daraus ergebenden Konsequenzen für die Nachlassplanung näher betrachtet werden und Lösungsansätze herausgearbeitet werden. Im Wesentlichen soll es dabei erneut um das Zusammenspiel von italienischem und deutschem Recht gehen.

I. Die Rechtssache Mahnkopf, C-558/16

1. Sachverhaltsdarstellung und Ausführungen des Vorlagegerichts

Der überraschenden Entscheidung des EuGH liegt – skizziert – nachstehender Sachverhalt zu Grunde: Herr Mahnkopf und seine Ehepartnerin Frau Doris Mahnkopf waren beide deutsche Staatsangehörige und bis zu seinem Tode verheiratet. Zum Zeitpunkt seines Versterbens, dem 29.08.2015, hatten die Ehegatten ihren gewöhnlichen Aufenthalt in Berlin. Beide hatten einen gemeinsamen Sohn; ein Testament oder ein Erbvertrag war nicht vorhanden. Sie lebten im gesetzlichen Güterstand der Zugewinngemeinschaft. Neben Vermögen in Deutschland gehörte zum Nachlass des Erblassers ein hälftiger Miteigentumsanteil an einem Grundstück in Schweden. Nach dem Tode ihres Mannes beantragte die hinterbliebene Ehegattin für die Nachlassabwicklung in Schweden bei dem für die Herrn Mahnkopf betreffende Erbsache zuständigen Amtsgericht Schöneberg einen nationalen Erbschein, welcher ihr am 30. Mai 2016 ausgestellt wurde. Danach beerbten die hinterbliebene Ehefrau und der gemeinsame Sohn aufgrund der nach dem deutschen Recht geltenden gesetzlichen Erbfolge den Erblasser jeweils zur Hälfte, §§ 1931 Abs. 1 und 3, 1371 Abs. 1 BGB.

Gemäß Art. 63 EuErbVO beantragte die hinterbliebene Ehefrau für die Nachlassabwicklung in Schweden bei einem Notar die Ausstellung eines Europäischen Nachlasszeugnisses. Es sollte, ebenso wie der nationale Erbnachweis, sie und den hinterbliebenen Sohn als hälftige Miterben ausweisen. Dieses Nachlasszeugnis wollte sie verwenden, um ihre Eigentümerstellung an dem Grundstück in Schweden umschreiben zu lassen. Der von Frau Mahnkopf aufgesuchte Notar legte den Antrag dem zuständigen Amtsgericht Schöneberg zur Entscheidung vor. Das Amtsgericht Schöneberg wies den Antrag von Frau Mahnkopf auf Erteilung des Europäischen Nachlasszeugnisses allerdings zurück mit der Begründung, dass der Erbteil der Ehegattin des Erblassers in Bezug auf ein Viertel des Nachlasses auf erbrechtlichen Bestimmungen und bezogen auf das andere Viertel des Nachlasses auf der güterrechtlich einzuordnenden Vorschrift des § 1371 Abs. 1 BGB beruhe. Da § 1371 Abs. 1 BGB demnach zum ehelichen Güterrecht und nicht zum Erbrecht gehöre, sei diese Vorschrift im Rahmen der Erbrechtsverordnung nicht anzuwenden. Gegen diese Entscheidung des Amtsgerichts Schöneberg hat Frau Mahnkopf beim Kammergericht in Berlin Beschwerde eingelegt. Ausweislich ihrer Beschwerde beantragt sie weiterhin, dass sowohl sie selbst als auch ihr Sohn als jeweils hälftige Erben ausgewiesen werden. Ferner beantragt sie hilfsweise, dass ein Europäisches Nachlasszeugnis ausgestellt wird, in welchem zu informatorischen Zwecken darauf hingewiesen wird, dass soweit ihre erbrechtlichen Ansprüche ein Viertel des Nachlasses betreffen, diese auf dem Güterstand der Zugewinngemeinschaft beruhen.

Das Kammergericht Berlin als das Vorlagegericht führt hierzu im Wesentlichen aus, dass es in der deutschen Literatur noch umstritten sei, ob § 1371 Abs. 1 BGB erbrechtlich oder güterrechtlich einzuordnen sei. Der Zweck der Vorschrift (Herbeiführung eines Ausgleichs des ehelichen Zugewinns nach Beendigung der Gütergemeinschaft) ende mit dem Tod eines Ehegatten, sodass diese nicht unter die Rechtsnachfolge „von Todes wegen“ im Sinne des Art. 1 Abs. 1 der EuErbVO falle. Vielmehr müsse die Regelung immer in solchen Fällen zur Anwendung gelangen, bei denen sich die Ehewirkungen nach deutschem Recht richteten. Eine Anwendung der Vorschrift ist dann nicht zu gewährleisten, wenn man sie als eine erbrechtliche Regelung ansähe. Ansonsten wäre nämlich ihr Anwendungsbereich auf solche Fälle beschränkt, in denen sich die Rechtsnachfolge nach den Art. 21 und 22 EuErbVO nach deutschem Erbrecht richte.

2. *Urteilsbegründung*

Zur Begründung der Entscheidung führt die zweite Kammer des Europäischen Gerichtshofes – in mehr oder minder gebotener Kürze – gleich mehrere Punkte aus. Die Einschätzung, dass es sich bei der Vorschrift des § 1371 Abs. 1 BGB um eine erbrechtliche und nicht um eine güterrechtliche Regelung handele, resultiere aus dem Umstand, dass der hauptsächliche Zweck des pauschalierten Zugewinnausgleichs nicht die Aufteilung der Vermögenswerte zwischen den Ehegatten sei, sondern die Aufteilung des Nachlasses unter den Erben.[1103] Demnach betreffe der pauschalierte Zugewinnausgleich nur diejenigen Rechte,

---

1103 EuGH, 01.03.2018, Rs. C 558/16 (*Mahnkopf*), ECLI:EU:C:2018:138 Rn. 40.

welche bereits zum Nachlassvermögen gezählt werden. Wie die bislang h. M. auch orientiert sich der EuGH bei der Begründung maßgeblich am Zweck der Vorschrift. Diesbezüglich kommt er allerdings zu einem abweichenden Ergebnis, indem er auf den Nachlass als solchen abstellt. Ferner sei eine erbrechtliche Qualifikation des § 1371 Abs. 1 BGB notwendig, um die Funktionsfähigkeit des Europäischen Nachlasszeugnisses als wesentliche Rolle bei der Abwicklung internationaler Erbfälle zu gewährleisten. Um die Ziele des Nachlasszeugnisses nämlich verfolgen zu können, müsse sichergestellt werden, dass die Wirkungen des Art. 69 EuErbVO auch für das pauschalierte Viertel des § 1371 Abs. 1 BGB gelten können. Dies wäre bei einer güterrechtlichen Qualifikation der Vorschrift gerade nicht möglich.[1104] Denn wenn das güterrechtliche Viertel als güterrechtliches Element über Art. 1 Abs. 2 lit. d) EuErbVO vom Anwendungsbereich der Erbrechtsverordnung ausgenommen ist, so kann eine Aufnahme nach Art. 68 EuErbVO in das Nachlasszeugnis auch nicht erfolgen.[1105]

II. Problemdarstellung und Stellungnahme

Im Folgenden soll näher dargelegt werden, welche Konsequenzen sich aus der erbrechtlichen Qualifikation des § 1371 Abs. 1 BGB ergeben. Zudem wird das EuGH Urteil einer kritischen Betrachtung unterzogen.

1104 EuGH, 01.03.2018, Rs. C 558/16 (*Mahnkopf*), ECLI:EU:C:2018:138 Rn. 32, so auch bereits *Süß*, ZEuP 2013, 725, 742; *Kleinschmidt*, RabelsZ 77 (2013), 723, 757 f.; Dutta/Weber/*Fornasier*, IntErbR, Art. 63 EuErbVO Rn. 31.

1105 Angesprochen wurde dieses Problem zuerst von *Dörner*, ZEV 2010, 223. Überwiegend wurde anschließend angenommen, das güterrechtliche Viertel doch im Nachlasszeugnis aufzunehmen. Wie dies im Einzelnen erfolgen sollte, war in Deutschland allerdings umstritten. Um die Effektivität des Nachlasszeugnisses zu sichern, hat *Dörner* diesbezüglich vorgeschlagen, güterrechtliche Regelungen „in erbrechtlichem Gewande" in die Beurteilung miteinzubeziehen (Dutta/Herrler, Tagungsband DNotI, Die EuErbVO, S. 73, 77). Darauf zielen auch die Ausführungen in Erwägungsgrund 12 der Erbrechtsverordnung ab, wonach die „Behörden, die mit einer bestimmten Erbsache nach dieser Verordnung befasst sind, [...] je nach den Umständen des Einzelfalls die Beendigung des ehelichen oder sonstigen Güterstands des Erblassers bei der Bestimmung des Nachlasses und der jeweiligen Anteile der Berechtigten berücksichtigen" sollten.

1. *Kritik an der Urteilsbegründung*

Die Entscheidung des EuGH in der Sache Mahnkopf ist gleich unter mehreren Gesichtspunkten kritikwürdig.[1106] Zum einen war die Qualifikation des § 1371 Abs. 1 BGB zumindest nach deutschem Kollisionsrecht bereits einheitlich beantwortet worden und nach jahrelanger Diskussion vermeintlich endgültig mit gewichtigen Argumenten zugunsten des Güterrechts entschieden. Auch nach Inkrafttreten der Erbrechtsverordnung wurde der pauschalierte Zugewinnausgleich des § 1371 Abs. 1 BGB zunächst noch güterrechtlicher Natur unterstellt mit der Begründung, dass die funktionalen Erwägungen zugunsten einer güterrechtlichen Qualifikation auf europäischer Ebene nicht anders seien.

a) *Argumente zugunsten einer erbrechtlichen Qualifikation des § 1371 Abs. 1 BGB*

Erfreulich ist zunächst, dass der EuGH mit seiner Entscheidung der teilweise vertretenen Doppelqualifikation[1107] ablehnend gegenübertritt, indem er bei seiner Betrachtung auf den Hauptzweck der Vorschrift abstellt. In diesem Punkt ist der Entscheidung zuzustimmen. Eine Bejahung der Doppelqualifikation auf europäischer Ebene wäre bereits aufgrund der unterschiedlichen Anwendungsbereiche der Erbrechts- und der Güterrechtsverordnung nach Art. 1 Abs. 2 lit. d) und Art. 1 Abs. 3 lit. d) nicht durchzuführen und zumindest mit der Grundidee des Ausschließlichkeitsverhältnisses der Erbrechtsverordnung zu anderen Rechtsakten[1108] nicht in Einklang zu bringen.[1109] Ferner würde die Doppelqualifikation des § 1371 Abs. 1 BGB dazu führen, dass das gesetzliche Erbrecht des hinterbliebenen Ehegatten nur dann um das pauschalierte Viertel erhöht wird, wenn sowohl Erb- als auch Güterstatut dem deutschen Recht unterfallen. Hierin

---

1106 So auch *Fornasier*, FamRZ 2018, 632, 634; *Kleinschmidt* spricht in ErbR 2018, 324, 327 in diesem Zusammenhang sogar von einem „zweiten Paukenschlag", nach der Entscheidung des EuGH vom 12. Oktober 2017, C-218/16, EU:C:2017:755 (*Kubicka*)); *Dutta* spricht davon, dass sich der Gerichtshof in der Entscheidung „mit gesunder Naivität dem Problem" nähert, ZEuP 2020, 897, 911.

1107 Die Vertreter der Doppelqualifikation wollten den pauschalierten Zugewinnausgleich des § 1371 Abs. 1 BGB nur dann zur Anwendung gelangen lassen, wenn sowohl das Güter- als auch das Erbstatut dem deutschen Recht unterfallen.

1108 Dutta/Weber/*J.P. Schmidt*, IntErbR, Art. 1 EuErbVO Rn. 9.

1109 In diesem Sinne auch die Schlussanträge des Generalanwalts *Maciej Szpunar*, BeckRS 2017, 138499 Rn. 60; *Mankowski*, ZEV 2014, 121, 127; *Gebauer*, IPRax 2018, 586, 587; *Fornasier*, FamRZ 2018, 860, 861.

würde eine Benachteiligung des hinterbliebenen Ehegatten liegen, welche ohne legitime Begründung erfolgen würde.[1110] Jedenfalls wären für den Fall, dass der gesetzliche Erbteil des hinterbliebenen Ehegatten nach ausländischem Erbrecht geringer oder genauso hoch ist wie nach § 1931 Abs. 1 BGB, sachliche Gründe für eine damit einhergehende Benachteiligung nicht ersichtlich.[1111] Der Anwendungsbereich des § 1371 Abs. 1 BGB würde durch eine Doppelqualifikation daher stark eingeschränkt.[1112]

In Bezug auf die Ausweisung des güterrechtlichen Viertels im Nachlasszeugnis kann der Entscheidung ebenfalls gefolgt werden. Denn so kann die güterrechtliche Qualifikation des § 1371 Abs. 1 BGB im Gegensatz zur erbrechtlichen Qualifikation die Funktionsfähigkeit des Nachlasszeugnisses im Grundsatz beeinträchtigen, da das pauschalierte Viertel aufgrund des fehlenden Anwendungsbereiches schlicht nicht – oder jedenfalls nicht mit der gewünschten Wirkung – ausgewiesen werden kann. Zwar ließe sich der pauschalierte Zugewinnausgleich in das Nachlasszeugnis aufnehmen, allerdings mit lediglich informatorischer Wirkung.[1113] Durch eine nunmehr vorzunehmende Ausweisung im Nachlasszeugnis nimmt das pauschalierte Viertel des § 1371 Abs. 1 BGB auch an dessen Wirkungen teil. Aus Erwägungsgrund 71 S. 3 der Erbrechtsverordnung geht nämlich hervor, dass sich die Beweiswirkung des Nachlasszeugnisses nicht auf solche Fragen bezieht, welche nicht in den Anwendungsbereich der Erbrechtsverordnung fallen. Die Folge der güterrechtlichen Qualifikation wäre daher, dass die erbrechtliche Stellung der hinterbliebenen Ehegatten unionsweit nur uneinheitlich beantwortet würde, ein europäischer Entscheidungseinklang daher nicht gewährleistet werden könnte.[1114] So ist beispielsweise denkbar,

---

1110 Vgl. *Looschelders*, IPRax 2009, 505, 509; *ders.*, in: FS von Hoffmann, S. 266, 273; *ders.*, in: FS Coester-Waltjen, 531, 534.

1111 *Looschelders*, in: FS Coester-Waltjen, 531, 534.

1112 Dutta/Weber/*J.P. Schmidt*, IntErbR, Art. 1 EuErbVO Rn. 44.

1113 So soll zwar eine Ausweisung im Nachlasszeugnis erfolgen, jedoch sollen die Wirkungen angeordnet in Art. 69 EuErbVO nicht die Ausweisung des güterrechtlichen Viertels betreffen, so jedenfalls wie teils bereits erwähnt der Vorschlag von *Dörner*, in: Dutta/Herrler, Tagungsband DNotI, Die EuErbVO, S. 73, 82; *ders.*, ZEV 2012, 505, 508; *Mankowski*, ZEV 2014, 121, 126; NK-BGB/*Nordmeier*, Art. 68 EuErbVO Rn. 20; Bonomi/Wautelet/*Wautelet*, Le droit européen des successions, Art. 68 Rn. 39.

1114 Dutta/Weber/*J.P. Schmidt*, IntErbR, Art. 1 EuErbVO Rn. 44; Dutta/Weber/*Fornasier*, IntErbR, Art. 63 EuErbVO Rn. 24; so wird durch die erbrechtliche Qualifikation nach den vom EuGH vorgenommenen Erwägungen die Funktionsfähigkeit des Nachlasszeugnisses und damit auch der europäische Effektivitätsgrundsatz gewahrt. Siehe hierzu EuGH, 01.03.2018, Rs. C 558/16 (*Mahnkopf*) = FamRZ 2018, 632, Rn. 42 f.;

dass das Güterrecht des Ausstellungsstaates eine Anwendung des § 1371 Abs. 1 BGB zulässt, während hingegen das Güterrecht im Staat der beabsichtigten Verwendung wegen unterschiedlicher Anknüpfung den pauschalierten Zugewinnausgleich nicht zur Anwendung gelangen lässt.[1115] Daran ändert auch die mittlerweile erfolgte Harmonisierung des europäischen Güterrechts nichts, da sie zum einen nicht auf Altehen anwendbar ist und zum anderen nur diejenigen Staaten bindet, die an der verstärkten Zusammenarbeit teilnehmen. Aus der Sicht desjenigen Staates, welcher das Nachlasszeugnis dann verwendet, ist der Inhalt des Zeugnisses im Hinblick auf die Erbteile unrichtig.[1116]

Allerdings ist auch eine erbrechtliche Qualifikation im Rahmen des Nachlasszeugnisses nicht frei von Nachteilen, sie zeigen sich vielmehr nur an anderer Stelle.[1117] Zum einen wird durch die erbrechtliche Qualifikation die Unwandelbarkeit des Güterrechtsstatuts ausgehöhlt, wenn sich durch einen Wechsel des gewöhnlichen Aufenthaltes des Erblassers das Erbstatut wandelt.[1118] Und zum anderen müsste vorab geklärt werden, ob die Tatbestandsmerkmale des § 1371 Abs. 1 BGB von einem ausländischen Güterrecht überhaupt erfüllt werden können.[1119] Dabei hätte der EuGH eine Entscheidung in Bezug auf die Qualifikationsfrage ohne Weiteres mit dem Hinweis umgehen können, dass eine Ausweisung des pauschalierten Viertels unabhängig davon erfolgen könnte, ob die Erbquote erbrechtlichen oder güterrechtlichen Vorschriften unterliege.[1120]

b) Argumente gegen eine erbrechtliche Qualifikation des § 1371 Abs. 1 BGB

In der restlichen Urteilsbegründung überzeugt die äußerst knapp gehaltene Entscheidung des EuGH allerdings nicht. Dem Erblasser ist es durch die erbrechtliche Qualifikation des § 1371 Abs. 1 BGB nunmehr möglich, vorab über die Begründung des gewöhnlichen Aufenthaltes die Erbquote des hinterbliebenen

---

vgl. auch Schlussanträge des Generalanwalts *Maciej Szpunar*, BeckRS 2017, 138499 Rn. 97 ff.

1115 Dutta/Weber/*Fornasier*, IntErbR, Art. 63 EuErbVO Rn. 24; *ders.*, FamRZ 2018, 634; *Kleinschmidt*, ErbR 2018, 327, 328.

1116 Dutta/Weber/*Fornasier*, IntErbR, Art. 63 EuErbVO Rn. 24; *ders.*, FamRZ 2018, 634; *Kleinschmidt*, ErbR 2018, 327 f.

1117 Dutta/Weber/*J.P. Schmidt*, IntErbR, Art. 1 EuErbVO Rn. 44.

1118 *Mankowski*, ZEV 2014, 121, 122.

1119 Dutta/Weber/*J.P. Schmidt*, IntErbR, Art. 1 EuErbVO Rn. 44.

1120 So beispielsweise vorgeschlagen von *Süß*, DNotZ 2018, 742, 745.

Ehegatten zu steuern.[1121] Insbesondere wird dadurch, dass der EuGH den Nachlass als solchen und nicht die bestehende vermögensrechtliche Sonderordnung in Augenschein nimmt, dem Charakter des Anspruchs des überlebenden Ehegatten auf einen rein pauschalierten Ausgleich des Zugewinns des § 1371 Abs. 1 BGB nicht in ausreichendem Maße gerecht.[1122] Der Erwägung, dass der hauptsächliche Zweck des pauschalierten Zugewinnausgleichs die Aufteilung des Nachlasses unter den Erben sei, kann nicht gefolgt werden. Dem sind die gleichen Argumente entgegenzuhalten wie bereits im Rahmen der Qualifikation auf kollisionsrechtlicher Ebene: Hat der pauschalierte Zugewinnausgleich im *Ergebnis* zwar erbrechtliche Wirkung, da sich die Erbquote des hinterbliebenen Ehegatten entsprechend ändert, so ändert dies jedoch nichts an dem wesentlichen Umstand, dass der Ausgleich *zuvor* güterrechtlicher Natur ist. Der Zugewinnausgleich soll maßgeblich dem Umstand entsprechen, dass die Eheleute zuvor im gesetzlichen Güterstand der Zugewinngemeinschaft gelebt haben. Zwar erkennt der EuGH in seiner Entscheidung an, dass der pauschalierte Zugewinnausgleich auch güterrechtliche Zwecke verfolgt. Wenn sich der EuGH allerdings doch im Rahmen seiner Begründung bereits an dem Hauptzweck der Vorschrift orientiert, so leuchtet nicht ein, wieso den güterrechtlichen Zwecken der Norm nicht der Vorrang eingeräumt wird. Der ursprüngliche Zweck des pauschalierten Zugewinnausgleichs ändert sich auch unter der Geltung der Erbrechtsverordnung nicht. Diese unterschiedliche Qualifikation durch den EuGH lässt sich nur mit den divergierenden Bezugspunkten der Qualifikation begründen: Nach Art. 1 Abs. 1 S. 1 EuErbVO wird der Umfang der Rechtsnachfolge von Todes wegen nach dem EuGH auf alle Rechtsfragen erstreckt, welche sich auf die Nachlassverteilung beziehen.[1123] Art. 1 Abs. 2 lit. d) EuErbVO hingegen widmet sich der Aufteilung des Vermögens zwischen den Ehegatten und ist vom Anwendungsbereich der Verordnung ausgeschlossen. Bei dieser Betrachtungsweise spricht für die erbrechtliche Qualifikation durch den EuGH, dass sich § 1371

1121 *Schellenberger*, in: Gierl/Köhler/Kroiß/Wilsch, IntErbR, Länderbericht Deutschland, Rn. 21.

1122 NK-BGB/*Looschelders*, Art. 1 EuErbVO Rn. 31; krit. insoweit auch *J. Weber*, NJW 2018, 1356 f.

1123 Art. 3 Abs. 1 lit. a) EuErbVO definiert den Begriff der Rechtsnachfolge von Todes wegen näher. Davon umfasst wird „jede Form des Übergangs von Vermögenswerten, Rechten und Pflichten von Todes wegen, sei es im Wege der gewillkürten Erbfolge durch eine Verfügung von Todes wegen oder im Wege der gesetzlichen Erbfolge".

Abs. 1 BGB auf solche Vermögenswerte bezieht, die bereits Teil des Nachlasses sind.[1124]

Zudem ist im Rahmen der Bewertung der Entscheidung miteinzubeziehen, dass sich weder der Erbrechtsverordnung noch der Güterrechtsverordnung irgendeine Art Qualifikationsentscheidung zugunsten einer erbrechtlichen Einordnung entnehmen lässt. Insbesondere ist dem Art. 23 Abs. 2 lit. b) EuErbVO, welcher von „Nachlassansprüchen des überlebenden Ehegatten" spricht, nicht die Wertung zu entnehmen, dass der güterrechtliche Ausgleichsanspruch hierunter zu fassen wäre.[1125] Dieser weiten Interpretation der Vorschrift steht auch Art. 1 Abs. 2 lit. d) EuErbVO entgegen, welcher den Anwendungsbereich der Fragen des ehelichen Güterrechts festlegt.[1126] Vielmehr werden von Art. 23 Abs. 2 lit. b) EuErbVO lediglich erbrechtliche Berechtigungen erfasst, nicht jedoch jegliche gegen den Nachlass gerichteten Ansprüche des hinterbliebenen Ehegatten.[1127] Zwar lässt sich auch aus der Güterrechtsverordnung keine eindeutige Qualifikationsentscheidung zugunsten einer güterrechtlichen Qualifikation des § 1371 Abs. 1 BGB entnehmen. Art. 1 Abs. 2 lit. d) EuGüVO schließt „die Rechtsnachfolge nach dem Tod eines Ehegatten" aus und wird von Art. 27 lit. e) EuGüVO ergänzt, wonach das Güterstatut „die Auflösung des ehelichen Güterstands und die Teilung, Aufteilung oder Abwicklung des Vermögens" umfasst. Unter Heranziehung des Erwägungsgrundes 18 S. 1 der Güterrechtsverordnung, wonach sich der Anwendungsbereich der Verordnung auf die „güterrechtliche Auseinandersetzung, insbesondere infolge des Todes eines Ehegatten" beziehen soll, lässt sich sogar eher eine Tendenz hin zu einer güterrechtlichen Qualifikation des § 1371 Abs. 1 BGB entnehmen.[1128]

1124 EuGH, 01.03.2018, Rs. C 558/16 (*Mahnkopf*), ECLI:EU:C:2018:138 Rn. 40.

1125 Dutta/Weber/*Weber*, IntErbR, Einl. Rn. 60; Geimer/Schütze/*Odersky*, Art. 23 EuErbVO Rn. 15.

1126 *Heinig*, DNotZ 2014, 251, 255; Rauscher/*Hertel*, Art. 23 EuErbVO Rn. 12; *Kleinschmidt*, RabelsZ 77 (2013), 723, 753; Dutta/Weber/*J.P. Schmidt*, Art. 1 EuErbVO Rn. 37.

1127 MüKo-BGB/*Dutta*, Art. 23 EuErbVO Rn. 10; *Heinig*, DNotZ 2014, 251, 255; Rauscher/*Hertel*, Art. 23 EuErbVO Rn. 12; *Kleinschmidt*, RabelsZ 77 (2013), 723, 753; NK-BGB/*Looschelders*, Art. 23 EuErbVO Rn. 11; Dutta/Weber/*J.P. Schmidt*, Art. 1 EuErbVO Rn. 37.

1128 *Mankowski*, ZEV 2016, 479, 481 f.; *ders.*, ZEV 2014, 121, 126; *Heinig*, DNotZ 2014, 251, 257; *Kunz*, GPR 4/2012, 253; *Martiny*, IPRax 2011, 437, 445; *Müller-Lukoschek*, EuErbVO, § 2 Rn. 84 (2013); *Weber*, DNotZ 2016, 424, 429. Siehe hierzu insgesamt auch sehr ausführlich *Konvalin*, ENZ, S. 103 f.

Nichtsdestotrotz handelt es sich bei der Entscheidung des EuGH trotz erheblicher Bedenken um eine für den Rechtsanwender verbindliche Entscheidung. Fortan ist im Geltungsbereich der Erbrechtsverordnung der pauschalierte Zugewinnausgleich des § 1371 Abs. 1 BGB erbrechtlich zu qualifizieren, sodass § 1371 Abs. 1 BGB bei deutschem Erbrecht und italienischem Güterstatut zur Anwendung berufen ist. Trotz alledem war die Entscheidung des EuGH nicht vollends überraschend. Es dürfte nämlich zu erwarten gewesen sein, dass zur Vereinfachung der grenzüberschreitenden Abwicklung des Nachlasses das Erbstatut durch den EuGH eher weit verstanden werden würde, gerade um die Funktionsfähigkeit des Nachlasszeugnisses zu gewährleisten. Zudem lässt sich der Entscheidung des EuGH entnehmen, dass er sich im Rahmen seiner Entscheidungsfindung nicht annähernd an der Einordnung des nationalen Gesetzgebers orientiert hat.

2. *Folgeprobleme und Lösungsansätze*

Nunmehr gilt es zu betrachten, welche Konsequenzen und Folgeprobleme sich aus der erbrechtlichen Qualifikation des pauschalierten Zugewinnausgleichs ergeben. Dabei sind je nach Sachlage unterschiedliche Konstellationen denkbar. Zunächst soll der Fall skizziert werden, bei dem das deutsche Recht das Erbstatut bildet, das ausländische Recht hingegen das Güterstatut bildet. Im Speziellen ist bei den weiteren Betrachtungen auf das Verhältnis zum italienischen Recht einzugehen. Im Wesentlichen geht es aber um die Frage, ob über § 1371 Abs. 1 BGB eine Erhöhung des Erbteils vollzogen werden kann und der gesetzliche Erbteil nach § 1371 Abs. 1 BGB ersetzt werden kann. Ferner ist zu klären, wie zu verfahren ist, wenn eine Ersetzung des gesetzlichen Erbteils nicht erfolgen kann.

a) *Deutsches Erbstatut und italienisches Güterstatut*

Hatte der Erblasser seinen letzten gewöhnlichen Aufenthalt in Deutschland (Art. 21 Abs. 1 EuErbVO) oder ist das deutsche Erbrecht aufgrund einer Rückverweisung nach Art. 34 Abs. 1 EuErbVO anwendbar, so richtet sich die Erbfolge nunmehr unabhängig von der Staatsangehörigkeit des Erblassers nach deutschem Erbrecht. In diesem Fall wird der erbrechtlich qualifizierte § 1371 Abs. 1 BGB neben der Vorschrift des § 1931 BGB zur Anwendung kommen. Haben die Ehegatten demnach im Güterstand der Zugewinngemeinschaft nach deutschem Recht gelebt, so wird die Erbquote des hinterbliebenen Ehepartners nach den §§ 1931 Abs. 3, 1371 Abs. 1 BGB berechnet und im Nachlasszeugnis ausgewiesen. In seiner Ausgangslage nimmt der pauschalierte Zugewinnausgleich daher Bezug auf das deutsche Güterrecht. Gelangt neben dem deutschen Erbstatut hingegen nicht deutsches, sondern ausländisches Güterstatut zur Anwendung, so ist fraglich, ob der ausländische Güterstand auch unter das Tatbestandsmerkmal der „Zugewinngemeinschaft" im Sinne des § 1371 Abs. 1 BGB gefasst werden kann. Die Berufung ausländischen Güterrechts führt nicht zwingend dazu, dass die Tatbestandsvoraussetzungen des § 1371 Abs. 1 BGB nicht auch durch das ausländische Recht erfüllt sein können. Diese sog. Ersetzung ist eine Frage der Substitution.[1129] Im Rahmen der Entscheidung des EuGH vom 01.03.2018 musste auf diese Fragestellung nicht weiter eingegangen werden, da sich in dem zugrundeliegenden Fall das Güterstatut sowieso nach deutschem Recht richtete.

aa) Substitution

Unter der Geltung der Erbrechtsverordnung und der nunmehr erbrechtlichen Qualifikation des pauschalierten Zugewinnausgleichs durch den EuGH stellt sich die oben bereits aufgeworfene Frage der Substitution demnach im umgekehrten Fall des ausländischen Güterstatuts.[1130] Diese Substitution setzt zunächst voraus, dass es der pauschalierte Zugewinnausgleich des § 1371 Abs. 1 BGB nach seinem Sinn und Zweck überhaupt zulässt, dass eine ausländische güterrechtliche Vorschrift unter die Norm subsumiert werden kann.[1131] Fraglich ist demnach, ob § 1371 Abs. 1 BGB eine derart starke materiellrechtliche Bindung zum deutschen Güterrecht aufweist, dass die Vorschrift bei der Berufung ausländischen Güterrecht nicht zur Anwendung gelangen kann.[1132] Der Wesensgehalt des fremden Güterstandes muss demnach der deutschen Zugewinngemeinschaft entsprechen, es muss also eine funktionelle Gleichwertigkeit zwischen dem ausländischen und dem deutschen Rechtsinstitut in Bezug auf den Auflösungsmechanismus beim Tod eines Ehegatten bestehen.[1133] Ergänzend hierzu wurde in

---

1129 *Mankowski*, ZEV 2016, 479, 483; Geimer/Schütze/*Odersky*, EuErbVO, Art. 23 Rn. 17.

1130 *Kleinschmidt*, in: Europäisches Familien- und Erbrecht, S. 131, 150; NK-BGB/*Looschelders*, Art. 1 EuErbVO Rn. 33.

1131 *Dörner*, ZEV 2018, 305, 307; *Mankowski*, ZEV 2016, 479, 483; Geimer/Schütze/*Odersky*, Art. 23 EuErbVO Rn. 17; MüKo-BGB/*v. Hein*, Einl. IPR Rn. 232 (2018); *Mansel*, FS Kropholler 2008, S. 353, 367; *Rehm*, RabelsZ 64 (2000), 104, 106 f.

1132 NK-BGB/*Looschelders*, Art. 1 EuErbVO Rn. 33.

1133 Vgl. BGH, Beschluss v. 13.5.2015 – IV ZB 30/14 Rn. 33 = NJW 2015, 2185; OLG Schleswig, Beschluss v. 19.8.2013 – 3 Wx 60/13 = NJW 2014, 88, 90; NK-Nachfolgerecht/*Köhler*, Art. 23 EuErbVO Rn. 19, vor Art. 20-38 EuErbVO Rn. 36; *Kropholler*, IPR, § 33 II, S. 231 ff.; Grüneberg/*Thorn*, BGB, vor Art. 3 EGBGB Rn. 31 (2019); *v. Bar/Mankowski*, IPR, § 7 Rn. 239 ff.; MüKo-BGB/*v. Hein*, Einl. IPR Rn. 235 ff. (2018).

der deutschen Literatur und Rechtsprechung angeführt, dass eine Abgeltung des güterrechtlichen Ausgleichs durch die erbrechtliche Nachlassbeteiligung nicht erfolgen darf.[1134] Es kommt demnach maßgeblich darauf an, wie das ausländische Güterrecht im Einzelfall ausgestaltet ist.[1135] Die Gesetzesmotive zu § 1371 Abs. 1 BGB, welche Aufschluss über den Wesensgehalt der Vorschrift und damit eine Hilfestellung für die Bewertung der Gleichwertigkeit geben könnten, sind bedauerlicherweise nicht sehr hilfreich.[1136] Dabei kommt es nicht auf die bloße Bezeichnung des ausländischen Güterstandes an, weder im ausländischen Recht selbst noch in der deutschen Übersetzung.[1137] Maßgeblich ist vielmehr ausschließlich die Funktion, die mit dem Güterstand erfüllt werden soll.[1138] Von funktioneller Gleichwertigkeit ist in jedem Fall dann nicht auszugehen, wenn das ausländische Güterrecht für die Ehegatten entweder den Güterstand der Gütertrennung oder aber der Gütergemeinschaft vorgesehen hat.[1139] Dabei verbietet sich eine stets pauschale Betrachtungsweise, wie sonst auch bedarf es auch hier einer konkreten Betrachtung des jeweiligen Einzelfalls.[1140] Auch bei einer Gütergemeinschaft wie im italienischen Zivilrecht hat die güterrechtliche Abwicklung der erbrechtlichen Verteilung des Nachlasses dem Grunde nach Vorrang, ist sie doch der erbrechtlichen Nachlassverteilung naturgemäß vorgelagert, sodass auch hier für eine Anwendung des pauschalierten Zugewinnausgleichs nach

1134 Siehe auch OLG Schleswig, Beschluss v. 19.8.2013 – 3 Wx 60/13 = NJW 2014, 88, 90; MüKo-BGB/*Siehr*, Art. 15 EGBGB Rn. 107 (2015); MüKo-BGB/*Dutta*, Art. 25 EGBGB Rn. 157 (2015); Staudinger/*Dörner*, Art. 25 EGBGB Rn. 36; Grüneberg/*Thorn*, BGB, Art. 15 EGBGB Rn. 26 (2019); Erman/*Hohloch*, Art. 25 EGBGB Rn. 37 (2014); NK-BGB/*Looschelders*, Art. 15 EGBGB Rn. 12.

1135 Dutta/Weber/*Fornasier*, IntErbR, Art. 63 EuErbVO Rn. 32.

1136 *Süß*, DNotZ 2018, 742.

1137 *Süß*, DNotZ 2018, 742, 752.

1138 BGH, Beschluss v. 13.5.2015 – IV ZB 30/14 = NJW 2015, 2185 Rn. 25; BGH, Beschluss v. 04.10.1989 – IV b ZB 9/88 = NJW 1990, 634, 635.

1139 NK-BGB/*Looschelders*, Art. 1 EuErbVO Rn. 34. Bei der Beurteilung der funktionellen Gleichwertigkeit kommt es zudem auf den Schwerpunkt der ausländischen Sachnorm an. Wenn der italienischen Vorschrift gegebenenfalls untergeordnete güterrechtliche Zwecke zuzusprechen sind, so ist dies unerheblich, solange sie im Ergebnis nicht den überwiegenden Zweck der Vorschrift ausmachen. Siehe hierzu treffend Staudinger/*Dörner*, Art. 25 EGBGB Rn. 36.

1140 Dutta/Weber/*Fornasier*, IntErbR, Art. 63 EuErbVO Rn. 32; *J. P. Schmidt*, ErbR 2020, 91, 95.

§ 1371 Abs. 1 BGB kein Anwendungsbereich besteht.[1141] Ansonsten würde bei Anwendung ein gehäufter Ausgleich durchgeführt werden.[1142] Das italienische Recht sieht somit nach seinem Güterrecht keine Erbteilserhöhung vor, sondern vielmehr einen anderen Kompensationsmechanismus als das deutsche Recht.[1143] Die Gütergemeinschaft des italienischen Zivilrechts führt bereits während des Bestands der Ehe zur einer gemeinschaftlichen Vermögensmasse, welche bei Beendigung der Ehe durch den Tod dinglich auseinandergesetzt wird; der Errungenschaftsanteil wird dem hinterbliebenen Ehegatten demnach immer nur auf güterrechtlichem Wege zuteil.[1144] Ein schuldrechtlicher Zugewinnausgleich erfolgt in diesen Fällen nicht. So würde eine Erhöhung des Erbteils bei Anwendung des pauschalierten Zugewinnausgleichs ohne Differenzierung des jeweils ausländischen Güterstandes zu einer völlig zufälligen Privilegierung führen, die nicht gewollt sein kann. Sieht das ausländische Güterrecht einen der erbrechtlichen Nachlassverteilung vorgelagerten güterrechtlichen Ausgleichsmechanismus vor, so ist eine Erbteilserhöhung nicht erforderlich, um die Beendigung des Güterstandes zu berücksichtigen.[1145] Im Ergebnis ist daher festzuhalten, dass bei deutschem Erbstatut und gleichzeitig berufenem italienischem Güterstatut eine pauschalierte Erhöhung nach § 1371 Abs. 1 BGB durch das Instrument der Substitution nicht vollzogen werden kann, da die erforderliche funktionelle Gleichwertigkeit der Güterstände in diesem Fall nicht gegeben ist. Für den überlebenden Ehegatten ergibt sich in diesem Fall dann eine Erbquote von einem Viertel, § 1931 Abs. 1 BGB. Dies ist weniger, als das deutsche (hier würde die Hälfte zugesprochen) oder aber das italienische (in diesem Fall käme dem Hinterbliebenen bei Zusammentreffen mit mehr als einem Kind eine Quote von 1/3 zugute, ansonsten die Hälfte) Erb- und Güterstatut bei einer jeweils einheitlichen Anwendung dem hinterbliebenen Ehegatten zusprechen würden. Faktisch führt die erbrechtliche Qualifikation des § 1371 Abs. 1 BGB durch den EuGH also letztlich im Ergebnis zu einer Art Doppelqualifikation, da die Vorschrift

---

1141 *J. Weber*, NJW 2018, 1356, 1358; *Fornasier*, FamRZ 2018, 860, 861. *J. P. Schmidt* spricht in diesem Zusammenhang von einer „eigenwilligen Mischlösung" des deutschen Rechts und geht daher davon aus, dass es nur in sehr seltenen Fällen zu einer Subsumtion kommen wird, ErbR 2020, 91, 95.

1142 *Fornasier*, FamRZ 2018, 635; *Kleinschmidt*, ErbR 2018, 324, 328; *Mankowski*, ErbR 2018, 295, 303; *J. P. Schmidt*, ErbR 2020, 91, 95; *J. Weber*, NJW 2018, 1356, 1358, *Dörner*, ZEV 2018, 305, 307.

1143 *J. Weber*, NJW 2018, 1356, 1358.

1144 *J. P. Schmidt*, ErbR 2020, 91, 95.

1145 *Kleinschmidt*, in: Europäisches Familien- und Erbrecht, S. 131, 151.

danach nur dann zur Anwendung gelangen kann, wenn sowohl Erb- als auch Güterstatut dem deutschen Recht unterfallen.[1146] Dadurch, dass eine Substitution in diesem Fall nicht vollzogen werden kann, führt dies zu möglicherweise unangemessenen Ergebnissen bei der Ermittlung der Erbquoten.

bb) Anpassung

(1) Anpassungsmöglichkeit auf europäischer Ebene

Fraglich ist, ob diese Ergebnisse auf europäischer Ebene im Wege einer Anpassung nachträglich zu korrigieren sind. Auf deutscher Ebene hat bereits die güterrechtliche Qualifikation des § 1371 Abs. 1 BGB zu zahlreichen Fragestellungen im Rahmen der Anpassung geführt. Die Möglichkeit der Anpassung ist nicht nur auf kollisionsrechtlicher Ebene gegeben, auch im Bereich der Erbrechtsverordnung wird von einer Anpassungsmöglichkeit ausgegangen (vgl. hierzu die nicht abschließend zu wertenden Artt. 31-33 EuErbVO); zudem möchte die Verordnung weitere Formen der Anpassung ausweislich Erwägungsgrund 17 nicht ausschließen.[1147] Ferner lässt sich auch aus Erwägungsgrund 12 S. 2 zur Erbrechtsverordnung entnehmen, dass im Rahmen der Erbrechtsverordnung von einer Anpassungsmöglichkeit Gebrauch gemacht werden kann.[1148] Genauso wie das Institut der Anpassung dem Rechtsanwender ein großes Maß an Flexibilität einräumt, birgt sie andererseits genau deshalb auch eine große Schwäche: Gewichtet jedes Gericht im Rahmen der Bestimmung der Erbquoten andere für sie maßgebliche Gesichtspunkte, kommt es stets zu unvorhersehbaren und voneinander abweichenden Ergebnissen bei der Festsetzung derselben.[1149] Gleiches gilt bei der nunmehr erbrechtlichen Qualifikation des § 1371 Abs. 1 BGB, die ebenfalls nicht frei von Anpassungsproblemen ist.

1146 *J. P. Schmidt*, ErbR 2020, 91, 95; *ders.*, in: Dutta/Weber, IntErbR, Art. 1 EuErbVO Rn. 44; NK-BGB/*Looschelders*, Art. 1 EuErbVO Rn. 34.

1147 Dutta/Weber/*Weber*, IntErbR, Einl. Rn. 105, 108 f.

1148 Bonomi/Wautelet/*Bonomi*, Le droit européen des successions Art. 1 EuErbVO Rn. 29. Erwägungsgrund 12 S. 2 spricht davon, dass „je nach Umständen des Einzelfalls die Beendigung des ehelichen oder sonstigen Güterstands des Erblassers bei der Bestimmung des Nachlasses und der jeweiligen Anteile der Berechtigten" berücksichtigt werden soll.

1149 *Schotten/Schmellenkamp*, IPR in der notariellen Praxis, Rn. 288i mit Verweis auf Rn. 50.

(2) Anpassungsbedarf und Ergebnis

Im Falle deutschen Erbstatutes und italienischen Güterstatutes zeichnet sich daher folgendes Bild: Dadurch, dass eine Substitution mangels funktioneller Gleichwertigkeit des italienischen Güterstandes nicht vollzogen werden kann, bleibt eine Erbteilserhöhung nach § 1371 Abs. 1 BGB außer Betracht. Da die italienische Errungenschaftsgemeinschaft einen güterrechtlichen Ausgleich bezweckt, erhält der hinterbliebene Ehegatte bei einem Auseinanderfallen von Erb- und Güterstatut möglicherweise eine geringere Erbquote als ihm bei einer einheitlichen Anwendung der jeweiligen Statute zuteilwürde. Das Güterstatut ist aufgrund der erbrechtlichen Qualifikation des „güterrechtlichen Viertels" nicht dazu berufen, eine Entscheidung über die Erbteilserhöhung zu treffen.[1150] Auf der anderen Seite ist zu berücksichtigen, dass im Rahmen der italienischen Errungenschaftsgemeinschaft der Zugewinnausgleich auch in einem Erbfall auszurechnen und an den hinterbliebenen Ehegatten auszuzahlen ist. Die Anwendbarkeit deutschen Erbrechts kann diesen güterrechtlichen Ausgleich nach italienischem Güterrecht nicht verhindern.[1151] Eine pauschalierte Erhöhung nach § 1371 Abs. 1 BGB kann daher bereits aus diesem Grunde nicht erfolgen, da es ansonsten zu einem doppelten Ausgleich zugunsten des hinterbliebenen Ehegatten kommen würde.[1152] In der Folge ist also fraglich, ob das so gefundene Ergebnis im Wege der Anpassung dahingehend anzugleichen ist, dass der Erbteil des hinterbliebenen Ehegatten auf diejenige Quote anzuheben ist, die der Hinterbliebene jedenfalls nach der für ihn ungünstigsten Regelung erhalten würde.[1153]

Treffen deutsches Erbstatut und italienisches Güterstatut zusammen, so steht dem hinterbliebenen Ehegatten eine Erbquote von lediglich ¼ zu, welche sich aus der Anwendung des § 1931 Abs. 1 BGB ergibt. Der pauschalierte Zugewinnausgleich nach § 1371 Abs. 1 BGB gelangt aufgrund der fehlenden funktionellen Gleichwertigkeit nicht zur Anwendung, sodass eine Erhöhung um das güterrechtliche Viertel nicht vollzogen werden kann. Haben die Ehegatten allerdings im italienischen Güterstand der Errungenschaftsgemeinschaft gelebt, so steht dem hinterbliebenen Ehegatten nach italienischem Güterstatut noch ein Ausgleichsanspruch aus dieser Errungenschaftsgemeinschaft zu. Die Höhe des

---

1150 *Süß*, DNotZ 2018, 742, 751.

1151 *Süß*, DNotZ 2018, 742, 751.

1152 *Fornasier*, FamRZ 2018, 635; *Kleinschmidt*, ErbR 2018, 324, 328; *Mankowski*, ErbR 2018, 295, 303; *J. Weber*, NJW 2018, 1356, 1358, *Dörner*, ZEV 2018, 305, 307.

1153 Staudinger/*Dörner*, BGB, Art. 25 EGBGB Rn. 754 (2007).

Ausgleichsanspruchs ist im Einzelfall genau zu bestimmen und hängt maßgeblich davon ab, in welchem Umfang sich das eheliche Vermögen im Laufe der Ehe gemehrt hat. Im Einzelfall kann es daher sein, dass der Anspruch aus der Errungenschaftsgemeinschaft nicht an die Quote herankommt, die dem hinterbliebenen Ehegatten bei der Anwendung des pauschalierten Zugewinnausgleichs über § 1371 Abs. 1 BGB zuteil geworden wäre. Nichtsdestotrotz ist ein Anpassungsbedarf in dieser Konstellation nicht zu bejahen, da über den Ausgleichsanspruch aus der Errungenschaftsgemeinschaft im italienischen Güterrecht zumindest im Regelfall von einem angemessenen Ausgleich für den Hinterbliebenen auszugehen ist.

Bei der Berechnung der nachher zu bildenden Erbquote ist allerdings zu beachten, dass eine Zusammenrechnung des erbrechtlichen Viertels nach § 1931 Abs. 1 BGB und des Ausgleichsanspruchs aufgrund der Errungenschaftsgemeinschaft nach italienischem Recht gerade nicht erfolgen kann.[1154] Die Addition verbietet sich allein schon deshalb, da sich die Auflösung der Errungenschaftsgemeinschaft und das Viertel nach § 1931 Abs. 1 BGB auf zeitlich voneinander zu unterscheidende Vorgänge beziehen. So ist die Auflösung der Errungenschaftsgemeinschaft nach italienischem Recht durch Tod des einen Ehegatten der Bestimmung des Nachlasses zeitlich vorgelagert und wird daher vorab vorgenommen. Das erbrechtliche Viertel nach § 1931 Abs. 1 BGB bezieht sich dementsprechend nur noch auf das, was nach Auflösung der Errungenschaftsgemeinschaft übrig geblieben ist, demnach auf den verbliebenen Restnachlass. Zunächst ist demnach die Auflösung des Güterstandes zu vollziehen, um davon ¼ des Nachlasses bestimmen zu können. Dies steht auch nicht im Widerspruch zum deutschen Recht, wonach die Erbquote im deutschen Güterrecht ebenfalls lediglich ¼ beträgt, sodass das so gefundene Ergebnis nicht weiter zu beanstanden ist.

b) *Italienisches Erbstatut und deutsches Güterstatut*

Bei einer Zusammenkunft von italienischem Erbstatut und deutschem Güterstatut hingegen ist zu fragen, ob die gesetzliche Erbquote des hinterbliebenen Ehegatten, die nach italienischem Recht zu ermitteln ist, einer Erhöhung nach §§ 1931 Abs. 3, 1371 Abs. 1 BGB zu unterziehen ist oder nicht. Dabei ist zunächst zu unterscheiden, mit wie vielen Abkömmlingen der hinterbliebene Ehegatte

---

1154 Auch *Reiß* sieht eine strikte Trennung zwischen der Aufteilung des Gesamtgutes und der Erbfolge nach dem verstorbenen Ehegatten vor, Internationales ErbR, Rn. 372.

zusammentrifft. Je nach Anzahl der Kinder ergeben sich unterschiedliche Quoten, welche einer getrennten Betrachtung bedürften.

aa) Zusammentreffen mit einem Kind

Trifft der hinterbliebene Ehegatte mit einem Kind zusammen, so erhält er nach italienischem Erbrecht eine Erbquote von ½, Art. 581 CC. Das deutsche Erbrecht sähe bei einer Anwendung die gleiche Erbquote wie das italienische Erbrecht vor, § 1931 Abs. 1 i. V. m. § 1371 Abs. 1 BGB. Zusätzlich zur Erbquote von ½ ist zudem fraglich, ob der güterrechtliche Ausgleichsanspruch von § 1371 Abs. 2 BGB hinzugerechnet werden kann. Hierbei ist zu beachten, dass der hinterbliebene Ehegatte nach italienischem Erbrecht allerdings bereits so viel erhält, wie er erhalten würde, wäre er nach deutschem Recht Erbe geworden. In diesem Fall erscheint es geboten, den rechnerischen Zugewinnausgleich nach § 1371 Abs. 2 BGB gar nicht erst zu Anwendung kommen zu lassen. Ein rechnerischer Ausgleich über Art. 1371 Abs. 2 BGB stellt zumindest bei Zusammentreffen mit einem Nachkommen eine nicht hinzunehmende Übervorteilung des hinterbliebenen Ehegatten dar. Da bei vorliegender Konstellation allerdings sowohl nach deutschem Recht als auch nach italienischem Recht eine Erbquote von ½ gegeben wäre, bedarf es demnach auch in dieser Zusammenstellung keiner Anpassung. Vielmehr ist lediglich der rechnerische Zugewinnausgleich des § 1371 Abs. 2 BGB schlicht nicht anzuwenden. Daher bedarf es an dieser Stelle noch nicht der Beantwortung der Frage, ob der § 1371 Abs. 2 BGB bei einer Erbenstellung überhaupt zur Anwendung gelangt.[1155]

bb) Zusammentreffen mit mehr als einem Kind

Trifft der hinterbliebene Ehegatte mit mehr als einem Kind zusammen, so beläuft sich die Erbquote nach italienischem Recht auf 1/3 des Nachlasses, Art. 581 CC. Dies ist weniger, als dem hinterbliebenen Erblasser bei der bloßen Anwendung deutschen Rechts zustünde, wo ihm die Hälfte des Nachlasses zugesprochen werden würde. In diesem Fall lässt sich darüber nachdenken, zusätzlich zum italienischen erbrechtlichen Drittel nach Art. 581 CC dem hinterbliebenen Ehegatten den rechnerischen Zugewinnausgleich nach § 1371 Abs. 2 BGB zu

---

1155 Die Anwendung des § 1371 Abs. 2 BGB gilt nach dem Wortlaut nur für den Fall, dass der überlebende Ehegatte nicht Erbe geworden ist. Darauf, wie die Vorschrift zu verstehen ist und ob der Erbe mit einzubeziehen ist, soll in der nachfolgenden Konstellation eingegangen werden.

gewähren, um diese Diskrepanz durch die Anwendung ausländischen Erbrechts aufzufangen.

Fraglich ist hierzu allerdings zunächst, ob die Vorschrift überhaupt zur Anwendung gelangen kann, dem hinterbliebenen Ehegatten als gesetzlichem Erbe der rechnerische Zugewinnausgleich daher überhaupt zuteil wird. Der Wortlaut der Vorschrift sieht nämlich vor, dass der rechnerische Zugewinnausgleich über die weiteren Vorschriften der §§ 1373-1383, 1390 BGB nur dann verlangt werden kann, wenn der überlebende Ehegatte nicht Erbe geworden ist und ihm kein Vermächtnis zusteht. Bei Zusammentreffen mit einem Kind beträgt die Quote für den überlebenden Ehegatten ½ des Nachlasses, bei mehr als einem Kind lediglich 1/3 des Nachlasses. Ein zusätzlicher rechnerischer Ausgleich würde nach dem Wortlaut bei einer Erbschaft daher gar nicht anfallen.[1156] Der hinterbliebene Ehegatte als Erbe würde demnach keinen rechnerischen Zugewinnausgleich nach § 1371 Abs. 2 BGB geltend machen können. Allerdings würde so eine Lücke in der Gesetzesanwendung der §§ 1371 ff. BGB entstehen, da dies dazu führen würde, dass der hinterbliebene Ehegatte von vornherein keinen Anspruch auf einen pauschalierten Zugewinnausgleich hätte.[1157] Der Zugewinn könnte nur dann vom hinterbliebenen Ehegatten geltend gemacht werden, wenn dieser das ihm zuteil gewordene Erbe ausschlägt und damit in den Geltungsbereich der §§ 1371 Abs. 2, 1372 BGB fällt. Dies kann allerdings nicht im Sinne der Vorschrift sein und kann vom Erben auch nicht verlangt werden. Daher ist dem hinterbliebenen Ehegatten zusätzlich ein Anspruch auf den rechnerischen Zugewinnausgleich dadurch einzuräumen, dass man die Vorschriften der §§ 1371 Abs. 2, 1372 BGB teleologisch reduziert.[1158] Die Vorschrift ist demnach so zu lesen, dass „der überlebende Ehegatte nicht Erbe oder Vermächtnisnehmer im Sinne des BGB" geworden sein darf. Die güterrechtliche Abwicklung erfolgt dann konkret nach deutschem Recht nach den §§ 1371 Abs. 2, 1373 ff. BGB, zusätzlich zur Nachlassbeteiligung unter italienischem Erbrecht.[1159]

1156 *Fornasier*, FamRZ 2018, 634, 635.

1157 *J. Weber*, NJW 2018, 1256, 1358.

1158 So im Ergebnis auch *Andrae*, IPRax 2018, 221, 225 f.; *Dörner*, ZEV 2018, 305, 309; *Fornasier*, FamRZ 2018, 634, 635; *Süß*, DNotZ 2018, 742, 747; *J. Weber*, NJW 2018, 1256, 1358.

1159 Vgl. hierzu zudem die Ausführungen bei *Bandel*, ZEV 2018, 207, 208, welcher allerdings den Zugewinn bei der Berufung ausländischen Erbrechts weiterhin pauschal in Höhe von ¼ zusprechen möchte, dies „allerdings nicht als Nachlassbeteiligung, sondern als Zahlungsanspruch in dieser Höhe und damit als Nachlassverbindlichkeit für die Erben".

Der Unterschied zur vorangegangenen Konstellation ist derjenige, dass der hinterbliebene Ehegatte mit einem Kind genauso steht wie im deutschen Recht auch, sodass es eines zusätzlichen rechnerischen Zugewinnausgleichs nach § 1371 Abs. 2 BGB nicht bedarf. Auch hier ist die genaue Ermittlung des rechnerischen Zugewinnausgleichs davon abhängig, welcher Vermögensüberschuss sich im Laufe der Ehe ergeben hat. Bei der Nachlassabwicklung bedarf es daher auch hier einer genauen Betrachtung der Gegebenheiten im Einzelfall, um die entsprechenden Quoten sachgerecht zu ermitteln.

3. *Fazit*

Begrüßenswert an der erbrechtlichen Qualifikation des § 1371 Abs. 1 BGB durch den EuGH ist jedenfalls, dass der internationale Entscheidungseinklang im Rahmen der Ausweisung im Nachlasszeugnis gewahrt wird. Einer güterrechtlichen Qualifikation wäre es mangels Ausweisung im Nachlasszeugnis schlicht nicht möglich, den gleichen Einklang zu gewähren. Die Vereinheitlichungsbestrebungen auf europäischer Ebene zugrunde gelegt, ist die Entscheidung zugunsten einer erbrechtlichen Qualifikation nachzuvollziehen. Allerdings wird im Ergebnis die grenzüberschreitende Nachlassabwicklung durch die erbrechtliche Qualifikation eher erschwert als dass sie erleichtert würde.[1160] Normenwidersprüche und Anpassungsprobleme werden auch im Rahmen einer erbrechtlichen Qualifikation des § 1371 Abs. 1 BGB nicht verhindert werden können. Um einen Gleichlauf zwischen dem Erbstatut und dem Güterstatut zu erzielen, sollte den künftigen Erblassern geraten werden, sich im Wege der Rechtswahl sowohl im Rahmen der Erbrechtsverordnung als auch der Güterrechtsverordnung Sicherheit zu verschaffen.[1161] Eine geordnete und insbesondere vorab gut geplante Nachlassabwicklung beugt Überraschungen vor, welchen sich die Ehegatten ansonsten bei einem Wechsel des gewöhnlichen Aufenthaltes ausgesetzt sähen.

Insbesondere bei der Geltung deutschen Erbstatuts und italienischen Güterstatuts werden sich noch Rechtsfragen ergeben, die stets einer Einzelfallbetrachtung unterzogen werden müssen. Generell anwendbare Regeln für die Abwicklung solcher Erbfälle mit Auslandsbezug lassen sich nur schwer aufstellen. Gerade mit Blick auf die besondere Konstruktion des § 1371 Abs. 1 BGB, welcher so mit vergleichbarer Wirkung in keiner weiteren Rechtsordnung anzutreffen ist, wird es im Ergebnis wohl meist nicht zu einer Substitution des

---

1160 Siehe hierzu auch *Konvalin*, ENZ, S. 107 f.

1161 *Mankowski*, ErbR 2018, 295, 304; *J. P. Schmidt*, ErbR 2020, 91, 96; *Süß*, DNotZ 2018, 742, 756.

pauschalierten Zugewinnausgleichs kommen.[1162] Wie bereits dargelegt führt dies nicht gezwungenermaßen dazu, dass der hinterbliebene Ehegatte nunmehr schlechter dasteht als ohne das pauschalierte Viertel. Gerade im Zusammenspiel mit der Auflösung der italienischen Errungenschaftsgemeinschaft kann es unter Umständen sogar dazu kommen, dass der überlebende Ehegatte im Ergebnis mehr erhält als ihm nach der Anwendung des pauschalierten Viertels zustünde. Lediglich für den Fall, wo das ausländische Güterrecht eine Teilhabe am Erblasservermögen aufgrund der erbrechtlichen Absicherung nicht vorsieht, wäre an eine Anpassung aufgrund dieses Normenmangels zu denken.

1162 *Dörner* geht sogar so weit, dass er sagt, dass eine Substitution nie möglich sein wird, vgl. ZEV 2018, 305, 307; *Mankowski*, ErbR 2018, 295, 303; *J. Weber*, NJW 2018, 1256, 1358; bejahend hingegen *Sakka*, MittBayNot 2018, 4, 7.

Teil 5: Schlussbetrachtung

Ziel dieser Arbeit war es, die unterschiedlichen Konstellationen beim Zusammentreffen von Erb- und Güterstatut in deutsch-italienischen Erbfällen und ihre rechtlichen Konsequenzen eingehend zu beleuchten. Dabei sollte eine Bündelung der Probleme zu den unterschiedlichen Anknüpfungsmöglichkeiten erfolgen, um im Anschluss das Zusammenspiel zwischen dem Erb- und dem Güterstatut besser darstellen zu können. Schließlich soll eine Schlussbetrachtung dahingehend erfolgen, ob vor Inkrafttreten der Erbrechtsverordnung und der Entscheidung in der Rechtssache Mahnkopf bestandene Probleme nunmehr behoben worden sind bzw. welche neuen Probleme nunmehr bestehen.

Im Rahmen des Erbstatuts (Teil 2) wurde aus der Perspektive beider Rechtsordnungen eine Gegenüberstellung der veralteten Anknüpfung an die Staatsangehörigkeit mit dem nunmehr geltenden Aufenthaltsprinzip vorgenommen. Mit Einführung der Erbrechtsverordnung hat sich die maßgebliche Anknüpfung von der Staatsangehörigkeit hin zum gewöhnlichen Aufenthalt des Erblassers verschoben. Zwar bot die bisherige Anknüpfung an die Staatsangehörigkeit des Erblassers den manipulationssichereren und stabileren Ausgangspunkt, unterliegt sie doch weniger dem Wandel als der gewöhnliche Aufenthalt des Erblassers. Im Ergebnis ist die fortan zu berücksichtigende Anknüpfung an den gewöhnlichen Aufenthalt im Rahmen der Erbrechtsverordnung jedoch zu begrüßen, bietet sie doch eine einheitliche Orientierung für den Erblasser und für den europäischen Raum. Im Zentrum der Bestimmung des gewöhnlichen Aufenthaltes steht dabei der Lebensmittelpunkt des Erblassers. Der Begriff des gewöhnlichen Aufenthaltes ist offen gestaltet und berücksichtigt zudem die tatsächlichen Umstände eines jeden Erblassers. Damit wird jeder Nachlassfall mit der gebotenen Einzelfallbetrachtung bewertet und eingeordnet, was gerade den Lebensumständen des mobilen Erblassers gerechter wird als die starre Anknüpfung an die Staatsangehörigkeit. Zudem ist aufgrund der zahlreichen zu berücksichtigenden Faktoren zur Bestimmung des gewöhnlichen Aufenthaltes die Einordnung meist hinreichend klar und vor allem auch vorhersehbar bestimmt.

Daran anschließend erfolgten Darstellungen zur Möglichkeit der Rechtswahl nach deutschem und italienischem Kollisionsrecht. Ferner wurden im Zusammenhang mit dem Erbstatut die Nachlassspaltung und die Nachlasseinheit erörtert. Schließlich sollten im Abschnitt des Erbstatuts noch eingehendere Darstellungen zum gemeinschaftlichen Testament und dem Erbvertrag aus der Perspektive beider Rechtsordnungen erfolgen. Teil 3 dieser Arbeit widmet sich der Anknüpfung an das Güterstatut mit den dazugehörigen Problemen. Unterteilt wurden die Ausführungen zwischen Deutschland und Italien, wobei zwecks besseren Verständnisses auszugsweise auf das materielle italienische Güterrecht eingegangen wurde. Im Anschluss an die länderspezifischen Darstellungen zum Güterstatut erfolgte im dritten Abschnitt des Teil 3 eine ausführliche Auseinandersetzung mit der Güterrechtsverordnung und den Unterschieden, welche sich durch diese für das deutsche und italienische Güterstatut ergeben haben. Der Schwerpunkt wurde hierbei auf die neue Anknüpfung des ersten gewöhnlichen Aufenthaltes gelegt.

Im Nachgang hierzu erfolgte eine Zusammenführung der beiden Problemfelder. Teil 4 der Arbeit widmet sich daher dem Verhältnis von Erb- und Güterstatut, mit jeweils zeitlich unterschiedlichen Betrachtungszeiträumen. Zum einen wurde die Rechtslage vor Inkrafttreten der Erbrechtsverordnung dargestellt. Im Wesentlichen sollten die Probleme aufgezeigt werden, welche sich durch die güterrechtliche Qualifikation einerseits und andererseits durch die erbrechtliche Qualifikation des pauschalierten Zugewinnausgleichs nach § 1371 Abs. 1 BGB für die Abwicklung eines deutsch-italienischen Nachlassfalles ergeben konnten. Mit der Einordnung des pauschalierten Zugewinnausgleichs nach § 1371 Abs. 1 BGB wurde sich daher kritisch auseinandergesetzt. Nach den Ausführungen zur Einordnung erfolgten Darstellungen zu Lösungsansätzen durch Anpassung und Substitution beim Zusammenspiel der deutschen und italienischen Erb- und Güterstatute. In einem weiteren Abschnitt wurde das Verhältnis von Erb- und Güterstatut nach Inkrafttreten der Erbrechtsverordnung dargestellt. Im Wesentlichen wurde dabei auf die Neuerungen durch die Erbrechtsverordnung eingegangen. Denn das zwischenzeitliche Inkrafttreten der Erbrechtsverordnung hatte keinerlei Einfluss auf die Frage der Qualifikation des pauschalierten Zugewinnausgleichs. Insgesamt lässt sich im Ergebnis festhalten, dass die Erbrechtsverordnung sowohl für den Erblasser als auch für den Rechtsanwender eine vereinheitlichte, übersichtliche und durch Rechtswahlmöglichkeiten flexibel gehaltene Nachlassplanung bietet. So verschafft zudem die Ausweichklausel des Art. 21 Abs. 2 EuErbVO dem Erblasser genügend Einzelfallgerechtigkeit, indem bei offensichtlich engerer Bindung zu einem anderen Staat als demjenigen des gewöhnlichen Aufenthaltes des Erblassers dessen Recht zur Anwendung gelangt. Die Erbrechtsverordnung bietet damit eine solide Ausgangslage für die vereinfachte Abwicklung von internationalen Nachlassfällen.[1163] Die Güterrechtsverordnung schlägt ferner die Brücke und schließt die noch vorhandene Lücke

1163 *Dörner*, ZEV 2012, 505, 513.

zwischen dem internationalen Scheidungsrecht, dem internationalen Unterhaltsrecht und der Erbrechtsverordnung.

Schließlich erfolgten kritische Auseinandersetzungen im Zusammenspiel von Erb- und Güterstatut nach der Entscheidung des EuGH in der Rechtssache Mahnkopf. Bis zu dieser wegweisenden Entscheidung des EuGH und der damit einhergehenden erbrechtlichen Qualifikation des pauschalierten Viertels nach § 1371 Abs. 1 BGB wurde sich mit guten Gründen für eine güterrechtliche Einordnung des pauschalierten Viertels ausgesprochen.[1164] Im Zusammenspiel mit der italienischen Rechtsordnung kam es dabei zu unterschiedlichen Erbquoten für die hinterbliebenen Ehegatten. Bei deutschem Erbstatut und italienischem Güterstatut war im Rahmen der güterrechtlichen Qualifikation eine Anwendung des pauschalierten Zugewinnausgleichs nach § 1371 Abs. 1 BGB abzulehnen, vielmehr erfolgte der Ausgleich für den hinterbliebenen Ehegatten über die Auflösung der Errungenschaftsgemeinschaft nach italienischem Recht. Die Erbquote für den hinterbliebenen Ehegatten betrug demnach ¼. Auch bestand in diesem Zusammenhang kein Anpassungsbedarf, da dem überlebenden Ehegatten zusätzlich zum Viertel aus § 1931 Abs. 1 BGB ein Ausgleichsanspruch aus der Errungenschaftsgemeinschaft zustand. Meist ging mit der Auflösung der Errungenschaftsgemeinschaft auch ein angemessener Ausgleich für den hinterbliebenen Ehegatten einher. Bei der Geltung italienischen Erbstatuts und deutschen Güterstatuts war zunächst fraglich, ob eine Erhöhung des italienischen gesetzlichen Erbteils auch dann erfolgen kann, wenn als Erbstatut ausländisches Recht berufen ist. Dies wurde mit dem Argument bejaht, dass der gesetzliche Erbteil des italienischen Rechts keinen gleichsamen güterrechtlichen Ausgleich vorsieht, sodass eine Dopplung nicht zu befürchten war. Ein Anpassungsbedarf hingegen war bei italienischem Erbrecht ebenfalls nicht zu bejahen, da auch hier von einem angemessenen Ausgleich über das italienische Güterrecht auszugehen war. Dabei war nicht von Belang, dass das italienische Güterrecht gar nicht zur Anwendung berufen war. Vielmehr war das italienische Güterrecht in dieser Frage nur einer näheren Betrachtung zu unterziehen, um festzustellen, ob ein Anpassungsbedarf bestand oder nicht.

Mit seiner Entscheidung vom 01.03.2018 hat sich der EuGH für eine erbrechtliche Qualifikation des § 1371 Abs. 1 BGB ausgesprochen. Die Funktionsfähigkeit des Europäischen Nachlasszeugnisses wurde in der Entscheidung als wesentliches Argument für eine erbrechtliche Einordnung angeführt.[1165] Unter

---

1164 Eine Zusammenfassung der jeweils in diesem Streitthema vorgebrachten Argumente und eine abschließende Abwägung findet sich in Teil 4 § 1 I Nr. 1 c) ee) dieser Arbeit.

1165 EuGH, 01.03.2018, Rs. C 558/16 (*Mahnkopf*), ECLI:EU:C:2018:138 Rn. 42 ff.

der Geltung der Erbrechtsverordnung wäre es wünschenswert gewesen, sich unter Zugrundelegung der gleichen Argumente zugunsten einer güterrechtlichen Qualifikation auszusprechen. Die Argumente des BGH, welche für eine güterrechtliche Qualifikation herangezogen worden sind, hätten nämlich auch unter der Geltung der Erbrechtsverordnung beachtet werden können. Und insbesondere dadurch, dass die Erbrechtsverordnung selbst weder in ihren Erwägungsgründen noch in den Verordnungsvorschriften selbst eine Klarstellung diesbezüglich enthält, wäre eine güterrechtliche Einordnung unter dem Regime der Erbrechtsverordnung ohne Weiteres auch möglich gewesen. Eine güterrechtliche Qualifikation ist künftig allerdings nicht mehr möglich. Vollends nachvollziehbar ist die Entscheidung zugunsten einer erbrechtlichen Qualifikation lediglich im Hinblick auf die Funktionsfähigkeit des Nachlasszeugnisses, da das pauschalierte Viertel so im Europäischen Nachlasszeugnis ausgewiesen werden kann. Der EuGH stellt mit dieser Entscheidung eindeutig klar, welchen Stellenwert die Funktionsfähigkeit des Europäischen Nachlasszeugnisses für ihn einnimmt.[1166] Dies ermöglicht der Vorschrift des § 1371 Abs. 1 BGB eine Teilnahme an den Wirkungen des Europäischen Nachlasszeugnisses und fördert somit zugleich die Verwirklichung der Ziele des Europäischen Nachlasszeugnisses, nämlich der Wahrung des Effektivitätsgrundsatzes.[1167] Aus der Sicht des Verwendungsstaates ist eine inhaltliche Unrichtigkeit des Nachlasszeugnisses damit nicht zu befürchten. An der Entscheidung zu kritisieren ist jedoch, dass sich der EuGH für die erbrechtliche Qualifikation des § 1371 Abs. 1 BGB nicht an der maßgeblichen Funktion der Vorschrift orientiert hat. Vielmehr wurde bei der Entscheidungsfindung auf die pauschale Erbquotenerhöhung mittels eines erbrechtlichen Instruments abgestellt. Die eigentlich ausschließlich güterrechtlichen Ziele, die der pauschalierte Zugewinnausgleich verfolgt, wurden bei der Einordnung durch den EuGH gar nicht erst berücksichtigt. Jedenfalls aber ist mit der Entscheidung insbesondere mit Blick auf künftige Abgrenzungsfragen

---

1166 *Kleinschmidt*, ErbR 2018, 324, 329; *Mankowski* beschreibt dies in ErbR 2018, 295, 296 sehr plastisch: „ENZ als das jüngste Kind der EuErbVO nimmt seine älteren Geschwister gleichsam an die Hand“.

1167 EuGH, 01.03.2018, Rs. C 558/16 (*Mahnkopf*), ECLI:EU:C:2018:138 Rn. 42 f.; vgl. auch die Schlussanträge des Generalanwalts *Maciej Szpunar*, BeckRS 2017, 128499 Rn. 97 ff. Zur Bedeutung für die erbrechtliche Qualifikation des § 1371 Abs. 1 BGB siehe auch Staudinger/*Looschelders*, Einl. IPR, Rn. 534 und 1105; krit. *J. Weber*, NJW 2018, 1356, 1357.

im Zusammenspiel von Güterrecht und Erbrecht abschließend klar geworden, dass beide Rechtsgebiete sich gegenseitig ausschließen.[1168]

Bei der Anwendung deutschen Erbrechts mit italienischem Güterrecht kommt aufgrund der nunmehr erbrechtlichen Qualifikation des § 1371 Abs. 1 BGB durch den EuGH eine Anwendung der Vorschrift nicht mehr in Betracht. Vielmehr war zu klären, ob die „Zugewinngemeinschaft" des § 1371 Abs. 1 BGB durch den ausländischen Güterstand des italienischen Rechts zu ersetzen ist. Dabei handelt es sich um eine Frage der Substitution, welche allerdings im Ergebnis mangels funktioneller Gleichwertigkeit des deutschen Erbrechts und italienischen Güterrechts zu verneinen ist. Auch eine Anpassung der so gefundenen Ergebnisse ist hier nicht durchzuführen, da ein angemessener Ausgleich über die vorherige Auflösung der Errungenschaftsgemeinschaft nach italienischem Recht anzunehmen sein wird. Stellt das deutsche Recht hingegen das Güterstatut und das italienische Recht das Erbstatut, so ist nach der erbrechtlichen Qualifikation des § 1371 Abs. 1 BGB die Vorschrift von vornherein nicht anzuwenden. Die Substitutionsfrage stellt sich in dieser Konstellation schon gar nicht. Es kann im Einzelfall allerdings eine konkrete Erhöhung des Zugewinnausgleichs über § 1371 Abs. 2 BGB herangezogen werden. Trifft der hinterbliebene Ehegatte lediglich mit einem Kind zusammen, so bedarf es keiner Erhöhung über § 1371 Abs. 2 BGB, da sowohl nach italienischem als auch nach deutschem Erbrecht die Erbquote für den hinterbliebenen Ehegatten ½ betragen hätte. Der rechnerische Zugewinnausgleich darf in diesem Fall nicht zu einer übermäßigen Begünstigung des hinterbliebenen Ehegatten führen. Sind allerdings neben dem hinterbliebenen Ehegatten mehrere Kinder als berechtigte Erben berufen, so beträgt die Erbquote des Ehegatten lediglich 1/3. In diesem Fall ist ein rechnerischer Zugewinnausgleich durch Anwendung des § 1371 Abs. 2 BGB durchzuführen.

Diese Arbeit zeigt schließlich auf, dass die verschiedenen Konstellationen je nach Qualifikation zu rechtlich divergierenden Ergebnissen führen können. Die bisherigen Probleme bei der Nachlassabwicklung mit Auslandsbezug haben sich daher nicht erledigt. Vielmehr haben sie sich lediglich verschoben und treten an anderer Stelle auf. Zu begrüßen ist zwar die größere Flexibilität über die Anknüpfung an den gewöhnlichen Aufenthalt. Auch kommt es im Rahmen der Erbrechtsverordnung nicht zu einer Nachlassspaltung. Außerdem ist der Entscheidungseinklang durch die erbrechtliche Qualifikation des § 1371 Abs. 1 BGB im Rahmen der Ausweisung im Nachlasszeugnis hervorzuheben.

1168 Vgl. *Mankowski*, ErbR 2018, 295, 296 (EuErbVO und EuGüVO als „komplementäre Rechtsakte"); *ders.*, ZEV 2016, 479, 483.

Allerdings bleiben die bestehenden Anpassungsprobleme auch bei einer erbrechtlichen Qualifikation des § 1371 Abs. 1 BGB weiterhin bestehen. Gestaltung und insbesondere die Abwicklung des Nachlasses kann den Erblasser somit vor ungeplante Herausforderungen stellen. Auch knappe zwei Jahre nach der Mahnkopf-Entscheidung bleibt abzuwarten, wie die Gerichte insbesondere bei der Geltung deutschen Erbstatuts und italienischen Güterstatuts entscheiden werden.

Diese Auseinandersetzung soll eine Richtschnur für Ehepaare bieten, die aufgrund internationaler Verflechtungen möglicherweise sowohl der deutschen als auch der italienischen Rechtsordnung ausgesetzt sind. Besonders im Zusammenspiel mit ausländischen Rechtsordnungen lauern oft zahlreiche Fallstricke, denen durch eine sorgsame vorherige Planung und wohlüberlegte Rechtswahl ausgewichen werden kann. Besonders unter der nunmehr allein maßgeblichen Anknüpfung an den gewöhnlichen Aufenthalt des Erblassers ist es für internationale Ehegatten ratsam, sich intensiv mit der Möglichkeit der Rechtswahl auseinanderzusetzen.

Literaturverzeichnis

Altmeyer, Sabine: Vereinheitlichung des Erbrechts in Europa – Der Entwurf einer „EU-Erbrechtsverordnung“ durch die EU-Kommission, ZEuS 2010, S. 475-492.

Andrae, Marianne: Der sachliche Anwendungsbereich der Europäischen Güterrechtsverordnung, IPRax 2018, S. 221-230.

Auletta, Tommaso: Il diritto di famiglia, seconda edizione, Torino 1993 (zit. *Auletta*, Il diritto di famiglia); Il diritto di famiglia, quarta edizione, Torino 2008 (zit. *Auletta*, Il diritto di famiglia (2008)).

Azzariti, Giuseppe: Successioni dei legittimari e successioni dei legittimi, Terza edizione, Torino 1997 (zit. *Azzariti*, Successioni dei legittimari).

Baetge, Dietmar: Der gewöhnliche Aufenthalt im Internationalen Privatrecht, Tübingen 1994, zugl. Diss. (Univ. Hamburg 1993) (zit. *Baetge*, Gewöhnlicher Aufenthalt).

Baetge, Dietmar: Auf dem Weg zu einem gemeinsamen europäischen Verständnis des gewöhnlichen Aufenthalts – Ein Beitrag zur Europäisierung des Internationalen Privat- und Verfahrensrechts, in: *Baetge, Dietmar* (Hrsg.), Festschrift für Jan Kropholler zum 70. Geburtstag, Tübingen 2008, S. 77-88.

Bajons, Ena-Marlis: Internationale Zuständigkeit und anwendbares Recht in Erbsachen, in: *Schauer, Martin/Scheuba, Elisabeth (Hrsg.)*, Europäische Erbrechtsverordnung (2012/650/EU vom 4. Juli 2012), Wien 2012 (zit. *Bajons*, in: Schauer/Scheuba, EuErbVO).

Balestra, Luigi: La famiglia di fatto, Il nuovo diritto di famiglia, Trattato Ferrando, II, Rapporti personali e patrimoniali, Bologna-Roma 2008 (zit. *Balestra*, La famiglia di fatto).

Ballarino, Tito: Diritto internazionale private, terza edizione, con la collaborazione di Andrea Bonomi, Padua 1999 (zit. *Bonomi*, DIP).

Ballarino, Tito: Manuale breve di diritto internazionale private,

Padua 2002 (zit. *Ballarino*, DIP).

Bandel, Stefan: Anmerkung zu EuGH, Urteil vom 1.3.2018 – C-558/16, Doris Mahnkopf, ZEV 2018, S. 205-209.

von Bar, Christian, Mankowski, Peter: Internationales Privatrecht, Band I, Allgemeine Lehren, 2. Auflage, München 2003 (zit. *v. Bar/Mankowski*, IPR I); Band II, Besonderer Teil, 1. Auflage, München 1991 (zit. *v. Bar/Mankowski*, IPR II (1991)); 2. Auflage, München 2019 (zit. *v. Bar/Mankowski*, IPR II).

Barel, Bruno, Armellini, Stefano: Manuale Breve, Diritto Internazionale Privato – Tutto il programma d'esame con domande e risposte commentate, VII edizione, Milano 2012 (zit. *Barel/Armellini,* DIP).

Bauer, Frank: Neues europäisches Kollisions- und Verfahrensrecht auf dem Weg: Stellungnahme des Deutschen Rates für IPR zum internationalen Erb- und Scheidungsrecht, IPRax 2006, S. 202-204.

Behrens, Peter: Die Bedeutung des Kollisionsrechts für die "Globalisierung" der Wirtschaft, in: *Basedow, Jürgen/Drobnig, Ulrich/Ellger, Reinhard/Hopt, Klaus J./Kötz, Hein/Kulms, Rainer* (Hrsg.), Aufbruch nach Europa – 75 Jahre Max-Planck-Institut für Privatrecht, 1. Auflage, Hamburg 2001, S. 381-397 (zit. *Behrens,* FS Basedow MPI).

Bellomo, Manlio: Considerazioni storiche in margine ad un progetto di riforma del diritto di famiglia, in: Studi sulla riforma, S. 539-548.

Benicke, Christoph: Anpassung im internationalen Privatrecht, in: *Gödicke, Patrick* (Hrsg.), Festschrift für Jan Schapp zum 70. Geburtstag, Tübingen 2010, S. 61-76.

Bertino, Lorenzo: La nullità dei patti successori nella giurisprudenza, Nuova giur. civ. comm., 2003, II, S. 191-197.

Böhringer, Walter: Die Rechtswahl nach Artt. 220 III 1 Nr. 2 und 15 II Nr. 3 EGBGB und die Auswirkungen auf den Grundstückserwerb, BWNotZ 1987, S. 104-111.

Bonilini, Giovanni: Capitolo III – Il matrimonio, S. 85-113, in: *Lipari, Nicolò/Rescigno, Pietro* (Hrsg.), Diritto Civile, Volume I, Fonti, Soggetti, Famiglia, II – La famiglia, Milano 2009 (zit. *Bonilini,* Fonti, Sogetti, Famiglia).

Bonini Baraldi, Matteo: Le nuove convivenze tra discipline straniere e diritto interno, Band 2, Nuovi percorsi di diritto di famiglia Rassegna di diritto di famiglia, Milano 2005 (zit. *Bonini Baraldi,* Le nuove convivenze).

Bonomi, Andrea: The interaction among the future EU instruments on matrimonial property, registered partnerships and successions, in: *Bonomi, Andrea/Romano, Gian Paolo* (Hrsg.), Yearbook of private international law 2011, S. 217-231 (zit. *Bonomi,* Yb. P.I.L. 2011).

Bonomi, Andrea, Öztürk, Azadi: Das Statut der Verfügung von Todes wegen (Art. 24 ff. EuErbVO), in: *Dutta, Anatol/Herrler, Sebastian* (Hrsg.), Die Europäische Erbrechtsverordnung, Tagungsband zum wissenschaftlichen Symposium anlässlich des 20-jährigen Bestehens des deutschen Notarinstituts am 11. Oktober in Würzburg, München 2014, S. 48-69 (zit. *Bonomi/Öztürk,* in: Dutta/Herrler, Tagungsband DNotI, Die EuErbVO).

Bonomi, Andrea, Öztürk, Azadi: Auswirkungen der Europäischen Erbrechtsverordnung auf die Schweiz unter besonderer Berücksichtigung deutsch-schweizerischer Erbfälle, ZVglRWiss 114 (2015), S. 4-39.

Bonomi, Andrea, Wautelet, Patrick: Le droit européen des successions – Commentaire du Règlement no. 650/2012 du 4 juillet 2012, 2. Auflage, Brüssel 2016 (zit. Bonomi/Wautelet/*Bearbeiter*).

Bork, Reinhard (Hrsg.), Muscheler, Karlheinz: Lehrbuch des Privatrechts, Erbrecht, Band I 1. Auflage, Tübingen 2010.

Braga, Sevold: Das ehegüterrechtliche Erbrecht des überlebenden Ehegatten, FamRZ 1957, S. 334-342.

Brandi, Tim: Das Haager Abkommen von 1989 über das auf die Erbfolge anzuwendende Recht, Berlin 1996, zugl. Diss. (Univ. Freiburg im Breisgau 1995), (zit. *Brandi*, Haager Abkommen).

Burandt, Wolfgang Schmuck, Stefan: Erbrechtsverordnung, in: *Burandt, Wolfgang/ Rojahn, Dieter* (Hrsg.), Erbrecht Kommentar, 3. Auflage 2019 (zit. Burandt/ Rojahn/*Burandt/Schmuck*, Erbrecht).

Burandt, Wolfgang: Die EU-ErbVO – Das europäische Erbrecht im Wandel (Teil 2), FuR 2013, S. 377-388.

Burandt, Wolfgang: § 1371 Abs. 1 BGB bei österreichischem Erbstatut und deutschem Güterrechtsstatut - Anmerkung zu OLG Schleswig, Beschluss vom 19.08.2013, 3 Wx 60/13, FuR 2014, S. 57-61.

Burchia, Wolfgang, Depping, André: Fondo patrimoniale – Ein Rechtsinstitut im Spannungsfeld zwischen Familien- und Gläubigerschutz, in: *Patti, Salvatore/ Stein, Ursula/Bariatti, Stefania/Becker, Christoph/Salazar, Lorenzo/Nehm, Kay* (Hrsg.), Klauselrichtlinie – Mobiliarsicherheit – Strafverfolgung, Jahrbuch für Italienisches Recht, Band 18, Heidelberg 2005, S. 139-156 (zit. *Burchia/Depping*, JbItalR 18 (2005)).

Burghaus, Julia: Die Vereinheitlichung des internationalen Ehegüterrechts in Europa, zugl. Diss. (Univ. Münster 2009), (zit. *Burghaus*, Vereinheitlichung).

Buschbaum, Markus, Kohler, Marius: Vereinheitlichung des Erbkollisionsrechts in Europa – Eine kritische Würdigung des Kommissionsvorschlags zur Erbrechtsverordnung, - Erster Teil, GPR 3/2010, S. 106-113, - Zweiter Teil, GPR 4/2010, S. 162-170.

Buschbaum, Markus: Die künftige Erbrechtsverordnung – Wegbereiter für den acquis im europäischen Kollisionsrecht, in: *Beckmann, Roland Michael/Mansel, Heinz-Peter/Matusche-Beckmann, Annemarie* (Hrsg.), Weitsicht in Versicherung und Wirtschaft, Gedächtnisschrift für Ulrich Hübner, Heidelberg u. a. 2012, S. 589-605 (zit. *Buschbaum*, GS Hübner).

Buschbaum, Markus, Simon, Ulrich: EuErbVO: Das Europäische Nachlasszeugnis, ZEV 2012, S. 525-530.

Butterstein, Alexandra: Art. 59-61 EuErbVO, in: *Deixler-Hübner, Astrid/Schauer, Martin* (Hrsg.), Kommentar zur EU-Erbrechtsverordnung, 2. Auflage, Wien 2020 (zit. *Butterstein*, in: Deixler-Hübner/Schauer, EuErbVO).

Cach, Christopher, Weber, Alexander: Privatautonomie im Internationalen Erbrecht, ZfRV 2013, S. 263-269.

Canaris, Claus-Wilhelm: Die Feststellung von Lücken im Gesetz, 2. Auflage, Berlin 1983 (zit. *Canaris*, Feststellung von Lücken).

Carraro, Luigi, Oppo, Giorgio, Trabucchi, Alberto: Commentario alla riforma del diritto di famiglia, Tomo primo, parte prima (Artt. 1-89 CC), Padova 1977 (zit. Carraro/Oppo/Trabucchi/*Bearbeiter*, Commentario del diritto di famiglia).

Cattaneo, Giovanni: Del regime di separazione dei beni, in: Commentario al diritto italiano di famiglia, *Cian/Oppo/Trabucchi* (Hrsg.), Band 3, Padova 1992 (zit. Cian/Oppo/Trabucchi/*Cattaneo*, Separazione dei beni).

Ceccherini, Aldo: I rapporti patrimoniali nella crisi della famiglia e nel fallimento, Mailand 1996 (zit. *Ceccherini*, I rapporti patrimoniali).

Chassaing, Pascal: Le nouveau règlement européen sur les successions, JCP 2012, No. 25, S. 54-59.

Christandl, Gregor: Eccher, Bernhard/Schurr, Francesco/Christandl, Gregor (Hrsg.), Handbuch italienisches Zivilrecht, Wien 2009 (zit. Eccher/Schurr/Christandl, Handbuch italienisches Zivilrecht).

Cian, Giorgio, Trabucchi, Alberto: Commentario breve al Codice Civile, Dodicesima edizione, Milanofiori Assago 2016 (zit. Cian/Trabucchi/*Bearbeiter*).

Clausnitzer, Martin: Die güter- und erbrechtliche Stellung des überlebenden Ehegatten nach den Kollisionsrechten der Bundesrepublik Deutschland und der USA – eine rechtsvergleichende Untersuchung zu Normenwiderspruch und Anpassung im Internationalen Privatrecht, zugl. Diss. (Univ. Freiburg im Breisgau 1986), (zit. *Clausnitzer*, Die güter- und erbrechtliche Stellung).

Clausnitzer, Martin: Nochmals: „Zur Konkurrenz zwischen Erbstatut und Güterstatut", IPRax 1987, S. 102-105.

Clausnitzer, Martin, Schotten, Günther: Zur Anwendbarkeit des § 1371 Abs. 1 BGB bei ausländischem Erb- und deutschem Güterrechtsstatut, MittRhNotK 1987, S. 15-21.

von Coelln, Christian: Wenn, dann richtig: „Ehe für alle" nur per Verfassungsänderung, NJ 2018, S. 1-7.

von Coelln, Christian: Kommentierung zu Art. 6 GG, in: *Sachs, Michael* (Hrsg.), Grundgesetz Kommentar, 8. Auflage, München 2018 (zit. Sachs/*v. Coelln*).

Coester, Michael: Probleme des Internationalen Erbrechts, JA 1979, S. 351-356.

Coester-Waltjen, Dagmar: Die objektive Anknüpfung des Ehegüterstatuts, in: *Dutta, Anatol/Weber, Johannes* (Hrsg.), Die Europäischen Güterrechtsverordnungen – Tagungsband zu einem wissenschaftlichen Symposium des Deutschen Notarinstituts und der Universität Regensburg am 10. Februar 2017 in Würzburg, S. 47-61 (zit. *Coester-Waltjen*, in: Symposium DNotI).

Coester-Waltjen, Dagmar: Connecting factors to determine the law applicable to matrimonial property regimes, in: *Bonomi, Andrea/Romano, Gian Paolo* (Hrsg.),

Yearbook of private international law 2017/2018, S. 195-202 (zit. *Coester-Waltjen*, Yb. P.I.L. 2017/2018).

Coester-Waltjen, Dagmar: § 33: Prinzipien der Zugewinngemeinschaft, in: *Gernhuber, Joachim/Coester-Waltjen, Dagmar* (Hrsg.), Familienrecht, 7. Auflage, München 2020.

Coester-Waltjen, Dagmar, Coester, Michael: Rechtswahlmöglichkeiten im Europäischen Kollisionsrecht, in: *Michaels, Ralf/Solomon, Dennis* (Hrsg.), Liber Amicorum Klaus Schurig zum 70. Geburtstag, München 2012, S. 33-47 (zit. *Coester-Waltjen/Coester*, in: Liber Amicorum Schurig 2012).

Corsi, Alessandro: La successione del francese in Italia, Rivista del Notariato 1992, S. 91-107 (zit. *Corsi*, Riv.not.).

Cubeddu Wiedemann, Maria Giovanna: Rechtsregeln für nichteheliches Zusammenleben in Italien, in: *Kroppenberg, Inge/Schwab, Dieter/Henrich, Dieter/Gottwald, Peter/Spickhoff, Andreas* (Hrsg.), Rechtsregeln für nichteheliches Zusammenleben, Band 12, Regensburg 2009, S. 119-134 (zit. *Bearbeiter*, in: Kroppenberg et al, Rechtsregeln für nichteheliches Zusammenleben).

Cubeddu Wiedemann, Maria Giovanna: Länderbericht Italien, in: *Süß, Rembert/Ring, Gerhard* (Hrsg.), Eherecht in Europa, 3. Auflage, Bonn 2017 (zit. Süß/Ring, Eherecht in Europa, Italien).

Cubeddu Wiedemann, Maria Giovanna: Länderbericht Italien, in: *Süß, Rembert* (Hrsg.), Erbrecht in Europa, 4. Auflage, Bonn 2020 (zit. Süß, Erbrecht in Europa, Italien).

Dallafior, Roberto: Die Legitimation des Erben – Eine rechtsvergleichende Studie und internationalprivatrechtliche Studie, zugl. Diss. (Univ. Zürich 1990), (zit. *Dallafior*, Legitimation des Erben).

Damascelli, Domenico: Il rinvio „in ogni caso" a convenzioni internazionali nella nuova legge sul diritto internazionale private, in: Rivista di diritto internazionale, Volume LXXX (1997), S. 78-103 (zit. *Damascelli*, Riv.dir.int. 1997).

Damascelli, Domenico: Art. 59-61 EuErbVO, in: *Bergquist, Ulf/Damascelli, Domenico/Frimston, Richard/Lagarde, Paul/Odersky, Felix/Reinhartz, Barbara*

(Hrsg.): EU-Erbrechtsverordnung, Kommentar, Köln 2015 (zit. Bergquist/Damascelli/*Damascelli*).

Dannemann, Gerhard: Die ungewollte Diskriminierung in der internationalen Rechtsanwendung – zur Anwendung, Berücksichtigung und Anpassung von Normen aus unterschiedlichen Rechtsordnungen, zugl. Habil. (Univ. Freiburg im Breisgau 2004), (zit. *Dannemann*, Die ungewollte Diskriminierung).

von Daumiller, Barbara: Die Rechtswahl im internationalen Erbrecht und ihre Auswirkungen im deutsch-italienischen Rechtsverkehr, zugl. Diss. (Univ. Frankfurt 2003), (zit. *v. Daumiller*, Rechtswahl).

Dauner-Lieb, Barbara, Heidel, Thomas, Ring, Gerhard (Hrsg.): Nomos-Kommentar Bürgerliches Gesetzbuch – BGB, Band 1: Allgemeiner Teil, EGBGB, hrsg. v. *Thomas Heidel, Rainer Hüßtege, Heinz-Peter Mansel* und *Ulrich Noack*, 3. Auflage, Baden-Baden 2016; Band 5: Erbrecht, hrsg. v. *Ludwig Kroiß, Christoph Ann und Jörg Mayer*, 5. Auflage, Baden-Baden 2018; Band 6: Rom-Verordnungen – EuGüVO – EuPartVO – HUP – EuErbVO, hrsg. v. *Rainer Hüßtege* und *Heinz-Peter Mansel*, 3. Auflage, Baden-Baden 2019 (zit. NK-BGB/*Bearbeiter*).

Deixler-Hübner, Astrid, Schauer, Martin: Migration, Familie und Vermögen – Vom Europäischen Erbrecht bis zu binationalen Ehen, 1. Auflage, Wien 2014.

Deixler-Hübner, Astrid: Art. 3, Art. 4-9 EuErbVO, in: *Deixler-Hübner, Astrid/Schauer, Martin* (Hrsg.), Kommentar zur EU-Erbrechtsverordnung, 2. Auflage, Wien 2020 (zit. *Deixler-Hübner*, in: Deixler-Hübner/Schauer, EuErbVO).

Deli, Maria Beatrice: Capo VII – Successioni, Art. 46 (Successione per causa di morte), NLCC 1996, S. 1278-1296.

Dengel, Katja: Die europäische Vereinheitlichung des Internationalen Ehegüterrechts und des Internationalen Güterrechts für eingetragene Partnerschaften, zugl. Diss. (Univ. Würzburg 2014), (zit. *Dengel*, Die europäische Vereinheitlichung).

Derstadt, Eva-Maria: Die Notwendigkeit der Anpassung bei Nachlaßspaltung im internationalen Erbrecht, zugl. Diss. (Univ. Freiburg im Breisgau 1997), (zit. *Derstadt*, Anpassung bei Nachlaßspaltung).

Derstadt, Eva-Maria: Der Zugewinnausgleich nach § 1371 BGB bei Geltung des französischen Erbrechts, IPRax 2001, S. 84-91.

Dethloff, Nina: Familienrecht, 29. Auflage, München 2009; 32. Auflage, München 2018 (zit. Dethloff, Familienrecht).

Deutsches Notarinstitut: Les successions internationales dans l' UE: perspectives pour une harmonization, DNotI, Würzburg 2004 (zit. DNotI, Les Successions).

Deutsches Notarinstitut: Rechtsvergleichende Studie der erbrechtlichen Regelungen des Internationalen Verfahrensrechts und Internationalen Privatrechts der

Mitgliedstaaten der Europäischen Union, vorgelegt vom Deutschen Notarinstitut in Zusammenarbeit mit Heinrich Dörner und Paul Lagarde, abrufbar unter: http: //dnoti.eu/eu_studie/04_rechtsvergleich.pdf (Stand: 22.06.2020), (zit. DNotI-Studie).

Döbereiner, Christoph: Der Kommissionsvorschlag für das internationale Ehegüterrecht, MittBayNot 2011, S. 463-467.

Döbereiner, Christoph: Das internationale Erbrecht nach der EU-Erbrechtsverordnung (Teil I), MittBayNot 2013, S. 358-366.

Döbereiner, Christoph: Das internationale Erbrecht nach der EU-Erbrechtsverordnung (Teil II), MittBayNot 2013, S. 437-446.

Döbereiner, Christoph: Rechtswahlfreiheit im Ehegüterrecht, in: *Dutta, Anatol/ Weber, Johannes* (Hrsg.), Die Europäischen Güterrechtsverordnungen – Tagungsband zu einem wissenschaftlichen Symposium des Deutschen Notarinstituts und der Universität Regensburg am 10. Februar 2017 in Würzburg, S. 63-84 (zit. *Döbereiner*, in: Symposium DNotI).

Döbereiner, Christoph: Länderbericht Frankreich, in: *Süß, Rembert* (Hrsg.), Erbrecht in Europa, 4. Auflage, Bonn 2020 (zit. Süß, Erbrecht in Europa, Frankreich).

Dopffel, H. Peter: Das neue italienische Familienvermögensrecht, FamRZ 1978, S. 478-485; S. 575-581.

Dorsel, Christoph, Schall, Christian: Die Umsetzung der ErbVO durch die Europäische Kommission - Ein erster Überblick unter besonderer Berücksichtigung des Europäischen Nachlasszeugnisses, GPR 2015, S. 36-48.

Dörner, Heinrich: Probleme des neuen Internationalen Erbrechts, DNotZ 1988, S. 67-109.

Dörner, Heinrich: Qualifikation im IPR – ein Buch mit sieben Siegeln?, StAZ 1988, S. 345-352.

Dörner, Heinrich: Nachlassspaltung und die Folgen, IPRax 1994, S. 362-366.

Dörner, Heinrich: Zur Beerbung eines in der Bundesrepublik verstorbenen Iraners, IPRax 1994, S. 33-37.

Dörner, Heinrich: Vorschläge für ein europäisches Internationales Erbrecht, in: Saar, Stefan Chr./Roth, Andreas/Hattenhauer, Christian (Hrsg.), Recht als Erbe und Aufgabe – Heinz Holzbauer zum 21. April 2005, Berlin 2003, S. 474-483 (zit. *Dörner*, FS Holzhauer).

Dörner, Heinrich: Das Grünbuch „Erb- und Testamentsrecht" der Europäischen Kommission, ZEV 2005, S. 137-138.

Dörner, Heinrich, Hertel, Christian, Lagarde, Paul, Riering, Wolfgang: Auf dem Weg zu einem europäischen Internationalen Erb- und Erbverfahrensrecht, IPRax 2005, S. 1-8.

Dörner, Heinrich: Handkommentar zum Bürgerlichen Gesetzbuch 6. Auflage, Baden-Baden 2009.

Dörner, Heinrich: Der Entwurf einer europäischen Verordnung zum Internationalen Erb- und Erbverfahrensrecht – Überblick und ausgewählte Probleme, ZEV 2010, S. 221-228.

Dörner, Heinrich: EuErbVO: Die Verordnung zum internationalen Erb- und Erbverfahrensrecht ist in Kraft!, ZEV 2012, S. 505-513.

Dörner, Heinrich: Die Abgrenzung des Erbstatuts vom Güterstatut, in: *Dutta, Anatol/Herrler, Sebastian* (Hrsg.), Die Europäische Erbrechtsverordnung, Tagungsband zum wissenschaftlichen Symposium anlässlich des 20-jährigen Bestehens des deutschen Notarinstituts am 11. Oktober in Würzburg, München 2014, S. 19-45 (zit. *Dörner*, in: Dutta/Herrler, Tagungsband DNotI, Die EuErbVO).

Dörner, Heinrich: Zur Qualifikation des § 1371 Abs. 1 BGB – eine verpasste Gelegenheit, IPRax 2014, S. 323-326.

Dörner, Heinrich: Besser zu spät als nie – Zur güterrechtlichen Qualifikation des § 1371 Abs. 1 BGB im deutschen und europäischen IPR, IPRax 2017, S. 81-88.

Dörner, Heinrich: Erbrechtliche Qualifikation des § 1371 Abs. 1 BGB durch den EuGH: Konsequenzen und neue Fragen, ZEV 2018, S. 305-310.

Dörner, Heinrich: EuGüVO und EuErbVO – Abgrenzung und Qualifikationsprobleme, ZEV 2019, S. 309-317.

Dutta, Anatol: Successions and Wills in the Conflict of Laws on the Eve of Europeanisation, RabelsZ 73 (2009), S. 547-606.

Dutta, Anatol, Wiedemann, Frauke: Die Europäisierung des internationalen Zuständigkeitsrechts in Gütersachen – Notizen zu den Verordnungsvorschlägen der Europäischen Kommission zum Ehegüterrecht sowie zum Güterrecht eingetragener Partnerschaften, in: *Geimer, Reinhold/Schütze, Rolf A.* (Hrsg.), Recht ohne Grenzen, Festschrift Athanassios Kaissis, Berlin und München 2012, S. 133-151.

Dutta, Anatol: Das neue internationale Erbrecht der Europäischen Union – Eine erste Lektüre der Erbrechtsverordnung, FamRZ 2013, S. 4-15.

Dutta, Anatol: Anmerkung zu BGH, Beschluss v. 12.9.2012 – IV ZB 12/12 (OLG Köln), FamRZ 2013, S. 452.

Dutta, Anatol: § 18: Europäisches Verfahrensrecht, in: *Leible, Stefan/Terhechte, Jörg Philipp* (Hrsg.), hrsg. von *Armin Hatje* und *Peter-Christian Müller-Graff*, Europäisches Rechtsschutz- und Verfahrensrecht, Band 3, 1. Auflage, Baden-Baden 2014 (zit. Leible/Terhechte/*Dutta*, Europäischer Rechtsschutz).

Dutta, Anatol: Die europäische Erbrechtsverordnung vor ihrem Anwendungsbeginn: Zehn ausgewählte Streitstandsminiaturen, IPRax 2015, S. 32-39.

Dutta, Anatol: Anmerkung zu OLG Düsseldorf 10.03.2015, § 1371 BGB, Art. 14 f. EGBGB: Erhöhung des Ehegattenerbteils bei Erbteilung nach ital. Recht, FamRZ 2015, S. 1237-1240.

Dutta, Anatol, Weber, Johannes: 21. Deutscher Familiengerichtstag, 21.-24. Oktober 2015, Arbeitskreis Nr. 6, Thema: Vermögensrechtliche Vereinbarungen bei Auslandsbezug, abrufbar unter: https: //www.dfgt.de/resources/2015_Arbeitskreis_6.pdf (zit. *Dutta/Weber,* 21. Deutscher Familiengerichtstag).

Dutta, Anatol: Das neue internationale Güterrecht der Europäischen Union – ein Abriss der europäischen Güterrechtsverordnungen, FamRZ 2016, S. 1973-1985.

Dutta, Anatol: Erbfolge und Güterrecht – Das Zusammenspiel von Erbrechtsverordnungen und künftigen Güterrechtsverordnungen, in: *Lipp, Volker/Münch, Joachim* (Hrsg.), Die neue Europäische Erbrechtsverordnung, *Schriftenreihe des Instituts für Notarrecht der Georg-August-Universität Göttingen*, Bd. 5, Bonn 2016, S. 117-127.

Dutta, Anatol: Schlusswort, in: *Dutta, Anatol/Weber, Johannes* (Hrsg.), Die Europäischen Güterrechtsverordnungen – Tagungsband zu einem wissenschaftlichen Symposium des Deutschen Notarinstituts und der Universität Regensburg am 10. Februar 2017 in Würzburg, S. 183-186 (zit. *Dutta*, in: Symposium DNotI).

Dutta, Anatol: Das internationale Familien- und Erbrecht in der Rechtsprechung des Gerichtshofs der Europäischen Union – die vergangenen fünf Jahre, ZEuP 2020, S. 897-943.

Ebenroth, Carsten Thomas: Erbrecht: juristisches Kurzlehrbuch für Studium und Praxis, München 1992 (zit. *Ebenroth*, Erbrecht).

Ebenroth, Carsten Thomas, Kleiser, Matthias: Das Internationale Erbrecht in Italien und seine Reform, RIW 1993, S. 353-365.

Egidy, Nicole, Volmer, Michael: ErbVO und IntErbRVG in der Anwendung durch die Nachlassgerichte, Rpfleger 2015, S. 433-444.

Endemann, Friedrich: Einführung in das Studium des Bürgerlichen Gesetzbuchs: Lehrbuch des bürgerlichen Rechts / Band 3: Das Erbrecht, Berlin 1899 (zit. *Endemann*, BürgerlR III).

Engbers, Tilman: Deutsch-italienische Erbfälle – Nachlassplanung, Nachlassabwicklung, zugl. Diss. (Univ. Würzburg 2002), (zit. *Engbers*, Deutsch-italienische Erbfälle).

Erman, Walter (Begr.): Erman Bürgerliches Gesetzbuch: Handkommentar mit AGG, EGBGB (Auszug), ErbbauRG, LPartG, ProdHaftG, UKlaG, VBVG, VersAusglG und WEG, Band II, hrsg. v. Barbara Grunewald, Georg

Maier-Reimer, Harm-Peter Westermann, 14. Auflage, Köln 2014; 15. Auflage, Köln 2017 (zit. Erman/*Bearbeiter*).

Everts, Arne: Fälle und Formulierungsbeispiele zur EU-Erbrechtsverordnung, Teil 1, NotBZ 2014, S. 441-455.

Faber, Wolfgang: Der aktuelle Vorschlag einer EU-Verordnung für Erbsachen – ein Überblick, JEV 2010, S. 42-50.

Faber, Wolfgang, Grünberger, Stefan: Vorschlag der EU-Kommission zu einer Erbrechts-Verordnung, NZ 2011, S. 97-115.

Falkner, Melanie: Das (Neben-) Güterrecht, DNotZ 2013, S. 586-596.

Ferid, Murad: Internationales Privatrecht, Das neue Recht – Ein Leitfaden für Praxis und Ausbildung, JA Sonderheft 13, Berlin 1975 (zit. *Ferid*, IPR).

Ferid, Murad: Für eine Anwendung in Deutschland wichtige Bestimmungen des neuen italienischen Ehegüterrechts, FamRZ 1975, S. 465-469.

Ferrando, Gilda: Matrimonio civile, in Digesto civile, XI, Torino 1994 (zit. *Ferrando*, Matrimonio civile).

Firsching, Karl: Deutsch-amerikanische Erbfälle – Die Bedeutung der Qualifikation u. der Angleichung, der Anpassung und der Umdeutung bei ihrer rechtlichen Behandlung, zugl. Habil., München und Berlin 1965 (zit. *Firsching*, Deutsch-amerikanische Erbfälle).

Firsching, Karl: Deutschland, in: *Ferid, Murad/Firsching, Karl/Dörner, Heinrich/Hausmann, Rainer* (Hrsg.), Internationales Erbrecht, Quellensammlung, mit systematischen Darstellungen des materiellen Erbrechts sowie des Kollisionsrechts der wichtigsten Staaten, Loseblattsammlung, Band II, Stand der 111. Ergänzungslieferung 2019 (zit. Ferid/Firsching, Internationales Erbrecht, Bd. II, Deutschland (*Firsching*)).

Fischer-Czermak, Constanze: Anwendungsbereich, Anwendbares Recht, in: *Schauer, Martin/Scheuba, Elisabeth (Hrsg.),* Europäische Erbrechtsverordnung (2012/650/EU vom 4. Juli 2012), Wien 2012 (zit. *Fischer-Czermak*, in: Schauer/Scheuba, EuErbVO).

Flick, Hans: Praktische Bearbeitung internationaler Erbfälle – Parallelen zwischen IPR und IStR –, in: *Gocke, Rudolf* (Hrsg.), Festschrift für Franz Wassermeyer zum 65. Geburtstag, München 2005, S. 613-629.

Fornasier, Matteo: Dutta, Anatol/Weber, Johannes (Hrsg.), Internationales Erbrecht, Würzburg 2016.

Fornasier, Matteo: Keine Erhöhung des gesetzlichen Erbteils des überlebenden Ehegatten bei türkischer Errungenschaftsgemeinschaft, FamRZ 2018, S. 330-332.

Fornasier, Matteo: Anmerkung zu EuGH vom 01.03.2018, Art. 1 I EuErbVO, § 1371 I BGB: Erbrechtl. Qualifikation des güterrechtl. Viertels, FamRZ 2018, S. 632-635.

Fornasier, Matteo: Anmerkung zu OLG Karlsruhe 27.02.2018, § 1371 I BGB: Qualifikation des güterrechtl. Viertels in deutsch-türkischen Erbfällen, FamRZ 2018, S. 858-862.

Frank, Susanne: Nationale und internationale Nachlassplanung – Länderstudie zum deutsch-italienischen Erbfall, in: *Röthel, Anne/Frank, Susanne/Malatesta, Alberto/Thorn, Karsten/von Hein, Jan* (Hrsg.), Europäische Einflüsse auf den deutsch-italienischen Rechtsverkehr, Jahrbuch für Italienisches Recht, Band 25, Heidelberg 2012, S. 17-42 (zit. *Frank*, JbItalR 25 (2012)).

Frank, Susanne, Döbereiner, Christoph: Nachlassfälle mit Auslandsbezug, 1. Auflage, München 2015 (zit. *Frank/Döbereiner*, Nachlassfälle).

Frank, Susanne: Länderbericht Italien, in: *Burandt, Wolfgang/Rojahn, Dieter* (Hrsg.), Erbrecht Kommentar, 3. Auflage, München 2019 (zit. Burandt/Rojahn/*Bearbeiter*, Erbrecht).

Franke, Susanne: Art. 25 EGBGB, in: *Burandt, Wolfgang/Rojahn, Dieter* (Hrsg.), Erbrecht Kommentar, 2. Auflage 2014 (zit. Burandt/Rojahn/*Bearbeiter*, Erbrecht).

Frantzen, Torstein: Europäisches internationales Erbrecht, in: *Jayme, Erik/Mansel, Heinz-Peter* (Hrsg.), Festschrift für Erik Jayme, Band I, München 2004, S. 187-196.

Franzina, Pietro: The Law applicable to Divorce and Legal Separation under Regulation (EU) No. 1259/2010 of 20. December 2010, CDT (Octubre 2011) Vol. 3 No. 2, S. 85-129.

Frimston, Richard: Art. 1-3 EuErbVO, in: *Bergquist, Ulf/Damascelli, Domenico/Frimston, Richard/Lagarde, Paul/Odersky, Felix/Reinhartz, Barbara* (Hrsg.): EU-Erbrechtsverordnung, Kommentar, Köln 2015 (zit. Bergquist/Damascelli/*Frimston*).

Gebauer, Martin: Kapitel 4: Europäische Auslegung des Zivilrechts, in: *Gebauer, Martin/Wiedmann, Thomas* (Hrsg.), Zivilrecht unter europäischem Einfluss – Die richtlinienkonforme Auslegung des BGB und anderer Gesetze – Kommentierung der wichtigsten EU-Verordnungen, 2. Auflage, Stuttgart 2010 (zit. Gebauer/Wiedmann, Zivilrecht).

Gebauer, Martin: § 1371 Abs. 1 BGB und das deutsch-türkische Nachlassabkommen im Sog der erbrechtlichen Qualifikation, IPRax 2018, S. 586-588.

Geimer, Reinhold: Die geplante Europäische Erbrechtsverordnung – Ein Überblick, in: *Reichelt, Gerte/Rechberger, Walter H.* (Hrsg.), Europäisches Erbrecht – Zum Verordnungsvorschlag der Europäischen Kommission zum

Erb- und Testamentsrecht, Wien 2011, S. 1-25 (zit. *Geimer*, in: Symposium Europäisches Erbrecht).

Geimer, Reinhold: Die europäische Erbrechtsverordnung im Überblick, in: *Hager, Johannes* (Hrsg.), Die neue europäische Erbrechtsverordnung Tagungsband, 1. Auflage, Baden-Baden 2013 (zit. *Geimer*, in: Hager, Erbrechtsverordnung).

Geimer, Reinhold, Schütze, Rolf A.: Europäische Erbrechtsverordnung, Internationales Erbrechtsverfahrensgesetz (IntErbRVG), Kommentar zur VO (EU) Nr. 650/2012, Sonderdruck aus *Geimer, Reinhold/Schütze, Rolf A.* (Hrsg.), Internationaler Rechtsverkehr in Zivil- und Handelssachen, 1. Auflage, München 2016 (zit. Geimer/Schütze/*Bearbeiter*, EuErbVO).

Geimer, Reinhold: Kommentierung zur Erbrechtsverordnung, in: *Zöller, Richard* (Begr.), Zivilprozessordnung, mit FamFG und Gerichtsverfassungsgesetz, den Einführungsgesetzen, mit Internationalem Zivilprozessrecht, EuGVVO und weiteren EU-Verordnungen, Kostenanmerkungen, Kommentar, 33. Auflage, Köln 2020.

Giannattasio, Carlo: Delle successioni, in: Commentario al Codice Civile, Band II/2, Torino 1978 (zit. *Giannattasio*, Delle successioni).

Giesen, Dieter: Gleichberechtigungspostulat und Familienschutz im Erwerbsleben, in: *Habscheid, Walther J.* (Hrsg.), Festschrift für Friedrich Wilhelm Bosch zum 65. Geburtstag, Bielefeld 1976, S. 309-335.

Goldschmidt, Werner: Die philosophischen Grundlagen des internationalen Privatrechts, in: *von Caemmerer, Ernst/Hallstein, Walter* (Hrsg.), Festschrift für Martin Wolff zum 80. Geburtstag, Tübingen 1952, S. 203-223.

Gottschalk, Eckart: Allgemeine Lehren des IPR in kollisionsrechtlichen Staatsverträgen, zugl. Diss. (Univ. Göttingen 2002), (zit. *Gottschalk*, Allgemeine Lehren).

Grau, Volker: Zimmermann, Walter (Hrsg.), Praxiskommentar Erbrechtliche Nebengesetze, 2. Auflage 2016 (zit. *Bearbeiter*, in: Zimmermann, Erbrechtliche Nebengesetze).

Greeske, Marion: Die Kollisionsnormen der neuen Eu-Erbrechtsverordnung, Frankfurt/Main 2014, zugl. Diss. (Univ. Konstanz 2013), (zit. *Greeske*, Kollisionsnormen).

Große-Boymann, Tamara: § 1371 BGB, in: *Burandt, Wolfgang/Rojahn, Dieter* (Hrsg.), Erbrecht Kommentar, 3. Auflage 2019.

Grosso, Giuseppe, Burdese, Alberto: Trattato di Diritto Civile Italiano, Le successioni, parte generale, Vol. 12, Torino 1977 (zit. *Grosso/Burdese*, Le successioni, parte generale).

Gruber, Urs Peter: Methoden des internationalen Einheitsrechts, zugl. Habil. (Univ. Mainz 2004), (zit. *Gruber*, Methoden).

Grundmann, Stefan: Zur Errichtung eines gemeinschaftlichen Testaments durch italienische Ehegatten in Deutschland, IPRax 1984, S. 94-97.

Grundmann, Stefan: Qualifikation gegen die Sachnorm – Deutsch-portugiesische Beiträge zur Autonomie des internationalen Privatrechts, zugl. Diss. (Univ. München 1985), (zit. *Grundmann*, Qualifikation gegen die Sachnorm).

Grziwotz, Herbert: Nichteheliche Lebensgemeinschaft, 5. Auflage 2014 (zit. *Grziwotz*, Nichteheliche Lebensgemeinschaft).

Gsell, Beate: Zivilrechtsanwendung im Europäischen Mehrebenensystem, AcP 2014, S. 99-150.

Güllemann, Dirk: Internationales Vertragsrecht, Internationales Privatrecht, UN-Kaufrecht und Internationales Zivilverfahrensrecht, 3. Auflage, München 2018 (zit. *Güllemann*, Internationales Vertragsrecht).

Haas, Ulrich: Der europäische Justizraum in „Erbsachen“, in: *Gottwald, Peter* (Hrsg.), Perspektiven der justiziellen Zusammenarbeit in Zivilsachen in der Europäischen Union, Bielefeld 2004, S. 43-110 (zit. *Haas*, in: Perspektiven).

Haas, Ulrich: Die Europäische Zuständigkeitsordnung in Erbsachen, in: *Jud, Brigitta/Rechberger, Walter H./Reichelt, Gerte* (Hrsg.), Kollisionsrecht in der Europäischen Union – Neue Fragen des Internationalen Privat- und Zivilverfahrensrechtes, Wien 2008, S. 127-150 (zit. *Haas*, in: Kollisionsrecht in der EU).

Hamburg: Gutachten vom 30.11.1981; EGBGB Art. 25; ital. Cc Artt. 634, 635; disp. prel. Art. 23. 1. Zur Unzulässigkeit eines gemeinschaftlichen Testaments nach italienischem Recht. 2. Zur gesetzlichen Erbfolge nach italienischem Recht. 3. Erbstatut nach italienischem Recht, IPG 1980/81 Nr. 43.

Hau, Wolfgang: Das System der internationalen Entscheidungszuständigkeit im europäischen Eheverfahrensrecht, FamRZ 2000, S. 1333-1341.

Hausmann, Rainer: Rechtliche Probleme der Errichtung letztwilliger Verfügungen durch italienische Staatsangehörige vor deutschen Notaren, in: *Jayme, Erik/Mansel, Heinz-Peter* (Hrsg.), Neuerungen im italienischen Schuld-, Gesellschafts-, Handelsvertreter- und Anwaltsrecht, Jahrbuch für Italienisches Recht, Band 15/16, Heidelberg, 2002/2003, S. 173-204.

Hausmann, Rainer: Verfügungen von Todes wegen im deutsch-italienischen Rechtsverkehr unter Geltung der Europäischen Erbrechtsverordnung, in: *Benecke, Martina/Hausmann, Rainer/Pfeifer, Karl-Nikolaus/Gebauer, Martin* (Hrsg.), Arbeitsrecht, Erbrecht, Urheberrecht, 50 Jahre deutsch-italienische Juristenvereinigung, Jahrbuch für italienisches Recht, Band 27, Heidelberg 2014, S. 21-44.

Hausmann, Rainer: In: *Reithmann, Christoph/Martiny, Dieter* (Hrsg.), Internationales Vertragsrecht, 7. Teil: Vertretungsmacht und Verfügungsbefugnis, 8. Auflage 2015.

Hausmann, Rainer: Begriff und Rechtsquellen des IPR, Ehegüterrecht, in: *Hausmann, Rainer/Odersky, Felix* (Hrsg), Internationales Privatrecht in der Notar- und Gestaltungspraxis: Personenrecht und Rechtsgeschäfte, Familienrecht, Erbrecht, Schuldvertrags- und Sachenrecht, Gesellschaftsrecht, 3. Auflage, München 2017.

Hausmann, Rainer, Trabucchi, Giuseppe: Italien, in: Ferid, Murad/Firsching, Karl/Dörner, Heinrich/Hausmann, Rainer (Hrsg.), Internationales Erbrecht, Quellensammlung, mit systematischen Darstellungen des materiellen Erbrechts sowie des Kollisionsrechts der wichtigsten Staaten, Loseblattsammlung, Band III, Stand der 111. Ergänzungslieferung 2019 (zit. Ferid/Firsching, Internationales Erbrecht, Bd. III, Italien (Hausmann/Trabucchi)).

Hay, Peter, Borchers, Patrick, Symeonides, Symeon, Whytock, Christopher: Conflict of Laws, Sixth edition, St. Paul, MN 2018.

Heiderhoff, Bettina: Die EU-Güterrechtsverordnungen, IPRax 2018, S. 1-10.

Heinig, Jens: Erhöhung des Ehegattenerbteils nach § 1371 Abs. 1 BGB bei Anwendbarkeit ausländischen Erbrechts? – Zugleich Anmerkung zum Beschluss des OLG Schleswig v. 19.8.2013 – 3 Wx 60/13, DNotZ 2014, S. 251-258.

Heinig, Jens: Rechtswahlen in Verfügungen von Todes wegen nach der EU-Erbrechts-Verordnung, RNotZ 2014, S. 197-229.

Heinze, Christian: Bausteine eines Allgemeinen Teils des europäischen Internationalen Privatrechts, in: *Baetge, Dietmar* (Hrsg.), Festschrift für Jan Kropholler zum 70. Geburtstag, Tübingen 2008, S. 105-127.

Heldrich, Andreas: Internationale Zuständigkeit und anwendbares Recht, Berlin 1969, zugl. Habil. (Univ. München 1965), (zit. *Heldrich*, Internationale Zuständigkeit und anwendbares Recht).

Hellner, Michael: Probleme des allgemeinen Teils des Internationalen Privatrechts, in: *Dutta, Anatol/Herrler, Sebastian* (Hrsg.), Die Europäische Erbrechtsverordnung, Tagungsband zum wissenschaftlichen Symposium anlässlich des 20-jährigen Bestehens des deutschen Notarinstituts am 11. Oktober in Würzburg, München 2014, S. 107-111 (zit. *Hellner*, in: Dutta/Herrler, Tagungsband DNotI, Die EuErbVO).

Helms, Tobias: Reform des internationalen Scheidungsrechts durch die Rom III-Verordnung, FamRZ 2011, S. 1765-1772.

Helms, Tobias: Neues Europäisches Familienkollisionsrecht, in: *Verbeke, Alain-Laurent/Scherpe, Jens M./Declerck, Charlotte/Helms, Tobias/Senaeve, Patrick* (Hrsg.), Confronting the frontiers of Family and Succession Law, Liber

Amicorum Walter Pintens, 2012, S. 681-700 (zit. *Helms*, Liber amicorum Pintens I).

Helms, Tobias: Konkludente Wahl des auf die Ehescheidung anwendbaren Rechts? IPRax 2014, S. 334-335.

Henrich, Dieter: Eheliche Gemeinschaft, Partnerschaft und Vermögen im europäischen Vergleich: die deutsche Sicht, in: *Henrich, Dieter/Schwab, Dieter* (Hrsg.), Eheliche Gemeinschaft, Partnerschaft und Vermögen im europäischen Vergleich – Beiträge zum europäischen Familienrecht, Bielefeld 1999, S. 361-374 (zit. Henrich/Schwab, Eheliche Gemeinschaft).

Henrich, Dieter: Zur Zukunft des Ehegüterrechts in Europa, FamRZ 2002, S. 1521-1526.

Henrich, Dieter: Abschied vom Staatsangehörigkeitsprinzip?, in: *Henrich, Dieter* (Hrsg.), Deutsches, ausländisches und internationales Familien- und Erbrecht – Ausgewählte Beiträge, Band 10, Bielefeld 2006, S. 357-370 (zit. *Henrich*, Familien- und Erbrecht).

Henrich, Dieter: Scheidung auf Italienisch, in: *Henrich, Dieter/Liebman, Stefano/Clerici, Roberta/Damascelli, Domenico/Spolidoro, Marco S./Stürner, Michael* (Hrsg.), Wirtschaftsrecht, Verfahrensrecht, Erbrecht, Scheidungsrecht, Jahrbuch für Italienisches Recht, Band 28, Heidelberg 2015, S. 3-14 (zit. *Henrich*, JbItalR 28 (2015)).

Henrich, Dieter: Italien, in: *Bergmann, Alexander/Ferid, Murad/Henrich, Dieter* (Hrsg.), Internationales Ehe- und Kindschaftsrecht, Loseblattsammlung, Ordner XIII, 223. Lieferung, Stand: 15.5.2017, Frankfurt am Main/Berlin (zit. Bergmann/Ferid/*Henrich*, Internationales Ehe- und Kindschaftsrecht, Italien).

Herrler, Sebastian: Einführung, in: *Dutta, Anatol/Herrler, Sebastian (Hrsg.)*, Die Europäische Erbrechtsverordnung, Tagungsband zum wissenschaftlichen Symposium anlässlich des 20-jährigen Bestehens des deutschen Notarinstituts am 11. Oktober in Würzburg, München 2014, S. 1-4 (zit. *Herrler*, in: Dutta/Herrler, Tagungsband DNotI, Die EuErbVO).

Hertel, Christian: Kollision der Erbrechte innerhalb der EU: hin zu einem Europäischen Erbschein?, Forum zur justiziellen Zusammenarbeit in Zivilsachen: Aussprache mit den nationalen Parlamenten, 02.12.2008, abrufbar unter: http: //www.europarl.europa.eu/meetdocs/2004_2009/documents/dv/755/755341/755341de.pdf (Stand: 02.01.2021).

Herzog, Stephanie: Die EU-Erbrechtsverordnung (EU-ErbVO), ZErb 2013, S. 2-14.

Hess, Burkhard, Jayme, Erik, Pfeiffer, Thomas: Stellungnahme zum Vorschlag für eine Europäische Erbrechtsverordnung Version 2009/157 (COD) vom 16.01.2012, Generaldirektion interne Politikbereiche, Fachabteilung C: Bürgerrechte und konstitutionelle Angelegenheiten, Rechts- und parlamentarische Angelegenheiten, PE 462.430, abrufbar unter: http: //www.europarl.europa.eu/thinktank/de/document.html?reference=IPOL-JURI_NT(2012)462430 (letzter Aufruf: 02.01.2021) (zit. *Hess/Jayme/Pfeiffer*, Stellungnahme zum Vorschlag für eine Europäische Erbrechtsverordnung).

Hess, Burkhard: Die internationale Zuständigkeit nach der Erbrechtsverordnung, in: *Dutta, Anatol/Herrler, Sebastian* (Hrsg.), Die Europäische Erbrechtsverordnung, Tagungsband zum wissenschaftlichen Symposium anlässlich des 20-jährigen Bestehens des deutschen Notarinstituts am 11. Oktober in Würzburg, München 2014, S. 131-142 (zit. *Hess*, in: Dutta/Herrler, Tagungsband DNotI, Die EuErbVO).

Hilbig-Lugani, Katharina: Neue Herausforderungen des Begriffs des gewöhnlichen Aufenthalts im europäischen Familienrecht, in: *Götz, Isabell* (Hrsg.), Festschrift Gerd Brudermüller zum 65. Geburtstag, Familie-Recht-Ethik, München 2014, S. 323-333.

Hilbig-Lugani, Katharina: Divergenz und Transparenz: Der Begriff des gewöhnlichen Aufenthalts der privat handelnden natürlichen Person im jüngeren EuIPR und EuZVR, GPR 1/2014, S. 8-16.

Hilbig-Lugani, Katharina: Parteiautonomie im Zusammenspiel des neueren Europäischen Kollisionsrechts, DNotZ 2017, S. 739-760.

von Hinden, Michael, Müller, Thorsten: Die Europäische Erbrechtsverordnung, Aktuelle Auswirkungen auf die Nachfolgeplanung, ErbStB 2013, S. 97-103.

von Hippel, Eike: Ausgleich des Zugewinns (§ 1371 BGB) in Fällen mit Auslandsberührung, RabelsZ 1968, S. 348-351.

von Hoffmann, Bernd, Thorn, Karsten: Internationales Privatrecht einschließlich der Grundzüge des internationalen Zivilverfahrensrechts, 9. Auflage, München 2007 (zit. *v. Hoffmann/Thorn*, IPR).

Hohloch, Gerhard: Ehegattenerbrecht und § 1371 Abs. 1 BGB bei Erbfällen „Vertriebener", FamRZ 2010, S. 1216-1220.

Hohloch, Gerhard, Heckel, Martin: Kapitel 26: Internationales Erbrecht und Erbverfahrensrecht, in: *Hausmann, Rainer/Hohloch, Gerhard* (Hrsg.), Handbuch des Erbrechts, 2. Auflage, Berlin 2010.

Informationsdient des Deutschen Notarinstituts: EGBGB Art. 25, 26 – Italien: Erbvertrag und gemeinschaftliches Testament; Pflichtteilsrecht, DNotI-Report 17/2001, S. 137-140.

Informationsdient des Deutschen Notarinstituts: EUGüVO; EUPartVO – Verabschiedung der Europäischen Güterrechtsverordnungen, DNotI-Report 2016, S. 109-111.

Ipsen, Jörn: Ehe für alle – verfassungswidrig?, NVwZ 2017, S. 1096-1099.

Janzen, Ulrike: Die EU-Erbrechtsverordnung, DNotZ 2012, S. 484-493.

Jauernig, Othmar: Kommentar zum Bürgerlichen Gesetzbuch 15. Auflage, 2014.

Jayme, Erik: Das italienische Familienrecht und seine Anwendung in Deutschland, in: Jahrbuch für Italienisches Recht, Heft 4, Frankfurt/Main 1967, S. 3-20.

Jayme, Erik: Die Auswirkungen des italienischen Familienrechtsreformgesetzes von 1975 auf Eherecht, Erbrecht und Eheverfahren, StAZ 1976, S. 185-193.

Jayme, Erik: Zur Auslegung des § 1931 IV BGB bei ausländischem Ehegüterrechtsstatut, in: *Heldrich, Andreas* (Hrsg.), Festschrift Murad Ferid zum 70. Geburtstag, Konflikt und Ordnung, München 1978, S. 221-232.

Jayme, Erik: Das neue IPR-Gesetz – Brennpunkte der Reform, IPRax 1986, S. 265-270.

Jayme, Erik: Internationales Erbrecht und Vereinheitlichung des Europäischen Kollisionsrechts, IPRax 2006, S. 200-201.

Jeremias, Christoph, Schäper, Eva: Zugewinnausgleich nach § 1371 Abs. 1 BGB bei Geltung ausländischen Erbrechts – zugleich Anmerkung zu der Entscheidung des OLG Stuttgart vom 08.03.2005 – 8 W 96/04, IPRax 2005, S. 521-526.

Jud, Brigitta: Rechtswahl im Erbrecht, Das Grünbuch der Europäischen Kommission zum Erb- und Testamentsrecht, GPR 2005, S. 133- 139.

Junghardt, Anna: Die Vereinheitlichung des Erb- und Testamentsrechts im Rahmen einer Europäischen Verordnung – Rom IV-VO, Regensburg 2009, zugl. Diss. (Univ. Leipzig 2009), (zit. *Junghardt*, Rom IV-VO).

Kanzleiter, Rainer: Die Reform des Internationalen Erbrechts in der Europäischen Union – Bedenken gegen den „gewöhnlichen Aufenthalt" als Kriterium für das anwendbare Erbrecht, in: Hanau, Peter (Hrsg.), Festschrift für Stefan Zimmermann zum 60. Geburtstag, Bonn 2010, S. 165-176.

Karpen, Hans-Ulrich: Die Verweisung als Mittel der Gesetzgebungstechnik, zugl. Diss. (Univ. Köln 1970), (zit. *Karpen*, Verweisung).

Kaster-Müller, Eva: Verwaltung und Haftung bei der comunione legale des italienischen Rechts aus der Sicht der deutschen Zugewinngemeinschaft, zugl. Diss. (Univ. Regensburg 1999), (zit. *Kaster-Müller*, Verwaltung und Haftung bei der comunione legale).

Kegel, Gerhard, Schurig, Klaus: Internationales Privatrecht, 9. Auflage, München 2004 (zit. *Kegel/Schurig*, IPR).

Keim, Christopher: Rechtswahl nach der Europäischen Erbrechtsverordnung (EuErbVO), in: *Roth, Andreas* (Hrsg.), Die Wahl ausländischen Rechts im

Familien- und Erbrecht, 1. Auflage, Baden-Baden 2013, S. 67-90 (zit. *Keim*, in: A. Roth, Wahl ausländischen Rechts).

Keller, Max, Siehr, Kurt: Allgemeine Lehren des internationalen Privatrechts, Zürich 1986 (zit. *Keller/Siehr*, Allgemeine Lehren).

Kern, Christoph, Glücker, Daniela: Das neue Europäische Erbstatut und seine Aufnahme in der deutschen Literatur, RabelsZ 78 (2014), S. 294-314.

Khairallah, Georges: La loi applicable à la succession, in: *Khairallah, Georges/ Revillard, Marion* (Hrsg.), Perspectives du droit des successions européennes et internationales, Étude de la proposition de règlement du 14. octobre 2009, Paris 2010, S. 61-79 (zit. *Khairallah*, in: Perspectives du droit de successions).

Kindler, Peter: Internationale Zuständigkeit und anwendbares Recht im italienischen IPR – Gesetz von 1995, RabelsZ 1997, S. 227-284.

Kindler, Peter: Einführung in das italienische Recht, 2. Auflage, München 2008.

Kindler, Peter: Vom Staatsangehörigkeits- zum Domizilprinzip – das künftige internationale Erbrecht der Europäischen Union, IPRax 2010, S. 44-50.

Kindler, Peter: Der Erbfall mit Auslandsberührung, in: *Groll, Michael* (Hrsg.), Praxis-Handbuch Erbrechtsberatung, 3. Auflage, Köln 2010 (zit. Groll/*Kindler*, Erbrechtsberatung).

Kindler, Peter, Kränzle, Michael: Teil 7: Erbfall mit Auslandsberührung, in: *Groll, Klaus/Steiner, Anton* (Hrsg.), Praxis-Handbuch Erbrechtsberatung, 5. Auflage, München 2019 (zit. *Kindler/Kränzle*, in: Groll/Steiner, Erbrechtsberatung).

Kleinschmidt, Jens: Optionales Erbrecht: Das Europäische Nachlasszeugnis als Herausforderung an das Kollisionsrecht, RabelsZ 77 (2013), S. 723-785.

Kleinschmidt, Jens: Anmerkung zu EuGH, Urteil vom 01.03.2018 - § 1371 Abs. 1 BGB ist erbrechtlich zu qualifizieren, ZErb 2018, S. 324-329.

Kleinschmidt, Jens: Erfahrungen mit der Europäischen Erbrechtsverordnung – Umdenken im internationalen Erbrecht, in: *Pfeiffer, Thomas/Lobach, Quincy C./Rapp, Tobias* (Hrsg.), Europäisches Familien- und Erbrecht, Baden-Baden 2020, S. 131-163 (zit. *Kleinschmidt*, in: Europäisches Familien- und Erbrecht).

Knot, Jan-Ger: Die Europäische Erbrechtsverordnung: ein allgemeiner Überblick, Online-Veröffentlichung, abrufbar unter: https://www.google.com/url?sa=t&rct=j&q=&esrc=s&source=web&cd=&ved=2ahUKEwix6LqBx5rqAhXH6aQKHaZTCJoQFjAAegQIARAB&url=https%3A%2F%2Fwww.plasbossinade.nl%2Fuploads%2Ffckconnector%2F221f2a13-0c8f-5103-ae68-5d7797af1fa7&usg=AOvVaw05xyj4e5yNFoBjCMri6ScZ (Stand: 02.01.2021), (zit. *Knot*, Europäische Erbrechtsverordnung).

Knur, Alexander: Zugewinngemeinschaft, Ehevertrag und Verfügung von Todes wegen, DNotZ 1957, S. 451-483.

Köhler, Andreas: Einführung und Kommentierung zur EuErbVO, in: *Kroiß, Ludwig/Horn, Claus-Henrik/Solomon, Dennis* (Hrsg.), Nachfolgerecht, Erbrechtliche Spezialgesetze, 2. Auflage, Baden-Baden 2019 (zit. NK-Nachfolgerecht/*Köhler*).

Köhler, Andreas: Einleitung, in: *Gierl, Walter/Köhler, Andreas/Kroiß, Ludwig/Wilsch, Harald* (Hrsg.), Internationales Erbrecht, 3. Auflage, Baden-Baden 2020 (zit. Gierl/Köhler/Kroiß/Wilsch, IntErbR).

Kohler, Christian, Pintens, Walter: Entwicklungen im europäischen Familien- und Erbrecht 2008–2009, FamRZ 2009, S. 1529-1534.

Kohler, Christian: Le choix de la loi applicable au divorce – Interrogations sur le règlement "Rome III" de l'Union européenne, in: *Kronke, Herbert/Thorn, Karsten* (Hrsg.), Festschrift für Bernd von Hoffmann zum 70. Geburtstag, Bielefeld 2011, S. 208-217.

Kohler, Marius, Buschbaum, Markus: Die „Anerkennung" öffentlicher Urkunden? – Kritische Gedanken über einen zweifelhaften Ansatz in der EU-Kollisionsrechtsvereinheitlichung, IPRax 2010, S. 313-316.

Konvalin, Linus: Das Europäische Nachlasszeugnis ohne europäischen Entscheidungseinklang – Ein Beitrag zur Effektuierung der Europäischen Erbrechtsverordnung und zur Veranschaulichung der Grenzen der Kollisionsrechtsvereinheitlichung, zugl. Diss. (Univ. München 2017), (zit. *Konvalin*, ENZ).

Kousoula, Aikaterini: Europäischer Erbschein – Vorschläge auf der der Basis einer rechtsvergleichenden Untersuchung der deutschen und griechischen Regelung, Baden-Baden 2008, zugl. Diss (Univ. Hannover 2008), (zit. *Kousoula*, Erbschein).

Kowalczyk, Barbara: Spannungsverhältnis zwischen Güterrechtsstatut und Erbstatut nach den Kommissionsvorschlägen für das Internationale Ehegüter- und Erbrecht, Teil 1, GPR 4/2012, S. 212-218.

Kowalczyk, Barbara: Die Zukunftsperspektive der Anwendung des § 1371 I BGB unter der Geltung des europäischen Kollisionsrechts, ZfRV 2013, S. 126-130.

Kränzle, Michael: Heimat als Rechtsbegriff?, Tübingen 2014, zugl. Diss. (Univ. München 2014), (zit. *Kränzle*, Heimat).

Kroiß, Ludwig, Horn, Claus – Henrik, Solomon, Dennis (Hrsg.): Kommentar zum Nachfolgerecht und erbrechtliche Spezialgesetze, 1. Auflage, Baden-Baden 2015.

Kroll-Ludwigs, Kathrin: Die Rolle der Parteiautonomie im europäischen Kollisionsrecht, Tübingen 2013, zugl. Habil. (Univ. Bonn 2011), (zit. *Kroll-Ludwigs*, Parteiautonomie).

Kroll-Ludwigs, Kathrin: Vereinheitlichung des Güterkollisionsrechts in Europa – Die EU-Ehegüterrechts- und EU-Partnerschaftsverordnung (Teil 1), GPR 2016, S. 231-241.

Kroll-Ludwigs, Kathrin: Stärkung der Parteiautonomie durch die Europäischen Güterrechtsverordnungen, NZFam 2016, S. 1061-1065.

Kropholler, Jan: Die Anpassung im Kollisionsrecht, in: *Heldrich, Andreas* (Hrsg.), Festschrift Murad Ferid zum 70. Geburtstag, Konflikt und Ordnung, München 1978, S. 279-289.

Kropholler, Jan: Internationales Privatrecht einschließlich der Grundbegriffe des Internationalen Zivilverfahrensrechts, 6. Auflage, Hamburg 2006 (zit. *Kropholler*, IPR).

Kropholler, Jan: Der Renvoi im vereinheitlichten Kollisionsrecht, in: *Gottwald, Peter* (Hrsg.), Festschrift für Dieter Henrich zum 70. Geburtstag, Bielefeld 2000, S. 393-402 (zit. *Kropholler*, in: FS Henrich).

Krug, Walter: Länderbericht Deutschland, in: Grenzenloses Erbrecht – Grenzen des Erbrechts, 27. Tagung der DACH in Luzern vom 19. bis 21. September 2002, Zürich 2004 (zit. *Bearbeiter*, Grenzenloses Erbrecht), S. 217-312.

Kruis, Ferdinand: Das italienische internationale Erbrecht – Eine Untersuchung der Art. 46-50 des Gesetzes Nr. 218 vom 31.5.1995 unter besonderer Berücksichtigung deutsch-italienischer Erbfälle, zugl. Diss. (Univ. Hamburg 2005), (zit. *Kruis*, italienisches Erbrecht).

Kühne, Gunther: Die außerschuldvertragliche Parteiautonomie im neuen Internationalen Privatrecht, IPRax 1987, S. 69-74.

Kunz, Lena: Die neue Europäische Erbrechtsverordnung – ein Überblick (Teil I), GPR 2012, S. 208-212; Die neue Europäische Erbrechtsverordnung – ein Überblick (Teil II), GPR 2015, S. 253-257.

Lagarde, Paul: Familienvermögens- und Erbrecht in Europa, in: *Gottwald, Peter* (Hrsg.), Perspektiven der Justiziellen Zusammenarbeit in Zivilsachen in der Europäischen Union, Bielefeld 2004, S. 1-20 (zit. *Lagarde*, in: Perspektiven).

Lagarde, Paul: Einleitung, in: *Bergquist, Ulf/Damascelli, Domenico/Frimston, Richard/Lagarde, Paul/Odersky, Felix/Reinhartz, Barbara* (Hrsg.): EU-Erbrechtsverordnung, Kommentar, Köln 2015 (zit. Bergquist/Damascelli/*Lagarde*).

Lange, Knut Werner: Die geplante Harmonisierung des Internationalen Erbrechts in Europa, ZVglRWiss 110 (2011), S. 426-442.

Lange, Knut Werner: Das Erbkollisionsrecht im neuen Entwurf einer EuErbVO, ZErb 2012, S. 160-165.

Langenfeld, Gerrit: Ehevertragsgestaltung nach Ehetypen, FamRZ 1987, S. 9-14.

Lechner, Kurt: Erbverträge und gemeinschaftliche Testamente in der neuen EU-Erbrechtsverordnung, NJW 2013, S. 26-27.

Lechner, Kurt: Verordnung (EU) Nr. 650/2012 über Erbsachen und die Einführung eines Europäischen Nachlasszeugnisses, Eingehende Analyse zur EuErbVO, Fachabteilung C des Europäischen Parlaments, 2/2015, PE 510.003, abrufbar unter: https: //www.europarl.europa.eu/RegData/etudes/STUD/2015/510003/IPOL_STU%282015%29510003_DE.pdf (Stand 02.01.2021), (zit. *Lechner*, Analyse zur EuErbVO).

Lehmann, Daniel: Die Reform des internationalen Erb- und Erbprozessrechts im Rahmen der geplanten Brüssel IV-Verordnung, Angelbachtal 2006, zugl. Diss. (Univ. Mainz 2006), (zit. *D. Lehmann,* Reform).

Lehmann, Daniel: Ernüchternde Entwicklung beim Europäischen Erbrecht?, FPR 2008, S. 203-206.

Lehmann, Daniel: Die EU-Erbrechtsverordnung zur Abwicklung grenzüberschreitender Nachlässe, DStrR 2012, S. 2085-2089.

Lehmann, Daniel: Die EU-ErbVO: Babylon in Brüssel und Berlin, ZErb 2013, S. 25-30.

Lehmann, Daniel: Europäische Union: Das Güterrecht lässt auf sich warten, ZEV 2015, S. 154.

Lein, Eva: A further step towards a European Code of Private International Law – The Commission Proposal for a Regulation on Succession, in: *Bonomi, Andrea/Romano, Gian Paolo* (Hrsg.), Yearbook of private international law 2009, S. 107-141 (zit. *Lein*, Yb. P.I.L. 2009).

Leipold, Dieter: Ist unser Erbrecht noch zeitgemäß?, JZ 2010, S. 802-811.

Leipold, Dieter: Das Europäische Erbrecht (EuErbVO) und das deutsche gemeinschaftliche Testament, ZEV 2014, S. 139-144.

Leitzen, Mario: Die Rechtswahl nach der EuErbVO, ZEV 2013, S. 128-132.

Lettieri, Angela Linda: Länderbericht Italien, in: *Gierl, Walter/Köhler, Andreas/Kroiß, Ludwig/Wilsch, Harald* (Hrsg.), Internationales Erbrecht, 3. Auflage, Baden-Baden 2020 (zit. Gierl/Köhler/Kroiß/Wilsch, IntErbR, Länderbericht Italien).

Lichtenberger, Peter: Zu einigen Problemen des Internationalen Familien- und Erbrechts, in: *Heldrich, Andreas* (Hrsg.), Festschrift für Murad Ferid zum 80. Geburtstag, Frankfurt am Main 1988, S. 269-287.

Looschelders, Dirk: Die Anpassung im Internationalen Privatrecht – Zur Methodik der Rechtsanwendung in Fällen mit wesentlicher Verbindung zu mehreren nicht miteinander harmonierenden Rechtsordnungen, zugl. Diss. (Univ. Mannheim 1995), (zit. *Looschelders*, Anpassung).

Looschelders, Dirk: Internationales Privatrecht – Art. 3-46 EGBGB, Berlin 2004 (zit. *Looschelders*, IPR).

Looschelders, Dirk: Anwendbarkeit des § 1371 Abs. 1 BGB nach Korrektur einer ausländischen Erbquote wegen Unvereinbarkeit mit dem ordre public – zugleich Anmerkung zu der Entscheidung des OLG Düsseldorf vom 19.12.2008 – I-3 Wx 51/08, IPRax 2009, S. 505-509.

Looschelders, Dirk: Anpassung und ordre public im Internationalen Erbrecht, in: *Kronke, Herbert/Thorn, Karsten* (Hrsg.), Festschrift für Bernd von Hoffmann zum 70. Geburtstag, Bielefeld 2011, S. 266-282 (zit. *Looschelders*, FS von Hoffmann).

Looschelders, Dirk: Die allgemeinen Lehren des Internationalen Privatrechts im Rahmen der Europäischen Erbrechtsverordnung, in: *Hilbig-Lugani, Katharina/Jakob, Dominique/Mäsch, Gerald/Reuß, Philip M./Schmid, Christoph* (Hrsg.), Zwischenbilanz – Festschrift für Dagmar-Coester Waltjen zum 70. Geburtstag, Bielefeld 2015, S. 531-542 (zit. *Looschelders*, FS Coester-Waltjen).

Looschelders, Dirk: Qualifikations- und Anpassungsprobleme bei deutsch-italienischen Erbfällen, IPRax 2016, S. 349-353.

Lorenz, Stephan: Erbrecht in Europa – Auf dem Weg zu kollisionsrechtlicher Rechtseinheit, ErbR 2012, S. 39-49.

Lorenz, Stephan: Art. 25, 26 EGBGB, in: *Bamberger, Heinz Georg/Roth, Herbert* (Hrsg.), Kommentar zum Bürgerlichen Gesetzbuch, 3. Auflage, München 2012 (zit. Bamberger/Roth/*Lorenz*).

Lorenz, Stephan: Ehegattenerbrecht bei gemischt-nationalen Ehen – Der Einfluss des Ehegüterrechts auf die Erbquote, NJW 2015, S. 2157-2160.

Lübcke, Daniel: Das neue europäische Internationale Nachlassverfahrensrecht, Darstellung auf Grundlage des Verordnungsentwurfs vom 14. Oktober 2009 unter Berücksichtigung der Endfassung, Baden-Baden 2013, zugl. Diss. (Univ. Münster 2011), (zit. *D. Lübcke*, Nachlassverfahrensrecht).

Lüderitz, Alexander: Internationales Privatrecht, 2. Auflage, Neuwied u. a. 1992.

Ludwig, Ingo: Zur Anwendbarkeit des Art. 3 Abs. 3 EGBGB im Internationalen Ehegüterrecht bei der Berechnung des Zugewinnausgleichs nach deutschem Recht, DNotZ 2000, S. 663-681.

Ludwig, Ingo: Anwendung des § 1371 Abs. 1 BGB bei ausländischem Erbstatut? – Anmerkungen zum Beschl. des OLG Stuttgart v. 8.3.2005 – 8 W 96/04, DNotZ 2005, S. 586-595.

Lüke, Gerhard: Die persönlichen Ehewirkungen und die Scheidungsgründe nach dem neuen Ehe- und Familienrecht, in: *Habscheid, Walther J.* (Hrsg.), Festschrift für Friedrich Wilhelm Bosch zum 65. Geburtstag, Bielefeld 1976, S. 627-643.

Lüke, Gerhard: Grundsätzliche Veränderungen im Familienrecht durch das 1. EheRG, AcP 1978, S. 1-33.

Luther, Gerhard: Die Reformen des deutschen und italienischen Familienrechts im Vergleich, RabelsZ 1978, S. 304-330.

Luther, Gerhard: Italienisches Familienrecht, in: *Luther, Gerhard/ Cubeddu, Maria Giovanna/ Filho, Calixto Salomão/ Richter, Mario Stella jr./ Pikart, Heinz/Lattanzi, Giorgio* (Hrsg.), Familienrecht, Staatsangehörigkeitsrecht, Übernahmeangebote, Strafprozessrecht, Jahrbuch für Italienisches Recht, Band 7, Heidelberg 1994, S. 3-45 (zit. *Luther*, JbItalR 7 (1994)).

Lüttringhaus, Jan D.: Übergreifende Begrifflichkeiten im europäischen Zivilverfahrens- und Kollisionsrecht – Grund und Grenzen der rechtsaktsübergreifenden Auslegung, dargestellt am Beispiel vertraglicher und außervertraglicher Schuldverhältnisse, RabelsZ 77 (2013), S. 31-68.

Maglio, Valentina, Thorn, Karsten: Neues Internationales Privatrecht in Italien – Eine kritische Betrachtung, ZVglRWiss 1997, S. 347-385.

Mancini, Pasquale Stanislao: Diritto Internazionale, Prelezioni – con un Saggio sul Machiavelli, Napoli 1873 (zit. *Mancini*, Diritto internazionale, Prelezioni 1873).

Mankowski, Peter, Osthaus, Wolf: Gestaltungsmöglichkeiten durch Rechtswahl beim Erbrecht des überlebenden Ehegatten in internationalen Fällen, DNotZ 1997, S. 10-27.

Mankowski, Peter: Der gewöhnliche Aufenthalt eines verbrachten Kindes unter der Brüssel IIa-VO – Anmerkung zu EuGH, Urt. v. 22.12.2010 - Rs. C-497/10 PPU, GPR 2011, S. 209-213.

Mankowski, Peter: Das erbrechtliche Viertel nach § 1371 Abs. 1 BGB im deutschen und europäischen Internationalen Privatrecht, ZEV 2014, S. 121-129.

Mankowski, Peter: § 1371 I BGB, Art. 15, 25 EGBGB: Güterrechtliche Qualifikation des Zugewinnausgleichs, FamRZ 2015, S. 1180-1184.

Mankowski, Peter: Der gewöhnliche Aufenthalt des Erblassers unter Art. 21 Abs. 1 EuErbVO, IPRax 2015, S. 39-46.

Mankowski, Peter: Das Verhältnis zwischen der EuErbVO und den neuen Verordnungen zum Internationalen Güterrecht, ZEV 2016, S. 479-486.

Mankowski, Peter: Europäische Reversion: Das erbrechtliche Viertel ist im europäischen IPR Erbrecht! – Kritik, Umschau und Folgen zur EuGH-Entscheidung Mahnkopf, ZErb 2018, S. 295-305.

Mankowski, Peter: Art. 1, 23 EuErbVO, in: *Deixler-Hübner, Astrid/Schauer, Martin* (Hrsg.), Kommentar zur EU-Erbrechtsverordnung, 2. Auflage, Wien 2020 (zit. *Mankowski*, in: Deixler-Hübner/Schauer, EuErbVO).

Mansel, Heinz-Peter: Zum Verhältnis von Vorfrage und Substitution – Am Beispiel einer unterhaltsrechtlichen Vorfrage des iranischen Scheidungsrechts, in: *Baetge, Dietmar* (Hrsg.), Festschrift Jan Kropholler zum 70. Geburtstag, Tübingen 2008, S. 353-371.

Mansel, Heinz-Peter, Thorn, Karsten, Wagner, Rolf: Europäisches Kollisionsrecht 2010: Verstärkte Zusammenarbeit als Motor der Vereinheitlichung?, IPRax 2011, S. 1-30.

Mansel, Heinz-Peter: Parteiautonomie, Rechtsgeschäftslehre der Rechtswahl und Allgemeinen Teil des europäischen Kollisionsrechts, in: Leible, Stefan/Unberath, Hannes (Hrsg.), Brauchen wir eine Rom 0-Verordnung? Überlegungen zu einem Allgemeinen Teil des europäischen IPR, 1. Auflage 2013, S. 241-292 (zit. Mansel, in: Leible/Unberath, Brauchen wir eine Rom 0-VO?).

Mansel, Heinz-Peter, Thorn, Karsten Wagner, Rolf: Europäisches Kollisionsrecht 2012: Voranschreiten des Kodifikationsprozesses –Flickenteppich des Einheitsrechts, IPRax 2013, S. 1-36.

Marino, Silvia: I diritti del coniuge o del partner superstite nella cooperazione giudiziaria civile dell'Unione Europea, Riv. Dir. Int. 2012, p. 1114–1121.

Martiny, Dieter: Die Kommissionsvorschläge für das internationale Ehegüterrecht sowie für das internationale Güterrecht eingetragener Partnerschaften, IPRax 2011, S. 437-458.

Martiny, Dieter: Die Anknüpfung güterrechtlicher Angelegenheiten nach den Europäischen Güterrechtsverordnungen, ZfPW 2017, S. 1-33.

Martiny, Dieter: In: Prütting, Hanns/Wegen, Gerhard/Weinreich, Gerd (Hrsg.), Bürgerliches Gesetzbuch, Kommentar, 14. Auflage, Köln 2019 (zit. Prütting/Wegen/Weinreich/Martiny).

Matthies, Heinrich: Zum Aufsatz von Fragistas, Ch., Probleme, die sich aus der Kollision von Regeln über die internationale Zuständigkeit der Gerichte ergeben: Aktuelle Probleme des Internationalen Rechtes, Schriftenreihe der Deutschen Gruppe der AAA, Bd. I, Berlin 1957, S. 102-128, RabelsZ 23 (1958), S. 392-394.

Max Planck Institute for Comparative and International Private Law: Comments on the European Commission's Proposal for a regulation of the European Parliament and of the Council on jurisdiction, applicable law, recognition and enforcement of decisions and authentic instruments in matters of succession and the creation of a European Certificate of Succession, RabelsZ 74,2 (2010), S. 522-720.

Meijers, Eduard Maurits: Erfrechtelijke moeilijkheden op het gebied van het internationaal privaatrecht, WPNR 1936, S. 641-645; auch veröffentlicht in: Verzamelde privaatrechtlijke opstellen, Tweede deel, Leiden 1955, S. 333-365.

Mörsdorf, Juliana: Art. 13-16 EGBGB, in: Bamberger, Heinz Georg/Roth, Herbert/Hau, Wolfgang/Poseck, Roman (Hrsg.), Bürgerliches Gesetzbuch, Kommentar, Band 5, 4. Auflage, München 2020 (zit. Bamberger/Roth/Hau/Poseck/Mörsdorf).

Mosconi, Franco: Capitolo VII – Successioni, S. 101-114, in: Diritto internazionale private e processuale Parte speciale, Torino 1997 (zit. Mosconi, DIP II).

Müller-Freienfels, Wolfram: Zur kollisionsrechtlichen Abgrenzung von Ehegüterrecht und Erbrecht, in: Lauterbach, Wolfgang (Hrsg.), Vorschläge und Gutachten zur Reform des deutschen internationalen Erbrechts, 1969, S. 42-60.

Müller-Graff, Peter-Christian: Gemeinsames Privatrecht in der Europäischen Gemeinschaft, 2. Auflage, Baden-Baden 1999.

Müller-Lukoschek, Jutta: Die neue EU-Erbrechtsverordnung: Einführung in die neue Rechtslage, 1. Auflage, Bonn 2013 (zit. Müller-Lukoschek, Die neue EuErbVO).

Müller-Lukoschek, Jutta: Die neue EU-Erbrechtsverordnung: Einführung in die neue Rechtslage, 2. Auflage, Bonn 2015 (zit. Müller-Lukoschek, Die neue EuErbVO).

Münchener Anwaltshandbuch: Pawlytta, Mark, Pfeiffer, Philipp Alexander, § 33: Internationales Erbrecht und die Erbrechtsverordnung, in: Scherer, Stefan (Hrsg.), Erbrecht, 5. Auflage, München 2018.

Münchener Kommentar zum Bürgerlichen Gesetzbuch: herausgegeben von Rebmann, Kurt/Säcker, Franz Jürgen/Rixecker, Rolland, Band 9: Familienrecht I, §§ 1297-1588, Versorgungsausgleichsgesetz, Gewaltschutzgesetz, Lebenspartnerschaftsgesetz, 8. Auflage, München 2019; Band 10: Internationales Privatrecht I, Europäisches Kollisionsrecht, Einführungsgesetz zum Bürgerlichen Gesetzbuche (Art. 1-24), 6. Auflage, München 2015; 5. Auflage, München 2010; Band 11: Internationales Privatrecht I, Europäisches Kollisionsrecht, Einführungsgesetz zum Bürgerlichen Gesetzbuche (Art. 1-24), 7. Auflage, München 2018; 6. Auflage, München 2015; Band 11: Erbrecht, §§ 1922-2385, §§ 27-35 BeurkG, 8. Auflage, München 2020; Band 12: Internationales Privatrecht I, Europäisches Kollisionsrecht, Einführungsgesetz zum Bürgerlichen Gesetzbuche (Art. 1-26), 8. Auflage, München 2020 (zit. MüKo-BGB/Bearbeiter).

Münchener Kommentar zur Zivilprozessordnung mit Gerichtsverfassungsgesetz und Nebengesetzen: Herausgegeben von Rauscher, Thomas/Krüger, Wolfgang, Band 1: §§ 1-354, 6. Auflage, München 2020 (zit. MüKo-ZPO/Bearbeiter).

Muscheler, Karlheinz: Erbrecht, Band II, Tübingen 2010.

Nademleinsky, Marco: Internationales Ehe-, Scheidungs- und Güterrecht, 2. Auflage, Wien 2019.

Neubecker, Friedrich Karl: Der Ehe- und Erbvertrag im internationalen Verkehr – Eine rechtsvergleichende Studie im Gebiet des deutschen und ausländischen materiellen und internationalen Privatrechts, Leipzig 1914.

Neuhaus, Paul Heinrich: Die Grundbegriffe des Internationalen Privatrechts, 2. Auflage, Tübingen 1976 (zit. Neuhaus, Grundbegriffe).

Nietner, Sarah: Internationaler Entscheidungseinklang im europäischen Kollisionsrecht, zugl. Diss. (Univ. Hamburg 2016), (zit. Nietner, Internationaler Entscheidungseinklang).

Niewöhner, Franz: Zur Problematik des gespaltenen Ehegüterrechts im internationalen Privatrecht, MittRhNotK 1981, S. 219-234.

Nordmeier, Carl Friedrich: Neues Kollisionsrecht für gemeinschaftliche Testamente, ZEV 2012, S. 513-519.

Nordmeier, Carl Friedrich: Erbverträge in der neuen EU-Erbrechtsverordnung: zur Ermittlung des hypothetischen Erbstatuts nach Art. 25 ErbRVO, ZErb 2013, S. 112-118.

Nordmeier, Carl Friedrich: Erbverträge und nachlassbezogene Rechtsgeschäfte in der EuErbVO – eine Begriffsklärung, ZEV 2013, S. 117-124.

Nordmeier, Carl Friedrich: Grundfragen der Rechtswahl in der neuen EU-Erbrechtsverordnung – eine Untersuchung des Art. 22 ErbRVO, GPR 2013, S. 148-155.

Odersky, Felix: Die Europäische Erbrechtsverordnung in der Gestaltungspraxis, notar 2013, S. 3-9.

Odersky, Felix: Art. 4-19 EuErbVO, in: Bergquist, Ulf/Damascelli, Domenico/Frimston, Richard/Lagarde, Paul/Odersky, Felix/Reinhartz, Barbara (Hrsg.): EU-Erbrechtsverordnung, Kommentar, Köln 2015 (zit. Bergquist/Damascelli/Odersky).

Odersky, Felix: Internationales Privatrecht in der Notar- und Gestaltungspraxis: Personenrecht und Rechtsgeschäfte, Familienrecht, Erbrecht, Schuldvertrags- und Sachenrecht, GesellschaftsreAnwendbares Erbrecht nach der Europäischen Erbrechtsverordnung, in: Hausmann, Rainer/Odersky, Felix (Hrsg), Internationales Privatrecht in der Notar- und Gestaltungspraxis: Personenrecht und Rechtsgeschäfte, Familienrecht, Erbrecht, Schuldvertrags- und Sachenrecht, Gesellschaftsrecht, 3. Auflage, München 2017.

Olzen, Dirk, Looschelders, Dirk: Erbrecht, 6. Auflage, Berlin 2020.

Omlor, Sebastian: Gutglaubensschutz durch das Europäische Nachlasszeugnis, GPR 4/2014, S. 216-222.

Ouart, Peter E.: Einleitung vor Art. 25, 26 EGBGB, in: Große-Wilde, Franz/Ouart, Peter (Hrsg.), Deutscher Erbrechtskommentar, 2. Auflage, Köln 2010.

Paffhausen, Patricia: EuErbVO und GüterrechtsVO in Konflikt – Die Anpassung im europäischen Kollisionsrecht, BLJ 2014, S. 10-15.

Pakuscher, Irene: Die Unwandelbarkeit des Ehegüterrechtsstatuts im Lichte der Reform des Internationalen Privatrechts, zugl. Diss. (Univ. München 1987), (zit. Pakuscher, Unwandelbarkeit).

Grüneberg, Christian: Bürgerliches Gesetzbuch mit Nebengesetzen, 72. Auflage, München 2013; 74. Auflage, München 2015; 75. Auflage, München 2016; 76. Auflage, München 2017; 78. Auflage, München 2019; 79. Auflage, München 2020; 80. Auflage, München 2021 (zit. Grüneberg/Bearbeiter).

Patti, Salvatore: Die Reform des italienischen Scheidungsrechts, FamRZ 1990, S. 703-708.

Patti, Salvatore: Eheliche Gemeinschaft, Partnerschaft und Vermögen in Italien, in: Henrich, Dieter/Schwab, Dieter (Hrsg.), Eheliche Gemeinschaft, Partnerschaft und Vermögen im europäischen Vergleich – Beiträge zum europäischen Familienrecht, Bielefeld 1999, S. 125-142 (zit. Henrich/Schwab, Eheliche Gemeinschaft).

Piltz, Detlev: 1. Teil, Probleme des Internationalen Erbfalls, in: Flick, Hans/Piltz, Detlev (Hrsg.), Der internationale Erbfall – Erbrecht, Internationales Privatrecht, Erbschaftsteuerrecht, 2. Auflage, Bonn 2008.

Pintens, Walter: Eheliche Gemeinschaft, Partnerschaft und Vermögen im europäischen Vergleich: Das belgische Recht, in: Henrich, Dieter/Schwab, Dieter (Hrsg.), Eheliche Gemeinschaft, Partnerschaft und Vermögen im europäischen Vergleich – Beiträge zum europäischen Familienrecht, Band 6, 1999, S. 19-34 (Henrich/Schwab, Eheliche Gemeinschaft).

Pintens, Walter: Grundgedanken und Perspektiven einer Europäisierung des Familien- und Erbrechts – Teil 1, FamRZ 2003, S. 329-336.

Pintens, Walter: Einführung in die Grundprinzipien der Erbrechtsverordnung, in: Löhnig, Martin/Schwab, Dieter/Henrich, Dieter/Gottwald, Peter/Grziwotz, Herbert/Reimann, Wolfgang/Dutta, Anatol (Hrsg.), Erbfälle unter Geltung der Europäischen Erbrechtsverordnung, Band 15, 2014, S. 1-32 (zit. Pintens, in: Löhnig et al, Erbfälle EuErbVO).

Pirrung, Jörg: Gewöhnlicher Aufenthalt des Kindes bei internationalem Wanderleben und Voraussetzungen für die Zulässigkeit einstweiliger Maßnahmen in Sorgerechtssachen nach der EuEheVO, IPRax 2011, S. 50-55.

Priemer, Julia: Das italienische Internationale Privatrecht nach seiner Reform – Insbesondere zum Recht der Allgemeinen Ehewirkungen, Güterrecht, Erbrecht, MittRhNotK 2000, S. 45-61.

Raape, Leo: Internationales Privatrecht, 5. Auflage, Berlin und Frankfurt 1961 (zit. Raape, IPR).

Raape, Leo Sturm, Fritz: Internationales Privatrecht, 6. Auflage, 1977 (zit. Raape/Sturm, IPR).

Rabel, Ernst: The Conflict of Laws – a comparative study, 2. Auflage 1960.

Rauscher, Thomas, Scheuer, Kathrin: Entwicklungen im italienischen Recht, in: Inzitari, Bruno/Kindler, Peter/Rauscher, Thomas/Scheuer, Kathrin/Thieme, Jürgen (Hrsg.), Verbraucherrecht, Gesellschaftsrecht, Erbrecht, Internationales Privatrecht, Jahrbuch für italienisches Recht, Band 8, Heidelberg 1995, S. 59-82.

Rauscher, Thomas: § 1371 Abs. 1 BGB zwischen EU-ErbVO und EU-EheGüterVO, in: Schütze, Rolf A. (Hrsg.), Festschrift für Reinhold Geimer zum 80. Geburtstag, München 2017, S. 529-544.

Rauscher, Thomas: § 1371 Abs. 1 BGB zwischen EU-ErbVO und EU-EheGüterVO, in: Schütze, Rolf A. (Hrsg.), Festschrift für Reinhold Geimer zum 80. Geburtstag, München 2017, S. 529-544.

Rauscher, Thomas (Hrsg.): Europäisches Zivilprozess- und Kollisionsrecht – EuZPR/EuIPR – Kommentar – Band 2: EG-VollstrTitelVO, EG-MahnVO, EG-BagatellVO, EU-KPfVO, HProrogÜbk 2005, EG-ZustVO 2007, EG-BewVO, EG-InsVO, 4. Auflage, Köln 2015; Band 3: Rom I-VO, Rom II-VO, 4. Auflage, Köln 2016; Band V: KSÜ, EU-ErbVO, HUntSTProt 2007, Rom III-VO, 4. Auflage, Köln 2016 (zit. Rauscher/Bearbeiter).

Rechberger, Walter H.: Das Europäische Nachlasszeugnis und seine Wirkungen, ÖJZ 2012, S. 14-19.

Rechberger, Walter H. Schur, Theresia: Eine internationale Zuständigkeitsordnung in Verlassenschaftssachen – Empfehlungen aus österreichischer Sicht, in: Jud, Brigitta/Rechberger, Walter H./Reichelt, Gerte (Hrsg.), Kollisionsrecht in der Europäischen Union – Neue Fragen des Internationalen Privat- und Zivilverfahrensrechtes, Wien 2008, S. 185-224 (zit. Rechberger/Schur, in: Kollisionsrecht in der EU).

Reese, Willis L.M.: The Influence of Substantive Policies on Choice of Law, in: Bökli, Peter (Hrsg.), Festschrift Frank Vischer zum 60. Geburtstag, Zürich 1983, S. 287-292.

Rehm, Gebhard: Erbfolge nach italienischem Erblasser, MittBayNot 1994, S. 274-277.

Rehm, Gebhard: Wirksamkeit in Deutschland vorgenommener Akte ausländischer Urkundspersonen?, RabelsZ 64 (2000), S. 104-122.

Reinicke, Dietrich: Zum neuen ehelichen Güterrecht, NJW 1957, S. 889-893.

Reiß, Jürgen: Die Erbengemeinschaft im italienischen Recht, ZErb 2005, S. 212-219.

Reiß, Jürgen: Das Zusammenwirken von Güterrechtsstatut und Erbstatut bei Beendigung von deutsch-italienischen Ehen durch Tod eines Ehegatten, ZErb 2005, S. 306-311.

Reiß, Jürgen: Internationales Erbrecht Italien, 3. Auflage, Frankfurt 2013.

Remde, Julia: Die Europäische Erbrechtsverordnung nach dem Vorschlag der Kommission vom 14. Oktober 2009, RNotZ 2012, S. 65-85.

Remien, Oliver: Chancen und Risiken erbrechtlicher Planung und Beratung nach dem Vorschlag einer europäischen Verordnung über das internationale Erbrecht und das europäische Nachlasszeugnis, in: Grziwotz, Herbert (Hrsg.), Erbrecht und Vermögenssicherung, Tagungsband, Würzburg 2011, S. 95-115 (zit. Remien, in: Erbrecht und Vermögenssicherung).

Richters, Patrick: Anwendungsprobleme der EuErbVO im deutsch-britischen Rechtsverkehr, ZEV 2012, S. 576-579.

Riering, Wolfgang: IPR-Gesetze in Europa, Textausgabe mit Originalsprachen mit deutschen Übersetzungen, Bern u. a. 1997 (zit. Riering/Bearbeiter, IPR-Gesetze in Europa).

Riesenhuber, Karl (Hrsg.): Europäische Methodenlehre: Handbuch für Ausbildung und Praxis, 3. Aufl., Berlin u. a 2015 (zit. Bearbeiter, in: Europäische Methodenlehre).

Rolland, Walter: Das neue Ehe- und Familienrecht: 1. EheRG; Kommentar zum 1. Eherechtsreformgesetz, 1. Auflage, Neuwied 1977 (zit. Rolland, Kommentar FamilienR).

Roth, Wulf-Henning: Der Vorschlag einer Verordnung zur Regelung des internationalen Erbrechts, in: Schmoeckel, Mathias/Otte, Gerhard (Hrsg.), Europäische Testamentsformen, Baden-Baden 2011, S. 13-30 (zit. Roth, in: Europäische Testamentsformen).

Röthel, Anne: Ist unser Erbrecht noch zeitgemäß?, in: Ständige Deputation des Deutschen Juristentages (Hrsg.), Verhandlungen des 68. Deutschen Juristentages, Berlin 2010, Band I Gutachten Teil A, München 2010, S. 1-112 (zit. Röthel, 68. DJT).

Rotino, Sophie: Der gesetzliche Güterstand im europäischen Vergleich – Arbeitspapier für die Sachverständigenkommission zum Zweiten Gleichstellungsbericht der Bundesregierung, 2015 (zit. Rotino, Der gesetzliche Güterstand).

Rudolf, Claudia: Vorschlag einer EU-Verordnung zum Internationalen Erb- und Erbverfahrensrecht, NZ 2010, S. 353-363.

Rudolf, Claudia: Die Erbrechtsverordnung der Europäischen Union, VO zum Internationalen Erb- und Erbverfahrensrecht in Kraft – ein Überblick, NZ 2013, S. 225-242.

Russo, Ennio: Le convenzioni matrimoniali ed altri saggi sul nuovo diritto di famiglia, Milano 1983 (zit. Russo, Le convenzioni matrimoniali).

Sachs, Susanne: Erhöhung der Erbquote durch pauschalierten Zugewinnausgleich bei ausländischem Erbstatut? ZErb 2009, S. 106-108.

von Sachsen Gessaphe, Karl August: Die Verweisung auf einen Mehrrechtsstaat, vom autonomen deutschen IPR zur EuErbVO, in: Deinert, Olaf (Hrsg.), Internationales Recht im Wandel, Symposium für Peter Winkler von Mohrenfels, 1. Auflage, Baden-Baden 2013, S. 163-201 (zit. v. Sachsen Gessaphe, in: Deinert, Internationales Recht im Wandel).

Sakka, Samy: Der pauschalierte Zugewinnausgleich und das Europäische Nachlasszeugnis, MittBayNot 2018, S. 4-9.

Sanders, Anne: Das Nebengüterrecht und die EuGüVO, FamRZ 2018, S. 978-984.

von Savigny, Carl Friedrich: System des heutigen Römischen Rechts, Band VIII, 2. Neudruck 1981 der Ausgabe 1849, Aalen (zit. v. Savigny, System des Römischen Rechts).

Schaal, Daniel: Aktuelles im IPR/aus dem Ausland, BWNotZ 2013, S. 29-32.

Schack, Haimo: Internationales Zivilverfahrensrecht: mit internationalem Insolvenz- und Schiedsverfahrensrecht, 7. Auflage, München 2019 (zit. Schack, Internationales Zivilverfahrensrecht).

Schaub, Renate: Die EU-Erbrechtsverordnung, in: Muscheler, Karlheinz (Hrsg.), Hereditare – Jahrbuch für Erbrecht und Schenkungsrecht, Tübingen 2013, S. 91-131 (zit. Muscheler, Hereditare (Bearbeiter)).

Schauer, Martin: Die neue Erbrechts-VO der Europäischen Union – eine Annäherung, JEV 2012, S. 78-90.

Schauer, Martin: Erbrecht goes Europe: Ausgewählte Fragen der EU-Erbrechtsverordnung, in: Deixler-Hübner, Astrid/Schauer, Martin (Hrsg.), Migration, Familie und Vermögen, 1. Auflage, Wien 2014, S. 45-56 (zit. Deixler-Hübner/Schauer, Migration, Familie und Vermögen).

Schauer, Martin: Art. 3, Art. 20-22, 69 EuErbVO, in: Deixler-Hübner, Astrid/Schauer, Martin (Hrsg.), Kommentar zur EU-Erbrechtsverordnung, 2. Auflage, Wien 2020 (zit. Schauer, in: Deixler-Hübner/Schauer, EuErbVO).

Schellenberger, Michael: Länderbericht Deutschland, in: Gierl, Walter/Köhler, Andreas/Kroiß, Ludwig/Wilsch, Harald (Hrsg.), Internationales Erbrecht, 3. Auflage, Baden-Baden 2020 (zit. Gierl/Köhler/Kroiß/Wilsch, IntErbR).

Scheuba, Elisabeth: Anmerkungen zur Entstehungsgeschichte, in: Schauer, Martin/Scheuba, Elisabeth (Hrsg.), Europäische Erbrechtsverordnung (2012/650/EU vom 4. Juli 2012), Wien 2012 (zit. Scheuba, in: Schauer/Scheuba, EuErbVO).

Scheuba, Elisabeth: Aus der Praxis: Die Rechtswahl im Erbrecht wirft ihre Schatten voraus, ecolex 2014, S. 210-215.

Schlosshauer-Selbach, Stefan: Internationales Privatrecht – Eine Einführung in die Grundlagen und das System der Fallbearbeitung, Tübingen 1989.

Schmidt, Jan Peter: Dutta, Anatol/Weber, Johannes (Hrsg.), Internationales Erbrecht, Würzburg 2016 (zit. Dutta/Weber/Bearbeiter, IntErbR).

Schmidt, Jan Peter: Abschied von alten Gewissheiten: Die EU-Erbrechtsverordnung in der Rechtsprechung, ErbR 2020, S. 91-98.

Schömmer, Hans – Peter, Reiß, Jürgen: Internationales Erbrecht Italien, 2. Auflage, München 2005 (zit. Schömmer/Reiß, Internationales Erbrecht Italien).

Schotten, Günther, Johnen, Cornelia: Probleme hinsichtlich der Anerkennung, der Erteilung und des Inhalts von Erbscheinen im deutsch–deutschen Verhältnis, DtZ 1991, S. 257-264.

Schotten, Günther: Die Konstituierung des neuen sowie die Beendigung und Abwicklung des alten Güterstands nach einer Rechtswahl, DNotZ 1999, S. 326-334.

Schotten, Günther, Schmellenkamp, Cornelia: Das Internationale Privatrecht in der notariellen Praxis, 2. Auflage 2007 (zit. Schotten/Schmellenkamp, IPR in der notariellen Praxis).

Schröder, Jochen: Die Anpassung von Kollisions- und Sachnormen, zugl. Diss. (Univ. Köln 1961), (zit. Schröder, Die Anpassung).

Schulte-Bunert, Kai: Erhöhung des gesetzlichen Erbrechts des deutschen Ehegatten gemäß § 1371 Abs. 1 BGB bei ausländischem Erbstatut und deutschem Güterstatut?, FuR 2013, S. 543-552.

Schulze, Reiner, in: Cian, Giorgio (Hrsg.), I cento anni del Codice civile tedesco in Germania e nella Cultura Giuridica Italiana, Padua 2002, S. 1309-1337 (zit. Cian, 100 Jahre BGB).

Schurig, Klaus: Das Verhältnis von Staatsangehörigkeitsprinzip und Unwandelbarkeit im gegenwärtigen und künftigen deutschen internationalen Ehegüterrecht, JZ 1985, S. 559-564.

Schurig, Klaus: Erbstatut, Güterrechtsstatut, gespaltenes Vermögen und ein Pyrrussieg, IPRax 1990, S. 389-393.

Schurig, Klaus: Das internationale Erbrecht wird europäisch – Bemerkungen zur kommenden Europäischen Verordnung, in: Bernreuther, Jörn (Hrsg.), Festschrift für Ulrich Spellenberg, München 2010, S. 343-353.

Schütze, Rolf A.: Deutsches Internationales Zivilprozessrecht, 2. Auflage, Berlin 2005 (zit. Schütze, Deutsches IZPR).

Schwab, Dieter: Einführung zum Thema, in: Henrich, Dieter/Schwab, Dieter (Hrsg.), Eheliche Gemeinschaft, Partnerschaft und Vermögen im europäischen Vergleich – Beiträge zum europäischen Familienrecht, Bielefeld 1999, S. 1-17 (zit. Henrich/Schwab, Eheliche Gemeinschaft).

Schwab, Dieter: K. Letztwillige Verfügungen mit Auslandsbezug, in: Keim, Christopher/Lehmann, Daniel (Hrsg.), Beck'sches Formularbuch Erbrecht, 4. Auflage, München 2019.

Schwab, Dieter: Familienrecht, 27. Auflage, München 2019.

Schwartze, Andreas: Art. 30, 31, 34-38 EuErbVO, in: Deixler-Hübner, Astrid/Schauer, Martin (Hrsg.), Kommentar zur EU-Erbrechtsverordnung, 2. Auflage, Wien 2020 (zit. Schwartze, in: Deixler-Hübner/Schauer, EuErbVO).

Schwoerer, J.: Gleichberechtigung und richterliche Praxis, Die Justiz 1957, S. 321-331 (zit. Schwoerer, Justiz).

Seibl, Maximilian: Objektive und subjektive Anknüpfungen im Internationalen Erbrecht: ein Vergleich der bisherigen Rechtslage und der ErbVO, in: Spickhoff, Andreas (Hrsg.), Symposium Parteiautonomie im Europäischen Internationalen Privatrecht, Bonn 2014, S. 123-143 (zit. Seibl, in: Symposium Parteiautonomie).

Siede, Walther: §§ 1385-1563 BGB, in: Bamberger, Heinz Georg/Roth, Herbert/Hau, Wolfgang/Poseck, Roman (Hrsg.), Bürgerliches Gesetzbuch, Kommentar, Band 4, 4. Auflage, München 2019 (zit. Bamberger/Roth/Hau/Poseck/Siede).

Siehr, Kurt: Internationales Privatrecht, Deutsches und europäisches Kollisionsrecht für Studium und Praxis, Heidelberg 2001.

Siehr, Kurt: Kollisionen des Kollisionsrechts, in: Baetge, Dietmar (Hrsg.), Festschrift für Jan Kropholler zum 70. Geburtstag, Tübingen 2008, S. 211-226.

Simon, Ulrich, Buschbaum, Markus: Die neue EU-Erbrechtsverordnung, NJW 2012, S. 2393-2398.

Simotta, Daphne-Ariane: Die internationale Zuständigkeit in Erbsachen im Fall einer Rechtswahl des Erblassers (Art. 5-9 EuErbVO), in: Adolphsen, Jens (Hrsg.), Festschrift für Peter Gottwald zum 70. Geburtstag, München 2014, S. 597-606.

Soergel, Hans-Theodor (Begr.): Bürgerliches Gesetzbuch mit Einführungsgesetz und Nebengesetzen, Band 10: Einführungsgesetz, 12. Auflage, Stuttgart u. a. 1996 (zit. Soergel/Bearbeiter).

Soergel, Hans-Theodor (Begr.): Bürgerliches Gesetzbuch mit Einführungsgesetz und Nebengesetzen, Band 17/1: Familienrecht 1/1, 13. Auflage, Stuttgart 2012 (zit. Soergel/Bearbeiter).

Solomon, Dennis: Die allgemeine Kollisionsnorm (Art. 21, 22 EuErbVO), in: Dutta, Anatol/Herrler, Sebastian (Hrsg.), Die Europäische Erbrechtsverordnung – Tagungsband zum wissenschaftlichen Symposium anlässlich des 20-jährigen Bestehens des Deutschen Notarinstituts am 11. Oktober 2013 in Würzburg, München 2014, S. 19-45 (zit. Solomon, in: Symposium DNotI).

Sonnenberger, Hans Jürgen: Randbemerkungen zum Allgemeinen Teil eines europäisierten IPR, in: Baetge, Dietmar (Hrsg.), Festschrift Jan Kropholler zum 70. Geburtstag, Tübingen 2008, S. 227-246.

Sonnentag, Michael: Das Europäische Internationale Erbrecht im Spannungsfeld zwischen der Anknüpfung an die Staatsangehörigkeit und den gewöhnlichen Aufenthalt, EWS 2012, S. 457-469.

Soutier, Martin: Die Geltung deutscher Rechtsgrundsätze im Anwendungsbereich der Europäischen Erbrechtsverordnung, zugl. Diss. (Univ. Erlangen-Nürnberg 2015), (zit. Soutier, Die Geltung deutscher Rechtsgrundsätze).

von Staudinger, Julius (Begr.): Kommentar zum Bürgerlichen Gesetzbuch mit Einführungsgesetz und Nebengesetzen, §§ 1353-1362 (Wirkungen der Ehe im Allgemeinen), Neubearbeitung, Berlin 2012; §§ 1363-1563 (Eheliches Güterrecht), Neubearbeitung, Berlin 2007; §§ 1408-1563 (Eheliches Güterrecht 2 – Vertragliches Güterrecht), Neubearbeitung, Berlin 2018; §§ 2346-2385 (Erbverzicht, Erbschein, Erbschaftskauf), Neubearbeitung, Berlin 2016; Einleitung zum Internationalen Privatrecht, Neubearbeitung, Berlin 2020; Neubearbeitung 2012 (zit. Staudinger/Bearbeiter (2012)); Neubearbeitung 2010 (zit. Staudinger/Bearbeiter (2010)); Art. 13-17b EGBGB (Internationales Eherecht), Neubearbeitung, Berlin 2011; Art. 25, 26 EGBGB (Internationales Erbrecht), Neubearbeitung, Berlin 2007 (zit. Staudinger/Bearbeiter (2007)); Art. 25, 26 EGBGB (Internationales Erbrecht), Neubearbeitung, Berlin 1996 (zit. Staudinger/Bearbeiter (1996)).

Steinmetz, Alexander: EuErbVO: Beibehaltung des letzten gewöhnlichen Aufenthalts ohne Unterkunft im Herkunftsstaat? – Überlegungen zur Maßgeblichkeit des Erblasserwillens und zum „Mallorca-Rentner“, ZEV 2018, S. 317-319.

Stoll, Hans: Ausländische Vermögensstatute im deutschen internationalen Privatrecht, in: Baetge, Dietmar (Hrsg.), Festschrift für Jan Kropholler zum 70. Geburtstag, Tübingen 2008, S. 247-260.

Stotz, Rüdiger: § 22: Die Rechtsprechung des EuGH, in: Riesenhuber, Karl (Hrsg.), Europäische Methodenlehre, 3. Auflage, Berlin 2015, S. 491-518 (zit. Stotz, in: Riesenhuber, Europäische Methodenlehre).

Sturm, Fritz Sturm, Gudrun: Das Europäische Nachlasszeugnis – Zum Vorschlag der Kommission vom 14. Oktober 2009, in: Sikiric, Hrvoje/Boucek, Vilim/Babic, Davor/Petrak, Marko (Hrsg.), Liber amicorum Kresimir Sajko, Zagreb 2012, S. 309-336 (zit. Sturm/Sturm, Liber amicorum Sajko).

Stürner, Michael: Deutsch-italienische Erbfälle unter der kommenden Europäischen Erbrechtsverordnung, in: Viarengo, Ilaria/Petronio, Ugo/Ranieri, Filippo/Stürner, Michael/Prudentino, Mario (Hrsg.), Rechtsvereinheitlichung im Zivil- und Kollisionsrecht, Jahrbuch für Italienisches Recht, Band 26, Heidelberg 2013, S. 59-80 (zit. M. Stürner, JbItalR 26 (2013)).

Süß, Rembert: Das Verbot gemeinschaftlicher Testamente im Internationalen Erbrecht, IPRax 2002, S. 22-28.

Süß, Rembert: Ausländer im Grundbuch und im Registerverfahren, Rpfleger 2003, S. 53-66.

Süß, Rembert: Der Vorschlag der EG-Kommission zu einer Erbrechtsverordnung (Rom-IV Verordnung) vom 14. Oktober 2009, ZErb 2009, S. 342-348.

Süß, Rembert: Das Europäische Nachlasszeugnis, ZEuP 2013, S. 725-750.

Süß, Rembert: § 18: Das Internationale Pflichtteilsrecht, in: Mayer, Jörg/Süß, Rembert/Tanck, Manuel/Bittler, Jan/Wälzholz, Eckhard (Hrsg.), Handbuch Pflichtteilsrecht, 3. Auflage, Bonn 2013 (zit. Süß, in: Mayer/Süß/Tanck/Bittler/Wälzholz, Pflichtteilsrecht).

Süß, Rembert: § 20, Auslandsberührung, in: Münch, Christof (Hrsg.), Familienrecht in der Notar- und Gestaltungspraxis, 2. Auflage 2016 (zit. Münch/Bearbeiter, Familienrecht).

Süß, Rembert: Die Entscheidung des EuGH in der Rechtssache Mahnkopf: Folgen für das gesetzliche Erbrecht des überlebenden Ehegatten in internationalen Ehen und neue Gestaltungsmöglichkeiten, DNotZ 2018, S. 742-757.

Süß, Rembert: Erbrecht in Europa, 3. Auflage, Bonn 2015 (zit. Süß, Erbrecht in Europa (2015)); 4. Auflage, Bonn 2020.

ten Wolde, Mathijs H.: Will professions in other countries be able to rely on a European Certificate of Inheritance for all purposes?, in: Deutsches Notarinstitut, Internationales Erbrecht in der EU – Perspektiven einer Harmonisierung, abrufbar unter: http: //www.european-succession-law.org/index.htm (Stand: 01.07.2020), 503-518 (zit. ten Wolde, in: Internationales Erbrecht in der EU).

Thiede, Thomas: Online Medien, Persönlichkeitsrechtsschutz und Internationale Zuständigkeit – Anmerkung zu den Schlussanträgen des GA Cruz Villalón in den Rechtssachen C-509/09 und C-161/10 [eDate Advertising GmbH gegen X [C-509/09] und Olivier Martinez, Robert Martinez gegen Société MGN Limited [C-161/10]], GPR 2011, S. 259-262.

Thiede, Thomas: Bier, Shevill und eDate - Aegrescit medendo? – Anmerkung zum Urteil des EuGH in den Rechtssachen C-509/09 und C-161/10 (eDate Advertising GmbH gegen X (C-509/09) und Olivier Martinez, Robert Martinez gegen Société MGM Limited (C-106/10)), GPR 2012, S. 219-222.

Thiele, Wolfgang: Die Nahtstellen von Erbrecht und Güterrecht in der Zugewinngemeinschaft, FamRZ 1958, S. 393-398.

Thoms, Cordula: Einzelstatut bricht Gesamtstatut – zur Auslegung der "besonderen Vorschriften" in Art. 3 Abs. 3 EGBGB, zugl. Diss. (Univ. Freiburg im Breisgau, 1993/1994), (zit. Thoms, Einzelstatut bricht Gesamtstatut).

Tiedemann, Andrea: Die Rechtswahl im deutschen Internationalen Erbrecht, RabelsZ 55 (1991), S. 17-40.

Tiedemann, Andrea: Internationales Erbrecht in Deutschland und Lateinamerika: kollisionsrechtliche Regelungen zwischen Nachlaßeinheit und Nachlaßspaltung, zugl. Diss. (Univ. Hamburg 1992), (zit. Tiedemann, IntErbR).

Traar, Thomas: Der Verordnungsvorschlag aus europäischer Sicht, in: Reichelt, Gerte/Rechberger, Walter H. (Hrsg.), Europäisches Erbrecht – Zum Verordnungsvorschlag der Europäischen Kommission zum Erb- und Testamentsrecht, Wien 2011, S. 85-107 (zit. Traar, in: Symposium Europäisches Erbrecht).

Traar, Thomas: Burgstaller, Alfred/Neumayr, Matthias/Geroldinger, Andreas/Schmaranzer, Gerhard (Hrsg.), Die EU-Erbrechtsverordnung, Auskoppelung aus dem Loseblattwerk „Internationales Zivilverfahrensrecht", 20. Auflage, Wien 2016 (zit. Burgstallter/Neumayr/Bearbeiter).

Tretter, Alexandra: Eheverträge im italienischen Recht – ein Vergleich zum deutschen Recht unter Berücksichtigung der Aspekte des Internationalen Privatrechts, München 2002, zugl. Diss. (Univ. Regensburg 2002), (zit. Tretter, Eheveträge im italienischen Recht).

Troiano, Stefano: 6. Kapitel, Familienrecht, in: Grundmann, Stefan/Zaccaria, Alessio (Hrsg.), Einführung in das italienische Recht, Frankfurt am Main 2007.

Vékás, Lajos: Zur Konkurrenz zwischen Erbstatut und Güterrechtsstatut, IPRax 1985, S. 24-25.

Veronesi, Paolo: Il paradigma eterosessuale del matrimonio e le aporie del giudice delle leggi, Studium Iuris 2010, S. 997-1008.

Veronesi, Paolo: Un'anomala additiva di principio in materia di "divorzio imposto": Il "caso Bernaroli" nella sentenza N. 170/2014, Studium Iuris, S. 1146-1156.

Verschraegen, Bea: Internationales Privatrecht, Wien 2012 (zit. Verschraegen, IPR).

Viefhues, Wolfram: Juris Praxiskommentar zum BGB, Familienrecht, Band 4, hrsg. v. Herberger, Maximilian/Martinek, Michael/Rüßmann, Helmut/Weth, Stephan, 7. Auflage, Saarbrücken 2015 (zit. jurisPK-BGB/Bearbeiter).

Vienenkötter, Rabea: Der Begriff des gewöhnlichen Aufenthalts im Internationalen Familien- und Erbrecht der EU, zugl. Diss. (Univ. Düsseldorf 2017), (zit. Vienenkötter, Begriff des gewöhnlichen Aufenthalts).

Vogel, Hans-Heinrich: Schwedisches Erbrecht: 3 Gutachten, Lund 1979 (zit. Vogel, Schwedisches Erbrecht).

Volkmar (ohne Vorname): Die familien- und erbrechtlichen Beschlüsse der 6. Haager Konferenz über internationales Privatrecht, JW 1928, S. 857-867.

Vollmer, Peter W.: Die neue europäische Erbrechtsverordnung – ein Überblick, ZErb 2012, S. 227-234.

Volmer, Michael: Die EU-Erbrechtsverordnung – erste Fragen an Dogmatik und Forensik, Rpfleger 2013, S. 421-433.

Wachter, Thomas: 2. Teil, Internationales Erbrecht, in: Flick, Hans/Piltz, Detlev (Hrsg.), Der internationale Erbfall – Erbrecht, Internationales Privatrecht, Erbschaftsteuerrecht, 2. Auflage, Bonn 2008.

Wachter, Thomas: Europäische Erbrechtsverordnung in der Gestaltungspraxis, ZNotP 2014, S. 2-23.

Wagner, Rolf: Der Kommissionsvorschlag vom 14.10.2009 zum internationalen Erbrecht: Stand und Perspektiven des Gesetzgebungsverfahrens, DNotZ 2010, 506-519.

Wall, Fabian: Vermeidung negativer Kompetenzkonflikte im Zuständigkeitsrecht der Art. 4 ff. EuErbVO, ZErb 2014, S. 272-281.

Walther, Bianca: Der Gleichlaufgrundsatz – Abkehr oder Rückkehr? Eine kritische Auseinandersetzung mit der Bestimmung der internationalen Zuständigkeit im Erbscheinsverfahren aus deutscher und europäischer Sicht, zugl. Diss. (Univ. Düsseldorf 2013), (zit. Walther, Der Gleichlaufgrundsatz).

Walther, Bianca: Die Qualifikation des § 1371 Abs. 1 BGB im Rahmen der europäischen Erb- und Güterrechtsverordnungen, GPR 6/2014, S. 325-329.

Weber, Johannes: Die Europäischen Erbrechtsverordnungen: Eine erste Annäherung, DNotZ 2016, S. 659-697.

Weber, Johannes: Interdependenzen zwischen Europäischer Erbrechtsverordnung und Ehegüterrecht – de lege lata und de lege ferenda, DNotZ 2016, S. 424-441.

Weber, Johannes: Einführung, in: Dutta, Anatol/Weber, Johannes (Hrsg.), Die Europäischen Güterrechtsverordnungen – Tagungsband zu einem wissenschaftlichen Symposium des Deutschen Notarinstituts und der Universität Regensburg am 10. Februar 2017 in Würzburg, S. 1-5 (zit. Weber, in: Symposium DNotI).

Weber, Johannes: Ein Klassiker neu aufgelegt: Die Qualifikation des § 1371 BGB unter dem Regime der Europäischen Erbrechtsverordnung, NJW 2018, S. 1356-1358.

Wegmann, Bernd: Rechtswahlmöglichkeiten im internationalen Familienrecht, NJW 1987, S. 1740-1745.

Weinreich, Gerd: In: Prütting, Hanns/Wegen, Gerhard/Weinreich, Gerd (Hrsg.), Bürgerliches Gesetzbuch, Kommentar, 14. Auflage, Köln 2019 (zit. Prütting/Wegen/Weinreich/Weinreich).

Weinreich, Gerd: Kommentierung zu § 1353 BGB, in: Weinreich, Gerd/Klein, Michael (Hrsg.), Familienrecht Kommentar, 6. Auflage, Köln 2019 (zit. Weinreich/Klein, FamilienR).

Weller, Marc-Philippe: Der "gewöhnliche Aufenthalt" – Plädoyer für einen willenszentrierten Aufenthaltsbegriff, in: Leible, Stefan/Unberath, Hannes (Hrsg.), Brauchen wir eine Rom 0-Verordnung? Überlegungen zu einem Allgemeinen Teil des europäischen IPR, 1. Auflage 2013, S. 293-324 (zit. M.-P. Weller, in: Leible/Unberath, Brauchen wir eine Rom 0-Verordnung?).

Wengler, Wilhelm: Die Vorfrage im Kollisionsrecht, RabelsZ 8 (1934), S. 148-251.

Wengler, Wilhelm: Die allgemeinen Rechtsgrundsätze des internationalen Privatrechts und ihre Kollisionen, ZÖffR XXIII (1943/44), S. 473-509.

Wengler, Wilhelm: Die Qualifikation der materiellen Rechtssätze im internationalen Privatrecht, in: von Caemmerer, Ernst/Hallstein, Walter (Hrsg.), Festschrift für Martin Wolff zum 80. Geburtstag, Tübingen 1952, S. 337-374.

Wengler, Wilhelm: Internationales Privatrecht, Bd. I und II, Sonderausgabe von Bd. VI, 1. und 2. Teilband des BGB-RGRK, 12. Auflage, Berlin/New York 1981.

Wiegand, Wolfgang: Der öffentliche Glaube des Erbscheins, JuS 1975, S. 283-286.

Wilke, Felix M.: Brauchen wir eine Rom 0-Verordnung?, GPR 2012, S. 334-342.

Wilke, Felix M.: Das internationale Erbrecht nach der neuen EU-Erbrechtsverordnung, RIW 2012, S. 601-609.

Würdinger, Markus: Juris Praxiskommentar zum BGB, Internationales Privatrecht und UN-Kaufrecht, Band 6, hrsg. v. Herberger, Maximilian/Martinek, Michael/Rüßmann, Helmut/Weth, Stephan, 7. Auflage, Saarbrücken 2015 (zit. jurisPK-BGB/Bearbeiter).

Zimmermann, Reinhard: Kulturelle Prägung des Erbrechts?, JZ 2016, S. 321-332.

Zimmermann, Reinhard: Das Ehegattenerbrecht in historisch-vergleichender Perspektive, RabelsZ 2016, S. 39-92.

Zitelmann, Ernst: Internationales Privatrecht, Bd. I, Leipzig 1897; Bd. II, München/Leipzig 1912.

www.ingramcontent.com/pod-product-compliance
Ingram Content Group UK Ltd.
Pitfield, Milton Keynes, MK11 3LW, UK
UKHW021130041026
8980IPUK00034B/1501

9 783631 877654